ESTRELAS ALÉM DO TEMPO

ESTRELAS ALÉM DO TEMPO

Margot Lee Shetterly

Tradução
Balão Editorial

HarperCollins

Rio de Janeiro, 2023

Título original: Hidden Figures

Rua da Quitanda, 86, sala 601A – Centro – 20091-005
Rio de Janeiro – RJ – Brasil
Tel.: (21) 3175-1030

Diretora editorial: *Raquel Cozer*
Gerente editorial: *Alice Mello*
Editora: *Ulisses Teixeira*
Preparação de texto: *Carla Bitelli*
Revisão: *Aline Canejo* e *Fatima Fadel*
Adaptação de capa: *Lúcio Nöthlich Pimentel*
Diagramação: *Ilustrarte Design e Produção Editorial*

CIP-BRASIL. CATALOGAÇÃO NA PUBLICAÇÃO
SINDICATO NACIONAL DOS EDITORES DE LIVROS, RJ

S557e

Shetterly, Margot Lee, 1969-
Estrelas além do tempo / Margot Lee Shetterly ; tradução Balão Editorial. - 1. ed. - Rio de Janeiro : HarperCollins, 2017.
352 p. ; 23 cm.

Tradução de: Hidden figures
ISBN 978-85-6951-473-2

1. Estados Unidos - Aeronáutica e administração do espaço - Oficiais e empregados - Biografia. 2. Mulheres na matemática - Estados Unidos - Biografia. 3. Corrida espacial - História. I. Título.

16-38053 CDD: 500.82
CDU: 929:510

Aos meus pais, Margaret G. Lee e Robert B. Lee III, e a todas as mulheres do NACA e da NASA que me ofereceram seus ombros.

SUMÁRIO

NOTA DA AUTORA

Preto. De cor. Índio. Garotas. Embora a linguagem de *Estrelas além do tempo* possa soar estranha aos ouvidos modernos de alguns leitores, eu me esforcei ao máximo para ser fiel ao período histórico e às vozes dos indivíduos representados nesta narrativa.

PRÓLOGO

"A sra. Land trabalhava como computadora lá em Langley", disse meu pai ao virar à direita para sair do estacionamento da Primeira Igreja Batista de Hampton, no Estado da Virgínia.

Meu marido e eu estávamos em visita aos meus pais logo após o Natal de 2010, aproveitando os poucos dias de folga do trabalho e de nossa atribulada vida no México. Eles nos levavam para passear pela cidade na minivan verde antiga deles, meu pai na direção, minha mãe no banco do passageiro; Aran e eu atrás, com o cinto afivelado, feito irmãos. Meu pai, sociável como sempre, oferecia uma infinidade contínua de comentários, desde novidades sobre os amigos e vizinhos com quem tínhamos nos encontrado por aí, passando pela previsão do tempo, até discursos elaborados sobre a física por trás de sua última pesquisa como estudante de doutorado aos 66 anos, na Universidade de Hampton. Ele gostava de guiar meu marido, nascido e criado no Maine, pela nossa região e ao mesmo tempo revitalizar minha conexão com a vida e a história locais.

Nesses dias, passava as tardes com a minha mãe nas matinês do cinema, enquanto Aran acompanhava meu pai e seus amigos nos jogos de futebol americano da Universidade Estadual de Norfolk. A gente se entupiu de sanduíches de peixe frito em pocilgas perto da praia Buckroe, visitou a coleção de arte nativo-americana do Museu da Universidade de Hampton e vasculhou lojas de antiguidades.

Ao deixar minha cidade natal para fazer faculdade, aos imaturos 18 anos, eu enxergava aquele local como um mero trampolim para a vida em espaços mais cosmopolitas; um lugar do qual se vem, não para onde se vai. Mas os anos e os quilômetros de distância não atenuaram a força da cidade sobre minha identidade; e, quanto mais eu explorei lugares e pessoas longe de Hampton, mais significativo se tornou meu status como filha dali.

Aquele dia, depois da igreja, passamos um bom tempo papeando com a formidável sra. Land, uma das minhas professoras favoritas da escola dominical. Kathaleen Land, matemática aposentada da NASA (Administração Nacional da Aeronáutica e Espaço, em português), ainda vivia sozinha, com mais de 90 anos, e nunca perdia o culto aos domingos. Despedimo-nos e entramos na minivan, rumo a um *brunch* em família. "Muitas mulheres daqui, brancas e negras, trabalharam como computadoras", continuou meu pai, olhando para Aran pelo retrovisor, mas se dirigindo a nós dois. "Kathryn Peddrew, Ophelia Taylor, Sue Wilder", listou ele os nomes. "E Katherine Johnson, que calculou as janelas de tempo para decolagem para os primeiros astronautas."

A narrativa desencadeou memórias minhas de décadas antes, quando passei um dia muito especial de folga da escola no escritório do meu pai no Centro de Pesquisa de Langley da NASA. Fui no banco da frente no nosso Pontiac da década de 1970. Meu irmão Ben e minha irmã Lauren estavam no banco de trás enquanto nosso pai dirigia os vinte minutos da nossa casa, pela ponte Virgil Ivan Grissom, passando pelo boulevard Mercury, até a estrada que levava ao portão da NASA. Papai apresentou o crachá, e exploramos o campus de ruas perfeitamente retas e paralelas, emolduradas por prédios baixos e sem graça de tijolinhos. Apenas o complexo gigante do túnel de vento hipersônico — uma esfera prateada e corrugada de trinta metros que se destacava junto a quatro globos prateados e lisos menores, de 18 metros cada — comprovava o notável trabalho que ocorria naquele lugar de aparência comum.

O Prédio 1.236, o destino diário de meu pai, continha um amontoado de cubículos de cor cinza, perfumados pelos cheiros de cafeína e fumaça de cigarro, típicos dos adultos. Seus colegas engenheiros, com o estilo amarrotado e gestos distraídos, pareciam aves exóticas em um santuário. Eles nos davam pilhas de papel contínuo para impressão: de um lado com listas impressas de números criptografados; do outro, eram telas em branco para obras de arte em giz de cera. Mulheres ocupavam muitos dos cubículos. Atendiam a telefones e sentavam-se em frente a máquinas de escrever, mas também faziam hieróglifos em *slides* transparentes e discutiam com meu pai e com os outros homens sobre as pilhas de documentos espalhadas pelas mesas. Tantas afro-americanas, algumas da idade de minha avó, me pareceram algo natural: em Hampton, a face da ciência era negra como a minha.

Meu pai começou a trabalhar em Langley em 1964, como estagiário, e aposentou-se em 2004 como cientista climático de renome internacional. Cinco dos sete irmãos de meu pai são engenheiros ou tecnólogos, e alguns de seus melhores amigos — David Woods, Elijah Kent, Weldon Staton — tiveram carreiras de sucesso como engenheiros em Langley. Nosso vizinho ensinava Física na Universidade de Hampton. Nossa igreja é frequentada por muitos matemáticos. Especialistas em ciência supersônica ocupam posições de liderança na irmandade de minha mãe, e engenheiros elétricos estão no conselho das associações de ex-alunos da faculdade de meus pais. O marido de minha tia Julia, Charles Foxx, é filho de Ruth Bates Harris, funcionária pública e ativista feroz pelo avanço das mulheres e das minorias (em 1974, a NASA a nomeou como administradora-assistente suplente, o mais alto cargo ocupado por uma mulher na agência). A comunidade também incluía professores negros de Inglês, como minha mãe, além de médicos e dentistas negros, mecânicos, zeladores e pedreiros negros, sapateiros negros, cerimonialistas de casamento, corretores de imóveis, agentes funerários, vários advogados negros, e um punhado de representantes da Mary Kay negras. Mas, quando eu era criança, conhecia tantos afro-americanos que trabalhavam com ciência, matemática e engenharia que pensava ser essa a ocupação principal dos negros.

Meu pai, que cresceu durante a segregação, conheceu uma realidade diferente. "Torne-se professor de Educação Física", disse meu avô em 1962 ao seu filho de 18 anos, que estava fixado à ideia de estudar Engenharia Elétrica na historicamente negra Universidade Estadual de Norfolk.

Nessa época, afro-americanos com ensino superior e "bom senso" apostavam tudo em carreiras de professor ou procuravam emprego em uma agência dos correios. Mas meu pai, que construiu seu primeiro foguete no ginásio, após o lançamento do Sputnik em 1957, desafiou meu avô e se jogou de cabeça na engenharia. Obviamente, os temores de meu avô sobre a dificuldade de um negro conseguir algo nessa carreira não eram infundados. Mesmo em 1970, apenas um por cento dos engenheiros americanos era negro — um número que duplicou somente em 1984. Mesmo assim, o governo federal era o empregador mais confiável de afro-americanos nas ciências e na tecnologia: na NASA, em 1984, 8,5 por cento dos engenheiros eram negros.

Os funcionários afro-americanos da NASA aprenderam a explorar a cultura engenheira da agência espacial, e o sucesso proporcionou aos seus filhos um acesso antes inconcebível na sociedade americana. Cresci com amigos brancos e frequentei escolas integradas sem dar a devida importância ao terreno previamente preparado para mim.

Todos os dias eu observava meu pai vestir o terno e engatar a ré no carro na garagem para fazer o trajeto de vinte minutos até o Prédio 1.236, exigindo o melhor de si para oferecê-lo ao programa espacial e à nossa família. Com o trabalho em Langley, meu pai assegurou o lugar de minha família na confortável classe média. E Langley tornou-se uma das âncoras de nossa vida social. Todos os verões, meus irmãos e eu pegávamos nossas economias da mesada e comprávamos ingressos para passeios de pônei no festival anual da NASA. Ano após ano, eu sussurrei meu desejo de Natal para o Papai Noel da NASA na festa infantil de Langley. Por anos, Ben, Lauren, minha irmã caçula Jocelyn, ainda bem pequena, e eu sentávamos na plateia do Centro de Atividades de Langley, nas noites de quinta, torcendo para papai e seu time da "NBA" (Associação de Basquete da NASA), os Stars. Eu era filha da NASA tanto quanto o pouso na Lua.

A centelha de curiosidade logo virou um fogo devorador. No meio da década de 1960, bombardeei meu pai com perguntas sobre seus primeiros dias em Langley. Questões que nunca havia feito antes. No domingo seguinte, entrevistei a sra. Land sobre os primeiros dias de computação em Langley, quando parte de sua responsabilidade constava em saber qual banheiro era para funcionários "de cor". Menos de uma semana depois, eu me sentava no sofá da sala de estar de Katherine Johnson, sob uma bandeira americana emoldurada que havia estado na Lua, e ouvia uma mulher de 93 anos com uma memória mais aguçada do que a minha recordar os ônibus segregados, os anos de magistério e a formação de família, o desenvolvimento da trajetória de voo espacial para John Glenn. Ouvi as histórias de Christine Darden sobre os longos anos como analista de dados, esperando pela chance de se provar como engenheira.

Mesmo como uma profissional em um mundo integrado, eu tinha sido a única mulher negra em salas de visitas e de reuniões por um suficiente número de vezes para ter uma ideia da audácia necessária a uma afro-americana do Sul segregado em um ambiente de trabalho para certificar o chefe de que seus cálculos colocariam um homem na Lua. As trajetórias dessas mulheres traçaram a minha própria; imergir em suas histórias ajudou a entender a minha.

Mesmo se a história começasse e terminasse com as cinco primeiras mulheres negras a trabalharem no lado oeste segregado de Langley em maio de 1943 — depois chamadas de "Computadoras Oeste" —, ainda assim eu teria me comprometido a registrar os fatos e as circunstâncias de suas vidas. Como ilhas — lugares isolados com biodiversidade única e rica — que possuem relevância para todos os ecossistemas, estudar pessoas e eventos aparentemente isolados ou subestimados do passado acaba por revelar conexões e insights para a vida moderna. A ideia de que mulheres negras foram recrutadas para trabalhar como matemáticas na instalação da NASA no Sul durante os dias de segregação desafia nossas expectativas e muito do que pensamos saber sobre a história americana. É uma grande história, e isso já a torna digna de ser contada.

Nos estágios iniciais de pesquisa para este livro, compartilhei detalhes sobre o que tinha descoberto com especialistas na história da agência espacial. Eles me encorajaram a respeito daquilo que encaravam como algo importante ao corpus da história, embora alguns tenham questionado sua magnitude.

"De quantas mulheres estamos falando? Cinco, seis?"

Eu tinha conhecido mais do que isso quando morava em Hampton, mas mesmo assim fiquei surpresa conforme os números foram aumentando. Essas mulheres apareciam tanto em fotos e agendas telefônicas quanto em fontes inesperadas e incomuns. A menção de que a noiva trabalhava em Langley em um anúncio de noivado em um jornal de Norfolk. Uma porção de nomes cedidos pela filha de uma das primeiras Computadoras Oeste. Um memorando de 1951 do chefe de recursos humanos em Langley sobre os números e o status dos empregados negros, que inesperadamente fez referência a uma mulher negra "Cientista na Pesquisa GS-9".[1] Descobri um documento pessoal, de 1945, que descreve um burburinho de atividade matemática em um novo prédio no lado oeste de Langley, formado por uma equipe de 25 negras que trabalhavam nas calculadoras em um esquema de trabalho de 24 horas, cujos turnos eram supervisionados por três supervisores negros que respondiam a dois computadores-chefes brancos.[2] Ao escrever as últimas palavras deste livro, ainda consigo acrescentar mais pessoas. Posso nomear quase cinquenta mulheres negras que trabalharam como computadoras, matemáticas, engenheiras e cientistas no Laboratório Aeronáutico Langley Memorial de 1943 a 1980; e minha intuição diz que mais vinte nomes podem aparecer dos arquivos se forem realizadas mais pesquisas.

E, embora as mulheres negras sejam as matemáticas mais ocultas que trabalharam no NACA (Comitê Nacional para Aconselhamento sobre Aeronáutica, em português), e depois na NASA, elas não estavam sozinhas nas sombras: as mulheres brancas que compunham a maior parte da força de trabalho computacional em Langley foram pouco reconhecidas por sua contribuição ao sucesso da agência. Virginia Biggins cobriu o programa espacial de Langley para o jornal *Daily Press* em 1958. "Todo mundo dizia 'Este é um cientista, este é um engenheiro', sempre homens",[3] contou ela em um debate de 1990 sobre os computadores humanos de Langley. Ela nunca chegou a conhecer nenhuma mulher. "Achei que fossem todas secretárias."[4] Cinco mulheres brancas[5] se juntaram ao primeiro grupo computacional de Langley em 1935, e, em 1946, quatrocentas "garotas" já haviam sido treinadas como soldados da Aeronáutica. A historiadora Beverly Golemba, em um estudo de 1994, estimou que Langley havia empregado "centenas e centenas"[6] de mulheres como computadores humanos. Na reta final da pesquisa para *Estrelas além do tempo*, vejo que esse número pode ultrapassar a casa do milhar.

Para uma autora estreante sem experiência como historiadora, apostei alto ao escrever sobre um tópico praticamente inexistente nos livros. Estou consciente da dissonância cognitiva conjurada pela frase "matemáticas negras na NASA". Desde o começo, eu sabia que deveria aplicar o mesmo raciocínio analítico na minha pesquisa que essas mulheres aplicavam na delas. Pois, por mais excitante que fosse desvendar um nome depois do outro, descobrir quem eram tratava-se apenas do primeiro passo. O desafio real era documentar o trabalho que elas faziam. Mais surpreendente do que os números de mulheres negras e brancas escondidas em uma profissão encarada universalmente como branca e masculina, o corpo do trabalho deixado por elas foi uma revelação.

Houve Dorothy Hoover, que trabalhou para Robert T. Jones em 1946 e publicou uma pesquisa teórica sobre as famosas asas em delta em forma de triângulo dele, em 1951. Houve Dorothy Vaughan, que trabalhou com as "Computadoras Leste" brancas para escrever um manual teórico sobre métodos algébricos para as máquinas calculadoras mecânicas que eram suas companheiras constantes. Houve Mary Jackson, que defendeu sua análise contra John Becker, um dos principais aerodinamicistas do mundo. Houve Katherine Coleman Goble Johnson, que descreveu a trajetória orbital do voo de John Glenn, cuja matemática de seu relatório pioneiro de 1959 era elegante, precisa e magnífica como uma sinfonia. Houve Marge Hannah, a computadora branca que atuou como chefe das primeiras negras, coautora de um relatório com Sam Katzoff, o qual se tornou o cientista-chefe do laboratório. Houve Doris Cohen, que estabeleceu o padrão para todas com o primeiro relatório de pesquisa de autoria feminina no NACA, em 1941.

Minha investigação tornou-se uma obsessão; sairia atrás de qualquer pista para achar a pegada de uma computadora. Eu estava determinada a provar a existência delas e o seu talento, de modo a nunca mais ficarem perdidas na história. Quando as fotos, os memorandos, as equações e os casos familiares tornaram-se pessoas reais, quando as mulheres tornaram-se minhas companheiras e retornaram à juventude ou à vida, comecei a querer mais para elas do que apenas um registro: queria que elas tivessem a narrativa incrível e arrebatadora que mereciam, o tipo de história americana que pertence aos irmãos Wright e aos astronautas, a Alexander Hamilton e a Martin Luther King Jr. Não uma história separada, mas integrante daquela que conhecemos. Não nas margens, mas no centro, protagonista da trama. E não apenas por serem negras, ou mulheres, mas porque fazem parte da epopeia americana.

Hoje, minha cidade natal — o povoado que em 1962 se autointitulou "Spacetown USA"[7] — parece com todos os subúrbios dos Estados Unidos modernos e hiperconectados. Pessoas de todas as etnias e nacionalidades misturam-se nas praias de Hampton e nas estações de ônibus; as placas de "apenas brancos" do passado foram relegadas ao museu e à memória dos sobreviventes da revolução pelos direitos civis. O boulevard Mercury não se remete mais às imagens da missão homônima que lançou os primeiros americanos para além da atmosfera, e a cada dia a lembrança de Virgil Grissom se afasta mais da ponte que leva seu nome. Um programa espacial diminuto e décadas de cortes governamentais acertaram a região em cheio; hoje, uma estudante ambiciosa que tenha afinidade com números pode mirar uma *start-up* no Vale do Silício ou uma das muitas firmas de tecnologia que, dos subúrbios da Virgínia aos arredores da cidade de Washington, estão conquistando a Nasdaq (Associação Nacional de Corretores de Títulos de Cotações Automáticas, em português).

Antes, porém, que um computador se tornasse um objeto inanimado e antes que o Centro de Controle de Missão aterrissasse em Houston; antes que o Sputnik mudasse o rumo da história e antes que o NACA se tornasse NASA; antes que a Suprema Corte julgasse o caso Brown contra Conselho de Educação de Topeka e estabelecesse que "separado" era de fato "desigual";* e antes que a poesia do discurso "Eu tenho um sonho" de Martin Luther King Jr. ressoasse pelos degraus do Memorial de Lincoln, as Computadoras Oeste de Langley ajudavam os Estados Unidos a dominar a aeronáutica, a pesquisa espacial e a tecnologia computacional, talhando um lugar para si como matemáticas, negras e mulheres. Para um grupo de afro-americanas inteligentes e ambiciosas, diligentemente preparadas para uma carreira na matemática e ansiosas por entrar no clube dos grandes, Hampton, na Virgínia, deve ter sido o centro do universo.

---

* Em 1954, a Suprema Corte dos Estados Unidos derrubou a política segregacionista (cujo lema era "separados, mas iguais") nas escolas públicas. O processo havia sido aberto por Oliver Brown, um homem negro do Kansas, pai de uma menina de oito anos que frequentava uma escola 21 quarteirões mais distante do que a escola para brancos mais próxima, que ficava a apenas cinco quadras da casa deles. A partir dessa data, alunos negros de todos os Estados Unidos deveriam ser aceitos em escolas antes exclusivas para brancos. (N.T.)

ESTRELAS ALÉM DO TEMPO

CAPÍTULO 1

UMA PORTA SE ABRE

Melvin Butler, o encarregado de recursos humanos no Laboratório Aeronáutico Langley Memorial, estava com um problema, cujo escopo e cuja natureza foram esclarecidos em um telegrama para o funcionário público responsável pelas operações de campo, em maio de 1943: "Este estabelecimento necessita com urgência de aproximadamente cem físicos e matemáticos juniores, cem computadores assistentes, 75 aprendizes de laboratório, 125 estagiários auxiliares e cinquenta estenógrafos e datilógrafos",[1] urgia o texto. Todas as manhãs, às sete horas,[2] Butler, com sua gravata-borboleta, entrava em ação junto com sua equipe, enviando a van do laboratório[3] para as estações de trem, de ônibus e das balsas para buscar os homens e as mulheres — muitas mulheres, cada dia mais — que chegavam àquela região perdida no litoral da Virgínia. A van levava os recrutas até a porta do prédio do laboratório no campus de Langley. A equipe de Butler guiava o pessoal escada acima para as atividades de primeiro dia: formulários, fotografias e aprender o lema do departamento – *Apoiarei e defenderei a Constituição dos Estados Unidos contra todos os inimigos, estrangeiros e locais... com a ajuda de Deus.*[4]

Depois de recebidos, os funcionários novinhos em folha acomodavam-se em um dos muitos, porém já apinhados, prédios do estabelecimento.

Assim que Sherwood Butler, o chefe de aquisições, assentava o último tijolo em um novo prédio, seu irmão, Melvin, começava a preenchê-lo com novos empregados. Armários e corredores, despensas e oficinas faziam as vezes de escritórios improvisados. Alguém teve a brilhante ideia de juntar duas mesas e improvisou uma nova peça de mobiliário com um assento de tripulação[5] para enfiar três trabalhadores em um espaço planejado para dois. Nos quatro anos seguintes à invasão da Polônia pelas tropas de Hitler — desde que os interesses americanos e a guerra europeia convergiram em um conflito arrebatador —, a equipe de quinhentos e tantos funcionários[6] no fim da década já tinha se tornado 1.500. No entanto, a poderosa e ruidosa máquina de guerra engolia a todos e seguia faminta.

Os escritórios do Prédio da Administração tinham vista para a pista de pouso em formato de meia-lua. Apenas o fluxo de pessoas em trajes civis na direção do laboratório, o posto avançado mais antigo do NACA, distinguia os prédios baixos de tijolos aparentes da agência daqueles utilizados pela Força Aérea dos Estados Unidos. As duas instalações cresceram juntas: a base aérea devotada ao desenvolvimento do poderio aéreo militar americano; o laboratório, uma agência pública encarregada do avanço científico da aeronáutica e com a disseminação dos resultados para o Exército e para a indústria privada. Desde o começo, o Exército permitira que o laboratório atuasse no campus da pista de pouso. A relação próxima com os jatos do Exército era um lembrete constante aos engenheiros de que todos os experimentos que conduzissem teriam implicações na vida real.

O hangar duplo — dois edifícios de 33 metros de comprimento cada, lado a lado — era coberto por tinta de camuflagem desde 1942, para enganar os olhos inimigos que procurassem algo; seu interior sombrio e cavernoso protegia as máquinas e seus criadores dos elementos da natureza. Homens em macacões de lona, quase sempre em grupos, movimentavam-se em caminhões e jipes de avião a avião, parando em um ou outro como insetos polinizadores, verificando, enchendo o tanque, substituindo peças, integrando-se a eles e levando-os aos céus. O ronco dos motores de avião e propulsores girando durante os muitos momentos de uma decolagem, de um voo ou de um pouso, soava desde antes do amanhecer até o pôr do sol; cada máquina emitindo um som único para seu criador, como o choro de um bebê para a mãe. Sob as notas de tenor dos motores, rugia o baixo dos túneis de vento do laboratório, criando furacões por encomenda para os aviões: para peças de avião, aviões modelos e aeronaves completas.

Apenas dois anos antes, com as nuvens de tempestade se assomando, o presidente Roosevelt desafiou a nação a aumentar a produção de aviões para cinquenta mil ao ano.[7] Parecia tarefa impossível para uma indústria que em 1938 havia provido as Forças Aéreas com apenas noventa aviões por mês.[8] Nesse momento, a indústria aérea nacional foi um milagre da produção, superando a meta de Roosevelt com facilidade em mais da metade. Havia se tornado a maior indústria do mundo,[9] a mais produtiva, a mais sofisticada, ultrapassando os alemães em três vezes e os japoneses em quase cinco. Os fatos estavam claros para todos os militares: a conquista final do mundo viria pelos ares.

Para os pilotos da Força Aérea, os aviões eram mecanismos para transportar tropas e suprimentos até áreas de combate, asas armadas para perseguir inimigos, plataformas de lançamento para bombas destruidoras de navios. Eles revisavam os veículos em *checklists* pré-voo antes de escalar os céus. Mecânicos arregaçavam mangas e afiavam olhos; um pistão quebrado, um cinto mal afivelado, uma luz de combustível defeituosa... Qualquer um desses problemas poderia custar vidas. Contudo, antes de o avião responder à familiar carícia do piloto, sua natureza, seu DNA — do formato das asas à capota do motor — foram manipulados, refinados, massageados, desconstruídos e recombinados pelos engenheiros na porta ao lado.

Muito antes de os fabricantes de aviões dos Estados Unidos produzirem suas máquinas voadoras recém-concebidas, eles enviavam protótipos funcionais para o laboratório de Langley para que o *design* fosse testado e aprovado. Quase todos os modelos de aeronave de alta performance americanos foram até o laboratório para uma revisão minuciosa: os engenheiros estacionavam os aviões nos túneis de vento, tomando nota de superfícies perturbadoras de ar, fuselagens inchadas, geometria assimétrica de asas. Prudentes e detalhistas como antigos médicos de família, examinavam cada aspecto do ar flutuando em cima do avião, registrando cuidadosamente os sinais essenciais. Os pilotos de teste do NACA, às vezes com um engenheiro ao lado, levavam os aviões para uma voltinha. Rodava inesperadamente? Perdia sustentação? Era difícil de manobrar, resistindo ao piloto como um carrinho de compras com uma roda quebrada? Os engenheiros submetiam os aviões a testes, capturando e analisando os números, recomendando melhorias, algumas superficiais, outras profundas. Mesmo pequenas melhorias na velocidade e na eficiência multiplicadas por milhões de milhas de pilotagem contavam para fazer a balança da guerra pesar em favor dos Aliados.

"Vitória pelo poder aéreo!", cantava Henry Reid, engenheiro-chefe do laboratório Langley, para os empregados — o refrão era uma lembrança da importância do avião para o resultado da guerra. "Vitória pelo poder aéreo!", repetiam o pessoal do NACA, prestando atenção a cada ponto decimal, debruçando-se sobre equações diferenciais e gráficos de distribuição de pressão até cansar os olhos. Na batalha da pesquisa, a vitória seria deles.

A não ser que, é claro, Melvin Butler falhasse ao suprir o dia de três turnos e a semana de seis dias com mentes frescas. Os engenheiros eram uma coisa, mas cada um deles necessitava do apoio de outros: de artesãos para construir os modelos testados nos túneis, de mecânicos para manter os túneis e de calculadores eficientes para processar o dilúvio numérico que a pesquisa jorrava. Sustentação, empuxo, fricção e fluxo. O que era um avião senão um emaranhado de física? Física, é claro, significava matemática, e matemática significava matemáticos. E, desde meados da década anterior, matemáticos significavam matemáticas. A primeira equipe de mulheres computadoras de Langley começou em 1935[10] e causou alvoroço entre os homens do laboratório. Como a mente feminina poderia processar algo tão rigoroso e preciso quanto matemática? A ideia em si — investir quinhentos dólares[11] em uma máquina de calcular para que fosse usada por uma garota — era absurda! Mas as "garotas" eram boas, muito boas. Na verdade, eram melhores em cálculo que muitos dos engenheiros; os homens tiveram de admitir, embora relutantes.[12] Com apenas um punhado de garotas recebendo o título de "matemática" — uma designação profissional que as colocava em igualdade com os cargos masculinos de iniciantes —, o fato de que a maior parte das computadoras era tida como de "subprofissionais" mal pagas permitiu um avanço no lucro do laboratório.[13]

* * *

Em 1943, contudo, encontrar garotas tornou-se mais difícil. Virginia Tucker, a computadora-chefe de Langley, corria para lá e para cá na Costa Leste à procura de universitárias com habilidade mínima de análise e mecânica, à procura de calouras que preenchessem as centenas de vagas abertas para computadoras, auxiliares em ciências, modeladoras, assistentes de laboratório e, sim, matemáticas. Ela recrutou classes inteiras de graduandas em Matemática de sua *alma mater* na Carolina do Norte, a Faculdade para Mulheres Greensboro, e procurou em escolas da Virgínia como a Sweetbriar, em Lynchburg, e a Faculdade Estadual de Magistério, em Farmville.

Melvin Butler apoiou-se na Comissão de Serviço Público dos Estados Unidos e na Comissão de Força de Trabalho de Guerra o tanto quanto pôde para que o laboratório obtivesse prioridade no limitado conjunto de candidatos qualificados. Ele criou propagandas para o jornal local, o *Daily Press*: "Reduza suas tarefas domésticas! Mulheres que não temem arregaçar as mangas e exercer trabalhos antes masculinos devem trabalhar no Laboratório Aeronáutico Langley Memorial".[14] Pedidos passionais do departamento de recursos humanos foram publicados no informativo interno *Air Scoop*: "Há membros de sua família ou conhecidos que gostariam de fazer parte da supremacia aérea? Amigos de qualquer sexo que gostariam de fazer algo importante para encurtarmos e ganharmos a guerra?".[15] Com os homens absorvidos nos serviços militares, com mulheres já requisitadas por patrões ávidos, a força de trabalho estava tão esgotada quanto os próprios trabalhadores da guerra.

A luz no fim do túnel apresentou-se na forma do problema de outra pessoa. A. Philip Randolph, o chefe do maior sindicato negro do país, exigiu que Roosevelt abrisse vagas de trabalho lucrativas na guerra para os pretos. Caso ele não cumprisse o pedido, Randolph ameaçava que no verão de 1941 levaria cem mil pretos para protestarem na capital da nação. "Quem é esse tal de Randolph?",[16] fumegou Joseph Rauh, o braço direito do presidente. Roosevelt não soube responder.

Um "homem negro, alto e cavalheiresco, com dicção shakespeariana e olhar de águia",[17] Asa Philip Randolph, amigo íntimo de Eleanor Roosevelt, encabeçava os 35 mil da Irmandade de Carregadores de Trem de Passageiro. Os carregadores auxiliavam passageiros dos trens segregados, enfrentando diariamente preconceito e humilhação. Não obstante, esses empregos eram cobiçados pela comunidade negra porque proporcionavam certa estabilidade econômica e posicionamento social. Com a crença de que os direitos civis estavam inextricavelmente associados a direitos econômicos, Randolph lutou sem cessar pelo direito dos pretos americanos de participar igualitariamente da riqueza do país que ajudaram a construir. Vinte anos depois, Randolph se dirigiria a uma multidão em outra marcha em Washington, para então ceder o palco a um jovem e carismático pastor de Atlanta chamado Martin Luther King Jr.

Gerações seguintes associariam o nome de King ao movimento de libertação negra, mas, em 1941, enquanto os Estados Unidos orientavam cada aspecto da sociedade para a guerra pela segunda vez em menos de trinta anos, foi a visão de longo prazo de Randolph e o espectro de uma marcha que nunca ocorreu que entreabriram a porta antes fechada como um cofre de banco desde a Reconstrução. Com duas canetadas — o Decreto 8.802, ordenando a dessegregação da indústria da defesa, e o Decreto 9.346, criador do FEPC (Comitê de Práticas Justas de Emprego, em português) para monitorar o projeto nacional de inclusão econômica —, Roosevelt permitiu que uma nova fonte de mão de obra salvasse o apertado processo de produção.

Quase dois anos após o confronto de Randolph em 1941, quando o pedido do departamento de recursos humanos do laboratório alcançou o funcionalismo público, currículos de candidatas pretas começaram a chegar ao Prédio de Atendimento de Langley, para avaliação. Não havia necessidade do envio de fotografias — esse requisito, instituído pela administração de Woodrow Wilson, foi dispensado pela administração Roosevelt na tentativa de evitar discriminação trabalhista. Mas as *alma mater* entregavam tudo: Universidade Estadual da Virgínia Ocidental, Howard, Arkansas Agrícola, Mecânica & Normalista, Instituto Hampton, do outro lado da cidade — todas escolas de pretos. Nada nas inscrições indicava algo além de capacitação para as vagas. Provavelmente até possuíam mais experiência que as brancas, com muitos anos de magistério além dos cursos de Matemática e Ciências.

Melvin Butler sabia que elas precisariam de um local separado. Então, precisariam designar alguém para liderar o novo grupo, uma garota experiente — branca, é claro —, alguém cujo temperamento combinasse com a tarefa delicada. O Depósito, um espaço novo em folha do lado oeste do laboratório, em uma parte do campus que ainda não se assemelhava a um local de trabalho, serviria. O grupo do seu irmão Sherwood, bem como alguns funcionários do departamento de recursos humanos, já tinham se mudado para lá.[18] Com pressão 24 horas para testar os aeroplanos enfileirados no hangar, os engenheiros aceitariam de bom grado as mãos extras. Muitos dos engenheiros vieram do Norte, relativamente agnósticos quanto à questão social, mas devotos à matemática.

O próprio Butler vinha de Portsmouth,[19] do outro lado da baía de Hampton. Não era necessária uma imaginação fértil para ter uma ideia do que seus conterrâneos da Virgínia pensariam sobre integrar pretas aos escritórios de Langley, os "entrões" (como o pessoal da Virgínia chamava os recém-chegados ao estado) e suas malditas manias. O laboratório sempre tivera pretos (faxineiros, merendeiros, assistentes de mecânicos, zeladores). Mas abrir as portas para pretos que seriam colegas de trabalho... Isso era novidade.

Ele começou com discrição: nenhum anúncio no *Daily Press*, sem fanfarra no *Air Scoop*. Também foi objetivo: nada para enaltecer a chegada de uma preta no laboratório, mas nada para desmerecer também. Talvez Melvin Butler fosse progressista para aquele tempo e aquele lugar, ou talvez fosse apenas um funcionário público encarregado de uma tarefa. Talvez as duas coisas. A lei estadual — e o costume na Virgínia — o mantinha afastado de ações verdadeiramente progressistas, mas talvez a promessa de um escritório segregado fosse o disfarce necessário para dar entrada às mulheres negras, um cavalo de Troia abrindo a porta para a integração. Quaisquer que fossem seus pensamentos sobre raça, uma coisa estava clara: Butler era um homem de Langley, leal ao laboratório, à missão, à visão de mundo dali e à função daquele lugar em relação à guerra. Por natureza, e por obrigação, ele e o restante do NACA queriam soluções práticas.[20]

Assim também era Asa Philip Randolph. Ativismo infatigável, pressão inesgotável e ótimas habilidades de organização criaram as bases para o que seria conhecido, na década de 1960, como movimento de direitos civis. Mas não havia como Randolph, ou os homens do laboratório, ou qualquer outra pessoa adivinhar que contratar um grupo de matemáticas negras no Laboratório Aeronáutico Langley Memorial acabaria na Lua.

Ainda eram velados os avanços aeronáuticos que acabariam com a noção de que um voo mais rápido do que a velocidade do som era uma impossibilidade física, bem como os dispositivos eletrônicos de cálculo que ampliariam as dimensões impensáveis do poder da ciência e da tecnologia. Ninguém antecipou que milhões de mulheres dos tempos de guerra se recusariam a deixar os locais de trabalho e mudariam para sempre o significado de trabalho feminino, ou que os pretos americanos persistiriam nas exigências de acesso total aos ideais fundadores do país. As matemáticas negras que entraram em Langley em 1943 se encontrariam na interseção dessas grandes transformações, com suas mentes afiadas e ambições, contribuindo para o que os Estados Unidos considerariam uma de suas grandes vitórias.

Em 1943, entretanto, o país vivia no presente urgente. Respondendo às necessidades do aqui e agora, Butler deu o passo seguinte, anotando a necessidade de mais um item na lista aparentemente infinita de aquisições: uma placa de metal para o banheiro com os dizeres "garotas de cor".[21]

CAPÍTULO 2

MOBILIZAÇÃO

Não havia escapatória ao calor do verão de 1943, não nas marés ondulantes do Pacífico Sul, não nos céus em chamas sobre Hamburgo e a Sicília, e não na caldeira da lavanderia do campo Pickett, onde um grupo de pretas trabalhava. A temperatura e a umidade ali dentro eram tão intensas que parecia um convite sair para o ar livre onde estava mais de 37 graus naquele verão de junho na Virgínia Central.[1]

A lavanderia era tanto um canto obscuro da guerra quanto um microcosmo dela. Uma máquina sofisticada e eficiente capaz de processar 18 mil sacas de roupa por semana.[2] Um grupo de mulheres colocava a roupa suja em enormes *boilers*. Outras carregavam as roupas ensopadas para as secadoras. Outra equipe trabalhava com as máquinas de passar, como cozinheiras em chapas gigantes. Dorothy Vaughan, de 32 anos, ocupava-se da seleção,[3] reunindo meias solitárias e colocando calças nas sacolas dos soldados negros e brancos que chegavam de trem ao campo Pickett para o treino básico de quatro semanas antes de seguir para o porto[4] em Newport News. Conversas sobre maridos, filhos, a vida em casa ou a sempre presente guerra soavam acima da trovoada e do zunido das máquinas e secadoras gigantes. *A gente fez uma festa de despedida bem simpática para ele, a vizinhança toda apareceu. Não dá pra arranjar meia-calça em lugar nenhum, tão quente que está. O tal sr. Randolph é uma coisa, e amigo da sra. Roosevelt!* Elas reclamavam de maridos, filhos e pais que iam para o conflito tão distante das urgências diárias de suas vidas na Virgínia, embora tão próximos em preces e sonhos.

A maioria das mulheres que se encontrava na lavanderia militar tinha largado o serviço de empregada doméstica ou de cortadora em fábrica de tabaco.[5] A lavanderia era um inferno úmido, um trabalho monótono e desconfortável. As lavadeiras estavam na base da pirâmide de guerra, invisíveis e indispensáveis. Um executivo da indústria de aviação estimou que cada lavadeira se ocupava de três trabalhadores[6] em sua fábrica; com alguém encarregado da roupa suja, homens e mulheres das linhas de produção apresentavam taxas mais baixas de absenteísmo. As lavadeiras ganhavam 40 centavos por hora.[7] Estavam entre os trabalhadores de guerra mais mal pagos. Mas, com poucas opções de trabalho, parecia a sorte grande.

Uma semana após o fim das aulas na Robert Russa Moton, a escola para pretos em Farmville, na Virgínia, onde Dorothy lecionava matemática, ela começou a trabalhar no campo Pickett.[8] Com graduação superior e magistério, ela estava quase no topo do que a maioria das pretas poderia alcançar. Professoras eram consideradas o "nível superior em educação e inteligência da raça",[9] um exército de educadores que não apenas transmitia conhecimento, mas vivia na comunidade preta e "dirigia seus pensamentos e encabeçaria os movimentos sociais".[10] Os sogros dela eram pilares da elite preta da cidade. Eram donos de uma barbearia, uma sinuca e um posto de gasolina.[11] As atividades dessa família eram material para a coluna social do *Norfolk Journal and Guide*, o principal jornal da comunidade preta do Sudeste americano. Dorothy, o marido Howard e os quatro filhos moravam em uma enorme casa vitoriana na rua South Main,[12] junto com os pais e com os avós de Howard.

No verão de 1943, Dorothy aproveitou a oportunidade do campo Pickett para juntar um pouco de dinheiro durante as férias escolares. Embora lecionar fosse prestigioso, a compensação era modesta. Os professores brancos da Virgínia ficavam nos 25 por cento mais mal pagos[13] do país, e os pares negros ganhavam quase cinquenta por cento a menos.[14] Muitos professores negros do Sul lecionavam em escolas que tinham apenas uma ou duas salas, e mal poderiam ser consideradas "edifícios". Os professores eram requisitados para fazer todo o possível para manter as escolas limpas, seguras e confortáveis para os alunos. Cuidavam do carvão para aquecimento no inverno, consertavam janelas, esfregavam o chão sujo e preparavam o almoço. Vasculhavam as próprias carteiras puídas para completar o caixa da escola.

Outra mulher na situação de Dorothy jamais consideraria o emprego na lavanderia, mesmo passando por dificuldade econômica. Um diploma superior não servia justamente para fugir de serviço pesado? E a localização do campo, quase cinquenta quilômetros a sudeste de Farmville, significava morar nos alojamentos e voltar para casa apenas nos fins de semana. Mas os quarenta centavos por hora que Dorothy ganhava para separar a roupa suja era mais do que recebia por lecionar,[15] e, com quatro filhos, um verão de salário extra seria usado imediatamente.

E Dorothy possuía uma mente de independência incomum, impaciente diante das pretensões que às vezes acompanhavam os membros de sua raça que subiram na vida. Ela não fazia nada que chamasse atenção no campo Pickett, nem distinções entre ela e as outras mulheres. Havia algo em sua conduta que transcendia a voz suave e o tamanho diminuto. Os olhos dominavam o adorável rosto cor de caramelo — olhos amendoados, separados e intensos, que pareciam ver tudo. A educação estava no topo de seus ideais; era a garantia certa em um mundo que exigia mais de seus filhos do que das crianças brancas, mas que tentava oferecer menos em troca. A escada preta para o sonho americano não possuía todos os degraus; mesmo os negros mais bem-sucedidos temiam que as forças da discriminação destruíssem sua segurança econômica a qualquer momento. Ideais sem soluções práticas eram promessas vazias. Ficar de pé o dia todo em uma lavanderia escaldante era uma oportunidade, já que uniformes militares limpos proporcionavam uniformes escolares novos, já que cada meia dava uma entrada na educação superior de seus filhos.

À noite, no beliche das acomodações dos trabalhadores, enquanto torcia por uma brisa que cortasse o ar imóvel da noite, Dorothy pensava em Ann, de oito anos; Maida, seis; Leonard, três; e Kenneth, de apenas oito meses. A vida e o futuro deles guiavam todas as suas decisões. Como praticamente todas as pretas que conhecia, ela batalhava para encontrar o equilíbrio entre o tempo em casa com as crianças e o tempo *para* as crianças, para a família, no trabalho.

Dorothy nasceu em 1910, em Kansas City, no Missouri. Sua mãe morreu quando ela tinha apenas dois anos;[16] menos de um ano depois, o pai, Leonard Johnson, garçom, casou-se novamente. A madrasta, Susie Peeler Johnson, era faxineira[17] na estação de trem Union para ajudar a manter a família. Ela cuidava de Dorothy como se fosse sua filha e a incentivava, ensinando a garota precoce a ler antes de entrar na escola,[18] o que fez com que ela pulasse duas séries.[19] Também encorajava o talento musical da menina, matriculando-a em aulas de piano.[20] Quando Dorothy estava com oito anos, a família mudou-se para Morgantown, na Virgínia Ocidental, onde o pai havia aceitado um emprego de um famoso *restauranteur* preto.[21] Lá, frequentou a Beechhurst,[22] uma escola para pretos consolidada localizada na esquina da Universidade da Virgínia Ocidental, a principal faculdade para brancos do estado. Sete anos depois, Dorothy colhia os frutos do trabalho duro na forma de oradora da turma[23] e bolsa integral na Universidade de Wilberforce, a mais antiga faculdade para pretos do país, em Xenia, em Ohio. A AME (Escola Dominical Africana Metodista Episcopal, em português), que concedeu a bolsa, celebrou o 15º aniversário de Dorothy em um panfleto de oito páginas distribuído para membros da igreja, no qual saudava a inteligência, a ética de trabalho, a natureza bondosa e a humildade da adolescente. "Esta é a aurora de uma vida, uma promessa vindoura. Nós que tivemos a sorte de guiar esse gênio e ajudá-lo a se moldar, mesmo que por pouco tempo, observaremos com interesse os anos por vir", escreveu Dewey Fox, o vice-presidente da organização.[24] Dorothy era o tipo de jovem que enchia a raça preta de esperança que seu futuro nos Estados Unidos seria mais favorável que o passado.

Na Wilberforce, Dorothy recebeu "notas esplêndidas"[25] e escolheu Matemática como graduação. Quando estava no último ano, um dos professores a recomendou para Matemática[26] na Universidade de Howard, na turma inaugural de mestrado[27] no tema. Howard, na cidade de Washington, era o ápice da escolaridade dos pretos. Elbert Frank Cox e Dudley Weldon Woodard, os dois primeiros pretos a receberem doutorado em Matemática,[28] com diplomas da Cornell e da Universidade da Pensilvânia, respectivamente, dirigiam o departamento. O preconceito das escolas brancas era a herança inesperada das escolas negras: com chances praticamente nulas de obter uma posição em uma escola branca, acadêmicos negros brilhantes como Cox, Woodard e W.E.B. Du Bois, o sociólogo e historiador que foi o primeiro preto a receber um doutorado em Harvard, lecionavam quase exclusivamente em escolas de pretos, aproximando alunos como Dorothy das mentes mais brilhantes do mundo.

A Universidade de Howard representava uma oportunidade única para Dorothy, alinhada com as altas expectativas da bolsa oferecida pela AME. Com uma autoconfiança que não dava espaço para inadequações de raça ou gênero, Dorothy deu boas-vindas à chance de provar a si mesma na competitiva arena acadêmica. Mas a realidade econômica que Dorothy confrontou ao sair da faculdade fez o mestrado parecer uma extravagância irresponsável. Com a Grande Depressão à vista, os pais de Dorothy, assim como um terço da população,[29] tinham dificuldades em arranjar um emprego fixo. Um salário extra ajudaria a manter o lar e aumentaria as chances de a irmã de Dorothy seguir seus passos acadêmicos. Dorothy, embora com apenas 19 anos, sentia-se responsável[30] por ajudar a família a sobreviver naqueles tempos duros, mesmo que isso significasse fechar as portas para a sua ambição, pelo menos naquele momento. Ela optou por um diploma em Educação e seguiu a carreira de magistério, a mais estável para uma negra diplomada.

Por meio de uma extensa rede de colaboração, as universidades negras recebiam pedidos por professores do país inteiro. Por isso, despachavam seus alunos para preencher as vagas abertas em qualquer lugar, de escolas de vilas rurais do cinturão do algodão até o elitizado colégio Dunbar, na capital americana. Os novos educadores queriam, claro, ensinar a matéria em que se graduaram, mas era esperado deles que assumissem qualquer tarefa. Depois da formatura em 1929, Dorothy foi enviada como missionária secular para se juntar à força educadora preta.

Seu primeiro emprego, como professora de Matemática e de Inglês em uma escola de pretos na zona rural de Tamms, Illinois,[31] foi extinto logo após o término do primeiro ano. O colapso dos preços do algodão provocado pela Depressão atingiu duramente a área, e o sistema educacional simplesmente fechou as portas. Assim, acabou com a educação pública para os estudantes pretos da região. O posto seguinte, na costa da Carolina do Norte, também não durou. No meio do ano letivo, a escola ficou sem dinheiro[32] e simplesmente parou de pagá-la. Dorothy manteve-se e ajudou sua família trabalhando como garçonete em um hotel de Richmond, na Virgínia, até 1931, quando ficou sabendo de uma vaga em uma escola de Farmville.

Não foi surpresa que a recém-chegada de belos olhos tenha chamado atenção de um dos solteiros mais cobiçados de Farmville. Alto, carismático e de sorriso fácil, Howard Vaughan trabalhava como mensageiro itinerante[33] de hotéis de luxo, indo para o sul da Flórida no inverno e para o norte de Nova York e Vermont no verão. Em algumas temporadas, ele encontrava serviço mais perto de casa, no Greenbrier,[34] um resort de luxo em White Sulphur Springs, na Virgínia Ocidental, destino dos ricos e famosos de todo o mundo.

Embora o emprego do marido o mantivesse na estrada, Dorothy trocou a mala de viagem pela vida em Farmville, as rotinas de uma família, a estabilidade do emprego fixo e a comunidade. No entanto, a entrada na vida adulta e o trabalho durante a Depressão afetaram sua visão de mundo permanentemente. Ela se vestia de forma simples e modesta, recusava extravagâncias e nunca deixava de poupar dinheiro. Além disso, era integrante da Igreja Africana Metodista Episcopal Beulah de Farmville, mas foi a Primeira Igreja Batista que aproveitou seus dotes musicais nas manhãs de domingo, onde a contrataram para tocar piano.

Conforme a guerra intensificava, a agência dos correios da cidade era tomada por boletins que ofereciam cargos públicos, que competiam pelos olhos dos locais e de estudantes de graduação. Foi em uma ida aos correios durante a primavera de 1943 que Dorothy viu o anúncio de emprego[35] na lavanderia do campo Pickett. Mas uma palavra em outro anúncio também chamou atenção: matemáticas. Uma agência federal em Hampton procurava mulheres para ocupar várias vagas relacionadas à matemática e à aviação. O boletim, de Melvin Butler e do departamento de recursos humanos do NACA, tinha sido composto para os olhos de estudantes brancas de classes altas da Faculdade Estadual de Magistério Feminina em Farmville. O laboratório havia enviado para a seção de empregos da escola formulários de inscrição, anúncios sobre os exames para funcionalismo público e folhetos descrevendo o trabalho no NACA, pedindo a professores e funcionários que espalhassem a notícia sobre as vagas abertas para as potenciais candidatas. "Esta organização irá visitar algumas faculdades femininas nesta região para entrevistar estudantes do último ano do curso de Matemática", escreveu o laboratório.[36] "Estudantes de destaque podem contar com uma vaga no laboratório."[37] As entrevistas naquele ano levaram quatro novas garotas de Farmville para as seções de computação do laboratório.

A casa de Dorothy na rua South Main ficava perto do campus da faculdade. Todas as manhãs, quando caminhava os dois quarteirões para o trabalho na escola Moton — um edifício em forma de U em um quarteirão triangular no extremo sul da cidade —, ela via as alunas da Faculdade Estadual de Magistério com seus livros adentrando as salas de aula, naquele santuário frondoso que era o campus. Dorothy ia para a escola do outro lado da rua, pisando com a ponta dos pés a linha invisível que as separava.

Era difícil imaginar que um lugar com nome tão barroco quanto Laboratório Aeronáutico Langley Memorial solicitaria inscrições de pretas, tanto quanto pensar que as brancas da faculdade do outro lado da rua a receberiam pela porta da frente daquele enclave bem cuidado. Jornais negros, no entanto, trabalhavam incansavelmente para espalhar longe as notícias de empregos de guerra e incentivavam os leitores a se candidatarem. Alguns descreviam o Decreto 8.802 e o FEPC como "a medida mais significante do governo desde a Proclamação de Emancipação".[38] A própria cunhada de Dorothy tinha se mudado para Washington[39] por conta de um emprego no Departamento de Guerra.

Na primeira semana de maio de 1943, o *Norfolk Journal and Guide* publicou um artigo que chamaria atenção de Dorothy como uma placa que indicava a via *não trilhada*. "Abrindo caminho para mulheres engenheiras",[40] dizia o título. A fotografia mostrava 11 pretas bem-vestidas em frente ao Laboratório Bemis do Instituto Hampton, graduandas de Engenharia para Mulheres, uma turma de treinamento para a guerra. Fundado em 1868, o Instituto Hampton havia nascido de aulas ministradas pela professora preta liberta Mary Peake, à sombra de uma árvore majestosa conhecida como Carvalho da Emancipação. Às vésperas da Segunda Guerra

Mundial, Hampton era uma das principais faculdades para pretos do país e o ponto central da participação na comunidade negra no conflito.

As mulheres vinham do norte e do sul da Costa Leste e também da própria cidade. Pearl Bassette, uma das muitas nativas de Hampton, era filha de um conhecido advogado negro, de uma família com raízes na fundação da cidade. Ophelia Taylor, nascida na Geórgia, graduou-se no Instituto Hampton e, antes de começar o curso, foi diretora de uma creche.[41] Mary Cherry veio da Carolina do Norte;[42] Minnie McGraw, da Carolina do Sul; Madelon Glenn, da distante Connecticut. Miriam Mann, uma pequena agitadora que havia lecionado na Geórgia, viera para a cidade com a família quando o marido, William, aceitou uma posição como instrutor, ensinando mecânica prática[43] na Escola de Treinamento Naval dos Estados Unidos no Instituto Hampton.

Havia trabalhos para negros e havia *bons* trabalhos para negros. Separar a roupa suja, fazer a cama na casa dos brancos, cortar tabaco: trabalhos para negros. Dono de barbearia ou funerária, trabalhar nos correios, carregadores dos trens Pullman: *bons* trabalhos para negros. Professor, pastor, médico, advogado: *muito bons* trabalhos para negros, que traziam a estabilidade e a estima de uma educação formal.

Mas o emprego no laboratório aeronáutico era algo novo, algo tão diferente que ainda nem tinha entrado nos sonhos coletivos. Nem mesmo o sonho havia muito tempo adiado de equalizar os salários de professores pretos com o de professores brancos ganhava. Ainda que a guerra terminasse em seis meses ou um ano, um salário bem mais alto por pouco tempo deixaria Dorothy mais perto de assegurar o futuro de seus filhos.

Então, naquela primavera, Dorothy Vaughan preencheu com cuidado e enviou duas fichas de inscrição: uma para trabalhar no campo Pickett, onde a necessidade de mão de obra era tão grande, tão indiferenciada, que era praticamente impossível não ser contratada; e outra, muito maior, em que detalhava suas qualificações.[44] Histórico de empregos. Referências pessoais. Escolas em que estudou: ensino médio e superior. Cursos e notas. Línguas que falava (francês, que estudara em Wilberforce). Viagens ao exterior (nenhuma). *Aceita uma vaga no exterior?* (não). *Quando pode começar?* Ela sabia a resposta antes de seus dedos a gravarem no espaço em branco: 48 horas. Posso começar em 48 horas.[45]

CAPÍTULO 3

PASSADO É PRÓLOGO

O ano escolar de 1943 na escola Robert Russa Moton, em Farmville, começou da maneira de sempre: mesmo lugar, mais estudantes. O "novo" colégio de ensino médio, construído em 1939 para acomodar 180 alunos,[1] era insuficiente quase desde o nascimento. No primeiro ano de operação, 167 estudantes foram matriculados.[2] Quatro anos depois, Dorothy Vaughan e seus 12 colegas davam as boas-vindas a 301 jovens sedentos por educação, incentivados por pais que queriam para os filhos mais do que uma vida de trabalho em fábrica de tabaco. Os alunos andavam quilômetros para chegar à escola ou arriscavam a sorte em ônibus pouco seguros que circulavam pelos pontões do condado Prince Edward.

Membro da associação de pais e professores de Monton e fundadora do conselho do comitê da NAACP (Associação Nacional para o Avanço das Pessoas de Cor, em português) de Farmville,[3] Dorothy trabalhava duro para melhorar as perspectivas educacionais em longo prazo dos jovens da cidade. Como professora, suas ambições eram imediatas: com apenas oito salas de aula, sem ginásio de esportes, armários ou cantina, e com um auditório sem cadeiras,[4] ela precisava de todo o seu poder de liderança e de sua criatividade para manter um ambiente educacional adequado. De algum modo, ela conseguiu ensinar aritmética e álgebra em detalhes no auditório, ao mesmo tempo que duas outras classes tinham suas aulas ali. O prédio da escola podia ser modesto, mas os padrões de Dorothy não. Certa vez, descobriu um erro em uma das apostilas de matemática que utilizava em sala e saiu correndo para escrever uma carta ao editor (eles consertaram o erro e enviaram uma carta de agradecimento depois). O Bom Deus em pessoa ficaria acanhado em sua cadeira se a sra. Vaughan O tivesse flagrado sem a tarefa de álgebra. Depois das aulas, ela atuava como tutora de estudantes que precisavam de reforço. Também trabalhava com o coro; sob sua direção, vários quartetos vocais da Moton ganharam[5] competições estaduais. Em 1935, um artigo do *Norfolk Journal and Guide* cobriu o evento anual e a nomeou como a "diretora mais entusiasmada e dedicada do festival".[6] Em 1943, ela e a professora de música da escola, Altona Johns, treinaram os estudantes para a canção de Natal "The Light Still Shines".[7]

Tal como o verão febril cedeu lugar à folhagem de outono e às manhãs frescas, a rotina mudou por conta da guerra. O clube 4-H* da escola enviava cestas básicas para os soldados que partiam e organizou uma discussão na comunidade intitulada "O que podemos fazer para vencer a guerra?".[8] A diretoria da Moton comercializou "selos de guerra",[9] e cada venda era uma pequena compensação diante do gasto gigantesco da produção militar. A comunidade organizava festas de despedida[10] e preparava banquetes para os jovens que iam para o *front*. Dorothy incluiu em suas aulas uma matéria chamada Matemática de Guerra,[11] na qual ensinava operações aritméticas aplicadas ao orçamento doméstico, como criar livros de racionamento e problemas clássicos cujos enunciados trocavam carros por aviões.

Às vezes, parecia que Dorothy sempre estivera em Farmville. A cidade a recebera com o calor reservado aos nativos; nunca havia chamado um lugar de lar por tanto tempo em seus 32 anos. Sua vida, no entanto, era um modelo do amor americano pela mobilidade, em todos os sentidos. Em momentos de reflexão profunda, enquanto esperava uma resposta de

---

* Os clubes 4-H são uma rede mundial de apoio a crianças e adolescentes entre 5 e 19 anos, nos quais voluntários adultos apresentam oportunidades positivas de desenvolvimento, promovendo noções de cidadania, liderança e responsabilidade. (N.T.)

Hampton, Dorothy pode ter percebido uma euforia além da esperança pragmática de uma melhora econômica: o reaquecimento de brasas adormecidas em seus 12 anos em Farmville.

Resolução no papel era uma coisa; a bagunça da vida real era outra. Ela não era mais uma estudante solteira de alma itinerante, mas uma esposa e mãe de quatro crianças. O emprego em Langley era em tempo integral, seis dias por semana, em um escritório distante demais de casa para que voltasse nos fins de semana, como havia feito durante o verão no campo Pickett. No entanto, quando a carta, meio esquecida, meio desejada, por fim chegou, ela já estava decidida. E, uma vez que Dorothy estivesse decidida, ninguém — nem mesmo seu marido, os sogros ou o diretor da Moton — poderia dissuadi-la do objetivo.

Por meio desta, você é designada Matemática, Grau P-1, com pagamento na faixa de 2 mil dólares anuais, pelo tempo em que o serviço for necessário, mas sem se estender para além da duração da presente guerra e seis meses além.[12]

O salário era mais de duas vezes os 850 dólares anuais[13] que recebia como professora na Moton.

A despedida de Dorothy foi direta e sem firulas, como a carta enviada pelo NACA naquele outono. Sem festa ou fanfarra, apenas uma única linha na seção de Farmville do *Norfolk Journal and Guide*: "A sra. D.J. Vaughan, professora de matemática no colegial por anos, aceitou uma oportunidade de emprego no campo Langley, VA".[14] Sem interesse por longas despedidas, ela ficou com os filhos na casa da rua South Main até a campainha tocar.[15] "Voltarei no Natal", disse na rodada final de abraços. Por 12 anos, todas as manhãs, Dorothy virava à esquerda para ir ao trabalho. Desta vez, o táxi virou à direita, conduzindo-a à direção oposta.

A sala de espera para pessoas de cor na estação de ônibus da Greyhound funcionava como alfândega para um mundo intermediário. Dorothy embarcou, e a cada quilômetro a vida em Farmville sumia na distância. O trabalho em Langley, uma abstração por meio ano, entrava em foco. As viagens anteriores de Dorothy — Missouri para Virgínia Ocidental, Ohio para Illinois, Carolina do Norte para Virgínia — tinham sido muito mais extensas do que os 220 quilômetros que separavam Farmville de Newport News, onde havia arranjado um teto temporário a partir de uma lista de quartos de aluguel para pessoas de cor. No entanto, a distância emocional era muito maior. No espaço transitório do ônibus, ela revirou as questões que ocupavam sua mente desde que enviara a inscrição seis meses antes. Como seria trabalhar com brancos? Sentaria ao lado de jovens como as da Faculdade de Magistério? Sentiria falta das ondulantes montanhas azuis de Piedmont, ou se apaixonaria pela baía de Chesapeake e pelos muitos rios, enseadas e pântanos da costa da Virgínia? Como enfrentaria o tempo e a distância separada dos filhos, com o abraço quente deles ainda em sua pele conforme o ônibus seguia para o Sul?

Cercados por avós e dúzias de tios e primos, em uma comunidade onde vizinhos eram da família, que ajudavam quando parentes não podiam fazer isso, a vida de seus filhos mudaria bem pouco. Acostumados às longas horas de trabalho da mãe e às longas ausências do pai, sentiam falta de Dorothy, mas a despedida não interrompia a vida animada, repleta de família, amigos e escola.

O casamento, porém, seria prejudicado. O tempo distante já era medido em semanas e meses, não dias. Dorothy tinha 22 anos em 1932, quando casaram,[16] disposta a assumir a responsabilidade da vida tradicional. Sem avós, ela regozijou-se pela estabilidade e pelo carinho da família estendida, mas sogros adoráveis não curavam a ferida de um marido ausente. A separação geográfica era um suplente da distância emocional que se alargava com o passar dos anos, expondo uma desigualdade talvez presente desde o início.

Quando voltava para casa, Howard procurava as coisas simples da cidade pequena: ficar com família e amigos, trabalhar na sinuca da família. Dorothy, por sua vez, ocupava todas as horas livres com atividades, com reuniões da NAACP e ensaios de piano. Howard estava satisfeito com o diploma de ensino médio. Anos após ter declinado o mestrado na Howard, Dorothy resolveu fazer um curso noturno de Educação[17] na Faculdade Estadual para Pretos da Virgínia, perto de Richmond, com aulas uma vez por semana.

Dorothy, que conhecia o chamado da estrada tão bem, entendia o apelo da carreira itinerante e incomum de Howard, e o apoiava ao máximo. Em

1942, a família toda o acompanhou até White Sulphur Springs.[18] Alugaram uma casa na cidade, da qual Howard podia ir a pé ao trabalho no hotel. Avisadas pelos pais de que não deveriam nem sequer *pensar* em pisar no hotel,[19] as crianças Vaughan aproximavam-se ao máximo do resort de enormes colunas brancas, espiando pela cerca de metal coberta de arbustos,[20] para observar os detentos alemães e japoneses[21] do campo improvisado na propriedade.

A casa alugada ficava em frente ao lar de um casal preto mais velho,[22] Joshua e Joylette Coleman. Joshua e Howard trabalhavam juntos na recepção do Greenbier. Enquanto os homens trabalhavam, Dorothy e as crianças passavam o dia com Joylette, professora aposentada. As crianças amaram os Coleman; era como ter mais avós. Dorothy, que havia passado sete anos da juventude na Virgínia Ocidental, contava a história da vida no estado e ouvia as fábulas orgulhosas das conquistas dos filhos do casal, especialmente da mais nova, Katherine.

Charles, Margaret, Horace e Katherine Coleman foram criados naquela cidade. Katherine, de 24 anos, vivia em Marion, na Virgínia, uma cidadezinha na zona rural a sudoeste. Até se casar e formar uma família, Katherine também havia trabalhado como professora de matemática. Como Dorothy, seus talentos intelectuais, especialmente matemáticos, fizeram com que pulasse séries. Formou-se no colegial com 14 anos[23] e matriculou-se no Instituto Estadual da Virgínia Ocidental, uma faculdade negra localizada próxima a Charleston, capital do estado. Katherine cursou todas as disciplinas de matemática[24] e tornou-se pupila do jovem e talentoso professor de matemática William Waldron Schieffelin Claytor, que abriu classes avançadas para ela.[25] Claytor, com doutorado em Matemática pela Universidade da Pensilvânia, foi o terceiro preto do país[26] a obter essa credencial, em 1933. Ele havia se formado na Howard em 1929[27] e cursara a turma inaugural do mestrado — a mesma que Dorothy declinou.

Independentemente se Dorothy e Katherine perceberam a conexão via Claytor — Dorothy quase nunca falava sobre a questão do mestrado —, o caminho percorrido por Katherine depois da graduação com louvor em Matemática e Francês[28] deve ter soado como uma versão alternativa da vida da própria Dorothy. Em 1936, o Fundo de Defesa Legal da NAACP, dirigido por Charles Hamilton Houston, intercedeu com sucesso na Suprema Corte no caso Murray contra Pearson, pondo fim às políticas de admissão que explicitamente barravam alunos negros. Depois, a organização conseguiu outra vitória na Corte, em 1938, no caso Missouri *ex rel.* Gaines contra Canadá, o qual requeria que os estados providenciassem programas de ensino e profissionais separados (porém "iguais") ou permitissem a integração nas escolas brancas. Alguns estados, como a Virgínia, simplesmente se recusaram a obedecer: em 1936, uma estudante negra de Richmond, Alice Jackson Houston, inscreveu-se na Universidade da Virgínia para estudar Francês, mas foi negada.[29] A NAACP processou em seu nome e, em resposta, o estado da Virgínia ofereceu pagar as mensalidades de alunos negros em qualquer lugar menos lá, política que permaneceu até 1950.[30]

A Virgínia Ocidental, no entanto, decidiu pela integração. Lenta e silenciosamente, sem alarde, três pretos com "capacidade incomum"[31] entraram na graduação na Universidade da Virgínia Ocidental em Morgantown, no verão de 1940. A filha dos Coleman, Katherine, era um desses estudantes, e um atestado de seu talento acadêmico e de sua força de caráter foi encarar o isolamento e o escrutínio que acompanhavam o aluno negro nas trincheiras da dessegregração. Mas um mestrado em Matemática iria eludir Katherine, como havia acontecido com Dorothy. Depois do curso de verão, Katherine decidiu trocar a universidade[32] pela vida de esposa e mãe: era o chamado doméstico vencendo a ambição profissional.

Os pais de Katherine amavam o genro, Jimmy, professor de Química que Katherine conheceu no seu primeiro serviço como professora, e eles mimavam as três netas. A escolha por priorizar a vida familiar não prejudicou o orgulho dos pais pelas conquistas acadêmicas da filha. Será que ela, assim como Dorothy, imaginava para onde a oportunidade poderia tê-la levado? Pensava no que seu talento se transformaria se fosse testado até o limite? Katherine havia feito a escolha apenas dois anos antes. A primeira grande chance de Dorothy tinha ficado 15 anos no passado, tempo o suficiente para supor que seu destino estava selado.

No entanto, ao fim de novembro de 1943, aos 32 anos, uma segunda chance, que poderia liberar enfim seu potencial profissional, surgiu com Dorothy Vaughan. Veio disfarçada como uma licença temporária de sua vida como professora, um "bico" com fim marcado e depois do qual voltaria à familiaridade de Farmville, quando o longo e sangrento conflito terminasse. A filha mais nova dos Coleman teria a mesma segunda chance, anos adiante, seguindo a trilha de Dorothy Vaughan até Newport News, transformando o acaso de uma reunião durante o verão no Greenbrier em algo mais parecido com destino.

Do outro lado da janela do ônibus a sessenta quilômetros por hora, os suaves morros de Piedmont achatavam-se e expandiam-se, e a capital do estado ia e vinha enquanto a planície costeira da região de Tidewater avançava na direção de Dorothy. Uma das cidades em plena explosão econômica do país abria os braços para receber sua mais nova residente.

CAPÍTULO 4

O V DUPLO

Dorothy Vaughan embarcou no ônibus de viagem nos Estados Unidos que conhecia e desembarcou em outro, tão ansiosa, esperançosa e animada como se estivesse imigrando para outro país. O agrupamento de cidades e vilas ao redor do porto de Hampton Roads — Newport News e Hampton ao norte, Portsmouth, Norfolk e Virginia Beach ao sul — fervia com migrantes. Os tempos de região rústica já estavam aposentados diante da onda de recém-chegados. Das florestas e dos pesqueiros e fazendas de um estado bucólico emergia uma poderosa capital militar, um centro nervoso que havia recebido milhares[1] de novos residentes desde o começo do conflito. Naquele momento, o carro-chefe dos negócios em Hampton Roads era a guerra.

Fosse por terra firme ou pelo mar, chegar a Newport News, com seu vasto complexo de píeres de carvão e andaimes, guindastes e chaminés, estradas de ferro, elevadores e ancoradouros ao longo do rio James, dava a ideia do grande poder concentrado pelos militares americanos, do escopo de uma máquina de manufatura e produção de proporções quase inconcebíveis, da consumação de um império militar e industrial sem paralelos na história da humanidade. Centenas de estivadores e armadores lutavam com manivelas e carregavam caixas de alimentos e de munição nas entranhas de navios de guerra apertados nos ancoradouros. Fileiras de jipes iam para dentro dos navios, gerando nos píeres engarrafamentos maiores do que em terra firme. Soldados forçavam mulas a andar sobre as pranchas de embarque, cães policiais viajavam em navios ao lado de seus fiéis companheiros bípedes. Tropas aliadas treinavam no campo Patrick Henry, a oito quilômetros pela estrada militar, e depois eram enviadas por trem para o píer. Era o mosaico americano em exibição: rapazes mal saídos da adolescência e homens no musculoso auge da vida adulta, vindos de todas as cidades da nação, de vilarejos e da região rural, escorrendo para as cidades de guerra como chuva de verão. Regimentos de pretos chegavam do país inteiro. Um destacamento era composto apenas por nipo-americanos. Alistados de países aliados, como médicos oficiais da China e o Primeiro Regimento Caribenho, apresentavam-se aos oficiais em comando do porto antes de embarcar. Companhias do WAC (Corpo de Exército Feminino, em português) ficavam em sentido e batiam continência. A banda do porto dizia adeus aos soldados com "Boogie Woogie Bugle Boy", "Carolina in My Mind", "La Marseillaise" — melodias de centenas de corações e lares diferentes.[2]

Na próspera cidade, a maior parte do trabalho era feita por mulheres. A visão de mulheres de macacão[3] trabalhando em postos de combustível por toda a região tinha se tornado tão comum que não atraía mais olhares. Havia mulheres engraxates, em estaleiros e nos escritórios das instalações militares. Com os homens no *front*, as mulheres arregaçavam as mangas, e os negócios locais se esforçavam por recrutar e reter as funcionárias. O Departamento de Guerra contratava mulheres para posar como manequins[4] nas vitrines da loja de departamento Smith & Welton, de Norfolk. A tarefa: incentivar outras mulheres a se inscreverem nos serviços de guerra.

Entre 1940 e 1942, a população civil da região explodiu de 393 para 576 mil,[5] sem contar o aumento em dez vezes da população militar, de 15 para mais de 150 mil.[6] A guerra operava sem cessar, em três turnos de oito horas, e os negócios locais corriam para manter o ritmo. O comércio era robusto, até demais em alguns casos: em uma lavanderia operando acima da capacidade, os clientes eram recebidos por uma placa que dizia "por favor, lave em casa".[7] O cinema Norva em Norfolk exibia filmes das 11 da manhã até meia-noite;[8] a casa ficava cheia em filmes como *Forja de heróis* e *Casablanca*. As imagens na tela eram dádivas escapistas e ofereciam uma dose cavalar de patriotismo. As notícias antes e depois do filme orgulhavam-se das conquistas americanas no campo de batalha. Até Walt Disney exibia uma animação intitulada *A vitória pela força aérea*,[9] exaltando as virtudes da máquina voadora como arma de guerra. Bancos, esbanjando dinheiro, ficavam abertos até tarde para descontar os cheques dos trabalhadores. Sistemas de abastecimento de água, usinas elétricas, escolas e hospitais, todos tinham dificuldade para acompanhar o ritmo de crescimento populacional. Recém-chegados formavam filas em hotéis, todos os dias. Imobiliárias duplicavam o valor dos aluguéis e, ainda assim, tinham lista de espera.[10]

Nada, no entanto, expressa melhor o tamanho, o escopo e o impacto econômico da guerra na região de Hampton Roads quanto as casas construídas pelo governo no extremo leste de Newport News para aliviar a falta crítica de moradias para os trabalhadores da guerra. Migrantes enfileiravam-se para alugar uma das 5.200 casas pré-fabricadas[11] (1.200 em Newsome Park, para os negros, e 4 mil idênticas em Copeland Park, para brancos). Da rua 41 até a rua 56, da avenida Madison até a avenida Chestnut, o maior projeto habitacional de guerra — duas cidades menores dentro da cidade — melhorava a situação crítica da península da Virgínia.

Dorothy Vaughan chegou a Newport News em uma quinta-feira[12] e começou a trabalhar no Laboratório Aeronáutico Langley Memorial na segunda-feira seguinte. O departamento de recursos humanos mantinha um arquivo de moradias disponíveis para os novos contratados, cuidadosamente segmentado por raça para "estabelecer relações amigáveis" e "evitar constrangimentos".[13] Cinco dólares por semana[14] garantiam a Dorothy uma cama, duas refeições por dia e os cuidados atenciosos de Frederick e Annie Lucy,[15] um casal de negros na faixa dos sessenta anos. Os Lucy possuíam uma mercearia[16] e abriam a pensionistas sua casa espaçosa, localizada na periferia do conjunto habitacional de Newsome Park. Uma versão maior do que Dorothy havia deixado para trás, o extremo leste era habitado por famílias negras estabelecidas em casas bem cuidadas, com negócios prósperos e uma classe média emergente, muitos trabalhadores dos portos cuja estabilidade precedia o *boom*. Na esquina do quarteirão dos Lucy, um farmacêutico havia comprado um lote com o plano de abrir a primeira farmácia preta da cidade.[17] Havia até mesmo um hospital novo em folha ali perto: o Whittaker Memorial fora inaugurado no mesmo ano,[18] organizado por médicos negros e construído por arquitetos negros.

Com o marido e os filhos longe, o lar de Dorothy havia encolhido de uma casa espaçosa para um quarto, onde seu armário era sua mala; sua existência diária tinha sido reduzida aos elementos mais simples. Os poucos dias antes de começar o trabalho foram o suficiente para organizar o necessário para sua nova vida: a localização da Igreja Africana Metodista Episcopal mais próxima, o horário das refeições na casa dos Lucy e o transporte para o trabalho.

Ônibus e bondes circulavam pela cidade de manhã até a noite, inchados com ocupantes já antes do amanhecer laranja e rosa, e onde os trabalhadores do turno noturno encontravam os que seguiam para o turno da manhã. Nas multidões íntimas de estranhos encostados uns aos outros, esses veículos evidenciavam a dificuldade imposta pela guerra. Organizar multidões em espaço tão limitado já seria difícil em circunstâncias ideais, mas as complicadas leis Jim Crow* para transportes tornavam a comutação um desafio para todos os passageiros. Brancos entravam e saíam[19] pela frente e sentavam-se na seção branca na frente. Negros deveriam entrar e sair pela porta traseira e encontrar um canto nos fundos, atrás da linha "de cor"; também deveriam ceder lugar a passageiros brancos caso a seção branca estivesse lotada. A falta de cobradores na porta traseira significava que quase sempre os negros precisavam entrar pela frente e passar pelos brancos para chegar ao fundo. Depois de percorrer o caminho de volta para sair pela frente. E, se passageiros brancos nos poucos ônibus com funcionários se encontrassem na parte de trás, também precisariam se esgueirar até a frente, pois a lei proibia brancos de usar a porta traseira. Se a intenção das leis segregacionistas era reduzir a fricção entre as raças, na prática o efeito era contrário.

---

* As leis Jim Crow consistiam em uma série de legislações municipais e estaduais racistas, que vigoraram em diversos estados do sul dos Estados Unidos entre a década de 1890 e 1964, quando o então presidente Lyndon Johnson assinou o Decreto de Direitos Civis. As leis segregacionistas exigiam separação racial, proibindo casamentos inter-raciais e a interação em espaços como restaurantes, estabelecimentos comerciais, banheiros, transportes, hospitais e escolas, entre outros. (N.T.)

Ônibus superlotados; semanas de seis dias de trabalho; barulho e construção constante; escassez de açúcar, café, manteiga e carne; longas filas para tudo, desde o balcão do almoço até o posto de combustível... As pressões do dia a dia nas cidades de guerra por todo o país pioravam as sensíveis relações de raça, levando-as ao limite. Até então, Hampton Roads havia evitado os problemas que acometeram Detroit, Mobile e Los Angeles, onde tensões entre brancos e negros (e em Los Angeles entre mexicanos, pretos e filipinos contra soldados que os atacaram, nos tumultos Zoot Suit)* haviam gerado confrontos violentos.

Embora residentes brancos dessas cidades possam ter concebido os conflitos como provenientes da guerra, os pretos, havia muito condicionados pela inimizade racial, já estavam cansados das batalhas de sempre. Negros que se sentassem nas seções brancas do transporte público, não importava quão lotado, eram multados. Não poucos transgressores foram arrastados para fora dos ônibus, e alguns chegavam a apanhar da polícia. Membros de um clube de senhoras chamado Les Femmes escreveram uma carta para a companhia de ônibus[20] reclamando do tratamento depreciativo que os condutores davam às pretas. Um motorista em uma rota entre Newport News e Hampton impediu a entrada de pretos[21] de uniforme militar. Por todo o país, alguns consideravam os soldados negros como pessoas que tinham ido além do permitido, fazendo comentários e até partindo para a violência.

A resistência preta contra essa injustiça tinha sido uma constante desde a chegada do primeiro navio negreiro em Old Point Comfort, no litoral de Hampton em 1609. A guerra, no entanto, e a retórica que a acompanhava criaram um senso de urgência na comunidade negra para chamar atenção a essa antiga dívida da nação com eles. "Homens de todas as crenças[22] e de todas as raças, de qualquer lugar do planeta" tinham direito às "Quatro Liberdades":[23] liberdade de expressão, liberdade religiosa, liberdade de viver

---

* Os conflitos Zoot Suit ganharam esse nome por causa dos *zoot suits* (ternos com paletós grandes, calças largas e de cintura alta, na moda do jazz da época) usados principalmente pela juventude mexicana dos Estados Unidos, mas também por negros e filipinos. Soldados americanos brancos consideraram essas vestes um insulto ao racionamento da guerra, que abrangia inclusive tecidos. As razões dos ataques, porém, foram essencialmente raciais. (N.T.)

sem penúria e liberdade de viver sem medo. Assim disse Roosevelt ao se dirigir ao povo americano em 1941, no discurso sobre o Estado da União. Ele comprometeu os Estados Unidos a vencerem os ditadores que privariam outros povos dessas liberdades. Os pretos juntaram-se aos compatriotas no assombro diante dos horrores que a Alemanha perpetrou aos seus cidadãos judeus com restrições de empregos e negócios, prisão injustificada e proibição de processo legal e direitos civis, sujeitando-os à humilhação e à violência sancionadas pelo Estado, segregando-os em guetos e, por fim, obrigando-os a trabalhar até a morte em campos de concentração e extermínio. Como poderia um preto americano observar a aniquilação que ocorria na Europa sem compará-la com sua própria luta de quatrocentos anos contra privações, cassações de direitos, escravidão e violência?

O Decreto 8.802 e o estabelecimento do FEPC trouxeram de volta o otimismo, e muitas comunidades negras ficaram esperançosas de que os portões da oportunidade, finalmente sendo abertos, nunca mais voltariam a fechar. Três décadas antes, contudo, a Primeira Guerra Mundial também havia sido anunciada como o evento que acabaria com o preconceito racial. "Com milhares de seus filhos nos campos[24] e na França, deste conflito deve-se esperar nada menos que o gozo total dos direitos civis — os mesmos usufruídos por todos os outros cidadãos", prometeu o presidente Woodrow Wilson, nativo da Virgínia, aos afro-americanos durante o conflito anterior. Ainda assim, os pretos estavam prontos para resgatar suas vidas com a herança devida. Mas os militares os proibiram de servir com brancos, considerando-os mentalmente deficientes para os rigores do combate. A maioria estava alocada em batalhões de serviços, como cozinheiros e estivadores, peões e coveiros. Os poucos que conseguiram chegar às linhas de oficiais encontravam sanitários imundos, uniformes usados, chuveiros segregados e desrespeito. E o homem que sobrevivesse aos perigos do campo de batalha encontraria perigos ao andar de uniforme nas ruas de sua cidade natal.

A oposição de Charles Hamilton Houston à discriminação institucionalizada teve origem em sua experiência como jovem soldado na França durante a Primeira Guerra Mundial. O homem que se tornaria o principal advogado da NAACP e os outros soldados de cor do regimento sofreram abuso sem fim nas mãos dos oficiais brancos. De volta aos Estados Unidos, Houston e um amigo, ainda de uniforme, voltavam para casa de trem quando um branco se recusou a sentar ao lado deles no vagão-refeitório. "Fiquei feliz pra caramba por não ter dado a vida lutando pelo meu país", lembrou ele em uma coluna publicada em 1942 no *Pittsburgh Courier*.[25]

Depois da Guerra Civil, durante a Reconstrução, o governo federal abriu vagas para negros, promovendo mobilidade social principalmente para aqueles com educação formal. A reforma no serviço público no fim do século XIX reduziu a patronagem e a corrupção e introduziu um sistema meritocrático que permitiu a entrada de negros. Durante a presidência de Woodrow Wilson, no entanto, a cortina de ferro da segregação caiu sobre o serviço público. Uma lei de 1915 que exigia uma fotografia[26] em todas as inscrições tornou a raça algo a ser silenciosamente considerado na decisão. Em agências tão diversas quanto o Escritório de Gravação e Impressão, os Correios e o Departamento da Marinha, os oficiais de Wilson conduziam uma busca, limpando os postos ocupados por oficiais negros de alto escalão.[27] Os que permaneceram eram banidos para áreas segregadas ou escondidos por trás de cortinas para que servidores brancos e visitantes não os vissem.

A intransigência das forças opositoras à busca por igualdade veio à tona em 1943, em um comentário de Mark Etheridge, um liberal branco, diretor do *Louisville Courier-Journal*, que havia servido como chefe do FEPC de Roosevelt e que era frequentemente vilanizado por seu apoio ao avanço preto: "Não há poder no mundo[28] — nem mesmo em todos os exércitos mecanizados da Terra, Aliados e Eixo — que poderia forçar os brancos sulistas a abandonar seu princípio de segregação social". O sistema que mantinha a raça negra como última escala da sociedade americana estava tão entranhado na história da nação que o tornava insensível aos ideais de igualdade do país. Restaurantes que se recusavam a servir Dorothy Vaughan não tinham problema em servir alemães do campo de prisioneiros de guerra detidos em uma prisão sob a ponte do rio James em Newport News. A contradição dividia os pretos,[29] individual e coletivamente. Suas identidades americanas em guerra aberta e permanente com suas almas negras e a agonia de uma dupla consciência foram expostas no esclarecedor livro de W.E.B. Du Bois, *The Souls of Black Folk*.*

* "As almas da gente negra", em tradução livre. (N.T.)

Os membros mais francos da comunidade se recusavam a internalizar a contradição, igualando abertamente os racistas estrangeiros que os Estados Unidos estavam concentrados em destruir com os racistas americanos que toleravam. "Todos os tipos de brutalidade perpetrada por alemães, em nome da raça, são infligidos ao preto da região Sul tão regularmente quanto ele recebe o pão diário", disse Vernon Johns, marido de Altona Trent Johns, ex-colega de Dorothy Vaughan.[30] O "brilhante pastor acadêmico"[31] de Farmville ganhou fama nacional pelos sermões eloquentes e visões rebeldes sobre progresso racial. Suas ideias eram radicais para a época. Contudo, sua política sem transigências em questões raciais teria influência direta e indireta nas ações de direitos civis das décadas de 1950 e 1960.

Jornais negros — partidários abertos em questões referentes ao povo preto — não praticavam a autocensura, apesar das ameaças do governo federal de acusá-los de insurreição. "Ajude-nos a conseguir algumas das bênçãos da democracia[32] aqui em casa primeiro, antes de partir no trem do 'liberte outros povos' e nos mandar morrer no estrangeiro", escreveu P.B. Young, o dono do *Norfolk Journal and Guide*, em um editorial de 1942. Como em todas as questões referentes a segurança, educação, mobilidade econômica, poder político e humanidade dos pretos, a imprensa negra exibia abertamente os sentimentos mistos do leitor sobre a guerra.

James Thompson, funcionário de uma cantina, de 26 anos, articulou de forma eloquente o dilema preto em uma carta ao *Pittsburgh Courier*: "Como americano de tez escura, estas questões passam por minha mente: 'Devo sacrificar minha vida para viver pela metade como americano? [...] 'Vale a pena defender os Estados Unidos que eu conheço?' [...] 'Os americanos de cor vão continuar sofrendo as mesmas coisas que no passado?' Essas e outras questões precisam de resposta; eu quero saber, e acredito que todo americano pensante de cor também quer saber."[33]

Para que estamos lutando?, perguntavam a si e aos outros.

A questão ecoou pelo teto abobadado do auditório no Hall Ogden do Instituto Hampton. Ressoou nos santuários da Primeira Batista e da Batista da rua Queen e da Bethel AME e em milhares de igrejas negras por todo o país. Sobrevoou o Clube da USO (União das Organizações de Serviço, em português) na rua King, um dos muitos centros criados para dar suporte moral ao front de batalha (mesmo a USO era segregada, com clubes separados para pretos, brancos e judeus). Dominou as chamadas do *Pittsburgh Courier*, do *Norfolk Journal and Guide*, do *Baltimore Afro-American*, do *Chicago Defender* e de todos os jornais pretos do país. A comunidade negra questionava-se nos *âmbitos* privado e no público, e com todas as inflexões possíveis: retórica, brava, incrédula, esperançosa. O que essa guerra significava para "o décimo homem americano", aquele em cada dez cidadãos que fazia parte da maior minoria do país?

Não foram agitadores do norte que incentivaram os pretos a questionar o país, como queriam acreditar os brancos sulistas. O orgulho, o patriotismo, a crença profunda e aguda na possibilidade de democracia foram o que inspirou o povo negro. E por que não? Quem conhecia a democracia americana com mais intimidade? Conheciam cada virtude, cada vício e cada falha da democracia, sua voz e seu contorno, por conta de sua profunda e persistente ausência na vida deles. A falha em garantir as bênçãos da democracia era a característica definidora dos Estados Unidos na existência deles. Todos os domingos iam para os santuários e oravam com fervor para que o Senhor enviasse um sinal de que a democracia os alcançaria.

Quando a democracia americana acenou novamente, depois do ataque a Pearl Harbor, eles cerraram as fileiras, como na Guerra Revolucionária, na Guerra Civil, na Guerra Hispano-americana, na Primeira Guerra Mundial e em todas as outras guerras americanas; prepararam-se para a luta, pelo futuro do país e pelo próprio. As igrejas negras, as sororidades e irmandades negras, a Liga Urbana, o Conselho Nacional da Mulher Preta, Les Femmes Sans Souci, os Bachelor-Benedicts, as faculdades negras espalhadas pelo país... Todos se moviam com uma organização que obscurecia a do governo. A imprensa preta era um "comando de comunicações", fazendo a ponte entre líderes e tropas, fornecendo a divisa para que a comunidade preta seguisse em frente em sincronia com os Estados Unidos, mas, acima de tudo, unida. Cada ação trazia esperança por uma vitória final.

Da fissura de uma dupla consciência onipresente brotou a ideia de uma vitória dupla, articulada por James Thompson em carta ao *Pittsburgh Courier*: "Que os americanos de cor adotem o V duplo, VV, para a vitória dupla; o primeiro V para a vitória contra os inimigos de fora, o segundo V para a vitória contra os inimigos de dentro. Pois certamente esses que perpetram tantos preconceitos ofensivos buscam destruir a nossa forma de governo democrática tanto quanto as forças do Eixo".[34]

Em 1º de dezembro de 1943, enquanto os líderes dos Estados Unidos, Grã-Bretanha e Rússia encerravam a conferência em Teerã, na qual planejaram a invasão da França no verão de 1944 — operação que ficaria conhecida como Dia D —, Dorothy Vaughan pisava além da linha "de cor" do ônibus e seguia para o primeiro dia de trabalho no Laboratório Aeronáutico Langley Memorial.

CAPÍTULO 5

DESTINO MANIFESTO

No seu primeiro dia em Langley, Dorothy Vaughan passou a manhã no departamento de recursos humanos preenchendo a papelada. Com a mão direita erguida, ela fez o juramento de posse do Serviço Público dos Estados Unidos, confirmando seu status como funcionária do NACA. Mas foi seu crachá — um círculo azul metalizado dominado por uma imagem de seu rosto, com o logo alado do NACA em cada um dos lados — que selou sua posição como membro do clube, a portadora de um símbolo que lhe dava acesso livre às instalações do laboratório. Ao entrar no ônibus de transporte de Langley, Dorothy Vaughan foi em direção ao seu destino final no laboratório da Área Oeste.

"Se o diretor de colocação aprouver para atribuir-te para uma terra distante da desolação, uma terra sem número de brejos e mosquitos conhecida como Área Oeste, não o amaldiçoe. Entretanto, equipa-te com galochas, toma cuidado para que a tua hospitalização seja paga e vai em direção ao teu safári para essa região selvagem, e não sê amargo sobre o teu triste destino", brincou um colaborador do boletim informativo semanal dos funcionários, *Air Scoop*.[1]

Desde o início, em 1917, as operações do laboratório tinham se concentrado no campus da base militar de Langley, na margem do rio Back, em

Hampton. Tendo começado no Prédio da Administração, com um simples túnel de vento, o laboratório cresceu até que a limitação de espaço o empurrou para se expandir em direção a oeste, em várias propriedades grandes cuja origem vinha das *plantations* da era colonial. Alguns moradores de Hampton ainda lembravam que as pessoas estranhas no laboratório salvaram a cidade do desespero econômico da Lei Seca. Com um número desproporcional de cidadãos de Hampton[2] ganhando a vida com a indústria de bebidas nos primeiros dias do século XX, a seca de álcool que estava rolando em todo o país era bastante devastadora. O oficial de justiça da cidade, Harry Holt, trabalhando em um conluio que incluía o magnata da ostra Frank Darling, cuja empresa, J.S. Darling e Filho, era a terceira maior empacotadora do ramo no mundo, esforçou-se para comprar clandestinamente lotes de terra que um dia foram as propriedades rurais da Virgínia abastadas, inclusive de George Wythe. Holt consolidou os lotes e os vendeu para o governo federal para um campo de voo e um laboratório. "O futuro da Virgínia está feito", vislumbrou o jornal local.[3] Foi o maior acontecimento para a área desde que Collis Huntington montou seu estaleiro em Newport News. Os locais estavam tão felizes em relação à "energia vital"[4] do dinheiro federal que sequer invejaram Holt e seus comparsas do lucro que arrumaram nessa especulação imobiliária.

A construção da Área Oeste começou, de fato, em 1939. Agora, enquanto Dorothy e os outros passageiros do transporte chegavam ao fim da estrada florestal dos fundos que ligava os dois lados do campus, a vista abria para uma paisagem estranha. Esta consistia em edifícios de tijolos de dois andares acabados e canteiros de obras abertos com estruturas pela metade, chegando até o que, na maior parte, ainda era um emaranhado de bosques e campos. Elevando-se por trás de um edifício, estava um gigantesco tubo de três andares de altura com nervuras metálicas, como uma taturana saída da mente de H.G. Wells. Essa pista de corrida de ar era chamada de Túnel de Alta Velocidade de Dezesseis Pés* e foi concluída apenas dois dias antes do ataque a Pearl Harbor. O túnel formava um circuito fechado retangular que se estendia por noventa metros de largura e tinha trinta metros de profundidade. Somando-se ao aspecto futurista da paisagem, havia o

* O equivalente a 4,88 metros. (N.T.)

fato de que todos os edifícios do lado oeste — na verdade, todos os prédios do laboratório, bem como tudo na base aérea — tinham sido pintados de verde-escuro em 1942, para se camuflarem contra um possível ataque das forças do Eixo.

O ônibus de transporte contornou o lado oeste e parou para deixar Dorothy na porta da frente de um posto avançado chamado de Depósito. Não havia nada que distinguisse o edifício ou seus escritórios de qualquer um dos outros espaços banais do laboratório: as mesmas janelas estreitas com vista para o lugar febril da construção que acontecia lá fora, as mesmas luzes de teto brilhantes de escritório, as mesmas mesas fornecidas pelo governo e organizadas como em uma sala de aula. Mesmo antes de ela entrar pela porta do que seria sua casa de todos os dias, podia ouvir a música das máquinas de calcular dentro da sala: um clique toda vez que o contador pressionava uma tecla para pôr um número, uma batida em resposta a uma chave de operações, uma batucada completa quando a máquina fazia um cálculo complexo. O efeito cumulativo soava como uma sala de ensaio de uma unidade de percussão de uma banda militar. O arranjo tocava em todas as salas onde as mulheres estavam envolvidas no nível mais granular da pesquisa aeronáutica, desde o conjunto central de computação no Lado Leste até os pequenos grupos de computadores anexados a túneis de vento específicos ou a grupos de engenharia. A única diferença entre as outras salas em Langley e a sala na qual Dorothy entrou era que as mulheres sentadas àquelas mesas, operando as máquinas para encontrar respostas à pergunta "O que faz as coisas voarem?", eram negras.

As mulheres brancas da Faculdade Estadual de Magistério do outro lado da casa de Dorothy em Farmville, bem como suas irmãs, de escolas como Sweetbriar e Hollins e da Faculdade de New Jersey para Mulheres, trabalhavam juntas no conjunto de computação na Área Leste. Já nos escritórios de computação da Área Oeste, onde Dorothy estava começando a trabalhar, os integrantes da sinfonia de máquinas de calcular vinham da Faculdade Estadual para Pretos da Virgínia, da Arkansas AM&N e do Instituto Hampton. Esta sala, preparada para acomodar cerca de vinte funcionários, estava quase cheia. Miriam Mann, Pearl Bassette, Yvette Brown, Thelma Stiles e Minnie McGraw preencheram os primeiros cinco assentos ao final de maio. Ao longo dos seis meses seguintes, as mais graduadas da classe de treinamento do Instituto Hampton de Engenharia para Mulheres se juntaram ao grupo, assim como as moças de regiões mais distantes, como Lessie Hunter, graduada na Universidade da Visão da Pradaria no Texas. Várias delas, assim como Dorothy, contribuíram com a experiência em docência.

Dorothy ocupou um lugar enquanto as mulheres a cumprimentavam por cima do barulho das máquinas de calcular. Ela sabia, sem precisar perguntar, que eram todas parte da mesma confederação de faculdades negras, associações de alunos, organizações cívicas e igrejas. Muitas delas pertenciam a fraternidades como Delta Sigma Theta ou Alpha Kappa Alpha, à qual Dorothy tinha se juntado na Wilberforce. Ao assegurar postos de trabalho na seção de Computação Oeste de Langley, elas fizeram um juramento para uma das irmandades mais exclusivas do mundo. Em 1940, apenas dois por cento das mulheres negras[5] tinham diploma universitário, e sessenta por cento delas se tornavam professoras, a maioria em escolas públicas de ensino fundamental e médio. Exatamente zero por cento[6] dessas graduadas de 1940 se tornava engenheira. Ainda assim, em uma época em que apenas dez por cento das mulheres brancas[7] e nem mesmo um terço dos homens brancos tinham diploma universitário, as Computadoras Oeste haviam encontrado empregos para si e para as outras no "melhor e maior complexo de pesquisa aeronáutica do mundo".[8]

Na parte da frente da sala, como professoras em uma sala de aula, ficavam duas antigas Computadoras da Área Leste: Margery Hannah, chefe da seção de Computação Oeste, e a assistente dela, Blanche Sponsler. Alta e magra, com os olhos enormes e óculos ainda maiores, Margery Hannah havia começado a trabalhar no laboratório em 1939, após se graduar na Universidade Estadual de Idaho,[9] não muito depois de a equipe de computação na Área Leste exceder o escritório que dividia com a física Pearl Young. Young fora contratada em 1922 e, durante a maior parte de duas décadas, tinha sido a única mulher engenheira no laboratório. Agora, atuava como editora técnica (a "crítica de texto",[10] como costumava ser chamada), e tinha conseguido uma equipe pequena, majoritariamente do sexo feminino, para definir as normas para os relatórios de pesquisas do NACA. Virginia Tucker, que ascendeu à posição de computadora-chefe, coordenava toda a operação de computação de Langley — eram cerca de duzentas mulheres — e supervisionava Margery Hannah e as chefes de outros setores. O trabalho fornecido para uma determinada seção normalmente fluía a partir do topo da pirâmide: os engenheiros vinham até Virginia Tucker com tarefas de computação; ela dividia as tarefas entre as chefes de seção, que então dividiam o trabalho entre as garotas nas seções delas. Ao longo do tempo, os engenheiros podiam levar suas tarefas diretamente para a chefe de seção, ou até mesmo para alguma garota em particular, de cujo trabalho eles gostavam.

Com a escassez de pessoal afetando a capacidade do laboratório de executar os testes de arrasto urgentes, além de outros projetados para tornar as aeronaves militares as mais poderosas, seguras e eficientes possível, as Computadoras Oeste significaram um muito providencial incremento de mentes para o esforço crescente de pesquisa da agência. O NACA planejava dobrar o tamanho da Área Oeste de Langley nos três anos subsequentes. Mamãe Langley tinha até mesmo dado à luz dois novos laboratórios: o Laboratório Aeronáutico Ames, no campo Moffett, na Califórnia, em 1939, e o Laboratório de Pesquisa de Motores de Aeronaves em Cleveland, em Ohio, em 1940. Ambos os laboratórios cediam funcionários de Langley, inclusive computadoras, para as suas equipes. A agência lutou para manter-se com o milagre de produção que era a indústria aeronáutica americana, que tinha ido da 43ª indústria do *país* em 1938 para a primeira do *mundo* em 1943.

Ao longo da maior parte de sua existência como uma operação pequena e contida, o laboratório estrela do NACA era agora uma burocracia de muitas instâncias alinhada a novas caras. Conforme os grupos de engenharia cresciam em número e complexidade, a rotina diária de um funcionário estava ligada menos às revoluções do laboratório como um todo e mais ao fluxo e ao refluxo de seus grupos de trabalho individuais. Empregados sentavam-se lado a lado com as mesmas pessoas durante o café da manhã, almoçavam em grupo no refeitório durante seu intervalo de tempo designado e saíam juntos para pegar o ônibus à noite. O *Air Scoop* publicava de tudo, desde recapitulações de apresentações de notáveis da Aeronáutica até os placares da liga interna de *softball* e os horários de dança da Nobre Ordem da Vaca Verde, o elegante clube social branco do laboratório. O boletim semanal mantinha funcionários a par das atividades e aumentava o moral, mas em um ano esbaforido, no qual a equipe do laboratório chegaria perto de dobrar, não foi fácil para os próprios funcionários absorverem o impacto da missão incomum da organização ou a reunião incomum de pessoas que faziam isso acontecer.

Porém, apenas um mês antes de Dorothy vir de Farmville, o *Air Scoop* cobriu a visita do secretário da Marinha, Frank Knox, ao laboratório. Mil e quinhentos funcionários lotaram o Laboratório de Pesquisa de Estruturas, uma instalação cavernosa localizada em frente a uma clareira poeirenta do Depósito, para ouvir o discurso de Knox. Ele parabenizou o NACA por liderar a lista de todas as agências federais na compra, por funcionários, de títulos de guerra[11] — versões maiores dos selos de guerra à venda na escola Moton — e elogiou a equipe pela pesquisa que transformou um protótipo instável de um bombardeiro de mergulho no "lento, porém mortal" SBD Dauntless, uma força decisiva para a marinha na Batalha de Midway, em junho de 1942.

"Vocês, homens e mulheres que trabalham aqui, longe do som de baterias e de armas, exercendo sua capacidade civil, de acordo com suas habilidades altamente especializadas, estão ganhando sua parte nesta guerra: a batalha da pesquisa", disse Knox. "Esta guerra está sendo travada nos laboratórios tanto quanto nos campos de batalha."[12]

Os funcionários espalhavam-se de um lado a outro da sala,[13] desde a frente até o fundo, a massa ocupando o espaço enorme como o gás enchendo um balão de ar quente. Knox, um ponto no fundo da sala, ficou em um palanque na frente de uma bandeira americana gigante. Os homens brancos dominavam a multidão da frente para trás — a maioria em alguma variação de mangas de camisa e gravata ou casacos e blusas, um bom número nos macacões dos mecânicos e trabalhadores. Um conjunto eminente, em *tweeds* e braçadeiras que o identificavam como seguranças do secretário e sua comitiva, ficava de lado na parte da frente. Garotos geniais da época — John D. Bird, Francis Rogallo, John Becker, seus nomes já tinham circulado como entre os primeiros na disciplina — sorriam de algumas fileiras adiante. Agrupados no canto esquerdo da sala, havia cerca de vinte homens negros, todos vestindo casacos de trabalho e jardineiras, alguns melhorando o visual com boinas jornaleiro ou chapéus de abas. As mulheres brancas estavam salpicadas pela multidão, muitas na parte da frente, as saias na altura do joelho sensatamente complementadas com o calçado prático que podia suportar as caminhadas pelo campus de Langley. Rodeando John Becker, havia mais rostos femininos — rostos marrons, espiando a meia distância. Thelma Stiles sorriu, os óculos de Pearl Bassette rebateram a luz de um *flash*. A cabecinha de Miriam Mann era pouco visível sobre os ombros da multidão. Quem poderia imaginar que tal miscelânea de preto e branco, homens e mulheres, trabalhadores braçais e ternos e gravatas, os que trabalhavam com as mãos e os que trabalhavam com números, era de fato possível? E quem adivinharia que a cidade sulista de Hampton, na Virgínia, era o lugar para encontrar isso?

Depois da apresentação, as mulheres da Computação Oeste caminharam até a lanchonete.[14] Os funcionários que nunca tinham visto uns aos outros, que trabalhavam em grupos ou prédios diferentes, poderiam se trombar ali, ou ter um vislumbre de Henry Reid ou do impassível secretário do NACA, John Victory, caso estivesse na cidade para uma visita, ou talvez ouvir um pouco da linguagem maliciosa de John Stack, que supervisionou os túneis de vento envolvidos na pesquisa de alta velocidade. Trinta minutos e de volta ao trabalho. Apenas o tempo para uma refeição quente e um pouco de conversa.

Em sua maioria, os grupos sentavam-se juntos por força do hábito. Para as Computadoras Oeste, foi uma ordem. Um cartaz branco em uma mesa na parte de trás da lanchonete as chamava, com suas letras pretas que nitidamente marcavam a hierarquia do refeitório: COMPUTADORAS DE COR.[15] Era o único cartaz da lanchonete da Área Oeste; nenhum outro grupo precisava de seu assento designado da mesma forma. Os zeladores, os trabalhadores braçais, os próprios funcionários da lanchonete não almoçavam lá. As mulheres da Computação Oeste eram os únicos profissionais negros em laboratório: não exatamente excluídas, nem também muito incluídas.

Na hierarquia das afrontas raciais, o cartaz não era incomum ou mais do que ordinário. Ele não prenunciava o tipo de violência racial que poderia surgir do nada, golpeando mesmo os pretos mais seguros economicamente, como querosene derramada em carvão incandescente. Este era o tipo de segregação comum que, ao longo dos anos, os negros aprenderam a tolerar, se não a aceitar, a fim de poderem ter suas vidas cotidianas. Contudo, no ambiente elevado do laboratório, um lugar que as selecionou pelos seus talentos intelectuais, o cartaz parecia especialmente ridículo e de alguma maneira mais ofensivo.

Elas tentaram ignorar o cartaz, empurrá-lo de lado durante a hora do almoço, fingir que não estava ali. No escritório, as mulheres sentiam-se iguais. Mas na lanchonete, assim como nos banheiros designados para garotas de cor, os cartazes eram um lembrete de que, mesmo dentro da meritocracia do Serviço Público dos Estados Unidos, mesmo depois do Decreto 8.802, alguns eram mais iguais do que outros. Mesmo o título desinteressante do grupo era descritivo e um pouco enganador. Isso possibilitava ao laboratório cumprir com o Ato de Emprego Justo — Computação Oeste era simplesmente uma descrição funcional na organização da empresa — ao mesmo tempo que apaziguava os estatutos discriminatórios "separados, mas iguais" do estado democrático da Virgínia. O cartaz na lanchonete era a prova de que a lei que abriu o caminho para as Computadoras Oeste para trabalhar em Langley não era autorizada a competir com as leis estaduais que as mantinham em seu lugar separado. A porta da frente para o laboratório estava aberta, mas muitas outras permaneciam fechadas, como a do Salão Anne Wythe,[16] um dormitório para mulheres brancas solteiras que trabalhavam em Langley. Enquanto Dorothy caminhava diversas quadras todas as manhãs da casa dos Lucy até o ônibus, as mulheres no dormitório usufruíam de um serviço especial de ônibus. Não havia nada que pudessem fazer sobre isso nem sobre o banheiro para "garotas de cor". Mas aquele cartaz na lanchonete...

Foi Miriam Mann quem finalmente decidiu que era demais para aguentar. "Ali está o meu cartaz de hoje",[17] dizia ela, ao entrar na lanchonete, espiando o aviso que designava sua mesa no fundo da sala. Com cerca de 1,5 metro de altura, com pés que apenas roçavam o chão quando ela se sentava, Miriam Mann tinha uma personalidade tão grande quanto ela era pequena.

As Computadoras Oeste observaram sua colega remover o cartaz e o banir para os recantos da sua bolsa.[18] Seu pequeno ato de desafio inspirava tanto ansiedade quanto uma sensação de fortalecimento. O ritual acontecia com uma regularidade absurda. O cartaz, colocado por uma mão invisível, tornava explícitas as regras tácitas da lanchonete. Quando Miriam apanhava o cartaz, tirava uma licença de alguns dias, talvez uma semana, talvez mais tempo, antes de ele ser substituído por um idêntico. As letras do novo sinal eram tão fixamente ameaçadoras quanto às do seu antecessor.

Os cartazes e a sua remoção eram um tópico de conversa frequente entre as mulheres da Computação Oeste, que debatiam a prudência da ação. Enquanto o drama do cartaz rolava na lanchonete de Langley, um incidente que teria repercussões nacionais teve lugar no condado de Gloucester, a apenas 32 quilômetros de distância. Irene Morgan[19] trabalhava em Baltimore, na empresa de fabricação de aviões Glenn L. Martin Company, designada para a linha de produção do B-26 Marauder. No verão de 1944, ela pegou um ônibus de viagem para voltar para casa, na Virgínia, para visitar a mãe, mas foi presa no retorno a Baltimore por se recusar a ir à seção das pessoas de cor. O Fundo de Defesa Legal da NAACP[20] assumiu o caso e planejou usá-lo para desafiar as leis de segregação nos transportes interestaduais. Em 1946, a Suprema Corte, no caso Morgan contra Virgínia, concluiu que a segregação em ônibus interestaduais era ilegal. Mas que esperança poderiam ter as Computadoras Oeste de abrir um processo federal a respeito de algo tão banal quanto o cartaz da lanchonete? Era mais provável que quem quer que mantivesse a mesa abastecida com cartazes decidiria que já era hora de se livrar das arruaceiras. "Eles vão *demitir* você por causa desse cartaz, Miriam", o marido dela, William, falou certa noite durante o jantar.[21] A vida dos pretos nos Estados Unidos era uma série infinita de negociações: quando lutar e quando capitular. Esta, Miriam havia decidido, era uma luta. "Então eles terão que fazer isso", respondeu ela.

Os Mann viviam no campus do Instituto Hampton. Embora o corpo discente fosse majoritariamente negro, o presidente da escola e muitos do corpo docente eram brancos. Malcolm MacLean, um antigo administrador da Universidade de Minnesota, tinha tomado o comando em 1940. Estava determinado a fazer com que a participação totalmente comprometida da escola no esforço de guerra fosse seu legado. Conforme o laboratório aeronáutico expandiu para o oeste para atender às demandas da guerra, seu "gêmeo", o campo Langley, procurou crescer, a fim de acomodar a operação em expansão do Exército de Soldados Aéreos. Um filantropo de Boston tinha cedido ao Instituto Hampton a área de uma antiga *plantation* chamada Fazenda Shellbanks,[22] que servia como laboratório agrícola para os estudantes negros e indígenas da escola. Em 1941, MacLean supervisionou a venda de uma propriedade de 312 hectares[23] ao governo federal para o uso do campus de Langley, fazendo dela uma das maiores bases aéreas do mundo.[24]

Sob a direção de MacLean, a faculdade também estabeleceu um centro de treinamento da Marinha americana, efetivamente tornando o campus uma base militar ativa. A polícia militar ocupou todas as entradas, patrulhando as idas e vindas de todos. De todo o país, mais de mil recrutas navais negros[25] foram enviados para a escola para receber orientações sobre a reparação de motores de avião e de barco. A serviço dos Estados Unidos, os graduados então se dirigiam para bases como a Estação Aérea Naval do Rio Patuxent,[26] em Maryland, marco zero das atividades de testes de voo da Marinha. E Hampton estava determinado a ser líder de todas as faculdades negras ao incrementar os cursos de Engenharia, Ciências e Administração de Treinamento de Guerra (ESMWT, sigla em inglês) que graduaram as primeiras integrantes da Computação Oeste. Homens e mulheres lotavam as salas de aula do Instituto Hampton que ofereciam instrução em tudo, desde Ciência de Rádio até Química. Durante uma conferência do esforço de guerra que o Instituto Hampton sediou em 1942, MacLean disse aos participantes que a guerra poderia ser "o maior avanço na história para os grupos minoritários".[27]

Muitos dos brancos locais consideravam o progressismo de MacLean revoltante, até mesmo perigoso, com seus apelos estridentes para impulsionar a participação negra na guerra. Porém, foi seu conforto com a mistura racial em situações sociais que realmente acendeu as chamas. Em discursos, ele pediu que faculdades brancas empregassem professores pretos.[28] Ele recebia convidados brancos e negros na residência do presidente (chamada de Casa Mansão), e até mesmo os permitia fumar. Ele chegou ao ponto de dançar com uma garota de Hampton em uma festa misturada no campus, escandalizando a elite local (e marcando pontos com os alunos de Hampton).[29] Ele parecia acreditar de verdade na necessidade de que os negros avançassem na sociedade americana, um verdadeiro defensor dos princípios da campanha do "V duplo".

Henry Reid, o engenheiro responsável pelo laboratório de Langley, era tudo menos um revolucionário. Um engenheiro elétrico discreto formado pelo Instituto Politécnico de Worcester, em Massachusetts, serviu como um competente embaixador para o laboratório Yankee, respondendo a convites para inaugurações de pontes locais com o mesmo cuidado e rapidez com que se correspondia com Orville Wright.[30] Reid abraçou os clubes Hampton e Newport News Kiwanis[31] que MacLean desdenhou. Ainda assim, sob alguns aspectos, os dois homens tinham o mesmo estofo: apaixonados por suas áreas de atuação, pragmáticos por natureza, pessoas prontas com interesses e responsabilidades que se estendiam para além das sensibilidades do sul e das obrigações sociais da cidade onde trabalhavam. É quase certo que em algum momento se encontrariam no mesmo lugar ao mesmo tempo, em vista de seus esforços apressados para fazer com que suas respectivas instituições acompanhassem o ritmo da guerra. Nenhum dos dois deixou rastros da decisão de Langley de contratar matemáticas negras.[32] Manter uma distância pública do assunto deve ter sido uma decisão estratégica de ambos os homens: se o processo acontecesse em silêncio, por meio das engrenagens burocráticas "daltônicas" da Comissão de Serviço Público dos Estados Unidos, haveria menos chance de fazer descarrilar um avanço que servia às missões deles. A história das Computadoras de Cor espalhou-se pela comunidade, como era de se esperar, e havia aqueles que viam em sua contratação evidências de que o mundo estava chegando ao fim.[33] Mesmo entre a elite local que participava de concertos e de peças de teatro no Salão Ogden, o auditório do Instituto Hampton, havia quem esperava se sentar na parte da frente da sala, separados até mesmo de professores e funcionários negros da escola.

Alguns dos funcionários brancos de Langley desafiavam abertamente as convenções do Sul. A computadora-chefe Margery Hannah desviou-se desse caminho para tratar as mulheres da Área Oeste como iguais, e tinha até convidado algumas delas para eventos sociais relacionados ao trabalho em seu apartamento. Isso era quase inédito e fez de Marge uma pária para alguns de seus colegas brancos.[34]

Um dos engenheiros mais brilhantes da equipe do laboratório tinha um real interesse em confrontar o preconceito que testemunhava por toda a cidade. Robert "R.T." Jones, cuja teoria a respeito de asas em delta de aeroplanos iria revolucionar a disciplina, andava pelas ruas de Hampton em uma noite quando se deparou com um grupo de policiais que assediavam um homem negro.[35] Os oficiais estavam prestes a bater no homem quando Jones gritou para que parassem. Eles liberaram o homem, mas decidiram levar Jones sob custódia. Ele passou a noite na prisão da cidade, saindo apenas na manhã seguinte, quando outro engenheiro, Arthur Kantrowitz, pagou sua fiança.[36]

Os engenheiros dos estados do Norte e do Oeste provavelmente tinham ideias conflitantes sobre a questão da mistura de raças. Embora para a maioria talvez fosse impensável estender seus círculos sociais para incluir colegas negros, dentro da atmosfera circunscrita do escritório eles eram cordiais, até mesmo amigáveis. Puderam conhecer as mulheres por seu trabalho, solicitando as suas favoritas para projetos, e estavam abertos a dar à pessoa mais inteligente — negro ou branco, homem ou mulher — a oportunidade de trabalhar e acertar os números. As Computadoras Oeste sabiam que era a maioria pragmática quem tinha o poder de quebrar as barreiras que existiam em Langley.

As instalações podiam ser separadas, mas, no que dizia respeito às Computadoras Oeste, elas se provariam iguais ou superiores, tendo internalizado o teorema preto de que era preciso ser duas vezes melhor para chegar à metade do caminho. Elas usavam suas roupas de trabalho como uma armadura. Exerciam seus trabalhos como se fossem armas, afastando a suposta inferioridade porque elas eram pretas ou do sexo feminino. Corrigiam o trabalho umas das outras e tornavam-se soldados que policiavam suas fileiras contra atrasos, aparência desleixada e percepção de corpo mole. Repeliram os estereótipos negativos que assombravam os negros, usando uma rigidez afetuosa para proteger dos fracassos tanto os indivíduos equivocados quanto o grupo como um todo. E, cada vez que o laboratório passava o prato de coleta para o Tio Sam, as Computadoras Oeste abriam suas bolsas como faziam quando eram professoras, de modo que a Computação Oeste pudesse atestar completa participação na compra de títulos de guerra.

Em algum momento durante a guerra, o cartaz para as computadoras de cor desapareceu na bolsa de Miriam Mann e nunca mais voltou. O escritório separado permaneceu, bem como os banheiros segregados, mas, na Batalha da Lanchonete da Área Oeste, a mão invisível tinha sido forçada a conceder a vitória à sua pequena, mas implacável, adversária. Não que as

Computadoras Oeste estivessem bolando planos para invadir uma mesa vizinha; elas só queriam o domínio sobre sua mesa no canto de trás. A insistência de Miriam Mann em mandar o cartaz humilhante para o esquecimento possibilitou que ela e outras mulheres da Computação Oeste tivessem apenas um pouco mais de dignidade e de confiança de que o laboratório podia pertencer a elas também.

Talvez a mão invisível e seus colaboradores tivessem chegado à conclusão de que a resistência tranquila das Computadoras Oeste era uma força melhor se engajada, em vez de antagonizada — pois, se havia uma coisa que a guerra tinha requerido ao longo dos últimos três anos, e uma coisa que os pretos tinham em abundância, era resistência. Aquelas previsões de um fim rápido e organizado para a guerra tinham sido numerosas, porém erradas. A luta se arrastava, requerendo mais pessoas, mais dinheiro, mais aviões e tecnologia. Em algum momento, a guerra terminaria, mas não parecia que seria no dia seguinte. A maré da guerra podia estar virando, mas havia muitas batalhas pela frente para ganhar, e a vitória exigiria perseverança.

Nem todo mundo podia aguentar as longas horas e o alto risco de trabalhar em Langley, mas a maioria das mulheres da Computação Oeste sentiu que, se não se levantassem contra a pressão, elas abririam mão daquela oportunidade, e talvez das oportunidades para aquelas que viriam depois delas. Elas estavam mais aferradas ao trabalho em Langley do que a maioria. O relacionamento que começou naqueles primeiros dias na Computação Oeste iria florescer em amizades que se estenderiam ao longo da vida dessas mulheres e além: até a vida de seus filhos. Dorothy Vaughan, Miriam Mann e Kathryn Peddrew estavam se tornando uma irmandade dentro e fora do trabalho; cada dia as aproximava mais e as amarrava ao lugar que as transformava enquanto elas ajudavam a mudá-lo.

Dorothy ouviu com cuidado enquanto Marge Hannah lhe apresentava os meandros do trabalho, preocupando-se em observar as expectativas com o mesmo olhar que ela utilizava para classificar seus alunos na Moton: *Precisão nas operações. Especialista na aplicação de técnicas e procedimentos. Precisão em julgamentos ou decisões. Segurança. Iniciativa.* Mesmo se o trabalho durasse apenas seis meses, ela aproveitaria ao máximo essa oportunidade. Para uma mente matemática jovem e ambiciosa — ou até para uma não tão jovem assim —, não havia lugar melhor no mundo.

CAPÍTULO 6

PÁSSAROS DE GUERRA

Os leitores dos jornais negros do país seguiram as façanhas dos aviadores de Tuskegee* com uma intensidade que beirava a obsessão. Quem disse que um preto não podia voar?! O coronel Benjamin O. Davis Jr. e o 332º Grupo de Caça levaram a guerra para as forças do Eixo a nove mil metros de altura. Os jornais enviaram correspondentes especiais para acompanhar os pilotos enquanto eles serviam nos céus pela Europa. Cada expedição da frente europeia produzia arrepios de prazer: *Aviadores ajudam a dizimar os nazistas! Pilotos pretos afundam navios nazistas! O 332º derruba 25 aviões inimigos e quebra o recorde em um fim de semana de vitórias!*[1] Nenhum programa de rádio poderia competir com as façanhas da vida real dos homens que eram a própria personificação do V duplo.

Os "Tan Yanks",[2] como a imprensa negra apelidou os soldados negros que lutavam no além-mar, amavam seus aviões com tanta paixão quanto qualquer outro piloto americano. A vida deles e das tripulações que escol-

* Os aviadores de Tuskegee foram um esquadrão da Força Aérea Americana composto exclusivamente por homens negros que atuou na Segunda Guerra Mundial. O nome faz referência à cidade onde recebiam o treinamento, no Aeródromo do Exército em Tuskegee, no Alabama. (N.T.)

tavam dependia de conhecer bem cada força e cada fraqueza do avião, seus deslizes e excentricidades; de persuadir, coagir e valsar com a aeronave pelo céu. Inicialmente servindo nos Bell P-39 Airacobras, eles foram transferidos para os Republic P-47 Thunderbolts, e, no verão de 1944, o 332º estava pilotando os North American P-51 Mustangs.[3] "A atribuição dos excelentes aviões P-51 Mustangs para todos os pilotos pretos prenuncia importantes missões e os coloca à frente conforme a guerra entra em sua fase decisiva",[4] escrevia o *Norfolk Journal and Guide*.

"Isso é mais bem descrito como um 'avião de piloto'",[5] disse um oficial militar americano em um artigo de primeira página no *Washington Post*. "É muito rápido e lida muito bem em altas velocidades. Os aviadores sentem que sempre souberam pilotar esse avião depois de apenas alguns momentos nele." Com uma grande hélice de quatro pás e um motor Rolls-Royce Merlin, o Mustang acelerava para o céu como um cavalo de corrida campeão. Uma vez no ar, ele subia por uma eternidade, chegando à velocidade de 650 quilômetros por hora com a facilidade de um carro de passeio em um domingo. E era terrível e feroz em um duelo. Para os aviadores de Tuskegee, era o melhor avião do mundo.

"Vou levar você para o céu, deixar que faça o seu trabalho e depois vou trazê-lo de volta a terra em segurança", prometia o Mustang. E cumpria.[6] Exatamente como ele fazia isso não era do interesse do piloto, mas garantir que essa promessa se concretizasse era, naquele momento, um trabalho em tempo integral de Dorothy Vaughan.

"Laboratórios na guerra!",[7] gritou o *Air Scoop*. O NACA não queria nada menos que aniquilar a Alemanha pelos céus, destruir a produção de seu maquinário e interromper os desenvolvimentos tecnológicos que poderiam lhe render uma vantagem militar. Langley era uma das armas ofensivas mais poderosas dos Estados Unidos: uma arma secreta, ou quase secreta, escondida bem à vista em uma cidade pequena do Sul.

Certamente os Tan Yanks teriam se maravilhado em saber que havia um grupo de computadores de cor por trás do desempenho do seu amado Mustang. Mas, enquanto cada manobra executada pelo 332º nos seus Mustangs de caudas vermelhas alimentava as manchetes, o cotidiano das Computadoras Oeste e do restante dos funcionários do laboratório era sensível, confidencial ou secreto. Henry Reid aconselhou funcionários a permanecerem alertas em relação a espiões disfarçados de soldados do campus de Langley e alertou para a quinta coluna que poderia tentar conseguir uma pesquisa valiosa dos funcionários inadvertidos do laboratório. Os gerentes repreenderam um grupo de meninos mensageiros que ouviam tudo ao lavar os pratos em um restaurante local, e engenheiros pegos tendo uma conversa alta e detalhada a respeito de trabalho na Industrial USO tomaram uma reprimenda. O *Air Scoop* soou o alarme: "Se você conta isso para alguém, que repete para alguém, que é ouvido por alguém que está na folha de pagamento do Eixo, então ALGUÉM que você conhece... pode morrer!".[8] Os empregados aprenderam a manter silêncio a respeito do trabalho até na mesa de jantar da família. Porém, mesmo que eles quisessem compartilhar as particularidades do dia de labuta, era quase impossível encontrar alguém fora de Langley que entendia o que eles falavam.

Nos 24 anos desde que o laboratório de Langley iniciara suas operações, as celebridades do mundo da aeronáutica tinham feito peregrinações para Hampton. Orville Wright e Charles Lindbergh trabalhavam no comitê executivo do NACA. Amelia Earhart quase perdeu seu casaco de guaxinim[9] para a turbina gigante do túnel de vento durante o passeio pelo laboratório. O magnata Howard Hughes fez uma aparição na conferência de pesquisa do laboratório em 1934, e Hollywood apareceu no campo aéreo em 1938, para gravar o filme *Piloto de provas*, em que estrelavam Clark Gable, Spencer Tracey e Myrna Loy. As pessoas que os famosos tinham ido ver — Eastman Jacobs, Max Munk, Robert Jones, Theodore Theodorsen — eram as melhores cabeças em uma emocionante e nova disciplina. Ainda assim, a maioria dos moradores locais era indiferente a como eles e seus colegas passavam os dias; e, para sermos francos, eles os achavam mais do que um pouco peculiar. As maneiras e os sotaques muitas vezes os marcavam como californianos, europeus, até mesmo nortistas e, Deus os livre, "judeus de Nova York".[10] Eles vestiam camisas amarrotadas sem gravatas e usavam sandálias; alguns ostentavam barbas. Os locais os apelidaram de "bocós cerebrais" ou "doidos do NACA"; os menos polidos os chamavam de "esquisitões".[11]

Quando perguntados a respeito de seu trabalho, eles hesitavam. Pela cidade, confundiam e horrorizavam residentes, fazendo coisas como desmantelar uma torradeira com uma chave de fenda na loja de departamentos local para garantir que a bobina de aquecimento iria tostar o pão corretamente.[12] Um funcionário levou um medidor de pressão do laboratório para uma loja para testar as capacidades de sucção de um aspirador de pó. O vendedor de carros local queria rolar de lado e se fingir de morto quando um dos camaradas de Langley aparecia na sua seção, temendo uma enxurrada de perguntas técnicas sem sentido e sem resposta. Eles dirigiam para trabalhar com livros em seus volantes.[13] Os doidos do NACA sempre achavam que tinham um jeito melhor de fazer as coisas — todas as coisas — e não hesitavam em falar isso para os locais. A lendária tentativa de Eastman Jacobs de lançar um carro preso a um planador usando a elegante avenida Chesapeake em Hampton como pista[14] apenas confirmou aquilo que as pessoas de Hampton sentiam: que Deus nem sempre consegue colocar o bom senso e a sabedoria dos livros dentro do mesmo indivíduo.

Só que Langley era uma reunião dos melhores aerodinamicistas do mundo, a vanguarda da tecnologia que estava transformando não só a natureza da guerra como o transporte civil e a economia. A distância entre as descobertas do NACA de novos conceitos aerodinâmicos à sua aplicação a problemas de engenharia prementes era tão pequena, e o ritmo da pesquisa e do desenvolvimento deles era tão constante, que uma posição de nível básico no laboratório era o melhor programa de pós-graduação em engenharia no mundo.[15] Os garotos ansiosos das primeiras fileiras das salas de aula do MIT, de Michigan, de Purdue e de Virgínia Tech miravam uma oportunidade de passar pelas portas e sentar-se onde agora Dorothy estava.

Com o objetivo de transformar professoras de matemática em jovens engenheiras afiadas, o laboratório patrocinou um curso intensivo em física de engenharia para novas computadoras,[16] uma versão avançada do curso oferecido no Instituto Hampton. Dois dias por semana depois do trabalho, Dorothy e as outras novas garotas entravam em uma sala de aula improvisada no laboratório para uma imersão completa na teoria fundamental da aerodinâmica. Elas também frequentavam uma sessão semanal de duas horas no laboratório[17] para o treinamento prático em um dos túneis de vento, tendo uma média de quatro horas de lição de casa[18] além de uma semana de trabalho de seis dias. Seus professores eram os mais promissores jovens talentos do laboratório: homens como Arthur Kantrowitz,[19] simultaneamente físico do NACA e doutorando em Cornell sob orientação do físico nuclear Edward Teller.

Depois de 12 anos como primeira da classe, a situação tinha virado, e, pela primeira vez desde a graduação na Universidade de Wilberforce, Dorothy Vaughan entregou-se totalmente para a disciplina que mais engajara sua mente juvenil. Tinha dado uma volta completa e então um pouco mais, enquanto tentava sintonizar seu ouvido ao jargão que circulava entre os habitantes do laboratório, todos em busca de responder à pergunta fundamental: "O que faz as coisas voarem?". Dorothy, como a maioria dos americanos, nunca tinha voado em um avião, e com toda a probabilidade, antes de aterrissar em Langley ela nunca tinha dado muita atenção à questão.

Os primeiros cursos transmitiam os princípios da aerodinâmica. Uma asa que se desloca através do ar, o ar que se movia mais lentamente embaixo das asas exerce uma força maior do que o ar que se movia mais rápido no topo. A diferença de pressão cria um levantamento, a força quase mágica que faz com que a asa, e o avião (ou animal) preso a ela, suba aos céus. O ar suave que flui ao redor da asa faz com que o avião possa deslizar pelo céu com mínima fricção, da mesma maneira que os nadadores mais competentes atravessam a água. Fluxos turbulentos, como um redemoinho e o agito de corredeiras na água, resistem ao avião, reduzindo sua velocidade e o tornando difícil de manobrar. Uma das grandes contribuições do NACA para a aerodinâmica foi uma série de aerofólios de fluxo laminar, formatos de asa concebidos para maximizar o fluxo de ar ao redor da asa lisa. Os fabricantes de aeronaves poderiam equipar seus aviões com asas entre uma variedade de especificações do NACA; era como escolher aparelhos de cozinha a partir de um catálogo para uma casa nova. O P-51 Mustang foi o primeiro avião de produção em massa[20] a usar os aerofólios de fluxo laminar do NACA, um fator que contribuiu para o seu desempenho superior.

As gerações futuras considerariam os avanços como garantidos, mas nos primórdios os pássaros mecânicos entregavam lentamente seus segredos, pressionados pela experimentação disciplinada, pela matemática rigorosa, pela perspicácia e pela sorte. No auge dos irmãos Wright e do homônimo do laboratório, o inventor e pesquisador Samuel Langley, aqueles que tinham uma visão para uma máquina voadora usavam uma abordagem de "tentativa e erro": fazer algumas suposições, construir um avião, tentar voar e, se não morresse no processo, implementar o que aprendeu na próxima tentativa. A evolução aeronáutica a partir de uma infância instável para uma adolescência robusta deu origem às profissões de engenheiro aeronáutico e piloto de teste. Homens ousados — com exceção de Ann Baumgartner Carl[21] no campo Wright, em Ohio, eram todos homens —, os pilotos de teste faziam o "maldito trabalho de idiota"[22] ao pilotar um avião diretamente em seu ponto fraco. Cada vez que o piloto da aeronave a levava ao limite, identificando como melhorar um bom avião e fazendo desaparecer aviões ruins, ele arriscava a própria vida e a perda de um equipamento bastante caro.

Um túnel de vento oferece muitos dos benefícios de pesquisa dos testes de voo, só que sem o perigo. O básico da ferramenta consiste em um conceito simples, conhecido até por Leonardo da Vinci: mover o ar a certa velocidade sobre um objeto que esteja parado é como mover o objeto através do ar com a mesma velocidade. Na sua forma mais simples, um túnel de vento era uma caixa grande presa a um grande ventilador. Engenheiros sopravam ar sobre aviões — às vezes veículos inteiros ou modelos em escala, até mesmo asas desencarnadas ou fuselagens — e observavam de perto como o ar fluía ao redor do objeto, a fim de extrapolar como o objeto iria voar através do ar.

A maioria do trabalho feito em Langley era de persuasão do "ar comprimido". Era uma pesquisa conduzida em um dos túneis de vento, que se proliferavam. Os próprios nomes dos túneis — o Túnel de Densidade Variável, o Túnel de Voo Livre, o Túnel de Fluxo de Fumaça de Dois Pés, o Túnel de Alta Velocidade de Onze Polegadas — desafiavam os não iniciados a imaginar a combinação de pressão, velocidade e tamanho que aí residiam. A área da seção de testes do Túnel de Grande Escala — nove por 18 metros — era larga o suficiente para engolir uma aeronave de tamanho natural. Embora o Túnel de Alta Velocidade de Dezesseis Pés da Área Oeste tivesse um exoesqueleto do tamanho de um encouraçado, a seção de teste — a área onde engenheiros, sentados em um painel de controle, observavam o ar circulando pelo modelo — era apenas do tamanho de um barco a remo. Contudo, a fim de fazer com que o ar alcançasse a velocidade necessária, turbinas gigantescas de madeira tinham de acelerar o vento totalmente pelo circuito do túnel.

Naturalmente, embora mover o ar sobre o objeto fosse similar a voar pelo ar, não era a mesma coisa. Por isso, um dos primeiros conceitos que Dorothy teve de dominar foi o do número de Reynolds: um tipo de jiu-jítsu matemático que mede quão perto o desempenho de um túnel de vento conseguiu imitar um voo real. Dominar o número de Reynolds, e usar esse conhecimento para construir um túnel de vento bem-sucedido em simular as condições do mundo real, era a chave para o sucesso do NACA. Fazer funcionar os túneis durante a guerra apresentou ainda outro desafio logístico, quando a empresa de energia elétrica local começou a racionar eletricidade. O pessoal do NACA punha suas turbinas gigantes para rodar até altas horas se necessário, e engenheiros pressionavam as máquinas em busca de respostas para as questões das suas pesquisas como corujas noturnas caçando ratos. Os moradores que viviam perto de Langley diziam que o rugido dos túneis era de tirar o sono. Se eles soubessem mais da natureza do trabalho por trás do barulho, e dos sucessos contabilizados pelas pessoas estranhas ao lado, os vizinhos talvez pedissem para fazer um tour pelo lugar.

Nenhuma organização chegou perto de Langley no quesito de qualidade e alcance da pesquisa e análise de dados dos túneis de vento.[23] O laboratório também tinha os melhores engenheiros de pesquisa de voos, que trabalhavam próximos dos pilotos de testes, às vezes como passageiros dos veículos, para capturar dados dos aviões em pleno voo. Como Dorothy aprendeu — as computadoras da Área Oeste receberam várias atribuições da Divisão de Pesquisa de Voo do laboratório[24] —, não era mais suficiente dizer se um avião voou bem ou mal. Agora, os engenheiros quantificavam o desempenho de um determinado veículo de acordo com uma lista de nove páginas nas três grandes categorias: estabilidade e controle longitudinal (movimento para cima e para baixo), estabilidade lateral e controle (movimento para os lados), e estagnação (súbita perda de elevação, energia vital do voo). Os dados brutos do trabalho desses engenheiros de "ar puro" também encontrou lugar na mesa de Dorothy.

O que a guerra como um todo e o milagre da produção americana delinearam — e que Dorothy logo entendeu — era o fato de os aviões não serem máquinas com apenas um propósito: eram, na verdade, um pacote terrivelmente complexo de física que poderia ser ajustado para atender às necessidades de diferentes situações. Como os tentilhões de Darwin, os pássaros mecânicos tinham começado a se diferenciar, ramificando-se em espécies distintas adaptadas para o sucesso em ambientes particulares. Suas designações refletiam sua utilização: os caças — também chamados de aviões de perseguição — recebiam as letras *F* ou *P*, como o Chance Vought F4U Corsair ou o North American P-51 Mustang. A letra *C* identificava um avião de carga, como o Douglas C-47 Skytrain, construído para o transporte de mercadorias, tropas militares e, eventualmente, passageiros comuns. O *B* era para bombardeiros, como o gigante nomeado à perfeição B-29 Superfortress. E o *X* identificava um avião experimental ainda em desenvolvimento, concebido para fins de pesquisa e teste. Os aviões perdiam sua designação *X* apenas quando iam para a produção — o B-29 era um descendente direto do XB-29.

As mesmas forças evolutivas prevaleciam para replicar características positivas de um modelo especial e eliminar o excesso de arraste e instabilidade. O P-51A Mustang era um bom avião; o P-51B e o P-51C eram excelentes aviões. Após várias rodadas de refinamento nos túneis de vento de Langley, o Mustang chegou ao auge com o P-51D. Descobertas grandes e pequenas contribuíram para a velocidade, a capacidade de manobra e a segurança da máquina que simbolizava o poder e o potencial de uns Estados Unidos que ascendiam à posição de um domínio global sem paralelo. Quando a guerra se aproximava de seu ápice, cada um dos aviões militares americanos em produção era baseado fundamentalmente — e em muitos casos em detalhes específicos — nos resultados das pesquisas e recomendações do NACA.[25]

Independentemente de se os engenheiros conduziam um teste em um túnel de vento ou em um voo livre, a saída era a mesma: torrentes, maçarocas, pacotes, resmas, massas, montes, confusões, pilhas e uma confusão de números. Números de manômetros, que medem as pressões distribuídas ao longo de uma asa. Números de medidores de tensão, avaliando as forças que atuam em várias partes da estrutura do avião. Se algo precisasse ser medido e o instrumento não existisse, os engenheiros inventavam, faziam o teste e mandavam os números para as computadoras, junto a instruções de quais equações usar para processar os dados. Os únicos grupos que não processavam números com base em testes trabalhavam na pequena Divisão de Pesquisa Teórica e Física e na Divisão de Pesquisa de Estabilidade — os engenheiros de "solo". Em vez de tirar conclusões com base na observação direta do desempenho de um avião, esses engenheiros usavam teoremas matemáticos para modelar o que os engenheiros de ar comprimido observavam em túneis de vento e o que os engenheiros de ar puro iam aos céus para entender. As garotas de solo começaram a pensar em si mesmas como "uma categoria acima daqueles que não faziam nada além de trabalhar nas máquinas".[26]

O que Marge passou para Dorothy e para as mulheres da Computação Oeste era normalmente uma pequena porção de uma grande tarefa. Por necessidade, o trabalho era retalhado em pedaços menores e distribuído para um processamento mais rápido, eficiente e preciso. No momento em que o trabalho ia para a mesa da computadora, podia ser apenas um conjunto de equações e um borrão de números despido de todo significado físico. Ela poderia não ouvir mais nada a respeito do trabalho até que um artigo aparecesse no *Air Scoop*, no *Aviation* ou no *Air Trails*. Ou nunca. Para muitos homens, uma computadora era uma máquina viva, um aparelho que inalava um conjunto de valores e exalava outro. Quando alguma garota terminava algum trabalho específico, os cálculos eram levados para o reino sombrio dos engenheiros. "Ai de ti, se te farão uma computadora", brincou uma coluna no *Air Scoop*.[27] "Porque o engenheiro do projeto vai assumir o crédito por qualquer coisa que fizeres que por acaso seja inteligente e cheio de glória. Se, contudo, vacilas e fazes uma conta errada, ou fazes qualquer fiasco de qualquer tipo possível, ele colocará o erro à tua porta quando for chamado a prestar contas e dirá: 'O que se pode esperar de uma computadora, não é mesmo?'."

Vez ou outra, entretanto, quando uma realização do NACA era tão importante que as notícias poderiam chegar à imprensa, como o caso do Boeing B-29 Superfortress, todos podiam dar a volta olímpica. Jornais escreveram a respeito do Superfortress e de suas façanhas com o tipo de bajulação e adoração concedido a estrelas de cinema como Cary Grant. Era um dos aviões que passou de objeto de amor de aviadores e integrantes da área a um símbolo amplamente conhecido de destreza e bravura da tecnologia americana. O modelo XB-29 tinha registrado mais de cem horas no Túnel de Alta Velocidade de Oito Pés de Langley.

"Não há ninguém aqui que não deve sentir que tem uma participação no bombardeio no Japão", disse Henry Reid aos funcionários do laboratório. "Os engenheiros que ajudaram, a mecânica e os modeladores que fizeram sua parte, as computadoras que trabalharam nos dados, as secretárias que digitaram e redigitaram os resultados, e os zeladores e faxineiras que mantiveram o túnel limpo e adequado para o trabalho, todos deram sua contribuição para o bombardeio final do Japão."[28]

Durante sete meses, Dorothy Vaughan estudou matemática, e estava cada vez mais confiante com os conceitos, com os números e com as pessoas de Langley. O trabalho dela estava fazendo diferença no resultado da guerra. E a devastação que Henry Reid tinha descrito… Isso tinha uma participação também. Afiados como um fio de navalha pelas mulheres e pelos homens no laboratório — voando mais longe, mais rápido e com uma carga mais pesada do que qualquer avião na história —, os B-29s lançaram bombas de precisão sobre o Japão de muito alto no céu. Levaram à destruição com bombas incendiárias e aniquilaram tudo — lançando um novo medo moderno — com as bombas atômicas que atiraram. Guerra, tecnologia e progresso social; parecia que tudo sempre vinha junto. O serviço no NACA — mais intenso e interessante do que jamais tinha imaginado — seria o trabalho dela enquanto durasse. E até o fim da guerra, quando quer que isso acontecesse, Dorothy seria uma das doidas do NACA.

CAPÍTULO 7

A DURAÇÃO

A primeira viagem entre Farmville e Newport News de Dorothy Vaughan não seria a última, embora o ritmo frenético da pesquisa em Langley impossibilitasse mesmo uma visita rápida. Com o Túnel de Grande Escala funcionando sem parar e os outros grupos de engenharia testando os limites da capacidade deles, Dorothy tornou-se perita no turno de 18 horas. Quando encontrava uma brecha, pegava o ônibus mais cedo possível para Farmville. Ficava com as crianças o máximo que podia antes do retorno, tarde da noite, para o seu canto na máquina de guerra, os números em suas planilhas nadando diante de seus olhos cansados. Mesmo nos feriados — com horários mais flexíveis, mas ainda contabilizados como dias de trabalho —, era difícil arranjar uma folga, principalmente por ser classificada como funcionária pública temporária de guerra.

A possibilidade de o laboratório fazer uma oferta de vaga permanente era uma questão para o futuro. Porém, no feriado de 4 de Julho de 1944, Dorothy Vaughan decidiu converter seu status de residente temporária em Newport News em algo bem mais duradouro. Ela assinou um contrato de aluguel[1] em um apartamento de dois quartos em Newsome Park e pegou as chaves para uma residência branca com persianas pretas, idêntica às outras 1.199 construídas ali. Um papel protetor — rosa-choque, por algum motivo — cobria o piso,[2] e muito depois que os próprios apartamentos haviam deixado de existir, os primeiros ocupantes se lembrariam daquele chão coberto de papel cor-de-rosa. Como se estivesse desembrulhando um grande presente, Dorothy Vaughan levantou o papel, tornando aquele apartamento dela.

Ou melhor, *deles*. Da mesma maneira que visitara Farmville, desde que chegara a Newport News, uma ou duas vezes também havia trazido Farmville até ela, dando um jeito para que as crianças ficassem ali durante as férias escolares.[3] Não havia sido sua intenção inicial, mas o plano foi se ajeitando, como um nascer do sol lento, conforme identificava os fatores que penderiam a balança da oscilação entre Farmville e Newport News para uma vida definida na nova cidade.

Encontrar um lugar adequado para morar não tinha sido fácil. Simplesmente não havia o suficiente para atender às necessidades de uma população negra em ascensão. A maioria considerava um local confortável e seguro para viver o topo da lista das Quatro Liberdades que Roosevelt havia elucidado durante a guerra. Aberdeen Gardens, uma subdivisão da época da Depressão[4] construída "para negros por negros" em um terreno de 178 hectares[5] que incluía terras compradas do Instituto Hampton, havia se juntado recentemente ao Mimosa Crescent, "uma comunidade suburbana de alto nível para famílias pretas",[6] e a outros bairros negros menores, como Lassiter Courts, Orcutt Homes e Harbor Homes.

Ao revisar seu orçamento, suas necessidades e as exigências constantes do emprego, Dorothy decidiu que Newsome Park, mais ou menos no mesmo bairro em que vivera durante os nove meses anteriores, seria a melhor opção. Embora originalmente concebido para trabalhadores do estaleiro e funcionários da defesa como Dorothy, o bairro começava a atrair pretos de todas as faixas de renda. Trabalhadores domésticos, operários, pequenos empresários e muitos médicos/advogados/pastores/professores mudaram-se junto com pedreiros, armadores e funcionários públicos. A demolição estava planejada desde a concepção: tanto Newsome Park quanto a vizinha Copeland Park, para brancos, deveriam existir apenas durante a guerra. Mas os migrantes se estabeleciam como se os lares temporários estivessem construídos em bases sólidas.

Newsome Park era uma réplica em larga escala de praticamente todas as comunidades para pretos do Sul, onde a segregação racial estimulava a integração econômica. O governo equipava o loteamento com as benfeitorias que acreditava essenciais para manter o espírito do *front* interno alto. O Centro Comunitário Newsome Park possuía cozinha e salão, salas para cursos de artesanato e reuniões de clubes, quadras de basquete e tênis e um campo de beisebol para o time semiprofissional Newsome Park Dodgers. O diretor do centro, Eric Epps, ex-professor de um dos colégios de pretos cujo ativismo em favor da equalização salarial de professor levou à sua demissão compulsória, incentivava os moradores a comparecer ao centro para fazer radiografias do peito e testes de diabetes. Além disso, solicitava a organizações fraternais e civis apoio financeiro para manter programas para jovens no período depois da aula.

O shopping center arrumadinho e pintado de verde de Newsome Park tinha mercearia, farmácia, barbearia, salão de beleza, bar, lavanderia e uma loja de conserto de televisores. E o que não era vendido em estabelecimentos comerciais chegava até a porta: o homem do carvão, o leiteiro, o homem do gelo, o peixeiro, o quitandeiro e outros faziam a ronda, oferecendo seus produtos para a vizinhança.[7] Havia uma creche para os pequeninos, uma bênção para as mães que trabalhavam seis dias por semana durante a guerra. Mais importante, para Dorothy, era a escola de ensino fundamental, tão próxima que dava para ir a pé de seu novo apartamento. Era o seu apartamento, seu nome estava no contrato pela primeira vez desde que começara a lecionar.

A sogra de Dorothy bateu o pé contra a distância crescente entre o filho e a nora, que ela devia ter percebido ser algo inevitável. "Você não levará meus bebês", disse ele a Dorothy, lutando contra as mudanças colocadas em andamento pela carta que recebera de Langley, mas com raízes bem mais profundas. Um ano após Dorothy ter deixado Farmville, seus quatro filhos a seguiram, começando o ano letivo no outono de 1944 na Escola de Ensino Fundamental Newsome Park. A babá, que fora junto para ajudar na transição, hospedou-se no lotado apartamento. Howard continuou a vida itinerante dos hotéis. Dorothy havia estabelecido um caminho diferente para ela e as crianças, pois o ciclo da vida de Howard, mesmo com as viagens longas a destinos exóticos, sempre começava e terminava em

Farmville. Ele ia até Newport News quando podia: era cheio demais, barulhento demais, longe demais da mãe já idosa. Por isso, não ficava muito tempo. Dorothy enviava as crianças para lá nas férias de verão, e ela mesma ia quando podia, incapaz e sem nenhuma vontade de cortar os laços com as pessoas que amava profundamente e que sempre consideraria sua família. O casamento entrou em um limbo: nunca juntos, mas nunca separados. Uma estabilidade instável que duraria para o resto da vida de Howard, destinada a ser muitas décadas mais curta do que a de Dorothy.

Em 1945, cinco em cada dez pessoas do sudeste da Virgínia trabalhavam para o Tio Sam, direta ou indiretamente. Os campos, as florestas e os litorais selvagens haviam sido derrubados, cimentados e receberam estradas, pontes, hospitais, canteiros navais, prisões, bases militares e cidades inteiras. Loteamentos de casas se espalhavam por quilômetros, era uma nova paisagem, nem urbana, nem rural, algo no meio-termo. Os nomes dos novos locais asfaltados refletiam os ambientes silvestres que substituíram: Ferguson Park, Stuart Gardens, Copeland Park, Newsome Park, Aberdeen Gardens. Na península, ficava a Rodovia Militar, um complexo viário cujas faixas amplas e lisas conectavam diversos pontos ao longo daquele pedaço de terra desde Old Point Comfort até o Forte Monroe e o estaleiro de Newport News, com paradas no campus de Langley e na cidade de Langley. Tudo isso produto da emergência da guerra. Mas o que seria de uma cidade criada pela guerra sem a guerra?

O Dia V-J começou em 15 de agosto de 1945 às 19h03, horário de guerra do leste.* No vácuo da espera e da ansiedade, um "tumulto alegre" inundou tudo.[8] Todas as emoções reprimidas de uma nação cansada de quatro anos de guerra explodiram agudamente, em particular nas comunidades que lideravam o *front* nacional. No campo Patrick Henry e na Estação Naval Norfolk, no campus de Langley e no Forte Monroe, soldados e civis saíram para as ruas. Bares e clubes da USO ficaram em polvorosa. Os comerciantes fecharam as portas e juntaram-se aos incontáveis funcioná-

* O Dia V-J é o dia da vitória sobre o Japão (daí a sigla) na Segunda Guerra Mundial, que acabou pondo fim ao conflito. Isso porque os japoneses foram os últimos do Eixo a se renderem. No Ocidente, a data é marcada em 15 de agosto, um dia depois da data oriental, por causa da diferença de fuso horário. (N.T.)

rios e civis na celebração que atravessou a noite. Desfiles espontâneos eclodiram na avenida Washington, em Newport News. Em Norfolk, cadetes deram as mãos e formaram uma corrente humana, dançando em volta dos carros como no jardim de infância, entremeando-se enlouquecidos pelo tráfego paralisado. Gritos de júbilo e "aparelhos barulhentos indescritíveis"[9] soaram pela noite. Confetes improvisados nevou das janelas sobre os festejos nas ruas. Alguns farristas mais exuberantes empilharam esses papéis e botaram fogo, e as fogueiras acentuaram a alegria primitiva do clamor. Os fiéis encheram igrejas dando graças e implorando ao Criador ser esta a guerra que verdadeiramente acabaria com as outras guerras.

Depois do dilúvio, veio a incerteza. Três semanas após o Dia V-J, o *Norfolk Journal and Guide* anunciava 1.500 demissões de trabalhadores do estaleiro em Newport News, e uma "diminuição de trabalhadoras, tanto brancas quanto de cor". "Parece impossível escapar da conclusão de que o emprego nos estaleiros e nos escritórios do governo na região de Hampton Roads será drasticamente reduzido", comentou o *Washington Post*.[10] Militares tomariam os empregos restantes na economia da paz. Tanto quanto "vitória" tinha sido a palavra de ordem dos últimos quatro anos, "reconversão" tomava a frente, com os Estados Unidos tentando ajustar sua mentalidade e sua economia para a paz. A guerra tinha sido um trem de carga, viajando em velocidade máxima. O que aconteceria aos passageiros, ainda se movendo com a inércia? A própria palavra "reconversão" implicava a possibilidade de retorno ao passado, de até reversão das mudanças que transformaram a vida americana.

Com a emergência de guerra desbotando no passado e sem as pressões de produção, não haveria demanda de contratação de mulheres a qualquer custo. Dois milhões de americanas de todas as cores receberam cartas de demissão antes mesmo que a última cortina caísse em agosto. Muitas ansiavam por um retorno feliz à vida doméstica. Outras, contentes com o trabalho, resistiam às expectativas de que deveriam ser reconvertidas à cozinha e ao quarto de bebê. Com o trabalho, vinha segurança econômica e uma voz mais poderosa nas questões do lar, o que colocou algumas mulheres em rota de colisão com o marido. "Muitos maridos voltarão para casa e descobrirão que as mocinhas indefesas que deixaram para trás cresceram e se tornaram mulheres independentes", escreveu a colunista Evelyn Mansfield Swann no *Norfolk Journal and Guide*.

Com a vitória quase certa, os pretos voltaram para o seu próprio campo de batalha. Quase imediatamente após o Dia V-J, alguns patrões retomaram suas políticas de "somente brancos não judeus".[11] O FEPC, tão frágil durante a guerra, havia, no entanto, se tornado um símbolo poderoso do progresso laboral para pretos e outras minorias étnicas. Com mercados de trabalho diminuindo, o sonho de muitos líderes negros de estabelecer permanentemente o FEPC ia embora junto com a guerra, apesar do apoio do presidente Truman.

Ninguém se opunha mais ao FEPC do que o senador democrata da Virgínia, Harry Byrd, que o chamava de "a ideia mais perigosa já levada a sério".[12] Assim, comparava-o a "seguir a liderança comunista",[13] um epíteto explosivo quando os Estados Unidos começavam a enxergar a aliada de guerra, Rússia, como nova ameaça. Byrd, ex-governador, descendia da "Primeira Família da Virgínia", uma das elites governantes multigeracionais do estado. Herdeiro de um jornal e de uma fortuna do plantio de maçãs, Byrd tratava a segregação como religião e comandava uma poderosa máquina política que mantinha os pobres de todas as raças divididos entre eles e na base da pirâmide econômica. "A Máquina Byrd é a ditadura mais refinada e requintada dos Estados Unidos",[14] escreveu o jornalista John Gunther no seu *best-seller O drama dos Estados Unidos*, de 1947. O pai de Byrd, que também havia sido um político estadual poderoso, ajudara o conterrâneo Woodrow Wilson a chegar à Casa Branca em 1912.[15] Parecia cedo demais para dizer se o ativismo e os ganhos econômicos feitos durante a guerra seguiriam adiante ou cederiam em face da subversão de políticos como Byrd, como acontecera na Primeira Guerra Mundial. Os generais da guerra dos pretos — líderes como Randolph, Houston e Mary McLeod Bethune, que atuou como conselheira do presidente Roosevelt — não baixaram a guarda nem um pouco, preparando-se para excitar as tropas para a próxima ofensiva. Mas Dorothy e os outros que haviam construído novas vidas durante a guerra não esperaram por líderes ou políticos: deram-lhe as costas, apostando suas novas vidas na permanência das mudanças sociais e econômicas trazidas pelo conflito.

Não era uma aposta sem riscos. Dorothy havia se comprometido com o aluguel do apartamento em Newsome Park, embora Langley não tivesse convertido o emprego de guerra temporário dela em permanente. O futuro do bairro em si era incerto. Vizinhos da próxima Hilton Village, um loteamento da Primeira Guerra Mundial para gerentes do estaleiro, brancos e de classe média, queriam desmantelar Newsome e Copeland Park sob as leis de eliminação de favelas. As autoridades federais planejavam retirar as casas e enviar as unidades para as "populações da Europa devastadas pela guerra".[16] Enquanto o governo e os vizinhos discutiam o status de Newsome Park — declarado "de caráter não temporário", embora "não permanente na atual localidade"[17] —, os moradores, cheios de idealismo pós-guerra, convocavam uns aos outros a criar uma "comunidade modelo, não apenas para Newport News como para todos os Estados Unidos". E por que Newsome Park desapareceria? A barulhenta máquina de defesa e todos os recantos e comunidades que ela havia criado nesses quatro anos não desapareceriam. O ritmo de vila de pescadores não existia mais: fora substituído por conexões a um mundo maior e pela vitalidade dos sonhos da classe média. Os empregos, os loteamentos, os relacionamentos, as rotinas... Tantos aspectos da vida criados pela emergência da guerra tinham se tornado intrínsecos, e era fácil acreditar que as coisas sempre tinham sido assim. Apesar das melhores intenções de voltar às vidas antigas, os "entrões" demoraram-se, percebendo em doses homeopáticas de consciência ao longo dos anos de guerra — ou em uma dose cavalar ao fim abrupto da guerra — que não iriam ou não poderiam voltar para casa.

Os filhos mais velhos de Dorothy sofreram com a perda de liberdade da cidade pequena e o espaço da casa grande em Farmville. Por mais talentosa que Dorothy fosse como matemática, ela talvez tivesse perdido seu chamado para a vida militar: organizava o lar em Newport News com a autoridade de um general e a economia de um intendente, por fim enviando a babá de volta a Farmville e alugando o quarto para um militar[18] e sua esposa em troca de olharem as crianças.

Enquanto as crianças estavam na escola, lidando com a transição de serem rostos bem conhecidos em uma cidade pequena para apenas mais um na multidão, Dorothy começou a alinhavar as peças de sua vida nas quais trabalhava desde sua chegada ali, organizando uma festa para quase vinte pessoas[19] na pequena casa na rua 48. Alguns convidados eram do trabalho; outros, do bairro ou da igreja. Ela havia se aproximado de Miriam Mann e de sua família; as duas mulheres e seus filhos tornaram-se uma grande família estendida, sempre aproveitando as muitas atividades do campus do Instituto Hampton. Quando a aclamada contralto Marian Anderson anunciou uma apresentação no salão da faculdade, as duas mulheres sabiam que iriam juntas. Anderson havia se apresentado ali muitas vezes desde que começara a carreira profissional na adolescência. Ela havia cantado nos quatro continentes, mas talvez não fosse recebida com tanto entusiasmo e calor em outros lugares do que no teatro do Instituto Hampton. Muitos tinham ido a todos os recitais. Dorothy e Miriam compraram ingressos com antecedência por garantia. Na noite do concerto, os Vaughan arrumaram-se e encontraram os Mann no teatro, chegando cedo para que o grupo se sentasse junto.

Foi uma apresentação excepcional. Dorothy olhou para os filhos, tão jovens, mas hipnotizados pela voz da contralto que parecia cantar particularmente a cada um da plateia. Aquele seria um momento inesquecível para todos.

CAPÍTULO 8

AQUELES QUE SEGUIRAM EM FRENTE

Katherine Goble finalmente encontraria seu caminho de volta para uma sala de aula, mas uma doença acelerou o processo: em 1944, o marido dela, Jimmy, o professor de Química na Escola de Ensino Médio Marion, um colégio para pretos na Virgínia, tinha caído doente com febre de brucelose. A doença, causada por beber leite não pasteurizado, tinha atingido pelo menos oito pessoas no condado de Smyth[1] naquele verão. Às vítimas infelizes, reservavam-se semanas, às vezes meses, de suores, fadiga, apetite fraco e dor. Não havia possibilidade de Jimmy ser capaz de iniciar o ano escolar naquele outono. Então, em vez disso, o diretor ofereceu o contrato anual de Jimmy para Katherine. Apesar de ter sido mãe e esposa em tempo integral pelos últimos quatro anos, Katherine tivera o cuidado de manter atualizado seu certificado de professora.[2]

Seria a segunda vez dela como professora de escola. Em 1937, recém-formada no Instituto Estadual da Virgínia Ocidental, a jovem Katherine de 18 anos candidatou-se à vaga no colégio Marion, na fronteira da Virgínia. "Se você souber tocar piano, o emprego é seu", dizia o telegrama.[3] Ela deu adeus a seu estado natal e embarcou em um ônibus em Charleston, a capital do estado, acomodando-se para a viagem de três horas até Marion.

Ao chegar à Virgínia, ela e os outros passageiros negros, que estavam espalhados com os brancos por todo o ônibus, receberam ordem de ir para o fundo.[4] Pouco tempo depois, o motorista despejou os passageiros negros,[5] anunciando que aquele serviço não continuaria até a parte preta da cidade. Katherine pagou um táxi para levá-la até a casa do diretor do colégio Marion e lá ela deu um jeito de alugar um quarto.

Pelos dois anos em que ela lecionou em Marion, Katherine recebeu cinquenta dólares por mês,[6] menos do que os 65 dólares que o estado pagava para as professoras brancas no condado com treinamento similar. Em 1939, o Fundo de Defesa Legal da NAACP processou o estado da Virgínia em nome de uma professora negra da escola de ensino médio de Norfolk, a Booker T. Washington. A professora negra e os colegas dela, inclusive o diretor, ganhavam menos dinheiro do que o zelador branco da escola.[7] Os astutos advogados da NAACP, liderados pelo chefe do conselho do fundo, Charles Hamilton Houston, e por um ótimo procurador dele, um rapaz desengonçado e inteligente, formado em Direito pela Universidade Howard, chamado Thurgood Marshall, conduziram o caso Alston contra Norfolk até a Suprema Corte dos Estados Unidos, que ordenou que a Virgínia equiparasse os salários dos professores negros aos dos professores brancos. Foi uma vitória, mas que chegou muito tarde para Katherine. Quando chegou uma oferta de um trabalho de 110 dólares por mês[8] da escola de ensino médio de Morgantown, na Virgínia Ocidental, para o ano escolar de 1939, Katherine aceitou. Pagar de forma igual pode ter sido uma batalha na Virgínia, mas a Virgínia Ocidental subiu a bordo sem brigar.

Katherine sempre fez questão de salientar para as pessoas que tinha vindo da Virgínia *Ocidental*, e não da Virgínia. O terreno montanhoso da Virgínia Ocidental oferecia brisas frescas à noite, enquanto a Virgínia era abafada e tomada pela malária. O sistema de *plantation* de antes da guerra nunca chegou a pegar na Virgínia Ocidental do mesmo modo como no extremo leste e no sul. Durante a Guerra Civil, o estado montanhoso separou-se da Virgínia e juntou-se à União. Isso não fez da Virgínia Ocidental um oásis de visão progressista a respeito de raça — segregação mantinha negros e brancos separados em alojamentos, escolas, salões públicos e restaurantes —, mas o estado oferecia à sua pequena população negra um pouquinho mais de espaço para respirar. Para os pretos do estado, se comparada com a Virgínia Ocidental, a Virgínia era o *Sul*.

Nascida e criada em White Sulphur Springs, Katherine era a filha mais nova entre as quatro crianças de Joshua e Joylette Coleman. "Vocês não são melhores do que ninguém, e ninguém é melhor do que vocês",[9] dizia Joshua aos filhos, uma filosofia que ele incorporava ao máximo. Perfeitamente aprumado com paletó e gravata quando estava a negócios na cidade, Joshua atraía admiração silenciosa tanto dos negros quanto dos brancos naquela pequena cidade. Nunca seria preciso mandar ninguém respeitar Josh Coleman.

Embora tendo estudado apenas até o sexto ano, o pai de Katherine era um gênio da matemática, que podia dizer quantos metros cúbicos uma árvore iria render[10] só de olhar para ela. Logo que a filha mais nova deles começou a falar, Joshua e Joylette perceberam que a menina tinha herdado o jeito simpático do pai e também a cabeça dele para a matemática. Katherine contava tudo o que cruzava seu caminho: louças, degraus e estrelas no céu. De uma curiosidade insaciável a respeito do mundo, lançava perguntas para seus professores de gramática e saltou do segundo para o quinto ano.[11] Quando os professores se viravam para a turma e descobriam a mesa de Katherine vazia, sabiam que encontrariam sua aluna na sala ao lado,[12] ajudando o irmão mais velho com suas lições. A escola para crianças, a única na área dos pretos, ia apenas até o sexto ano. Quando a irmã mais velha de Katherine, Margaret, formou-se na escola de White Sulphur Springs, Joshua alugou uma casa a duzentos quilômetros de distância, para que todas as quatro crianças, supervisionadas pela mãe, pudessem continuar na escola-laboratório gerenciada pelo Instituto Estadual da Virgínia Ocidental.

Os rendimentos da fazenda Coleman diminuíram até se tornarem um pingo durante os duros anos da Depressão. Ansioso por um meio de sustentar a casa e cobrir o custo da educação dos filhos, Joshua mudou a família para a cidade e aceitou um emprego no Greenbrier, o resort mais exclusivo do país. (Foi ali, anos depois, que ele conheceu Howard, o marido de Dorothy Vaughan.) O hotel enorme de colunas brancas, construído em um estilo clássico nostálgico, esparramava-se em uma propriedade bem-cuidada no meio de White Sulphur. Joseph e Rose Kennedy[13] passaram a lua de mel em 1914 no quarto 145 do hotel. Bing Crosby; o duque de Windsor;[14] Lou Gehrig; Henry Luce, o editor da revista *Life*; a atriz Mary Pickford; um jovem Malcolm Forbes; o imperador do Japão; e diversos Vanderbilt, Du Pont e Pulitzer convergiram para o White Sulphur Springs durante as décadas de 1920, 1930 e 1940, e dançavam a noite toda nos salões. Mesmo quando as filas de sopa serpenteavam pelas principais ruas dos Estados Unidos e a seca quebrou dezenas de milhares de famílias de agricultores, o "velho White" permaneceu um ímã para convidados internacionais glamorosos que jogavam golfe, banhavam-se nas águas das famosas nascentes do resort e deleitavam-se com seu luxo desenfreado.

O Greenbrier segmentava sua classe serviçal[15] com cuidado. Pretos trabalhavam como faxineiros, carregadores e ajudantes de cozinha, enquanto imigrantes italianos e do Leste Europeu atendiam à sala de jantar. Durante as férias de verão do Instituto, os rapazes da família Coleman pegavam turnos como carregadores, e Katherine e a irmã dela aceitavam empregos de camareira exclusiva para hóspedes. Acomodando todas as necessidades da pequena elite visitante — limpando seus quartos; lavando, passando e preparando suas roupas; antecipando seus desejos, tudo enquanto tentavam ficar invisíveis —, era um trabalho ingrato que Katherine tirava de letra. Uma exigente condessa francesa, com o hábito de passar horas ao telefone com amigos em Paris, começou a suspeitar que as paredes tinham ouvidos. "*Tu m'entends tout, n'est-ce pas?*",*,[16] quis saber a condessa ao notar a reservada empregada preta prestando atenção a cada comentário espirituoso dela. Katherine assentiu timidamente. A condessa marchou com Katherine até a cozinha do resort e, pelo restante do verão, a estudante do ensino médio passou suas horas do almoço em conversas com o chef parisiense do Greenbrier.[17] A evolução de Katherine, de uma estudante colegial de francês para um francês quase fluente com sotaque parisiense, surpreendeu seu professor de idiomas naquele outono. No verão seguinte, o hotel colocou Katherine como balconista na loja de antiguidades do saguão, aproveitando bem mais o carisma dela. Henry Waters Taft, um advogado antitruste bem conhecido e irmão do presidente William Howard Taft, frequentava o Greenbrier, e certa vez na loja Katherine lhe ensinou números romanos.[18]

---

* "Você entende tudo o que eu falo, não é?", traduzido do francês. (N.T.)

Em 1933, Katherine entrou na Faculdade Estadual da Virgínia Ocidental como uma caloura de 15 anos de idade. Seu excelente desempenho no ensino médio foi recompensado com uma bolsa integral. O admirável presidente da faculdade, dr. John W. Davis, era, como W.E.B. Du Bois e Booker T. Washington, parte de uma fraternidade exclusiva de "homens de raça", educadores negros e intelectuais públicos que estabeleceram o debate sobre o melhor curso de progresso para os Estados Unidos negros. Embora não tão grande ou influente como instituições como Hampton, Howard ou Fisk, a faculdade tinha uma sólida reputação acadêmica. Davis esforçava-se para trazer a brilhante luz dos acadêmicos negros ao seu campus. No começo dos anos 1920, Carter G. Woodson, um historiador e educador que tinha feito doutorado em História em Harvard 17 anos depois de Du Bois, atuava como reitor da faculdade.[19] James C. Evans, formado em Engenharia pelo MIT, comandava um programa de negócios e de estudos técnicos da escola antes de aceitar uma posição como assessor civil no Departamento de Guerra[20] em 1942.

Na equipe do departamento de matemática, estava William Waldron Schieffelin Claytor, bonito como uma estrela de cinema, com a pele castanha e os olhos intensos emoldurados por longos cílios. Com apenas 27 anos, Claytor tocava Rachmaninoff com fineza e era um agressivo jogador de tênis.[21] Ele dirigia um carro esportivo e pilotava seu próprio avião, o qual, em uma famosa ocasião, voou tão baixo sobre a casa do presidente da escola[22] que as rodas da máquina fizeram uma balbúrdia em cima do telhado. Graduandos em matemática se maravilhavam em ouvir o dr. Claytor, originalmente de Norfolk, desenvolver provas matemáticas sofisticadas com seu arrastado sotaque do interior.[23]

Os modos bruscos de Claytor intimidavam a maioria dos seus alunos, que não conseguia acompanhar enquanto o professor rabiscava furiosamente fórmulas matemáticas na lousa[24] com uma das mãos e, com a outra, as apagava com a mesma velocidade. Ele ia de um assunto ao próximo sem fazer concessões às expressões desconcertadas da classe. Porém, a séria Katherine, com seus óculos e seus belos cabelos encaracolados, passou tão rápido pelo catálogo de cursos que Claytor precisou criar turmas avançadas apenas para ela.

"Você daria uma boa pesquisadora matemática",[25] disse o dr. Claytor à sua brilhante aluna de 17 anos depois do terceiro ano dela. "*Eeee*", continuou ele, "vou prepará-la para esta carreira".

Claytor obtivera um diploma de matemática com honras na Universidade Howard em 1929 e, assim como Dorothy Vaughan, tinha recebido uma oferta para se juntar à aula inaugural[26] do programa de pós-graduação de matemática da escola. O reitor Dudley Weldon Woodard supervisionou a tese de Claytor e recomendou que ele seguisse seus passos no programa de doutorado da Universidade da Pensilvânia. O tópico da dissertação de Claytor — topologia do ponto de ajuste — encantou a faculdade e foi aclamado pelo mundo matemático como um avanço significativo na área.[27] Brilhante e ambicioso, Claytor esperou em vão ser recrutado para se juntar aos departamentos superiores de matemática do país, mas a única oferta que recebeu veio da Faculdade Estadual da Virgínia Ocidental. "Se os jovens homens de cor receberem formação científica, praticamente só terão abertura nas universidades negras do Sul", comentou W.E.B. Du Bois em 1939.[28] "As bibliotecas, os museus, os laboratórios e as coleções científicas [de brancos] no Sul ou estão completamente fechados para os pesquisadores negros, ou estão apenas parcialmente abertos e em condições humilhantes."[29] Ainda, como era o caso infeliz em muitos colégios negros, a vaga na faculdade vinha com "carga horária muito pesada, isolamento científico, nenhuma biblioteca científica e nenhuma oportunidade de ir a congressos científicos".[30]

Como se estivesse tentando redimir a própria decepção profissional por meio das conquistas de um dos poucos estudantes cuja capacidade combinava com seus padrões impossivelmente altos, Claytor mantinha uma crença inabalável de que Katherine poderia encontrar um futuro de sucesso na pesquisa matemática, mesmo com todas as probabilidades contra. As perspectivas de uma mulher negra no campo poderiam ser vistas apenas com desânimo. Se Dorothy Vaughan pudesse ter aceitado a oferta de admissão na Universidade Howard, ela provavelmente teria sido a única colega do sexo feminino de Claytor, praticamente sem opções de carreira de pós-graduação fora do ensino, mesmo com um diploma de mestrado em mãos. Nos anos 1930, pouco mais de cem mulheres[31] trabalhavam como matemáticas profissionais nos Estados Unidos. Os empregadores discriminavam abertamente irlandesas e judias com diplomas de Matemática.[32] As chances de uma mulher negra encontrar trabalho na área eram próximas de zero.

"Mas onde vou encontrar um emprego?", perguntou Katherine.[33]

"Esse será o seu problema", respondeu o mentor dela.

Katherine e Jimmy Goble conheceram-se enquanto ela estava dando aulas em Marion. Jimmy era natural de Marion e estava em casa por causa de um feriado na faculdade. Os dois se apaixonaram e, antes que ela fosse para a Virgínia Ocidental, casaram-se sem contar para ninguém.[34] A Virgínia Ocidental podia ter chegado à equiparação das raças, mas ainda mantinha a linha de restrição contra mulheres casadas em sala de aula.

Na primavera de 1940, no fim de um movimentado dia escolar, Katherine foi surpreendida ao encontrar o dr. Davis, o presidente da faculdade que ela frequentara, esperando do lado de fora de sua sala de aula.[35] Depois de trocar gentilezas com sua ex-aluna, Davis revelou o motivo de sua visita. Como membro da diretoria do Fundo de Defesa Legal da NAACP, ele trabalhava próximo de Charles Houston e Thurgood Marshall nas lentas, frequentemente desalentadoras e às vezes perigosas conduções de processos judiciais em nome dos querelantes negros no Sul. O caso dos professores de Norfolk era apenas um dos muitos no seu grande plano para desmantelar o sistema de *apartheid* que existia em escolas e locais de trabalho americanos.

Em antecipação ao dia que então tinha chegado, Davis, que era um astuto agente político tanto quanto o era como educador, havia fugido de uma oferta de quatro milhões de dólares[36] no Legislativo da Virgínia Ocidental para fundar um programa de pós-graduação na Faculdade Estadual da Virgínia Ocidental. A aposta de Davis era que, se não houvesse nenhum programa de pós-graduação nas faculdades de negros, todas as universidades só para brancos na Virgínia Ocidental seriam obrigadas a admitir negros em seus programas sob a decisão de 1938 da Suprema Corte no caso Missouri *ex rel* Gaines contra Canadá. O governador da Virgínia Ocidental, Homer Holt, via a probabilidade de que algo ruim aconteceria: a escolha então era integrar ou, como o vizinho no leste, entrar na roda e contestar a decisão. Em vez de lutar, Holt resolveu integrar escolas de graduação públicas do estado. Por isso, pediu ao seu amigo Davis, em uma reunião secreta, para escolher a dedo três formados da Faculdade Estadual da Virgínia Ocidental para desagregar a universidade estadual, no início no verão de 1940.

"Escolhi você",[37] disse Davis para Katherine naquele dia do lado de fora da sala de aula dela. Dois homens, então diretores escolares em outras partes da Virgínia Ocidental, uniriam-se a ela. Inteligente, carismática, trabalhadora e imperturbável, Katherine era a escolha perfeita. Quando ela saiu pela porta no seu último dia de trabalho na escola de ensino médio de Morgantown, seu diretor, que também era professor adjunto no departamento de Matemática da Faculdade Estadual da Virgínia Ocidental, presenteou-a com um conjunto completo de livros de referência de matemática[38] para usar na universidade, uma barreira contra quaisquer "inconveniências" que pudessem surgir da necessidade dela em usar a biblioteca da escola de brancos.

Katherine inscreveu-se no curso de verão da Universidade da Virgínia Ocidental em 1940. A mãe dela mudou-se para Morgantown para viver com a filha, para lhe dar força e confiança durante seus primeiros dias na escola de brancos. Katherine e os dois outros estudantes pretos, ambos homens que estavam ingressando na escola de Direito, conversaram durante o primeiro dia de matrícula. Ela nunca mais os viu no campus e partiu sozinha para o departamento de matemática. A maioria dos estudantes brancos deu boas-vindas cordiais a Katherine. Alguns desviaram de seu caminho para serem amigáveis. O único colega que protestou contra a presença dela empregou silêncio como arma, em vez de xingamentos. O mais importante: os professores a trataram com justiça, e ela mais do que atendia o nível acadêmico. O maior desafio que enfrentou foi encontrar um curso que não duplicasse a tutela meticulosa do dr. Claytor.

Ao final do curso de verão, entretanto, Katherine e Jimmy descobriram que estavam esperando o primeiro bebê.[39] Estar casada em segredo era uma coisa; estar casada e ser mãe era bem diferente. O casal sabia que tinha que contar para Joshua e Joylette a respeito de seu casamento e do nascimento iminente. Joshua sempre quis que Katherine conseguisse um diploma de pós-graduação, mas as circunstâncias tornaram impossível terminar o curso. O amor de Katherine por Jimmy e sua confiança no novo caminho que sua vida tinha tomado suavizou o rigor de seu pai em relação à pós-graduação, e ele não tinha como resistir à emoção do primeiro neto da família. Embora desapontados, nem ele nem nenhum outro homem influente na vida dela — como o dr. Claytor ou o dr. Davis — jamais lhe pediriam para negar o amor ou sacrificar uma família pela promessa de uma carreira.

Nos quatro anos desde que deixara a pós-graduação, Katherine não lamentara uma vez sequer sua decisão de trocar a oportunidade acadêmica de alto nível pela vida doméstica. Na maior parte dos dias, ela se sentia a pessoa mais sortuda do mundo, apaixonada pelo marido e abençoada com três belas filhas que adorava. Em momentos de ócio, os pensamentos dela se voltavam ao dr. Claytor e para a carreira fantasma que ele assiduamente havia preparado para sua pupila. Na verdade, a ideia de se tornar uma pesquisadora matemática tinha sido sempre uma abstração, e, com o passar do tempo, era fácil acreditar que aquela função só existia na mente excêntrica do professor. Contudo, em Hampton, Virgínia, Dorothy Vaughan e dezenas de outras ex-professoras estavam provando que mulheres pesquisadoras matemáticas não eram apenas um recurso do tempo de guerra, mas uma força poderosa que estava prestes a propelir a aeronáutica americana para além dos limites já alcançados.

CAPÍTULO 9

QUEBRANDO BARREIRAS

Depois do fim da guerra, os prisioneiros japoneses e italianos foram para casa, mas Howard Vaughan ficou no Greenbrier, em seu emprego temporário no grande hotel, ao lado de Joshua Coleman. As vidas paralelas dele e de Dorothy Vaughan cruzavam-se com frequência o suficiente, tanto em Farmville quanto em Newport News, para que o casal adicionasse mais duas crianças à família: Michael em 1946 e Donald em 1947. Os Vaughan mais novos eram de Newport News, e Newsome Park era a única cidade que conheciam. Para eles, a agitada casa em Farmville era sinônimo de feriados e férias de verão, e não de um lar deixado para trás.

Que Dorothy retornaria o quanto antes ao trabalho após o parto, isso nunca foi uma questão, assim que seus bebês estivessem crescidos o suficiente para ficar aos cuidados de irmãos, babás e hóspedes que lhe providenciariam uma vida estruturada. Ficar em casa por mais tempo para cuidar deles simplesmente não era uma opção. A família sempre contara com o salário dela. Então, mais do que nunca, era o emprego em Langley que proporcionava estabilidade econômica a todos.

Os irmãos Vaughan mais velhos adaptavam-se às mudanças que em certos aspectos expandiram a vida deles, assim como restringiram em outros. Newsome Park apresentava um novo grupo de amigos e limites, um dos quais era o lago que dividia com os vizinhos de Copeland Park. Leonard Vaughan e os amigos esquematizaram tudo:[1] se chegassem ao lago antes, era deles pelo dia. Se a garotada branca aparecesse antes, era a vez deles. Se os dois grupos chegassem ao mesmo tempo, dividiam o lago, lançando olhares curiosos uns para os outros e de vez em quando batendo papo enquanto nadavam e brincavam.

Uma família proveniente do escritório da Computação Oeste preencheu o vazio deixado por tias, tios e primos de Farmville. Dorothy Vaughan, Miriam Mann, e as Peddrew — Kathryn (conhecida como "Chubby",* dada sua figura voluptuosa) e a cunhada dela, Marjorie, que se juntaria ao escritório no fim da década de 1940 — aproximaram-se por conta das curvas de distribuição de pressão no escritório e dos filhos e da vida comunitária fora dele. Dorothy tinha inclusive uma conexão familiar real no grupo: Matilda West, parente da cunhada de Howard Vaughan,[2] havia seguido Dorothy de Farmville até Hampton com o marido e os dois filhos durante a guerra. Nos verões, as famílias iniciaram uma tradição de fazer um piquenique na praia Log Cabin, um resort florestado com vista para o rio James, construído exclusivamente "para membros da raça".[3] As mulheres passavam semanas organizando o cardápio,[4] sem desgrudar do telefone antes do grande dia enquanto preparavam as delícias culinárias para o passeio. Sete dos Vaughan, cinco dos Mann e dois grupos de quatro Peddrew, incluindo o cachorro de Chubby Peddrew, seguiam em caravana pela Rota 60 até o retiro à beira do rio, aproveitando um dia animado e divertido, finalizado com marshmallows assados na fogueira.[5]

Era uma experiência novíssima esse tipo de diversão livre, longe da socialização tradicional e estruturada para a maioria dos negros, em casa ou na igreja, ou nas organizações sociais e civis interconectadas que absorviam o precioso tempo livre da incipiente classe média negra. Turistas pretos aproveitavam o sol e os divertimentos na praia de Bay Shore em Hampton desde que um grupo de empresários negros — entre os quais John Mallory Phillips, contador do Instituto Hampton e comerciante de frutos do mar — fundou o resort em 1898.[6] Mas Bay Shore, separada por uma corda da praia maior e exclusiva para brancos, Buckroe, ainda lembrava os visitantes de que havia areia preta e areia branca. Em Log Cabin, pretos com condições para aproveitar seus encantos esqueciam a existência de placas "de cor". Eles podiam ocupar todo o local, sem sinalizações que restringissem sua circulação e a dupla consciência que estrangulava sua alma.

Dorothy amava permitir que suas crianças andassem livremente. Ter acesso a uma base mais ampla de experiências era um dos motivos mais convincentes para virar a vida de cabeça para baixo com a mudança para Hampton Roads. Mesmo com um salário de dois mil dólares ao ano[7] — a média mensal para a mulher negra nos anos 1940 era de apenas 96 dólares[8] —, prover seis crianças significava que passeios como este não aconteciam com frequência nem com facilidade. Com a sombra da Depressão em sua mente, Dorothy Vaughan costurava roupas para a família, juntava cupons de desconto e usava sapatos até que os pés começassem a sair pelo furo das solas. Se pudesse dar mais aos filhos sacrificando seus próprios confortos, ela o faria. Muitas noites, cozinhava a janta e, depois de servir os filhos, saía para dar uma volta no quarteirão[9] até que eles terminassem. Somente então ela voltava e se servia das sobras. Não queria enfrentar a tentação de comer sequer um bocado que poderia nutrir aqueles corpos em crescimento.

A previsão de que o fim da guerra provocaria uma reviravolta econômica em Hampton Roads não se concretizou. O lugar que Dorothy Vaughan passou a chamar de lar estava no auge do *boom* da indústria de defesa, *boom* que não seria medido em anos, mas em décadas. Depois da guerra, a Base Naval Norfolk confirmou seu comando da Frota Atlântica e foi nomeada como quartel-general do comando aéreo da Marinha. Além das instalações militares locais e dos terceirizados, foi estabelecida a Escola de Transporte do Exército, erguida em Forte Eustis em Newport News, e a base da Guarda Costeira dos Estados Unidos em Portsmouth, com o estaleiro de Newport News e o estaleiro naval de Portsmouth ainda funcionando a pleno vapor. Em 1946, o Exército transformou o campus de Langley na sede do seu Comando Aéreo Tático,[10] um dos principais comandos da Força Aérea do Exército dos Estados Unidos. Um ano depois, ressaltou-se a importância do avião para a defesa dos Estados Unidos quando a Força Aérea foi elevada ao status de braço independente do Exército, tornando-se a Força Aérea dos Estados Unidos.

O empuxo econômico da defesa nacional no sudeste da Virgínia havia se tornado tão forte durante a guerra, e sua influência tão vital ao bem-

-estar material dos residentes, que, assim como Hampton Roads tinha sido o modelo de cidade do *boom* da guerra, também tinha se tornado um local do estado de guerra, dependente dos dólares da indústria da defesa que atingiam a região como as ondas atingiam seu litoral. Hampton Roads havia se tornado a encarnação do que o presidente da Guerra Fria Dwight D. Eisenhower iria nomear, uma década depois, como "complexo industrial militar".[11]

A inevitável redução da força de trabalho em Langley — a equipe conseguiu a marca de mais de três mil funcionários[12] pouco antes do Dia V-J — foi curta e superficial; a maioria causada pelo desgaste natural daqueles que decidiram ser hora de seguir em frente. Muitas computadoras e outras funcionárias no laboratório trocaram a rotina da vida de escritório pelo lar. Várias se casaram com homens com quem trabalharam; o sucesso do laboratório em promover matrimônios rivalizava com sua proeza na pesquisa. O informativo interno *Air Scoop* transbordava de causos sobre o anel de brilhante no dedo anular de certa solteira do departamento de recursos humanos ou o final feliz para aquele casal apaixonado que encontrou o amor entre os modelos de teste no Túnel de Voo Livre.

Seguiu-se um fluxo constante de "anúncios de cegonha". Licenças de deficiência ou de doença acumuladas eram disponibilizadas para gestantes que quisessem voltar ao trabalho quando os bebês tivessem idade suficiente para serem deixados aos cuidados de outras pessoas, embora conseguir isso dependesse da boa vontade dos gerentes. Muitas mulheres pediam demissão[13] na gravidez e depois se recandidatavam, na esperança de conseguir o antigo serviço de volta.

No entanto, computadoras talentosas, principalmente aquelas com bastante experiência, eram recursos valiosos. A tinta mal havia secado no *Air Scoop* anunciando a redução da força de trabalho quando Melvin Butler divulgou um plano para oferecer vagas permanentes aos funcionários de guerra. Alguns gerentes de alto escalão[14] esforçavam-se para manter as mulheres mais produtivas, dando-lhes a flexibilidade necessária para cuidar da família.

Em três anos de Langley, Dorothy Vaughan havia provado estar mais do que à altura do serviço, entregando trabalhos sem erros para Marge

Hannah e Blanche Sponsler e cumprindo os prazos constantes com facilidade, sempre recebendo a avaliação "excelente"[15] dos chefes. Durante a guerra, Dorothy e outras duas colegas, Ida Bassette, nativa de Hampton (prima de Pearl Bassette, da Computação Oeste), e Dorothy Hoover, de Little Rock, no Arkansas, foram nomeadas supervisoras de escala,[16] cada uma gerenciava um terço de um grupo que havia aumentado para 25 mulheres.[17] No auge da guerra, quando o laboratório operava com um turno de 24 horas, Dorothy frequentemente trabalhava no plantão das três da tarde até 11 da noite,[18] responsável pelo trabalho de oito computadoras, calculando tabelas de dados, lendo filmes e transformando números em gráficos. Talvez não fosse surpresa que Dorothy fosse indispensável, mas mesmo assim foi um alívio quando, em 1946, seu cargo público se tornou permanente.

Praticamente todas as Computadoras Oeste decidiram ficar onde estavam, qualquer que fosse o preço. A seção havia crescido demais para a sala original, no Depósito. Por isso, em 1945, o grupo mudou-se para "dois escritórios espaçosos"[19] no primeiro andar do recém-construído prédio da Divisão de Cargas de Aeronaves, no lado oeste.

Negras ou brancas, leste ou oeste, solteiras ou casadas, com ou sem filhos, mulheres haviam se tornado fundamentais para a pesquisa aeronáutica. Nem um ano depois do fim da guerra, voltaram a aparecer no boletim os conhecidos anúncios de vagas no laboratório,[20] inclusive para computadoras. Conforme os Estados Unidos diminuíam a marcha da corrida para a vitória para um ritmo mais comedido de atividade econômica, e conforme o laboratório começava a esquecer que um dia já havia operado sem computadoras, Dorothy teve tempo para parar e considerar uma carreira de matemática. Como poderia pensar em retornar a Farmville e abandonar um trabalho no qual era boa, de que gostava e que pagava duas ou três vezes mais que a docência? A matemática na pesquisa em Langley era um trabalho *muito* bom para pessoas negras, e também *muito* bom para mulheres. A situação da indústria aeronáutica era forte, e os engenheiros estavam tanto interessados em manter o serviço das mulheres que calculavam quanto os produtores de aeronaves em preservar as lavadeiras que mantinham seus trabalhadores de fábrica satisfeitos.

Milhares de mulheres em todo o país haviam conseguido serviço como computadoras durante a guerra: em Langley, em outros laboratórios do NACA (como o Laboratório de Pesquisa Ames, no campo Moffett, na Califórnia, que a agência havia inaugurado em 1939, e a unidade de Pesquisa em Propulsão de Voo, em Cleveland, inaugurada em 1941); no Laboratório de Propulsão de Jatos do Exército, liderado pelo Instituto de Tecnologia da Califórnia; no Departamento de Padrões, na cidade de Washington; no laboratório secreto de pesquisa balística da Universidade da Pensilvânia; e em companhias aéreas como a Curtiss Wright, que chamava as mulheres de "Cadettes".[21] Um novo futuro estendia-se diante delas, mas Dorothy Vaughan e as outras estavam no começo da carreira, com poucos modelos para seguir. Assim como tinham aprendido as técnicas de pesquisa aeronáutica colocando a mão na massa, as moças ambiciosas do grupo teriam de descobrir sozinhas o que seria necessário para avançar como mulher em uma profissão criada por homens.

Os renomados aerodinamicistas Eastman Jacobs, John Stack e John Becker começaram no laboratório como jovens engenheiros juniores e rapidamente puderam projetar e conduzir seus próprios experimentos. R.T. Jones, o engenheiro que interviera em nome do negro diante da polícia de Hampton, encantou os gerentes de Langley com sua mente hábil. Jones nunca terminou a faculdade. Ele fora contratado em 1934 como assistente científico subprofissional,[22] a categoria da maioria das mulheres. Apesar das boas notas de desempenho, uma classificação P-1 estava fora de alcance, pois exigia diploma de bacharel. Então seus chefes conspiraram para que ele pulasse direto para a P-2,[23] a qual, pelas misteriosas regras da burocracia, não tinha o mesmo requerimento.

Os pesquisadores experientes acolhiam os novatos do sexo masculino, iniciando-os em sua guilda nas conversas no refeitório na hora do almoço[24] e em *happy hours* exclusivos para homens.[25] Os iniciantes mais promissores eram encaminhados para auxiliar os gerentes nas operações do laboratório nos valiosos túneis e instalações de pesquisa, estágios que abriam portas para tarefas em pesquisas de alto escalão e possíveis promoções a chefe de setor, de unidade ou de divisão. Ao fim dos anos 1930, R.T. Jones havia sido promovido a responsável pela seção de Análise de Estabilidade, um reduto influente dos engenheiros "não aéreos", que utilizavam matemática teórica em vez de experimentos no túnel de vento ou testes de voo para entender como melhorar o desempenho das aeronaves.

As mulheres, por outro lado, tinham de manejar o intelecto como uma foice, golpeando a teimosa vegetação rasteira das baixas expectativas. Uma mulher que trabalhasse nas equipes de computação centrais ficava de fora da pesquisa, e as tarefas que os engenheiros passavam nem sempre vinham com contexto suficiente para fornecer à computadora conhecimento sobre a vida posterior daqueles números que atazanavam sua vida. Ela poderia passar semanas calculando uma distribuição de pressão sem saber que tipo de avião estava sendo testado ou se a análise que dependia de sua matemática resultara em conclusões significativas. O trabalho da maioria das mulheres, bem como o das máquinas calculadoras que usavam — Friden, Marchant ou Monroe —, era anônimo. Mesmo uma mulher que trabalhasse com um engenheiro no conteúdo de um relatório de pesquisa raramente seria agraciada com seu nome ao lado do dele na publicação. Por que as computadoras teriam o mesmo desejo de reconhecimento que eles? Era essa pergunta que muitos engenheiros faziam. Afinal, eram *mulheres*.

Conforme o trabalho das computadoras crescia em escopo e importância, no entanto, uma garota que impressionasse os engenheiros com sua presteza na matemática poderia ser convidada a trabalhar em tempo integral naquele túnel ou com aquele grupo. Mais grupos significavam mais oportunidades para as mulheres se aproximarem da pesquisa e estabelecerem suas credenciais. As equipes de computação ligadas a túneis ou a unidades específicas aumentavam, exigiam suas próprias supervisoras e davam às profissionais a oportunidade de se especializarem em algum subcampo da aeronáutica. Uma computadora que processasse dados na hora e entendesse como interpretá-los era mais valiosa para a equipe do que uma computadora em uma seção separada, com conhecimento mais geral. Esse tipo de especialização seria a chave para lidar com a crescente complexidade da pesquisa aeronáutica na era pós-guerra. Livres do imperativo da guerra de limpeza de arrasto — o processo de aprimorar aviões existentes para extrair pequenas melhorias em desempenho —, os aerodinamicistas voltaram a atenção para um inimigo mais difícil do que as forças do Eixo: a velocidade do som.

A criação do motor turbojato no começo da década de 1940 significou que, enfim, os engenheiros de Langley possuíam um sistema de propulsão potente o suficiente para que os conceitos de asa de alta velocidade desenvolvidos realmente voassem. Era o caso das asas em delta *sweptback* de R.T. Jones, inclinadas para trás tal qual as asas de um andorinhão — um pássaro que voa a grandes altitudes. Langley pôs instalações de ponta no lado oeste, como o Túnel de Alta Velocidade de dois por três metros e o Túnel de Pressão Supersônica de Quatro por Quatro Pés, máquinas que poderiam decolar os modelos com ventos que se aproximavam ou excediam a misteriosa velocidade do som. O império do NACA também continuou a se expandir rumo ao oeste, construindo equipes e instalações nos laboratórios de Cleveland e Ames.

Em 1947, um grupo de 13 funcionários de Langley, inclusive duas ex-Computadoras Leste,[26] foi enviado para o deserto de Mojave para estabelecer o Centro de Pesquisa de Voo de Alta Velocidade Dryden, um golpe direto nos problemas do voo mais rápido que o som. A velocidade do som, de cerca de 1.224 quilômetros por hora ao nível do mar, com ar seco a 15 graus Celsius, variava conforme temperatura, altitude e umidade. Por muito tempo, pensou-se ser um limitante físico na velocidade máxima de um objeto movendo-se no ar. Quando um avião voando ao nível do mar em ar seco aproximou-se de Mach 1, ou cem por cento da velocidade do som local, moléculas de ar em frente à aeronave empilharam-se e comprimiram, formando uma onda de choque, o mesmo fenômeno que causa o som associado ao estalar de um chicote ou ao disparo de uma bala.

Alguns cientistas especularam que, se um piloto conseguisse forçar o avião a atravessar a barreira do som, avião ou piloto ou ambos se desintegrariam com a força das ondas de choque. Porém, em 14 de outubro de 1947, o piloto Chuck Yeager, sobrevoando o deserto de Mojave em um avião de pesquisa experimental desenvolvido pelo NACA chamado Bell X-1, furou a barreira do som pela primeira vez na história, fato corroborado pelas computadoras no solo,[27] que analisaram os dados enviados pelos instrumentos de voo.

Havia poucas mulheres em Muroc para enviá-las a uma seção separada. No isolamento do deserto, em condições de trabalho mais próximas, em instalações desguarnecidas e dormitórios perigosos, as computadoras Muroc adotaram com facilidade o papel de engenheiras juniores. Subir na carreira era mais difícil nas operações maiores e mais burocráticas na sede em Langley, com uma estrutura de gerenciamento bem desenvolvida. Mesmo lá, no entanto, algumas pioneiras conseguiam abrir o caminho, de certa maneira, para outras mulheres seguirem. A matemática Doris Cohen, de Nova York, que começou a trabalhar no laboratório no fim da década de 1930, foi por muito tempo a única autora feminina do NACA.[28] Nem mesmo Pearl Young, a primeira engenheira do NACA e fundadora do rigoroso processo de revisão editorial da agência, deixou pesquisa com seu nome.

De 1941 a 1945, Doris Cohen publicou nove relatórios[29] registrando experimentos conduzidos pela pesquisa aeronáutica na fronteira da alta velocidade: cinco como autora única e quatro como autora de R.T. Jones (com quem se casou).[30] Era um resultado prodigioso, que mesmo aspirantes a engenheiro do sexo masculino esperam replicar. Ter o nome impresso em um relatório de pesquisa era o primeiro passo necessário na carreira de engenharia. Para uma mulher, era uma façanha importante e incomum. Proporcionava conhecimento público de que ela havia contribuído para uma linha de pesquisa importante e colocado a mão na massa em descobertas que circulariam amplamente na comunidade aeronáutica. Autores de relatório eram identificados como membros importantes do time. A proximidade ao trabalho era tudo. Conforme mais mulheres eram transferidas da computação para os grupos de engenharia — e novas computadoras eram contratadas diretamente nas seções, sem estagiar nas equipes gerais de computação —, maiores eram as chances de se afastar do "trabalho com máquinas" e dos gráficos de rotina e se aproximar dos relatórios de pesquisa, o produto mais importante do laboratório.

A evidência mais forte do progresso das mulheres em Langley nos primeiros anos pós-guerra ocorreu quando uma de suas profissionais mais famosas alcançou o fim da estrada. Ao longo de 12 anos, Virginia Tucker, a computadora-chefe do laboratório, ascendeu de subprofissional a mulher mais poderosa no laboratório. Virginia empenhou-se para transformar o cargo de computador de função protoadministrativa para um dos bens mais valiosos do laboratório. Seus esforços incansáveis de recrutamento na Faculdade para Mulheres da Universidade da Carolina do Norte — a maior instituição feminina dos Estados Unidos em 1949 — e em outras escolas para mulheres deram a centenas de jovens graduadas uma chance na carreira de matemática. Todas as equipes de computação da agência — em Langley, Cleveland, Ames e Muroc — traçavam sua linhagem até a primeira seção de computadoras, e ao trabalho de Tucker como primeira supervisora delas. Entre 1942 e 1946, quatrocentas computadoras em Langley receberam treinamento sob a tutela de Tucker.[31]

A Computação Leste dos anos de guerra, uma seção com tantos funcionários que as mulheres foram forçadas a se instalar em corredores e saletas ou qualquer lugar que as acomodasse, tinha se tornado vítima do próprio sucesso. As Computadoras Leste veteranas saíam para trabalhos integrais nos túneis e nenhuma garota nova era contratada para substituí-las. O grupo principal, que havia se estabelecido no escritório do Túnel de Pressão de Dezenove Pés no lado leste, minguava. As garotas passaram a responder diretamente aos engenheiros ou às supervisoras de computadoras ligadas aos engenheiros. Virginia Tucker era uma gerente respeitada, mas, ao contrário de Doris Cohen, não seguiu carreira de pesquisa e não tinha nada em seu nome. Ela ocupava um cargo sênior para uma mulher, mas não conseguia ir além em Langley. Em 1947, o laboratório desmembrou a Computação Leste,[32] redirecionando todas as tarefas em aberto para a Computação Oeste. Virginia Tucker também decidiu seguir para o oeste. Aceitou um trabalho na Corporação Northrop,[33] uma das muitas companhias de aviação no subúrbio de Los Angeles. A empresa a contratou como engenheira.

Quando as Computadores Leste passaram do escritório para operações maiores no laboratório, a segregação conteve a corrente emigratória da Computação Oeste. Por isso, foi uma comoção quando três Computadores Oeste foram,[34] no fim dos anos 1940, para a Aerodinâmica de Cascata, um grupo que estudava propulsores, turbinas e outras peças rotativas. Muitos dos funcionários brancos do laboratório, principalmente do lado leste, nem sabiam[35] que havia um grupo computacional negro. Uma minoria conservadora via a mestiçagem racial matemática como o crepúsculo da civilização. Mas a competência das Computadoras Oeste silenciou a maior parte dos dissidentes. De perto, era difícil se opor à boa educação e aos costumes gentis da classe média, mesmo que viessem embalados em pele marrom.

Era inevitável que uma das negras recebesse uma chance em um cargo de pesquisa. Dorothy Hoover — a outra Dorothy da Computação Oeste, uma das três supervisoras de turnos — detinha um diploma técnico em matemática da Arkansas AM&N, uma faculdade negra ativa nos programas de ESMWT da Segunda Guerra Mundial. Ela conseguiu um diploma de bacharel em Matemática na Universidade de Atlanta, e então lecionou no Arkansas, na Geórgia e no Tennessee[36] antes de começar em Langley, em 1943, onde foi contratada como matemática P-1.[37] Como Doris Cohen, Dorothy Hoover era excepcionalmente versada em conceitos matemáticos abstratos e equações complexas, e Marge Hannah encaminhava os serviços rigorosos provenientes do grupo de R.T. Jones da seção de Análise de Estabilidade para Hoover. Os engenheiros providenciavam-lhe longas equações que definiam as relações entre formato de asas e desempenho aerodinâmico e instruíam a substituir equações, fórmulas e variáveis. Apenas quando a série de equações estivesse suficientemente reduzida, ela começaria o processo de acrescentar valores[38] para obter os números com as máquinas de calcular.

Os integrantes da Análise de Estabilidade eram conhecidos tanto pela visão política progressiva quanto pelo raciocínio aguçado. Muitos eram judeus, do norte. Jones e sua esposa Doris Cohen, junto a Sam Katzoff e Eastman Jacobs, que eram dois dos mais respeitados analistas[39] do laboratório, e um professor branco de Economia do Instituto Hampton chamado Sam Rosenberg costumavam frequentar a casa do pesquisador de Langley Arthur Kantrowitz, onde passavam noites discutindo política ao som de música clássica.[40] Assistiam aos filmes no cinema do Instituto Hampton, misturando-se tranquilamente na escola preta. Mais do que a maioria, estavam dispostos a quebrar a barreira de cor integrando a Computação Oeste ao seu grupo. Como uma matemática talentosa, possivelmente genial, de pensamento independente como o deles, Dorothy Hoover era perfeita para a seção. Assim, em 1946, R.T. Jones a convidou para trabalhar diretamente com ele.[41]

* * *

Com os cálculos da Computação Leste acrescentados à carga de trabalho, Dorothy Vaughan e suas colegas do lado oeste engataram a marcha rápida. O laboratório ainda contratava mulheres negras para a equipe mais rápido do que as enviava para outros cargos. As que eram recomendadas para outra seção costumavam ficar em um serviço temporário e retornavam, mantendo os dois escritórios cheios na época.

Depois da guerra, a chefe da Computação Oeste, Margery Hannah, decidiu aceitar a oferta da Divisão de Pesquisa de Grande Escala, uma excelente indicação de Sam Katzoff. Depois de três anos, ela se juntaria à lista de autoras, publicando um estudo com Katzoff[42] no qual tentavam mensurar até que ponto as ondas que rebatiam nas paredes no túnel de vento interferiam na corrente de ar sobre um protótipo. Como ondas de som em um auditório, ou de água batendo na beira de uma piscina, as rajadas ricocheteavam nas paredes do túnel, e os resultados dos testes deveriam contabilizar as discrepâncias causadas por essa interferência.

A ascensão de Marge resultou em uma oportunidade para a próxima da fila: Blanche Sponsler subiu para chefiar o grupo. Apenas dois anos mais nova do que Dorothy, Blanche era uma recém-casada de 35 anos[43] em 1947. Originária da Pensilvânia, jogava na liga de boliche de Langley e era membro fiel do clube de bridge. Ela e a irmã, esposa de um soldado lotado no Forte Monroe, entraram no torneio de bridge do laboratório no mesmo ano e ficaram em segundo lugar. Também interessada em rumar para o oeste, Blanche requisitou transferência para o Laboratório Ames.[44] Seus supervisores em Langley escreveram cartas de recomendação — desde sua chegada ao laboratório, em 1940, ela havia recebido avaliações positivas e promoções recorrentes —, mas à época não havia vagas abertas. Então, ela continuou como chefe da Computação Oeste.

Dorothy trabalhava com Blanche desde 1943. Elas mantinham uma boa relação de trabalho, e Blanche deu a Dorothy uma boa avaliação de desempenho. O papel de Dorothy como supervisora de turno aumentava sua moral com os engenheiros. Meio consultoras, meio professoras, as supervisoras precisavam ser computadoras de ponta, capazes de entender as necessidades dos engenheiros e explicá-las com clareza para suas subordinadas. Ela respondia às questões das computadoras e precisava entender a matemática para ajudar em seus pontos fracos. Escolher a garota certa para determinada tarefa era uma das suas principais responsabilidades. Todas eram proficientes em cálculo básico, mas saber quem era perfeccionista com a calculadora que poderia apresentar gráficos perfeitos em pouco tempo era essencial para o processamento eficiente dos dados. Uma pequena elite, como Dorothy Hoover, era agraciada com a aptidão para matemática complexa que chegava a ultrapassar a habilidade de muitos engenheiros do laboratório.

Dorothy Vaughan deve ter feito *lobby* para seguir o caminho profissional de Margery Hannah e Dorothy Hoover e ir trabalhar diretamente para uma seção de engenharia. Como supervisora, ela mantinha contato com engenheiros de diversos grupos, alguns dos quais insistiam para que ela cumprisse as tarefas pessoalmente. Em 1949, contudo, uma reviravolta trágica manteria Dorothy presa à Computação Oeste por mais uma década. Ao fim de 1947, Blanche havia deixado Dorothy no comando do grupo durante uma licença médica de um mês.[45] Ela retornou ao trabalho, aparentemente bem, apesar de cansada, mas se afastou novamente durante julho e agosto de 1948.[46] Dessa vez, também retornou logo à rotina, e os meses seguintes seguiram sem novidades. Mas, na manhã de 26 de janeiro de 1949, uma Computadora Oeste fez uma ligação urgente a Eldridge Derring,[47] um dos administradores do laboratório. Nos últimos dias, segundo ela, Blanche andava estranha.[48] E naquele momento estava no escritório "agindo irracionalmente",[49] e ela implorou que ele fosse ao prédio da Divisão de Cargas de Aeronaves para ajudá-las a lidar com a situação. Derring, junto com o encarregado de saúde do laboratório,[50] James Tingle, e Rufus House, assistente do diretor de Langley, Henry Reid, correram para o prédio, onde várias Computadoras Oeste aguardavam ansiosas na entrada.[51]

Foram todos para um dos escritórios da Computação Oeste, onde Blanche estava parada no meio da sala, preparando-se para uma reunião das dez da manhã. Ela havia coberto a lousa com "palavras e símbolos sem sentido"[52] e começou a conduzir a reunião no que para ela parecia o modo normal. Porém, ninguém entendia nada do que ela falava. House aproximou-se de Blanche para perguntar sobre as maluquices que estavam cobrindo a lousa.

"Estou tentando explicar como ir[53] de SP-1 para P-20", falou ela, acrescentando que o número de funcionárias SP-1 em seu grupo era de "0 ±1 para três dígitos significantes",[54] e que havia "um P-75.000"[55] na seção. Ela então disse que estava tentando explicar a diferença entre zero e infinito. ("Bem racional", comentou House depois, em um memorando detalhando o que se passara pela manhã, "pois alguns estudantes universitários[56] tiveram dificuldade em compreender a diferença".) O discurso só piorou a partir daí. House pediu que Blanche o acompanhasse até a Área Leste, tentando levá-la ao psiquiatra do hospital da base da Força Aérea. Ela se recusou, mas os homens não forçaram, temendo que, caso se tornasse violenta, seriam necessários "ao menos quatro homens fortes"[57] para contê-la. Por fim, tranquilamente, Blanche deu as costas ao grupo. Começou a chorar, secando os olhos com o lenço. Os administradores dispensaram a reunião, e as outras mulheres saíram para o outro escritório, deixando Blanche a sós com os homens.

No burburinho dos anos 1940, uma demonstração tão pública de doença mental teria acabado com a carreira de Blanche em Langley, mesmo que ela se recuperasse do episódio. Naquela tarde, Blanche Sponsler foi levada ao Sanatório Tucker,[58] em Richmond, a capital do estado. Ela esteve no mesmo hospital para tratamento durante seu hiato em 1948, e provavelmente o mesmo problema ocorrera em 1947. Ela permaneceu no sanatório por três meses antes de ser transferida para um hospital em Williamsburg. Dessa vez, ela não foi capaz de retornar à vida de antes.

"Parece que ela vai permanecer doente para sempre",[59] comentou Eldridge Derring com o responsável de recursos humanos em Langley, Melvin Butler, duas semanas depois.

As mulheres da Computação Oeste nunca mais viram Blanche Sponsler. Em 3 de junho de 1949, uma nota no *Air Scoop* serviu como único pós-escrito ao tempo de trabalho da ex-supervisora no laboratório. "Blanche Sponsler Fitchett, chefe da seção de Computação Oeste, faleceu no último domingo após seis meses doente." A causa da morte não foi revelada na nota nem no obituário no *Daily Press*.[60] Em seu atestado de óbito, consta "demência precoce".[61] Se Blanche morreu em decorrência dos tratamentos para uma doença que viria a ser conhecida como esquizofrenia, se foi suicídio ou outro motivo, apenas seus médicos e família souberam.

A ausência de Blanche deixou a Computação Oeste com uma mesa vazia, mas não um vazio. Não era como Dorothy planejava dar o próximo passo na carreira, mas a tragédia de Blanche deu empurrão nela mesmo assim. Em abril de 1949, seis semanas após Blanche ter deixado o escritório pela última vez, o laboratório designou Dorothy Vaughan como chefe interina da Computação Oeste.[62]

Havia maneiras limitadas de uma computadora branca conseguir uma chance na administração em Langley. Encontrar um modo de passar de mais uma das garotas para chefe levava tempo e exigia persistência, garra e sorte, e havia poucas vagas. Embora gerentes masculinos de nível inferior pudessem supervisionar o trabalho das computadoras, era impensável um homem reportando-se a uma mulher. Mulheres de olho na administração contentavam-se com um cargo de chefia em uma das seções das agora descentralizadas equipes de computação ou em outra divisão com muitas mulheres, como no departamento de recursos humanos.

Para uma negra, havia apenas um único caminho: começava no fundo da sala da Computação Oeste e terminava na frente, onde Dorothy Vaughan passou a se sentar. A visão da mesa da supervisora, com as fileiras de rostos morenos olhando a nova chefe, não era muito diferente de estar em uma sala de aula na Moton: as leis estaduais de segregação aplicavam-se tão vigorosamente em uma sala cheia de mulheres altamente escolarizadas quanto em uma sala de aula rural para negros do condado de Prince Edward. Entretanto, com as luzes fortes, as mesas de propriedade do governo, as calculadoras de último modelo e a proximidade a ferramentas de pesquisa aeronáutica avaliadas em dezenas de milhares de dólares, a Computação Oeste era um universo totalmente diferente do prédio deficitário da escola Moton, no qual as cadeiras eram detonadas, os livros eram usados e a sensação geral era de impotência.

Dorothy Vaughan levaria dois anos para conseguir o título permanente de chefe de seção.[63] Os homens para os quais começou a trabalhar — Rufus House era seu novo supervisor — deixaram-na em um limbo, esperando que uma candidata mais aceitável aparecesse ou que sentissem confiança de que ela poderia executar o serviço de maneira definitiva. Ou talvez a ideia de colocar uma negra no cargo de gerente pela primeira vez na história do império em expansão nacional que era o NACA os deixasse ressabiados, com medo de atiçar ansiedades raciais nos membros do laboratório e da cidade.

Qualquer que fosse o ceticismo dentre os poderosos quanto às qualificações de Dorothy, quaisquer *lobby* ou intervenções que tenham sido necessários da parte dela, enfim a questão foi resolvida em um memorando que circulou em janeiro de 1951: "A partir desta data,[64] Dorothy J. Vaughan, que vem liderando a unidade de computadoras da Área Oeste, está designada como chefe da dita unidade". Dorothy sabia. Suas garotas e colegas sabiam. Muitos dos engenheiros sabiam. E seus chefes acabaram chegando à mesma conclusão. A história os provaria corretos: não havia ninguém mais bem qualificado para o cargo do que Dorothy Vaughan.

CAPÍTULO 10

CASA PERTO DO MAR

Em abril de 1951, enquanto o transporte do laboratório levava Mary Winston Jackson, de 26 anos, para cadastrar o novo funcionário no departamento de recursos humanos para a Computação Oeste, não havia praticamente nenhuma evidência das raízes rurais das terras que se tornaram Langley. Quem vinha de fora — era o caso de Dorothy Vaughan e sua turma de irmãs, uma legião da Nova Inglaterra,* da Virgínia Ocidental e da Carolina do Norte que tinha invadido o laboratório durante a guerra — contaria uma vida inteira de histórias sobre as transformações que testemunhou conforme Hampton Roads emergiu do isolamento rural para se tornar uma vibrante coleção de cidades e subúrbios da indústria de defesa. Porém, Mary Jackson lembrava-se do povoado pré-guerra onde veranistas pretos ainda pegavam um bonde para ir à praia de Bay Shore. Ela cresceu ouvindo as canções de trabalho das mulheres negras[1] que abriam ostras na fábrica de processamento J.S. Darling, sons que flutuavam até os pedestres da ponte da rua Queen. Durante a infância de Mary, os mais velhos nas

* A Nova Inglaterra é uma região ao norte dos Estados Unidos que contempla os estados de Connecticut, Maine, Massachusetts, New Hampshire, Rhode Island e Vermont. (N.T.)

igrejas negras no coração do centro de Hampton ainda se recordavam de sentar debaixo de frondosos carvalhos do outro lado do rio, no campus que se tornou o Instituto Hampton, e ouvir soldados da União lerem a Proclamação da Emancipação. Esses ancestrais chegaram como propriedade legal e emergiram como cidadãos livres dos Estados Unidos da América. Ninguém pertencia mais àquele lugar do que Mary Jackson.

A velha vizinhança de Hampton onde Mary se criou, no coração da cidade, foi literalmente construída sobre os alicerces do Grande Campo de Contrabando, fundado por escravos que, durante a Guerra Civil, decidiram se libertar das famílias que tinham roubado o trabalho e a vida deles. Os refugiados procuravam abrigo como "contrabando de guerra" no reduto da União em Forte Monroe, que ficava em Old Point Comfort, na ponta da península da Virgínia. As pessoas de cor libertadas levantaram a região central de Hampton das cinzas do "Inferno dos Confederados",[2] um incêndio criminoso que consumiu a cidade em 1862. Os nomes de ruas da velha Hampton — Lincoln, Grant, União, Liberdade — imortalizaram as esperanças de um povo que lutava para unir sua história à epopeia americana. Nos anos de otimismo que se seguiram à Guerra Civil, antes que a cortina de ferro da segregação Jim Crow descesse sobre os estados do sul dos Estados Unidos, a população negra de Hampton ganhou uma medida de renome por seus "educados, ambiciosos e trabalhadores jovens adultos, seus empresários de sucesso e seus políticos habilidosos".[3]

Não era pouca a ironia que Woodrow Wilson, o presidente que tinha autorizado a criação do NACA e que tinha recebido um prêmio Nobel da Paz pela promoção do humanitarismo por meio da Liga das Nações, estivesse decidido a fazer da segregação racial no serviço público parte do seu legado, a qualquer custo. Agora, a presença de Mary no laboratório construído no território de *plantation* ameaçava a intolerância míope dos seus conterrâneos da Virgínia. A família de Mary, os Winston, tinha as mesmas raízes profundas em Hampton de Pearl e Ida Bassette. A irmã de Mary, Emily Winston, tinha trabalhado com Ophelia Taylor em uma escola de enfermagem durante a guerra, antes de Taylor ir para o programa de treinamento do Instituto Hampton. Muitas das Computadoras Oeste, inclusive Dorothy Vaughan, eram integrantes da Alpha Kappa Alpha, a irmandade em que Mary tinha se inscrito como estudante de graduação no Instituto Hampton. Mary formou-se em 1938 com as mais altas honrarias[4] na Escola de Ensino Médio Phenix. Phenix, localizada no campus do Instituto Hampton, era como a escola de alto nível que Katherine Goble tinha frequentado no campus da Estadual da Virgínia Ocidental. Na prática, o lugar funcionava como uma escola pública secundária para os estudantes pretos da cidade, já que a cidade oferecia educação para eles somente até a escola primária. Mary seguiu a tradição familiar de se matricular no Instituto Hampton, que tinha formado o pai dela, Frank Winston, a mãe, Ella Scott Winston, e diversos dos seus dez irmãos mais velhos. A filosofia da escola, de promover o avanço negro por meio da autoajuda e do treinamento prático e industrial — a "Ideia Hampton", intimamente associada a Booker T. Washington, o mais famoso diplomado da faculdade —, espelhava as aspirações e a filosofia da comunidade negra ao redor.

A maioria das estudantes do Instituto Hampton formava-se em Economia Doméstica ou Enfermagem, mas Mary Jackson tinha um forte pendor analítico. Por isso, esforçou-se para completar não uma, mas duas habilitações rigorosas: em Matemática e em Ciência Física.[5] Ela pretendia usar a formação para trabalhar como professora, claro. Havia tantas professoras na família dela quanto formandos pelo Instituto Hampton. Ela terminou seus requisitos de professora na escola Phenix, antes de se formar em 1942, e aceitou um emprego como docente de uma escola negra em Maryland. Ao fim do ano escolar, entretanto, ela voltou para Hampton para ajudar a cuidar do pai enfermo. Leis de nepotismo a proibiam de lecionar em uma das escolas públicas de negros em Hampton, já que o sistema escolar já empregava duas de suas irmãs.[6] Mas suas excelentes habilidades organizacionais, sua fluência com números e boas notas em um curso de digitação na faculdade[7] a tornaram perfeita para a USO da rua King, que em 1943 estava à procura de uma secretária e contadora.

Enquanto as mulheres dos cursos de Engenharia para Mulheres do Instituto Hampton estavam se preparando para a carreira de computadoras, Mary Jackson administrava as modestas finanças da USO e dava boas-vindas aos convidados na porta de entrada do clube.[8] Sua programação diária, entretanto, normalmente transbordava para além dos deveres restritos do emprego, já que o clube logo se tornou um centro para a comunidade negra da cidade. Ela ajudava famílias de militares e trabalhadores de defesa a encontrar locais adequados para viver, tocava piano[9] durante as cantorias divertidas da USO. Também controlava o calendário dos encontros e comícios das tropas de escoteiras e dos militares. Organizava bailes no clube, certificando-se de que as recepcionistas juniores estivessem à mão para entreter militares visitantes. As pessoas que vinham ao clube para um cineminha ou um bingo de cigarros, para dicas de cultos ou para um corte de cabelo, ou apenas para tomar um café, gostavam da energia, do calor e da capacidade de resolver problemas da jovem na recepção. Se Mary Jackson não sabia fazer algo, era fato que ela encontraria pessoas que sabiam.

O lema de sua família era "compartilhar e cuidar".[10] E, mesmo na comunidade de cidadãos ativos, a família Winston era distinta por seu serviço incansável, sua devoção religiosa e sua solidariedade. O pai de Mary, Frank Winston, era um "pilar"[11] da Igreja Africana Metodista Episcopal Bethel da velha Hampton. A irmã dela, Emily Winston, recebeu uma menção do presidente Roosevelt, que lhe agradeceu por mais de mil horas de serviço valioso[12] como enfermeira durante a guerra. A família Winston era a personificação do V duplo, e Mary assumiu suas funções como secretária tão a sério como se ela fosse a cabeça do clube.

Sem surpresa, a USO era a ambientação de muitos dos romances da época de guerra. Soldados negros de Forte Monroe, campo Langley e da escola de treinamento naval no campus do Instituto Hampton curtiam a companhia de algumas das solteiras mais cobiçadas da comunidade. A pista de dança da USO estava sempre cheia de jovens garotas, mas um recruta da escola naval só tinha olhos para a secretária do clube. O intelecto ágil de Mary, sua natureza tranquila e dominante e seu abrangente espírito humanitário poderiam ser um sinal vermelho para homens mais inseguros, mas era exatamente a força da personalidade dela que atraiu aquele rapaz do Alabama, Levi Jackson. O romance dos dois floresceu nos áureos tempos da guerra, e eles se casaram em 1944 na casa da família Winston na rua Lincoln. Sempre com espírito independente, Mary evitou o tradicional vestido de noiva todo branco por um branco curto com lantejoulas pretas,[13] ornado com luvas pretas, escarpins pretos e um buquê vermelho e rosa.

O fim da guerra trouxe o encerramento da USO da rua King e o consequente término do trabalho de Mary ali. Por um breve período, ela atuou como contadora no Serviço de Saúde do Instituto Hampton, mas saiu de lá antes do nascimento de seu filho, Levi Jr., em 1946. Enquanto o Levi pai ia para o trabalho em seu emprego como pintor no campo Langley, Mary mimava seu filho em casa. Com uma agenda cheia de cuidados com a criança, compromissos familiares e atividades voluntárias, ela estava tão ocupada sendo mãe e dona de casa como quanto na época em que trabalhava fora.

Seu tempo livre foi absorvido pela sua posição como líder da tropa número 11 de escoteiras da Igreja Bethel. O escotismo seria um dos grandes amores da vida de Mary. O compromisso da organização em preparar jovens mulheres para assumir seus lugares no mundo, sua missão de promulgar o respeito por Deus e pelo país, além de honestidade e lealdade... Era como uma versão escoteira de tudo o que Frank e Ella Winston tinham ensinado aos filhos. Muitas das garotas na Tropa 11 eram da classe trabalhadora, até mesmo de famílias pobres — filhos de empregados domésticos, catadores de caranguejos, operários[14] —, cujos pais passavam a maior parte de suas horas acordados tentando fazer frente às despesas. A porta da casa da família Jackson na rua Lincoln estava sempre aberta para eles. Mary tornou-se uma combinação de professora, irmã mais velha e fada madrinha, ajudando garotas a fazer a lição de matemática, a costurar vestidos para o baile na escola e as conduzindo até a faculdade.[15]

Acima de tudo, ela fez de tudo para lhes proporcionar o tipo de experiência que expandia a compreensão do que era possível em suas vidas. Com uma líder tão criativa quanto a sra. Jackson, a Tropa 11 nunca se inibiu diante de seus modestos recursos. Em vez de se contentar com o manual das escoteiras e de passar pelos requisitos de medalhas como se fosse simplesmente uma aula extra de estudos sociais, ela transformou o trabalho por essas alegres insígnias bordadas em uma aventura. Assim, levava as meninas para caminhadas de cinco quilômetros[16] em parques locais ou para viagens de campo até as fábricas de processamento de caranguejo[17] para aprender mais sobre onde os pais delas trabalhavam. Para obter a medalha de hospitalidade, Mary conseguiu que a tropa fosse a um chá da tarde na Mansão do Instituto Hampton,[18] uma grande residência então ocupada pelo primeiro presidente negro, Alonzo G. Moron. A sra. Moron recebeu as garotas em grande estilo, com a participação de uma equipe composta por estudantes do departamento de economia doméstica da escola.[19] Foi uma visão que as garotas nunca esqueceram: uma equipe negra impecável em uma casa fabulosa, servindo a uma endinheirada família *negra*. Nem mesmo os filmes poderiam se comparar com o *glamour* daquela tarde.

Uma vez, em um encontro da tropa na Igreja Bethel, Mary estava conduzindo suas protegidas[20] em uma interpretação da música popular "Pick a Bale of Cotton",* uma pantomima completa de um escravo trabalhando nos campos. Era uma melodia já batida, uma que ela havia cantado antes sem muita consideração. Nesse dia, contudo, os versos[21] ("*We're gonna jump down, turn around, pick a bale of cotton!*")** e a rotina de ir pra lá pra cá que os acompanhava a atingiram como um raio.

"Esperem um instante!",[22] disse ela de repente, interrompendo a cantoria no meio de um verso. As garotas observaram sobressaltadas a sra. Jackson. Mary ficou em silêncio por um bom tempo, como se ouvisse a canção pela primeira vez. "Nunca vamos cantar isso",[23] falou ela às meninas, tentando explicar seu raciocínio para as jovens surpreendidas. A canção reforçava todos os mais grosseiros estereótipos do que um negro poderia fazer ou ser. Às vezes, ela sabia, as batalhas mais importantes para a dignidade, para o orgulho e o progresso eram travadas pelas ações mais simples.

Foi um momento poderoso para as garotas da Tropa 11. Mary não tinha como sumir com os limites que a sociedade impunha às suas meninas, mas sentia que era seu dever ajudar a afastar as restrições que elas pudessem colocar para si mesmas. Suas peles escuras, seu gênero, seu status econômico: nada disso eram desculpas aceitáveis para não dar asas máximas à imaginação e às suas ambições. Vocês podem fazer melhor... *Nós* podemos fazer melhor, dizia ela às meninas com cada palavra e cada ato. Para Mary Jackson, a vida era um longo processo de elevar as próprias expectativas.

Quando Levi Jr. fez quatro anos, Mary Jackson candidatou-se ao serviço público, concorrendo tanto para um cargo administrativo no Exército quanto como computadora em Langley. Em janeiro de1951, ela foi logo chamada para trabalhar em Forte Monroe como secretária datilógrafa. O

* "Pegue um fardo de algodão", em tradução livre. (N.T)

** "Nós vamos pular, virar e pegar um fardo de algodão!", em tradução livre. (N.T) emprego envolvia digitar, arquivar, distribuir correspondências, fazer cópias — nada mais exótico do que o trabalho anterior dela, mas, pela natureza sensível dos documentos que passavam pelo escritório, foi necessário que Mary obtivesse uma certificação de segurança secreta.[24] A ansiedade dos Estados Unidos ante a ameaça imposta pela União Soviética tinha aumentado bastante desde o fim da Segunda Guerra Mundial, e cresceu mais em 1949, quando a URSS detonou sua primeira bomba atômica. Um dos documentos que circulava em Forte Monroe era um plano do Exército para ser executado no caso de um ataque nuclear.[25]

A rivalidade entre os aliados de antigamente explodiu em uma guerra por procuração na fronteira entre as Coreias do Norte e do Sul em 1950, e, para a maioria dos americanos e também para o NACA, eram altas as apostas de que um conflito concreto estava por vir. Pelos céus coreanos, caças russos passavam "muito rápido para serem identificados"[26] — o quase supersônico MIG-15 — e atacavam os aviões americanos B-29 Superfortress. "Rússia alega ter o caça mais rápido",[27] dizia a manchete de um artigo no *Norfolk Journal and Guide* em 1950. Os americanos tinham liderado o caminho até a barreira do som com Chuck Yeager no comando do X-1, mas, por volta de 1950, o NACA reconheceu que "os russos gastaram pelo menos três vezes em energia humana em suas instituições de pesquisa" a mais do que o orçamento dos Estados Unidos. Mais uma vez, o NACA tentou beneficiar-se do aumento da tensão internacional, entregando ao Congresso uma proposta para duplicar seu nível de emprego em toda a agência: de sete mil pessoas em 1951 para 14 mil em 1953.

A longa lista de ofertas de emprego publicada no *Air Scoop* era remanescente dos tempos do crescimento da última guerra e escorava-se na promessa dos Estados Unidos, de que eles não iriam recuar diante de qualquer rival nos céus. Com suas muitas novas instalações entrando em funcionamento, o laboratório mais uma vez lançou sua rede para pegar as alquimistas do sexo feminino que conseguiam transformar os números dos testes em ouro aeronáutico. Dadas as habilidades de Mary, não foi nenhuma surpresa que o Tio Sam decidisse que ela seria mais útil como computadora do NACA do que como secretária militar. Depois de três meses em Forte Monroe, ela aceitou uma oferta para trabalhar para Dorothy Vaughan.

* * *

Nos oito anos que se passaram desde que Dorothy Vaughan tinha feito aquela mesma viagem no seu primeiro dia de trabalho, os campos e a floresta que restavam no lado oeste de Langley tinham sido preenchidos com estradas, calçadas e os característicos edifícios baixos de tijolos vermelhos do laboratório, uma vila aeronáutica repleta de habitantes. Um gigantesco hangar de noventa metros, também conhecido como Prédio 1244, a maior estrutura do tipo no mundo,[28] abrigava a frota do laboratório de aviões de pesquisa, inclusive os da série X, descendentes do X-1 de Chuck Yeager, capaz de quebrar a barreira do som. A façanha de quebrar a barreira do som rendeu um Troféu Collier,[29] prêmio de maior prestígio da indústria aeronáutica, para Yeager, Lawrence Bell — cuja empresa, Bell Aircraft, produziu o X-1 — e John Stack, diretor-assistente de Langley, que havia defendido o desenvolvimento do avião como uma ferramenta de pesquisa. O mais importante: romper essa barreira física abriu a mente dos pesquisadores para o espectro mais amplo de possibilidades de voo motorizado e de seus desafios. Conforme um avião acelerava de altas velocidades subsônicas a baixas velocidades supersônicas, passando pela região "transônica" instável entre Mach 0,8 e Mach 1,2, a presença simultânea dos fluxos subsônicos e supersônicos causava batidas de lado a lado e instabilidade. Os aerodinamicistas quebraram a cabeça para entender as súbitas mudanças na sustentação e no arrasto em um avião que voava a velocidades transônicas. Isso porque o regime transônico servia como sala de espera para qualquer veículo que buscasse superar a velocidade do som. A reveladora explosão sônica indicava que o avião passou pela região transônica volátil e chegou ao estado de fluxos supersônicos suaves.

Ao chegar ao Mach 1, a imaginação dos engenheiros libertou-se de todos os limites anteriores de velocidade. Embora mantivesse seus esforços para arrancar melhorias em voos subsônicos e lidar com as complexidades do voo transônico, o NACA concentrou-se em pegar o que tinha aprendido com aviões experimentais e usou para projetar aeronaves de produção militar capazes de voos supersônicos. "Para que os Estados Unidos continuem com sua presente supremacia aérea, será preciso desenvolver aeronaves militares táticas que voem mais rápido do que o som antes que qualquer outra nação faça isso", disse John Victory, secretário executivo de longa data do NACA, em um artigo do *Journal and Guide*. O maior visionário dos bocós cerebrais ansiava pelo dia em que um piloto pudesse pegar uma de suas criações para um divertido passeio hipersônico: Mach 5 ou mais rápido. Os detalhes do que era misteriosamente conhecido apenas como Projeto 506[30] foram revelados em 1950: seria um túnel de vento hipersônico, com uma seção de testes de apenas 28 centímetros, mas capaz de sujeitar modelos a velocidades de ventos próximas a Mach 7.[31] Essa instalação de pesquisa e um grande complexo ainda em construção chamado Laboratório de Dinâmicas de Combustíveis,[32] que seria capaz de alcançar a velocidade Mach 18[33] em túneis de vento, despertaram o interesse da agência por voos tão rápidos que só poderiam ocorrer nos limites da atmosfera da Terra. As esferas de vácuo que estavam sendo construídas para os testes no Laboratório de Dinâmicas de Combustíveis — três globos de metal liso com 18 metros de diâmetro e uma bola de trinta metros ondulada agigantando-se sobre seus "irmãos" — tornariam-se um dos marcos mais famosos da península da Virgínia.

No mesmo dia em que Mary Jackson começou a trabalhar em Langley — 5 de abril de 1951 —, a corte federal de Nova York proferiu uma sentença de morte contra Ethel e Julius Rosenberg,[34] um casal acusado de espionar para os russos. A Guerra Fria não estava acontecendo apenas nos céus da Coreia ou na Europa, que estava sendo dividida em um leste aliado aos soviéticos e um oeste amigável aos Estados Unidos. O julgamento dos Rosenberg desencadeou o medo, dentro dos Estados Unidos, de que simpatizantes comunistas viviam por todo o país articulando para derrubar o governo. Filmes propagandistas oficiais como *Ele pode ser um comunista*[35] avisavam os americanos de que os seus vizinhos poderiam estar em conluio com os vermelhos. Até mesmo amigos e familiares poderiam ser comunistas em segredo, aqueles tipos "que não mostravam a verdadeira face",[36] alertava o filme. O julgamento dos Rosenberg era a evidência de que muitos cidadãos precisavam de que o seu país estava infiltrado por agentes radicais da União Soviética.

Em Langley, esse julgamento e suas repercussões bateram um pouco perto demais de casa. Um engenheiro chamado William Perl, que tinha trabalhado em Langley até ser transferido para o laboratório do NACA em Cleveland em 1943, foi acusado de roubar documentos secretos do

NACA[37] e enviá-los para a União Soviética pelos Rosenberg. Entre os segredos supostamente vazados por Perl, estavam os planos de um avião movido a energia nuclear[38] e as especificações de um aerofólio de alta velocidade do NACA.[39] Alguns até mesmo acreditavam que as caudas altas em forma de T dos MIGs que estavam derrubando pilotos americanos na Coreia baseavam-se em projetos do NACA.[40] Perl foi julgado e inocentado das acusações de espionagem, porém considerado culpado de perjúrio ao mentir sobre sua associação aos Rosenberg.

O FBI tinha começado a preparar o terreno para o caso no fim dos anos 1940, interrogando os funcionários de Langley a respeito do que sabiam sobre Perl e as suas possíveis conspirações. Os agentes federais aterrorizavam funcionários, aparecendo sem aviso prévio em suas casas em Hampton e em Newport News, tocando a campainha à noite[41] para fazer perguntas. O FBI rastreou o antigo engenheiro de Langley Eastman Jacobs, conhecido por suas inclinações à esquerda,[42] e o interrogou em sua nova casa, na Califórnia. Os agentes passaram horas interrogando Pearl Young,[43] que tinha saído da agência no fim dos anos 1940 para assumir um cargo de professor de Física na Universidade Estadual da Pensilvânia. A Divisão de Pesquisa de Estabilidade, onde Dorothy Hoover trabalhava, era um alvo em particular, já que Perl tinha sido integrante do grupo antes de partir para Cleveland.

A investigação foi entrando pelas veias do antissemitismo que fluía logo abaixo do preconceito racial no laboratório e na comunidade. Discretamente, alguns funcionários do laboratório reclamavam a respeito "dos comunistas de Nova York"[44] e dos "praticamente impossíveis judeus de Nova York"[45] recrutados para trabalhar em Langley. Uma computadora judia que tinha convidado a colega de quarto de faculdade dela, que era negra, para passar um fim de semana na Virgínia, causou um escândalo.[46] Os progressistas do grupo de Pesquisa de Estabilidade, independentemente de suas verdadeiras crenças políticas, estavam sob risco de serem acusados de subversão por abraçarem ideias "perigosas" como integração racial, direitos civis e igualdade para as mulheres.

Os investigadores notaram rumores de que os engenheiros da Pesquisa de Estabilidade e uma "computadora negra"[47] tinham sido pegos queimando formulários de lealdade que o presidente Truman fez todos os servidores públicos assinarem depois de 1947. Em 1951, o *Air Scoop* publicou uma longa lista de organizações[48] que o governo tinha classificado como totalitárias, comunistas ou subversivas, com a clara mensagem de que a afiliação com qualquer uma delas poderia pôr em risco o emprego de alguém. Na mesma época, uma parente de Dorothy Vaughan, Matilda West, possivelmente a computadora negra acusada de deslealdade, foi demitida do seu emprego no laboratório. West era uma defensora do fortalecimento negro e uma das líderes da NAACP local. A NAACP não estava incluída na lista do governo, mas havia muito tempo era alvo de Joseph McCarthy, senador de Wisconsin. Com o julgamento dos Rosenberg lançando uma sombra sobre o NACA e suas práticas de segurança, e com as crescentes solicitações de orçamento da agência sob o microscópio do Congresso, os administradores podem ter decidido que ter uma computadora negra "radical" na equipe era uma dor de cabeça de que não precisavam.

Foi uma demissão que balançou as bases da Computação Oeste, com implicações que poderiam prejudicar também a carreira de Dorothy Vaughan. A ameaça vermelha e a histeria comunista do fim dos anos 1940 e do início dos 1950 destruíram reputações, vidas e meios de subsistência, como a história de Matilda West comprovou. O medo do comunismo era um prato cheio para segregacionistas como Harry Byrd, senador da Virgínia. Byrd pintava o epíteto "comunista" em qualquer um ou qualquer coisa que ameaçasse virar de cabeça para baixo os costumes e valores americanos "tradicionais", o que incluía a supremacia branca. (Uma sequência não tão sutil do filme *Ele pode ser um comunista* mostrava um protesto dramatizado no qual participantes seguravam cartazes que diziam FIM DO TERROR DA KKK E FIM DAS BASES DE GUERRA NA ÁFRICA.)

Ter a coragem de criticar o governo trazia riscos graves e, mais uma vez, os defensores do avanço preto precisaram entrar nessa delicada dança de denunciar os inimigos estrangeiros dos Estados Unidos enquanto enfrentavam seus adversários em casa. Até mesmo A. Philip Randolph, um socialista declarado que pregou um sermão ardente em favor da legislação trabalhista e dos direitos civis diante de uma plateia lotada em Norfolk em 1950, tomava cuidado em seus discursos para denunciar o comunismo como uma antítese dos interesses dos pretos.

Paul Robeson, Josephine Baker e W.E.B. Du Bois estavam entre os líderes negros que traçavam uma conexão entre o tratamento que os Estados

Unidos davam aos seus cidadãos negros com o colonialismo europeu. Eles viajaram para o exterior e fizeram discursos declarando sua solidariedade aos povos da Índia, de Gana e de outros países que viviam seus primeiros dias como nações independentes ou se esforçavam muito para chegar lá, confrontando seus governantes coloniais. O governo americano chegou ao ponto de restringir ou revogar passaportes desses agitadores, na esperança de diminuir o impacto de suas críticas às políticas internas americanas nos novos países independentes que os Estados Unidos estavam ansiosos por persuadir a entrarem no seu lado na Guerra Fria.

Muitas vezes, os estrangeiros que viajavam para os Estados Unidos experimentavam em primeira mão o sistema de castas. Em 1947, um hotel no Mississippi recusou-se a servir o secretário da Agricultura do Haiti,[49] que tinha ido ao estado para uma conferência internacional. No mesmo ano, um restaurante no sul retirou o médico particular do líder da independência indiana Mahatma Gandhi[50] das suas instalações por causa de sua pele escura. Diplomatas que viajavam de Nova York para Washington pela Rota 40 foram muitas vezes rejeitados quando paravam em restaurantes em Maryland. As humilhações, tão comuns nos Estados Unidos que mal faziam erguer sobrancelhas e muito menos atraíam o interesse da imprensa, foram o principal assunto nos países de origem dos enviados. Manchetes como "Intocabilidade banida na Índia e venerada nos Estados Unidos",[51] que apareceu em um jornal de Bombaim em 1951, mortificaram o corpo diplomático americano. Por meio de sua inabilidade de resolver os problemas raciais internos, os Estados Unidos entregaram à União Soviética uma das armas de propaganda mais efetivas de seu arsenal.

Países recém-independentes em todo o mundo, ávidos por alianças que sustentassem suas identidades emergentes e os colocassem no caminho para a prosperidade a longo prazo, foram confrontados com uma versão da mesma pergunta que os americanos negros tinha feito durante a Segunda Guerra Mundial. Por que uma nação de pele negra ou marrom apostaria seu futuro no modelo americano de democracia quando dentro das próprias fronteiras os Estados Unidos impunham discriminação e selvageria contra as pessoas que se pareciam com eles?

A audiência internacional, e a sua opinião a respeito dos problemas raciais nos Estados Unidos, estava começando a ter importância — muita importância — para os líderes americanos. Isso influenciou a decisão de Truman em 1947 de acabar com a segregação dos militares por meio do Decreto 9.981. No começo da Guerra da Coreia,[52] os Tan Yanks que permaneceram ativos na Força Aérea Americana foram chamados[53] para servir em um esquadrão integrado.

Ao mesmo tempo, Truman emitiu o Decreto 9.980, que reforçou o mandato do tempo de guerra que ajudou a trazer à vida a Computação da Área Oeste. A nova lei foi mais longe do que a medida criada por A. Philip Randolph e pelo presidente Roosevelt, que tornou os chefes de cada departamento federal "pessoalmente responsáveis" por manter um ambiente de trabalho livre de discriminação por raça, cor, religião ou origem nacional. O NACA nomeou um oficial de recrutamento equitativo para reforçar a medida e estabeleceu o hábito de responder a um questionário trimestral a respeito de sua atividade em relação a seus números cada vez maiores de funcionários negros.

"O laboratório tem uma unidade de trabalho composta inteiramente de mulheres pretas, as Computadoras da Área Oeste, o que pode cair na categoria de uma unidade de trabalho segregada",[54] escreveu o diretor administrativo de Langley, Kemble Johnson, em um memorando de 1951. "Entretanto, uma grande porcentagem dessas funcionárias costuma ser colocada para trabalhar em unidades não segregadas por períodos de uma semana a três meses. As funcionárias dessa unidade são frequentemente transferidas para outras atividades de pesquisa em Langley, onde são integradas em áreas não segregadas. As mesmas atividades promocionais estão disponíveis para as Computadoras da Área Oeste, assim como para outras computadoras em Langley."

Os aviões supersônicos e os mísseis estavam determinando o curso da Guerra Fria, bem como os "manuais de ciência e relações raciais".[55] As Computadoras da Área Oeste eram munição para ambas as frentes do conflito. Ainda assim, elas foram um dos segredos mais bem guardados pelo governo federal. Na classe média e na comunidade profissional negra do sudeste da Virgínia, contudo, as notícias corriam como vento: o escritório da sra. Vaughan estava contratando. Christine Richie[56] ouviu a respeito da Computação Oeste na sala dos professores da Escola de Ensino Médio Huntington. Aurelia Boaz, uma das graduadas da turma de 1949 do Instituto Hampton, ouviu pela rede de boatos da faculdade.[57] Parecia que cada igreja negra na península tinha, pelo menos, um fiel que trabalhava em Langley. Currículos eram passados em festas e ensaios de coral, em encontros das irmandades Delta Sigma Theta e Alpha Kappa Alpha e da associação de pais e mestres de Newsome Park. Mary Jackson estava conectada com tantas computadoras de tantas formas diferentes que a única coisa surpreendente quanto à sua chegada a Langley foi por que demorou tanto.

CAPÍTULO 11

REGRA DA ÁREA

No começo dos anos 1950, raramente havia um dia tranquilo no trabalho de Dorothy Vaughan. Com a atividade de pesquisa concentrada no lado oeste do campus de Langley, Dorothy conseguiu um fluxo constante de trabalhos de computação, despachando atribuições recebidas para as mulheres em seu escritório e frequentemente mandando suas computadoras para vários grupos de engenheiros localizados nas vizinhanças. A maioria do trabalho designada para o escritório de computação na Área Oeste originou-se nos túneis da Divisão de Pesquisa de Voo, que ficava no Prédio 1244, o novo hangar do lado oeste. Embora o lado leste não fosse menor em tamanho nem em movimentação em relação ao explosivo lado oeste de Langley, instalações como o Túnel de Rotação (um prédio moldado como uma chaminé atarracada, onde engenheiros analisavam modelos que eram sujeitados a rotações perigosas) e os Tanques 1 e 2 (canais de novecentos metros de comprimento para testar hidroaviões) permaneciam ocupados. O Túnel de Grande Escala, o eixo fundamental do trabalho de limpeza de arrasto do laboratório durante a Segunda Guerra Mundial, continuou a testar tudo a partir de aeronaves de baixa velocidade projetadas com asas em delta para helicópteros. Durante períodos intensos, se o trabalho excedesse as mãos disponíveis, supervisores de computação da Área Leste poderiam ligar para Dot Vaughan em busca de reforços.

Em uma dessas ocasiões, dois anos depois de Mary se juntar à Computação Oeste, Dorothy Vaughan mandou Mary para o lado leste, alocando-a em um projeto com várias computadoras brancas.[1] A rotina do trabalho de computação tinha se tornado familiar a Mary, mas a geografia do lado leste não. Aquela sua manhã no lado leste tinha seguido sem incidentes... Até que a natureza chamou.

"Vocês poderiam me indicar onde é o banheiro?",[2] perguntou Mary às mulheres brancas.

Elas responderam com risadinhas. Como saberiam onde encontrar o banheiro *dela*? O banheiro mais próximo não era marcado, o que significava que estava disponível para qualquer mulher branca e proibido para qualquer negra. Certamente, havia banheiros para pessoas de cor no lado leste, mas, com a maioria dos profissionais negros no lado oeste e poucos prédios novos no lado leste, Mary precisaria de um mapa para encontrá-los. Furiosa e humilhada, ela saiu pisando forte para encontrar o banheiro *dela*.

Negociar fronteiras raciais era um fato da vida diária de um preto. Mary não era ingênua a respeito da segregação em Langley — aquele lugar não era diferente de qualquer outro da cidade. Ainda assim, ela não conseguia deixar para lá esse incidente em particular. Foi a proximidade com a igualdade profissional que tornou a desfeita uma ferroada tão surpreendente e duradoura. Diferentemente das escolas públicas, onde os orçamentos minúsculos e instalações em ruínas expunham a farsa de "separados, mas iguais", o crachá de funcionária de Langley supostamente dava acesso a Mary ao mesmo ambiente de trabalho que para suas colegas brancas. Comparada com as garotas brancas, ela havia chegado ao laboratório com tanta formação quanto elas, se não mais. Vestia-se a cada dia como se estivesse a caminho de uma reunião com o presidente. Mary treinou as garotas da sua tropa de escoteiras para acreditarem que poderiam ser o que quisessem. Esforçou-se muito para evitar que estereótipos negativos de sua raça moldassem a opinião que elas tinham de si mesmas e de outros negros. Já era difícil o suficiente se elevar com os lembretes silenciosos dos sinais de cor sobre as portas dos banheiros e nas mesas da cafeteria. Mas ser confrontada com o preconceito tão descaradamente, ali naquele templo de excelência intelectual e pensamento racional, por algo tão mundano, tão ridículo, tão universal como ir ao banheiro... No momento em que as mulheres brancas riram dela, Mary tinha sido rebaixada de matemática profissional a um ser humano de segunda classe. Havia sido lembrada de que ela era uma garota negra cujo xixi não era bom o bastante para as privadas brancas.

Mais tarde naquele dia, ainda botando fogo pelas ventas enquanto andava de volta para a Computação Oeste, Mary Jackson trombou com Kazimierz Czarnecki, assistente do chefe de seção no Túnel de Pressão Supersônica de Quatro por Quatro Pés. Era um sujeito atarracado com um queixo encurvado e que jogava na primeira base na liga de *softball* de Langley, Kazimierz Czarnecki — os amigos o chamavam de "Kaz" — era natural de New Bedford,[3] Massachusetts. Tinha ido para o laboratório em 1939, depois de se formar na Universidade do Alabama em Engenharia Aeronáutica. Sua boa disposição e sua produção prodigiosa de pesquisa tornaram-no um integrante querido e respeitado da equipe do laboratório. Antes de se juntar ao grupo do túnel, Kaz tinha trabalhado na pesquisa do Túnel Supersônico de Nove Polegadas, que mantinha um escritório no prédio da Divisão de Cargas de Aeronaves,[4] onde ficava a Computação Oeste.

A maioria dos negros automaticamente colocava uma máscara quando se aproximava de brancos, um véu que escondia o "peso morto da degradação social"[5], a que o estudioso W.E.B. Du Bois deu voz tão eloquentemente em *The Souls of Black Folk*. As máscaras ofereciam proteção contra os constantes lembretes de ser americano e, ao mesmo tempo, o dilema americano.[6] Isso obscurecia a raiva que, se fosse disposta abertamente, os negros sabiam que poderia ter consequências capazes de mudar uma vida — e até mesmo acabar com ela. Naquele dia, entretanto, quando Mary Jackson encontrou Kazimierz Czarnecki no lado oeste do Laboratório Aeronáutico Langley, não havia como se fechar. Não havia subversão nem dissimulação. Mary Jackson deixou sua máscara cair e respondeu ao cumprimento de Czarnecki como um jorro Mach 2[7] de frustração e ressentimento, desabafando enquanto falava sobre o insulto que tinha vivido no lado leste.

Mary Jackson era uma pessoa de fala mansa, porém também direta e inequívoca. Ela escolheu falar com todos da mesma forma séria e franca, fossem adolescentes da tropa de escoteiras ou engenheiros no escritório. Mary também era astuta e intuitiva ao julgar o caráter das pessoas, uma mulher emocionalmente inteligente que prestava muita atenção ao ambiente e àqueles que a cercavam. Se a manifestação dela diante de Czarnecki foi um resultado espontâneo para um ponto de ruptura ou algo mais esperto, o fato é que ela pegou a pessoa certa para desabafar. O que tinha começado como um dos piores dias de trabalho da vida de Mary Jackson acabaria por ser o ponto de virada da sua carreira.

"Por que você não vem trabalhar pra mim?",[8] perguntou Czarnecki a Mary. Ela não hesitou em aceitar a oferta.

Enquanto a imprensa nacional publicava histórias da ligação de Langley com o escândalo Rosenberg, publicações da indústria como a *Aviation Week* elogiavam o laboratório por dois avanços que iriam revolucionar a produção de aeronaves de alta velocidade: paredes com ranhuras em túneis de vento e uma inovação conhecida como Regra da Área.

O objetivo de um túnel de vento é simular com a maior exatidão possível as condições que predominam no voo livre. A interferência de fluxos de ar batendo nas paredes sólidas da seção de teste, um dos fenômenos examinados por Margery Hannah e Sam Katzoff no relatório deles de 1948, era uma das limitações dos testes no solo. O problema era mais notável na amplitude transônica, quando os turbilhões de ar ao redor de um objeto se aproximavam da velocidade do som. Um pesquisador de Langley chamado Ray Wright teve a intuição[9] de que fazer buracos ou ranhuras nas paredes dos túneis de vento aliviaria os efeitos de interferência, um conceito provado quando Langley construiu um pequeno túnel de teste com paredes perfuradas. Em 1950, eles adaptaram o Túnel de Alta Velocidade de Dezesseis Pés (rebatizado de Túnel de Dinâmica Transônica de Dezesseis Pés) com paredes com ranhuras. Depois, fizeram o mesmo com o Túnel de Alta Velocidade de Oito Pés. Domar a interferência do túnel foi um "grande prêmio técnico há muito procurado"[10] pelos pesquisadores. Assim, em 1951, rendeu a John Stack e aos seus colegas outro cobiçado Troféu Collier.

O novo design de túnel preparou o terreno para o segundo desenvolvimento significativo da década. Um engenheiro chamado Richard Whitcomb notou que, na faixa de velocidade transônica, a maior turbulência ocorria no ponto em que as asas de um aeromodelo se conectavam com sua fuselagem. Dentear o corpo do avião para dentro ao longo dessa articulação reduzia o arrasto de forma considerável e resultava em um aumento de 25 por cento[11] na velocidade do avião pelo mesmo nível de energia. A Regra da Área (chamada assim por causa da fórmula que previa a proporção correta da área de uma seção transversal da asa de um avião pela área da seção transversal do seu corpo) conseguia impactar mais a aviação cotidiana do que os aviões supersônicos, por causa dos milhares de aeronaves cuja velocidade operacional alcançava o pico na faixa de transônica. A imprensa divertia-se mais do que de costume com um conceito tão esotérico de engenharia, chamando os novos aviões de "cintura fina"[12] e "garrafa de Coca-cola", e comentando sobre o "efeito Marilyn Monroe". Whitcomb conseguiu dar uma entrevista ao âncora de notícias da CBS Walter Cronkite[13] e elevou-se ao status de celebridade local ("Engenheiro de Hampton cercado pelo público",[14] lia-se em uma hiperbólica manchete do *Daily Press*). Em 1954, Whitcomb ganharia o terceiro Troféu Collier para Langley em menos de uma década.

Para todos os avanços que ocorreram no laboratório desde 1917 — motores de turbinas, aerofólios de fluxo laminar, aviões de pesquisa supersônica, um túnel de gelo que levou a melhorias na segurança de voo em temperaturas muito baixas —, o corpo existente de conhecimentos aeronáuticos ainda abrigava cantos inexplorados. Os investimentos em instalações novas e modernizadas no lado oeste de Langley no fim dos anos 1940 e no começo dos anos 1950 foram produzindo descobertas científicas e impactando a natureza das tarefas que Dorothy entregava à sua equipe.

Diferentemente de organizações de pesquisa orientadas para o estudo acadêmico, os laboratórios do NACA sempre se esforçaram para buscar as "soluções práticas" de sua missão fundadora. A natureza "mão na massa" do trabalho em Langley era visível nos aviões estacionados no hangar, nas oficinas onde artesãos construíam os modelos com especificações dos engenheiros, no trabalho dos mecânicos que afixavam os modelos nas posições certas na seção de testes e nas vísceras dos novos e poderosos túneis como o Túnel de Plano Unitário, que parecia "uma refinaria de petróleo debaixo de um teto".[15] Não importasse quão abstrato fosse o trabalho ou quão conceitual fosse o problema a ser resolvido, ninguém em Langley jamais se esqueceu de que por trás dos números havia um objetivo do mundo real: aviões mais rápidos, mais eficientes e mais seguros.

Claro que o NACA não era um lugar tão ruim para os engenheiros teóricos. Dorothy Hoover prosperou na Divisão de Análise de Estabilidade. Em 1951, ela ganhou o honroso título de cientista de pesquisa aeronáutica e foi nivelada como GS-9[16] no sistema de classificação reformulado do governo. Quando o chefe de Hoover, R.T. Jones, deixou Langley para trabalhar no Laboratório Ames do NACA, em 1946, Dorothy continuou o serviço dela com os outros notáveis pesquisadores do grupo. Sua carreira em Langley tinha chegado ao auge em 1951 com a publicação de dois relatórios,[17] um com Frank Malvestuto, o outro com Herbert Ribner, ambos análises detalhadas das asas enflechadas que passaram a ser um recurso padrão da produção de aeronaves. O que os engenheiros de ar comprimido e os engenheiros de ar puro examinavam, por meio da observação direta, os teóricos chegavam por meio de tratados de cinquenta páginas nos quais uma única equação poderia ocupar a maior parte da folha. Se a produção de pesquisa fosse uma medida de viabilidade de carreira — e era —, a aerodinâmica teórica poderia ser o melhor lugar do mundo para estar caso você fosse uma mulher pesquisadora. Dorothy Hoover, Doris Cohen e pelo menos outras três mulheres publicaram um ou mais relatórios com o grupo entre 1947 e 1951. Os líderes do grupo claramente valorizavam e cultivavam o talento das integrantes femininas. Talvez tenha sido a remoção dos aspectos mais "musculosos" da engenharia que fez do grupo teórico um ambiente tão produtivo para as mulheres.

Em 1952, Dorothy Hoover decidiu tirar uma licença do mundo da engenharia e entregar-se às buscas teóricas que estavam mais próximas de seu coração. Ela pediu demissão de Langley e voltou para a faculdade que a formou, Arkansas AM&N, para um mestrado em matemática. A tese dela, "Em estimativas de erro na integração numérica", foi incluída em 1954 nos anais da Academia de Ciências do Arkansas. No mesmo ano, ela entrou na Universidade de Michigan pela Associação John Hay Whitney, um programa projetado para combinar estudiosos negros talentosos com os programas de pós-graduação mais competitivos do país.

Mary Jackson, por outro lado, inclinou-se para o paraíso da engenharia que era o NACA. Com experiência em matemática e física, ela trouxe para o trabalho uma compreensão dos fenômenos físicos por trás dos cálculos em que trabalhava. E as pessoas de Langley eram ocupadas como ela, correndo depois do trabalho para jogar em uma das equipes de esportes do laboratório, para ir a algum encontro de clube ou a alguma palestra. Muitos davam aulas para crianças, algo que Mary tinha feito desde que se formara na faculdade.[18] Quer estivesse planejando ou não, Mary Jackson estava no caminho de passar a vida toda em Langley.

Durante a introdução de novos funcionários em seu primeiro dia de trabalho, Mary Jackson conheceu James Williams,[19] um engenheiro de 27 anos formado pela Universidade de Michigan e ex-piloto Tuskegee que tinha se apaixonado por aviões quando adolescente. Williams concorreu a cargos de engenharia por meio do serviço público, mas tinha sido cauteloso em se mudar[20] para um estado ao sul da Linha Mason-Dixon.* O diretor de recursos humanos de Langley, Melvin Butler, cortejou Williams de maneira enérgica pelo telefone, tentando convencê-lo a aceitar a oferta do laboratório. Ele ainda arranjou um lugar para Williams viver em Hampton. Outros aliciamentos partiram de uma bela estudante de graduação em psicologia chamada Julia Mae Green que, após se formar, voltaria para a Virgínia, onde nascera. Butler, talvez tentando contornar as queixas que poderiam dar um curto-circuito em sua oferta, não avisou antes à equipe de engenheiros de Langley que o novo recruta era negro. Williams não era o primeiro engenheiro negro[21] a ser contratado em Langley, mas a dupla de homens negros que o precedeu tinha vindo e ido tão depressa que nem mesmo seus nomes permaneceram na memória da instituição.

No seu primeiro dia, Williams teve de convencer os guardas no portão de entrada em Langley que ele não era o zelador nem um funcionário da

---

* A Linha Mason-Dixon foi uma demarcação feita por Charles Mason e Jeremiah Dixon em uma disputa de fronteiras durante os Estados Unidos coloniais, no século XVIII. A linha ainda hoje é conhecida, separando a Pensilvânia e parte de Delaware dos vizinhos do sul: Maryland, Virgínia e Virgínia Ocidental. (N.T.)

lanchonete para que ele pudesse passar como engenheiro. Diversos supervisores brancos recusaram-se a colocá-lo em seus grupos,[22] mas um chefe influente de um ramo da Divisão de Pesquisa de Estabilidade chamado John D. Bird — "Jaybird" — ofereceu-se imediatamente[23] para oferecer uma posição ao jovem. "Jaybird era tão justo quanto possível",[24] recordou a esposa de Williams, Julia, anos mais tarde.

Nem todos no grupo estavam tão entusiasmados quanto Bird. "Então, quanto tempo você acha que vai ser capaz de aguentar?",[25] provocou um colega de escritório, referindo-se aos outros engenheiros negros que tinham ido embora. "Mais do que você!", replicou Williams. Se as mulheres negras contavam com o apoio inerente a ser parte de um grupo, começar em uma equipe assim não era opção para um engenheiro. Williams e os outros homens negros que logo seguiriam seus passos tinham uma vida profissional mais solitária e enfrentavam agressões que as mulheres não viveram. Porém, muito embora tivessem sido as mulheres negras que quebraram a barreira de cor de Langley, abrindo o caminho para que homens negros fossem contratados, elas ainda tinham de lutar por algo que os homens negros poderiam tomar como certo: o título de engenheira.

Logo depois de se mudar para o Túnel de Pressão Supersônica de Quatro por Quatro Pés, Mary Jackson recebeu uma atribuição de John Becker,[26] chefe da Divisão de Compressibilidade (compressibilidade referindo-se à compressão das moléculas de ar características do voo mais rápido que o som) e chefe do chefe do chefe de Kazimierz Czarnecki. Langley gostava de pensar que era um lugar que evitava burocracia, onde uma ideia de um trabalhador da lanchonete poderia receber atenção se fosse atraente o bastante. Chefes de divisão, apenas dois degraus abaixo do cargo mais alto no laboratório, entretanto, eram pessoas muito importantes. John Becker, herdeiro de John Stack, Eastman Jacobs e de outras lendas do NACA, comandava um império que era composto pelo Túnel de Pressão Supersônica de Quatro por Quatro Pés e por todos os outros túneis devotados às pesquisas supersônicas e hipersônicas. Becker era o tipo de cara que os garotos ávidos que se sentavam nas cadeiras da frente dos cursos de primeira linha de engenharia fariam qualquer coisa para impressionar.

John Becker deu a Mary Jackson instruções para trabalhar com cálculos. Ela lhe entregou a tarefa finalizada logo depois que completou seu trabalho para Dorothy Vaughan, verificando duas vezes todos os números, confiante de que estavam corretos. Becker avaliou a produção, mas algo a respeito dos números não parecia certo. Então, ele desafiou os cálculos de Mary, insistindo que estavam errados.[27] Mary Jackson defendeu seus números. Ela e seu chefe de divisão foram e voltaram nos dados, tentando isolar a discrepância. Finalmente, ficou claro: o problema não era com a saída dela,[28] mas com a entrada dele. Os cálculos dela estavam corretos, com base em números errados que Becker tinha fornecido.

John Becker desculpou-se com Mary Jackson.[29] O episódio rendeu a ela uma reputação de ser uma matemática esperta, capaz de contribuir mais com seu novo grupo do que com apenas cálculos. O confronto com John Becker era o tipo de jogada que o laboratório esperava, encorajava e valorizava em seus engenheiros promissores do sexo masculino. Mary Jackson — uma antiga Computadora Oeste! — tinha enfrentado o brilhante John Becker e vencido. Foi motivo de celebração discreta[30] e de tapinhas nas costas de todas as computadoras nos bastidores.

Muitos dos engenheiros também eram bons matemáticos. Mas eram as mulheres que massageavam os números, nadavam nos números, examinavam os números até que os olhos delas ficassem turvos, do momento em que colocavam suas bolsas sobre as mesas na parte da manhã até vestirem seus casacos para sair no fim do dia. Elas verificavam os trabalhos umas das outras e colocavam pontos vermelhos nas planilhas de dados quando encontravam erros — e havia pouquíssimos pontos vermelhos. Algumas das mulheres eram capazes de fazer cálculos mentais muito rápidos, rivalizando com suas máquinas de calcular mecânicas em velocidade e precisão. Outras, como Dorothy Hoover e Doris Cohen, tinham entendimento altamente refinado de matemática teórica, distinguindo seu caminho por meio de equações aninhadas em dez páginas com apenas um erro no sinal. As melhores dentre essas mulheres criaram reputações de precisão, velocidade e perspicácia. Contudo, é a independência de espírito e a personalidade forte para defender seu trabalho na frente das mentes aeronáuticas mais incisivas do mundo que fazem alguém ser notado. Estar disposto a enfrentar a pressão de um engenheiro impaciente e cheio de opiniões que apoiava os pés na sua mesa e esperava enquanto você fazia o trabalho, que queria seus números do jeito certo e para ontem; estar disposto a encontrar o problema na lógica dele e dizer-lhe em termos precisos que era ele quem estava errado: essa era uma habilidade rara. Isso é o que marcava alguém que seguiria em frente.

CAPÍTULO 12

BOA SORTE

O maior talento de Katherine Goble sempre fora estar no lugar certo na hora certa. Em agosto de 1952, 12 anos após deixar a graduação, o lugar certo foi Marion, onde ela conseguiu seu primeiro emprego como professora, no casamento da irmã mais nova do marido. Patricia, ou Pat,[1] uma animada *miss* da faculdade,[2] formada havia dois meses pela Faculdade Estadual da Virgínia, casava-se com seu namorado da graduação, um jovem cabo do exército chamado Walter Kane.

Katherine e seu marido, Jimmy, colocaram as filhas no carro e dirigiram os quase cem quilômetros de Bluefield até a casa dos pais dele, que chacoalhava com a animação pelo grande dia. Os hotéis no sul não aceitavam clientes negros. Os negros de todas as classes sociais sabiam que precisavam se arranjar com amigos e família, inclusive desconhecidos que abriam seus lares para hóspedes, em vez de arriscar um vexame ou até passar por apuros. Cinco dos 11 irmãos de Jimmy ainda moravam em Marion,[3] e suas casas tinham alcançado a capacidade máxima com tantos forasteiros, entre os quais a família do noivo, que veio de Big Stone Gap, na Virgínia, e amigos e a família estendida de toda a Virgínia, Virgínia Ocidental e Carolina do Norte.

O casamento simples e elegante aconteceu na casa de Helen, a irmã mais velha de Jimmy. Pat, radiante em um vestido plissado na altura das canelas, ficou diante do altar improvisado, enfeitado com sempre-vivas e palmas-de-santa-rita, e disse "sim" a Walter, galante em seu paletó branco. A plateia em júbilo brindou o novo casal Kane. Katherine e Jimmy dançaram e comeram bolo. Suas três filhas — Joylette, 11 anos; Connie, 10; e Kathy, 9 — gritaram de empolgação ao brincar de esconde-esconde e amarelinha e ao dançar com os primos. A celebração adentrou a noite fresca de agosto até o dia seguinte, enquanto as famílias Goble e Kane aproveitavam os últimos momentos juntos antes de voltar à rotina de trabalho.

Outra irmã de Jimmy e o esposo, Margaret e Eric Epps, vieram de Newport News, e os recém-casados planejavam acompanhar os Epps de volta pela costa, pegando carona para a lua de mel no resort segregado de Hampton, em Bay Shore. "Por que vocês não vêm para casa com a gente?",[4] perguntou Eric a Katherine. "Arranjo um emprego para o Snook no estaleiro",[5] disse, chamando Jimmy pelo apelido. "Na verdade, arranjo emprego para os dois." Eric explicou que havia um estabelecimento do governo em Hampton que estava empregando mulheres negras e procuravam matemáticas. Ele contou que seria um cargo público ligado ao campo Langley, em Hampton.

O cunhado de Jimmy era diretor do Centro Comunitário Newsome Park.[6] Desde 1943, Eric Epps coordenava atividades na comunidade,[7] como o time de beisebol semiprofissional Newsome Park Dodgers, e era um importante defensor dos residentes do bairro junto ao governo local, sempre impedindo campanhas de demolição que volta e meia reapareciam. Ex-professor de escolas públicas em Newport News, assumira o cargo em Newsome Park após ter sido demitido por ter se juntado ao que foi um dos mais amargos e litigiosos processos de equalização de salário de professores na Virgínia. Seu emprego e sua relação com os residentes de Newsome Park fizeram de Eric um dos indivíduos mais bem-relacionados da península da Virgínia. E ele conhecia muitas das mulheres na Computação Oeste, inclusive Dorothy Vaughan, que morava no bairro.

Katherine ouviu atentamente o cunhado descrever o trabalho, com o dedão sob o queixo e o indicador estendido sobre a bochecha, sinal de que estava prestando atenção. Ela e Jimmy eram professores de escola pública, com salários modestos. As necessidades das três filhas pareciam cada vez maiores, e Katherine utilizava seu talento em matemática para cobrir o básico e ainda dava um jeito de incluir aulas de piano e o grupo de escoteiras para as meninas. Hábil com a máquina de costura, Katherine comprava tecido no armazém e passava noites em claro costurando uniformes[8] para as filhas e vestidos para si. Durante o verão, os Goble trabalhavam como empregados domésticos[9] para uma família nova-iorquina que passava as férias nas montanhas Blue Ridge da Virgínia. O dinheiro extra ajudava nos momentos difíceis.

Katherine gostava de dar aulas. Ela sentia um forte senso de responsabilidade no "avanço da raça", transmitindo não apenas conhecimento, mas também disciplina e autoestima para os estudantes, que precisariam dessas qualidades em abundância em uma sociedade que lhes era desfavorável em quase todos os sentidos. Ela e Jimmy caminhavam automaticamente pela rota traçada por todos os graduados pretos. Mas a menção de Eric Epps ao trabalho de matemática em Hampton reacendeu a memória de uma ambição havia muito dormente, que Katherine se surpreendeu ao descobrir ainda ativa dentro de si.

Era tarde da noite quando Katherine e Jimmy colocaram as meninas na cama e, cansados, deitaram também, mas permaneceram acordados rindo e fofocando, relembrando o encontro familiar. Apenas depois de conversar tudo sobre o casamento é que abordaram o pensamento que ocupava suas mentes. Ir para Newport News requeria uma decisão rápida. Com a chegada iminente do ano escolar, o diretor da Bluefield precisaria de tempo para encontrar substitutos. Precisariam de um lugar para morar. Tirar as garotas de lá de repente e matriculá-las em novas escolas seria um desafio para todos. Hampton Roads ficava distante dos pais de Jimmy, e mais ainda dos de Katherine em White Sulphur Springs, avós que tanto amavam as netas. Nas montanhas, mesmo no verão, as noites eram frescas. Como ela enfrentaria o calor do litoral? Era uma opção fácil continuar com a vida estável de cidade pequena que haviam construído. Mas a possibilidade do novo emprego atiçava a curiosidade natural de Katherine Goble.

"Vamos", sussurrou ela.

* * *

Em um ano agitado, Katherine Goble e a família conseguiram se adaptar com facilidade ao ritmo da península. Newsome Park foi o lugar ideal para o quinteto: seus quarteirões infindáveis de uma cidade dentro de outra eram um lar pronto com vizinhos, organizações sociais e conselhos para os forasteiros. Eric Epps cumpriu a promessa de encontrar emprego para o cunhado Jimmy Goble, que trocou a credencial de professor por um serviço de pintor no estaleiro de Newport News.[10] Era o tipo de emprego estável e bem pago que dava aos pretos — mesmo àqueles de colarinho branco — uma chance de alçar as famílias para a classe média. As meninas adoraram a nova escola e viver em uma comunidade negra tão grande e dinâmica.

O departamento de recursos humanos de Langley aprovou a inscrição de Katherine em 1952, mas com vaga para junho de 1953. O ano ajudou na adaptação a tudo, menos ao calor. Muitas foram as noites em que ela desejou o frescor de White Sulphur Springs. Preencher os meses nesse meio-tempo não foi um problema. Como professora substituta de matemática na escola Huntington em Newport News, tinha a plataforma perfeita para conhecer a família da região, e o Clube da USO na rua 25, que continuou a funcionar no pós-guerra como centro comunitário, elegeu a nova moradora da região como assistente do diretor.[11] Com o envolvimento na filial de sua irmandade, Alpha Kappa Alpha, e na Igreja Presbiteriana Carver, Katherine criou fortes laços sociais e ganhou uma amiga.

Eunice Smith morava a três quarteirões da casa de Katherine, que adorou descobrir que sua parceira de irmandade e de igreja, além de vizinha, também era veterana havia nove anos na Computação Oeste.[12] Nos primeiros dias de junho de 1953, quando Eunice Smith passou na casa de Katherine para dar uma carona até o trabalho, começaram uma rotina que persistiria nas três décadas seguintes.[13] Elas conversavam durante a travessia pela planície de Hampton, e os óculos de gatinho e aro de metal de Katherine davam ao seu rosto uma seriedade que combinava com sua postura.

O trajeto matutino terminava no escritório da sra. Vaughan, no prédio da Divisão de Cargas de Aeronaves. Foi uma grande e agradável surpresa para Katherine saber que sua nova chefe não apenas era sua conterrânea da Virgínia Ocidental como também a vizinha que havia passado tanto tempo com sua família em White Sulphur Springs. Não demorou para Katherine apreciar os talentos de Dorothy, tanto como matemática quanto gerente. Quando os engenheiros precisavam de mais cálculos, confiavam que Dorothy escolheria a pessoa certa para o serviço, não raro torcendo para que ela mesma fosse a primeira da lista.

Combinar habilidades às tarefas era apenas uma parte do desafio. Algo mais sutil era combinar temperamentos com os grupos. Os engenheiros, por vezes, eram uma trupe diferente, frequentemente bruscos, geniosos ou autoritários. Brusquidão para uma garota poderia ser considerada crueldade por outra. Trabalhar em equipe era essencial para toda a operação, e Dorothy tinha tanto permissão quanto obrigação de colocar suas computadoras no melhor caminho profissional possível.

Por duas semanas, Katherine ficou em fase de adaptação, entendendo o dia a dia do trabalho. Seu diploma com honrarias em Matemática, seu curso superior e os anos em que lecionou a matéria resultavam em uma avaliação profissional muito modesta de SP-3:[14] um subprofissional nível 3, o cargo inicial da maioria das mulheres contratadas em Langley, independentemente de suas credenciais profissionais e educacionais. Quase vinte anos depois de Virginia Tucker entrar em Langley, e apesar de centenas de mulheres já terem passado pela posição, ainda era esperado que elas aceitassem o novo emprego com um "puxa, estou muito contente e grata pela oportunidade". "Não apareça daqui duas semanas[15] pedindo transferência para um grupo de engenharia": foi o que o diretor de recursos humanos disse a Katherine Goble no primeiro dia de trabalho dela. Foi um comentário de que ela não gostou. No entanto, Katherine sentiu-se mesmo "muito, muito sortuda"[16] por ter conseguido o emprego, que pagava três vezes mais que o salário[17] de professora.

Nos primeiros dias, Katherine aprendeu a rotina de preencher planilhas com dados de acordo com equações definidas por Dorothy Vaughan ou por um dos engenheiros, que apareciam com regularidade no escritório ao longo do dia. Duas semanas após a chegada de Katherine, quando um branco em mangas de camisa entrou na sala e se aproximou da baia de Dorothy Vaughan, iniciando uma conversa em voz baixa,[18] Vaughan assentiu com a cabeça e escaneou a fileira de mesas, analisando as ocupantes enquanto escutava. Depois que o homem saiu, Vaughan chamou Katherine Goble e Erma Tynes. "A Divisão de Pesquisa de Voo necessita de duas computadoras.[19] Vou enviar vocês. Irão para o 1244."

Para Katherine, ser selecionada para rodar pelo Prédio 1244, o reino dos engenheiros de voo, era como um golpe de sorte inesperado, mesmo a colocação sendo temporária. Ela já estava encantada por ficar na equipe central e calcular as planilhas entregues pela sra. Vaughan. Mas ser enviada para se juntar aos cérebros alocados no segundo andar do prédio significa observar de perto um dos grupos mais importantes e poderosos do laboratório. Pouco antes da chegada de Katherine, os homens que dividiriam a mesa com ela, John Mayer, Carl Huss e Harold Hamer,[20] haviam apresentado sua pesquisa sobre controle de aeronaves de guerra diante de uma plateia composta por pesquisadores importantes reunidos em Langley para uma conferência de dois dias sobre as últimas descobertas a respeito de cargas de aeronaves.

Com apenas sua marmita e seu caderno de anotações, Katherine "levantou-se e foi"[21] para o hangar gigantesco, a apenas uma pequena caminhada do escritório da Computação Oeste. Ela atravessou a porta lateral, subiu a escada e andou por um corredor de concreto mal iluminado até alcançar a porta com os dizeres "Laboratório de Pesquisa de Voo". O recinto fedia a café e cigarros. Como a Computação Oeste, o escritório era disposto tal como uma sala de aula com mesas para vinte pessoas. A maioria era de homens, mas havia algumas mulheres consultando suas máquinas de calcular ou analisando microfilmes. Ao longo de uma parede ficava a sala do chefe de divisão, Henry Pearson,[22] com uma baia para a secretária logo em frente. O local zunia com as atividades pré-almoço enquanto Katherine procurava um lugar onde esperar pelos novos chefes. Ela seguiu direto para um cubículo vazio, sentando-se ao lado de um engenheiro, pondo suas coisas sobre a mesa e oferecendo ao homem um sorriso vencedor. Quando sentou, e antes que emitisse um cumprimento em sua suave cadência do sul, o homem a olhou de soslaio, levantou-se e saiu.[23]

Katherine observou o engenheiro desaparecer. Havia quebrado alguma regra silenciosa? Ou sua mera presença o afastara? Foi um momento íntimo e sem estardalhaço que não alterou em nada o ritmo do escritório. Mas a interpretação do momento por Katherine dependeria do seu passado e influenciaria seu futuro.

Intrigada, Katherine refletiu sobre a saída repentina do engenheiro. Poderia ter sido por ela ser negra e ele, branco. Por outro lado, poderia ser por ela ser mulher e ele, homem. Ou talvez o momento tenha sido uma interação entre um profissional e uma subprofissional, um engenheiro e uma garota.

Dos portões para fora, as regras de casta eram claras. Negros e brancos viviam separadamente, comiam separadamente, estudavam separadamente, socializavam-se separadamente, cultuavam separadamente e, na maior parte do tempo, trabalhavam separadamente. Em Langley, porém, essas linhas eram tênues. Os negros ficavam restritos a banheiros separados, mas também tinham recebido oportunidades profissionais sem precedentes. Alguns colegas de Goble eram do nordeste do país ou estrangeiros que jamais tinham visto uma pessoa negra antes de chegar a Langley. Outros eram gentes do Sul Profundo com atitudes arraigadas a respeito da mistura racial. As relações raciais em Langley eram assim, o que significava que negros e brancos nadavam em águas desconhecidas. Os demônios cruéis e visíveis que assombraram os negros americanos por três séculos estavam mudando, quando a segregação começou a ceder diante da pressão de forças sociais e legais. Às vezes, os demônios ainda se apresentavam na forma de discriminação e racismo escancarados. Às vezes, tomavam o formato mais suave da ignorância ou do preconceito impensado. Mas havia ainda um novo culpado: a insegurança que atormentava os negros quando precisavam decifrar os costumes e a linguagem desconhecidos de uma vida integrada.

Katherine entendia que as atitudes dos racistas linha-dura estavam além de seu alcance. Contra a ignorância, ela e as outras partiam para a ofensiva de encantos diária: vestidas impecavelmente, versadas, patriotas e honradas, eram representantes da raça cientes de que as interações que indivíduos negros tivessem com brancos poderiam ter implicações para toda a comunidade negra. Contudo, as inseguranças, os demônios mais insidiosos e teimosos de todos, eram apenas dela. Eles operavam nas sombras do medo e da desconfiança, e serviam ao seu comando. Se ela deixasse, incitariam para que enxergasse o engenheiro como um racista arrogante e chauvinista. Provocariam a insegurança em uma espiral negativa, fazendo com que recusasse a proposta que o dr. Claytor havia meticulosamente preparado para ela.

* * *

Entretanto, Katherine Goble fora criada não apenas para exigir tratamento igualitário para si, mas também para oferecê-lo para os outros. Katherine tinha uma escolha: poderia decidir que sua presença havia levado o engenheiro a partir ou poderia supor[24] que o colega simplesmente houvesse terminado o trabalho. Havia puxado ao pai, afinal. Pôs os demônios em um lugar que não pudessem fazer o mal, abriu a sacola da marmita e fez sua refeição na mesa nova, com a mente focada na sua boa sorte.

Em duas semanas, o motivo que levara o engenheiro a partir, qualquer que tenha sido, tornou-se indiferente. O homem descobriu que sua nova colega era da Virgínia Ocidental, assim como ele, e os dois logo se tornaram amigos.[25] Seu estado natal nunca deixou o coração de Katherine, mas a Virgínia era seu novo destino.

CAPÍTULO 13

TURBULÊNCIA

Depois de seis meses, a alocação temporária de Katherine Goble na Divisão de Pesquisa de Voo começava a parecer bem permanente. Então, no começo de 1954, Dorothy Vaughan foi até o Prédio 1244 para uma reunião com Henry Pearson, o chefe da divisão que tinha "emprestado" sua computadora e tinha se esquecido de devolver.

A oferta de Katherine para começar a trabalhar em Langley em 1953 tinha vindo com um período probatório de seis meses. A conclusão bem-sucedida do período de teste a tornaria elegível para uma promoção, do nível de entrada SP-3 ao SP-5,[1] com aumento salarial. Embora Katherine tivesse passado apenas duas semanas fisicamente no escritório da Computação Oeste, ela ainda era responsabilidade de Dorothy. Havia duas alternativas: Katherine poderia ser classificada membro permanente da Computação Oeste, como as demais mulheres que se reportavam a Dorothy, disponíveis para revezar em outros grupos em atribuições temporárias; ou Henry Pearson poderia fazer uma oferta oficial para Katherine se juntar ao grupo dele, tal como Kazimierz Czarnecki havia feito com Mary Jackson. De um jeito ou de outro, Dorothy Vaughan e Henry Pearson tinham de resolver a situação de Katherine Goble.

"Dê um aumento a ela ou a mande de volta para mim", disse Dorothy a Henry Pearson, que estava sentado no seu escritório no andar de cima do 1244. Engenheiro de Langley à moda antiga, Pearson tinha se formado na Politécnica de Worcester em Massachusetts e começou a trabalhar no laboratório em 1930. Gostava de golfe e usava óculos de aros de chifre: era a essência de um tradicional homem branco da Nova Inglaterra. Pearson não era um grande fã de mulheres no ambiente de trabalho. Sua esposa não trabalhava; havia um rumor de que a sra. Henry Pearson tinha sido proibida pelo marido de arrumar um emprego.

Como chefe adjunto da destacada Divisão de Pesquisa de Voo, Henry Pearson estava um nível acima de Dorothy na hierarquia administrativa de Langley. Na época em que Dorothy chegou ao laboratório, em 1943, Pearson já tinha servido por muitos anos como chefe assistente da divisão. Destemida como era, Dorothy teria se aproximado de Henry Pearson mesmo se ela não fosse gestora, mas o título oficial de chefe de seção lhe emprestou autoridade adicional. Isso a colocou em pé de igualdade com as outras supervisoras do sexo feminino e, pelo menos em teoria, com homens do mesmo *ranking*, além de lhe dar um grau de visibilidade por todo o centro. Quando a fabricante de calculadoras Monroe pediu a Langley ajuda para produzir um manual sobre como trabalhar equações algébricas com as suas máquinas, Dorothy foi convocada como consultora,[2] trabalhando em uma equipe com outras mulheres respeitáveis de Langley, inclusive Vera Huckel, do ramo de Vibração e Agitação, e Helen Willey, do complexo de Dinâmicas de Combustíveis.

O encontro entre Dorothy Vaughan e Henry Pearson terminou do jeito que ambos sabiam que ia terminar: com Pearson oferecendo a Katherine Goble uma posição permanente em seu grupo, o Ramo de Cargas de Manobra, além de um aumento correspondente no salário. A insistência de Dorothy também teve um efeito colateral: uma das computadoras brancas da divisão, na mesma posição no limbo que Katherine, foi ela mesmo até Pearson para solicitar um aumento. O pedido da mulher branca enfrentou indiferença, porém. Regras são regras, lembrou Dorothy a Henry Pearson. Dorothy exerceu sua influência para ganhar promoções tanto para Katherine quanto para a colega branca.

O fato era que, tão logo Katherine Goble se sentou à mesa dela no 1244, os engenheiros que trabalhavam para Henry Pearson perceberam que não poderiam deixar a nova computadora escapar. Por isso, não tinham nenhuma intenção de mandá-la de volta. A familiaridade de Katherine com matemática de alto nível fez dela uma versátil aquisição para a equipe. Seus livros didáticos da graduação abarrotavam a mesa ao lado da máquina de calcular, prontos para dar referências se precisasse.

A Divisão de Pesquisa de Voo reunia uma série de engenheiros muito inteligentes, cheios de energia, agressivos e de livre-pensamento. Eles e seus irmãos da PARD (Divisão de Pesquisa de Aviões Não Tripulados, em português), um grupo especializado em aerodinâmica de foguetes e mísseis, passavam o tempo não nos confins dos túneis de vento, mas em companhia de temperamentais projéteis de metal vivos, que cuspiam fogo pelas ventas e rompiam tímpanos. O "ciclone humano de cabelo preto, pele do rosto curtida e cabelo cortado à escovinha",[3] chefe da Divisão de Pesquisa de Voo e chefe dos pilotos de teste de Langley, Melvin Gough, no início de sua carreira de engenharia decidiu pôr sua própria vida em risco e treinar como piloto de testes de modo a melhorar a qualidade dos seus relatórios de pesquisa. Filtrava-se testosterona naquele hangar junto com as fumaças do combustível dos jatos. Não era o tipo de ambiente que exibia muita paciência para quaisquer homem ou mulher que precisassem de mais tempo para aprender. Timidez na Divisão de Pesquisa de Voo não levaria uma garota a lugar nenhum.

Felizmente, a confiança de Katherine Goble em suas próprias habilidades matemáticas e sua curiosidade inata forçou-a a salpicar os engenheiros de perguntas, do mesmo jeito que ela fizera com seus pais e professores quando era criança. Eles lidaram com os questionamentos dela com entusiasmo: eram capazes, como fizeram, de passar a maior parte de suas vidas falando e pensando a respeito de voos e jamais perderiam a paciência quanto ao assunto.

O Ramo de Cargas de Manobra conduziu uma pesquisa[4] sobre as forças em um avião conforme elas deixavam de ficar estáveis em voo estável ou quando tentavam retornar para voo estável. Um ramo irmão, Estabilidade e Controle, desenvolveu os sistemas que iriam fornecer a um avião um passeio suave através do ar áspero. Os veículos na ponta extrema experimental do espectro da aeronáutica eram aqueles que faziam os corações românticos dos engenheiros aeronáuticos baterem mais forte — aviões supersônicos, aviões hipersônicos, aviões capazes de varrer os limites do espaço. No entanto, a revolução do transporte promovida em grande parte por engenheiros de Langley como Henry Pearson havia criado uma demanda por pesquisas sobre veículos concebidos muito mais para atividades triviais. Uma das atribuições do Ramo de Cargas de Manobra era examinar preocupações de segurança provocadas pelos céus cada vez mais lotados.

Uma das primeiras tarefas[5] que pousou na mesa de Katherine envolvia chegar ao fundo de um acidente com um pequeno avião de hélice da Piper. O avião, que voava de maneira normal, literalmente caiu do céu azul e bateu no chão. O NACA recebeu os registros de voo do avião, e os engenheiros colocaram Katherine para analisar o registro de filme fotográfico de sinais vitais do voo, o primeiro passo na busca de respostas sobre o que poderia ter acontecido. Por horas e mais horas, dia após dia, ela ficou na câmara escura e olhou através de um leitor de filme, observando e anotando a velocidade no ar, a aceleração, a altitude e outras medições que eram registradas em intervalos regulares de tempo ao longo do curso do voo. Os engenheiros especificaram as conversões para serem aplicadas aos dados brutos — converter, por exemplo, milhas por hora a pés por segundo — e forneceram a Katherine as equações para serem usadas para analisar as informações. Como passo final, Katherine marcou os dados, a fim de dar aos engenheiros um instantâneo visual de voo interrompido.

Assim, os engenheiros montaram um experimento que recriava as circunstâncias do acidente, ao pilotarem um avião de teste na esteira de um avião maior.[6] Os dados disso também caíram na mesa de Katherine Goble: horas intermináveis, dias, semanas, meses da mesma coisa. Era típico trabalho de computação monótono de cansar a vista — e Katherine amou cada momento disso.

Quando os engenheiros analisaram os dados reduzidos de Katherine, ficaram fascinados,[7] pois perceberam que estavam descobrindo algo ainda não visto. Acontece que o Piper tinha passado ao largo pelo caminho de um jato que tinha acabado de passar pela área. A perturbação causada por um avião poderia bagunçar o ar por cerca de meia hora[8] depois de sua passagem. O vácuo do avião maior tinha atuado como um arame invisível: depois de cruzar o agitado rio de ar deixado para trás pelo jato, o avião a hélice "tropeçou" e caiu do céu. Essa pesquisa, bem como outras investigações do tipo, levou a mudanças nos regulamentos de tráfego aéreo, o que exigiu distâncias mínimas entre rotas de voo, de modo a evitar esse tipo de acidente de turbulência de esteira.

Quando Katherine Goble leu o relatório, achou aquilo "uma das coisas mais interessantes que já lera na vida"[9] e sentiu uma enorme satisfação por ter participado em uma coisa que geraria resultados positivos no mundo real. O entusiasmo dela pelo trabalho, até mesmo pelas partes que outros consideravam maçantes, era irrepreensível. Não podia acreditar em sua sorte, sendo paga para fazer matemática, a coisa que lhe vinha mais naturalmente.

Ela também passou a ter um verdadeiro apreço pelos seus novos colegas. O engenheiro da Virgínia Ocidental que ela conhecera no primeiro dia tocava oboé na orquestra local. Membros do Clube dos Bocós Cerebrais reuniam-se depois do trabalho e nos fins de semana para construir manualmente elaborados modelos de aviões. Muitos dos homens e mulheres de Langley participavam de times de softbol ou de basquete e jogavam em ligas amadoras locais. O time feminino de basquete de Langley, Skychicks,[*,10] competiu contra um rival enviado pela empresa de energia, as Kilowatt Cuties.[**] Ao longo do tempo, os funcionários negros também passaram a integrar os times. Também havia o carteado da hora do almoço. O jogo exigia tanto habilidades analíticas quanto de leitura das pessoas, tornando-o um dos favoritos dos engenheiros, que passavam muitas horas de almoço em competição acirrada. Eles eram um grupo com opinião, cheio de energia e, o melhor de tudo, na visão de Katherine: todos eram muito inteligentes e tinham raciocínio rápido. Não havia nada que Katherine Goble gostasse mais do que *inteligência.*

Desde o início, Katherine sentiu-se completamente em casa em Langley. Nada a respeito da cultura do laboratório ou do seu novo escritório a balançou, nem mesmo a persistente segregação racial. No começo, na verdade, ela sequer notou que os banheiros eram segregados.[11] Nem que cada prédio tinha um banheiro de cor, algo que Mary Jackson descobrira de maneira tão dolorida na sua passagem pelo lado leste. Embora os

---

* "Mocinhas do céu", em tradução livre. (N.T.)

** "Quilowatts de beleza", em tradução livre. (N.T.)

banheiros para os funcionários negros estivessem claramente marcados, a maioria — ou seja, aqueles implicitamente designados para empregados brancos — não tinha sinalização alguma. Até onde Katherine sabia, não havia motivo para ela não usar esses também. Levaria cerca de dois anos antes de ela ser confrontada com toda a ladainha dos banheiros separados. Quando aconteceu, ela simplesmente se recusou a mudar seus hábitos, recusando-se assim a entrar nos "banheiros de cor".[12] E foi isso. Ninguém nunca mais tocou no assunto com ela.

Ela também tomou a decisão de levar marmita e comer em sua mesa,[13] como faziam muitos dos funcionários. Por que ela deveria gastar dinheiro no almoço? Também era mais conveniente: a lanchonete era tão longe do prédio dela que era preciso ir de carro, e quem iria querer fazer isso? Além disso, era mais saudável, longe da tentação do sorvete[14] que a lanchonete vendia como sobremesa. Claro que, para Katherine Goble, comer em sua mesa tinha o benefício de tirar a lanchonete segregada da sua rotina, outro lembrete do sistema de castas que teria limitado seus movimentos e pensamentos. Aquelas regras retrógradas e arcaicas eram as moscas na sopa de Langley. Então, ela simplesmente decidiu espantá-las, criando um ambiente de trabalho em conformidade com o senso que tinha de si mesma e de seu lugar no mundo.

Conforme os meses se passavam, Katherine ocupou o escritório, tão facilmente como se ela nunca tivesse trabalhado em nenhum outro lugar. Erma Tynes, a outra computadora negra designada junto com Katherine, agia "de acordo com o manual":[15] sentava-se à mesa dela às 7h59min59s, mal tirando os olhos da tarefa até o fim do dia, às quatro e meia da tarde. Katherine, por outro lado, assim como os colegas engenheiros, pegou o hábito de ler jornais e revistas nos primeiros minutos do dia. Ela percorria a *Aviation Week*,[16] tentando ligar os pontos entre o último avanço da indústria e a torrente de números que fluía em sua máquina de calcular.

A confiança de Katherine e a chama brilhante de sua mente eram irresistíveis para os caras na Divisão de Pesquisa de Voo. Não havia nada de que eles gostassem mais que inteligência, e eles conseguiam ver que Katherine Goble tinha isso em abundância. Tanto quanto qualquer coisa, eles reagiram à sua profusão no serviço. Adoravam o que faziam e viam o reflexo de sua própria absorção nas perguntas de Katherine e no interesse dela que ia longe, para além de apenas correr os números.

Com sua pele clara e seu doce sotaque da Virgínia Ocidental, Katherine talvez tenha ocupado um meio-termo racial fluido, facilitando a aceitação dela no centro. Até mesmo alguns dos funcionários negros[17] nem sempre tinham certeza de que ela era negra. Em uma ocasião, Katherine precisou levar a mãe, que a estava visitando, ao hospital. Depois de uma incomum longa espera, um médico teve de se prontificar para conseguir colocar a mãe dela em um quarto: o problema era que a recepção não conseguia decidir se a colocavam com uma colega de quarto branca ou negra.[18] Certa vez, perguntaram ao chefe de Katherine, Al Schy, se o grupo dele tinha alguma matemática negra. Mesmo com Katherine sentada perto, ele precisou pensar antes de responder que sim.[19] Para os colegas, ela se tornara apenas "Katherine".

Quaisquer que fossem as razões, concretas e inefáveis, havia algo a respeito de Katherine Goble que a deixava tão confortável no escritório do Prédio 1244 quanto ela ficasse no coral da Igreja Presbiteriana de Carver. Ela não fechava os olhos para o racismo que existia. Sabia tão bem quanto qualquer outra pessoa negra o preço que pagavam por causa de sua cor. Mas ela não a sentia do mesmo jeito. Queria que acabasse, queria eliminar sua existência em relação à sua vida diária. Tinha tomado o caminho mais longo até a Divisão de Pesquisa de Voo de Langley, mas ela sabia, com quase toda a confiança, que chegara ao lugar certo.

"Quero tirar nossas garotas das casas populares",[20] disse Jimmy Goble a Katherine depois de dois anos em Newport News.

Mudar para Newsome Park tornou possível para Katherine e para a família dela se adaptar rápido à vida em Hampton Roads. A vizinhança, com os seus laços com o estaleiro e com Langley, com residentes que estavam conectados a praticamente todos os aspectos da vida dos negros da região, oferecera a eles e a suas famílias uma comunidade pronta. Em desafio às manchetes de jornal, Newsome Park tinha conseguido perseverar contra o sempre presente fantasma da demolição: com o surto de tensões militares na Coreia em 1950, a Agência Federal de Moradia e Financiamento Doméstico[21] mais uma vez decidiu que Newsome Park e todos os projetos similares de moradias populares eram necessários para os esforços de guerra do país. Os residentes da vizinhança deram um suspiro coletivo de alívio.

Mais do que as questões de direito internacional do paralelo 38, que dividiu a Coreia do Norte (aliada russa) da Coreia do Sul (amiga dos Estados Unidos), era a lei local de oferta e demanda que mantinha Newsome Park fora da tábua de corte. Anos depois do fim da guerra, a falta de moradia adequada para os residentes negros da área era uma realidade. Se o governo decidisse demolir Newsome Park no dia seguinte, simplesmente não haveria lugar para os moradores irem.

Mas o número de casas em pequenas vizinhanças tinha continuado a crescer, chamando a atenção das famílias em ascensão que, como suas colegas brancas, tinham uma visão de sucesso pós-guerra que incluía a aquisição de casa própria. A rua Gayle, um beco sem saída[22] perto da seção Buckroe da cidade, era um bairro novo atraente onde Chubby Peddrew e o marido dela compraram uma casa. Aberdeen Gardens, as casas populares que se alastravam pelo terreno de uma antiga área do Instituto Hampton, era outra localização desejável: suas ruas largas com gramados medianos e florestas circundantes atraíram muitas famílias de militares na ativa ou aposentados.

Katherine e Jimmy decidiram comprar um lote em Mimosa Crescent, a vizinhança da era da Segunda Guerra Mundial em Hampton que foi construída para as famílias de classe média. Os desenvolvedores do loteamento saltaram cada obstáculo que a Administração Federal de Moradia poderia jogar neles, garantindo a qualidade dos proprietários de imóveis do bairro e mesmo propondo cláusulas restritivas de modo que os compradores não pudessem ser desqualificados de receber empréstimos bancários concedidos pelo governo, como era o caso de muitos — talvez da maioria — bairros negros de todo o país. Thomas Villa, um empreendimento em Hampton que não poderia garantir o financiamento de bancos locais, mandava seus compradores para a Companhia Mútua de Seguros de Vida da Carolina do Norte, na época o maior empreendimento negro para financiamentos de imóveis nos Estados Unidos.

Em 1946, Mimosa Crescent tinha expandido[23] de seus 22 lotes originais para um total de 51, devagar e sempre ao longo de dez anos, atraindo famílias que preencheram os lotes vazios com confortáveis casas de tijolos de três ou quatro quartos. Que emoção, não apenas imaginar uma casa de sonho, mas planejar a cor do azulejo nos banheiros, a madeira nos móveis da cozinha, o tamanho das tábuas no chão na sala! Joylette, como filha mais velha, ganharia até mesmo um quarto só para ela,[24] o tipo de luxo que a maioria das garotas — de qualquer cor — só via em filmes ou nas páginas dos livros de mistério de Nancy Drew. Os orgulhosos residentes dos loteamentos semearam seus gramados e plantaram árvores para sombra, davam festas no jardim e faziam muitas reuniões em suas casas. Logo a família Goble se juntaria a eles.

Era o plano perfeito... Até que, ao longo de 1955, Jimmy começou a se sentir mal, primeiro com dores de cabeça que pioravam a cada dia, depois fraqueza. Mas, ao contrário da febre de brucelose que o afligira mais de uma década antes, dessa vez ele não melhorou. Levou meses para que os médicos diagnosticassem sua doença. Por fim, descobriram um tumor, estranhamente localizado na base do crânio,[25] e o declararam inoperável. Jimmy ficou de cama; e tão debilitado que foi forçado a tirar uma licença por tempo indeterminado de seu trabalho no estaleiro. Sua saúde declinou lenta, mas inexoravelmente, por mais de um ano. E muito desse tempo foi gasto no hospital. Katherine e as filhas o visitavam com a maior frequência possível, mantendo vigília para o homem mais importante da vida delas.

James Francis Goble morreu[26] em uma terça-feira, apenas cinco dias antes do Natal de 1956. Três dias depois, a Igreja Presbiteriana de Carver Memorial foi tomada por enlutados, e a comunidade ofereceu suas condolências e seu apoio à jovem viúva e a suas três filhas adolescentes. Joylette, Kathy e Connie nunca mais seriam capazes de experimentar a alegria das festas de fim de ano após a morte do pai. Tanto os pais de Jimmy quanto os de Katherine ficaram na cidade pelo fim do ano. Os sogros de Katherine e as famílias deles, sobretudo os Epps e os Kane, que viviam em Newport News, partilharam o fardo do sofrimento. Os irmãos da fraternidade de Jimmy, Alpha Phi Alpha, e as irmãs da irmandade de Katherine, Alpha Kappa Alpha, ficaram de olho neles, trazendo comida, levando recados e cuidando das necessidades mundanas que pareciam impossíveis de lidar em face de uma perda tão profunda.

As garotas Goble eram tão devotadas ao pai quanto Katherine era com o dela. A perda dos braços protetores e do sorriso fácil de Jimmy e a instabilidade que veio com o fim abrupto e prematuro da parceria entre o pai e a mãe delas viraram de ponta-cabeça seu mundo seguro e as obrigaram a trocar o conforto da infância pela dura realidade do mundo adulto.

Katherine, porém, não iria ceder à perda e ao caos. Ela fizera uma promessa solene ao marido de que faria tudo o que pudesse para manter as filhas alegres e brilhantes no caminho pavimentado pelos dois com tanto cuidado desde o nascimento das garotas. Katherine permitiu a suas meninas e a si mesma que se entregassem completamente ao luto até o fim do ano. No primeiro dia de aula em janeiro de 1957, passados Natal e Ano-novo, ela acompanhou as filhas em uma reunião com o diretor da escola. "É muito importante[27] que você não dê nenhum tratamento especial para as garotas, nem lhes dê um tratamento brando de qualquer espécie", disse Katherine ao diretor. "Elas vão para a faculdade e precisam estar preparadas." Com suas filhas, ela estabeleceu as novas regras de uma casa gerida por uma mãe viúva: "Vocês vão passar as minhas roupas[28] de manhã e deixá-las prontas, e o jantar tem de estar na mesa quando eu voltar", instruiu ela. Katherine era agora a mãe e o pai, o amor e a disciplina, o castigo e a recompensa, e a única que provia aquela casa.

Katherine e Jimmy compartilhavam grandes ambições para suas filhas. As irmãs Goble destacavam-se na escola e faziam aulas de piano e violino, que praticavam de maneira diligente. Elas tinham uma boa índole, eram extrovertidas e respeitosas e sempre chegavam aos altos padrões que seus pais tinham lhes estabelecido. Nas suas filhas, Katherine viu o legado dos seus pais, dos pais de Jimmy e de todas as suas gerações passadas, cada um empurrando sua energia e seus recursos até o limite para levantar sua prole em direção ao sonho americano, a uma vida que ultrapassaria a dos pais em riqueza material, emocional e acesso às bênçãos da democracia havia muito prometidas. Tudo dependia da habilidade de Katherine de manter a família unida; ela não poderia desmoronar. Ou talvez ela não *fosse* desmoronar. Havia, e sempre existira, certa gravidade em relação a Katherine Goble, uma serenidade sobrenatural que fizera ser a coisa mais lógica do mundo para ela ensinar números romanos ao irmão do presidente ou conversar em francês com aristocratas. Ela parecia absorver as oscilações de curto prazo da vida sem ser desalojada por elas, como se estivesse em pé ao longe, só observando que tanto a angústia quanto a euforia eram apenas parte de uma curva muito maior e mais suave.

Certamente muito do equilíbrio de Katherine veio do pai dela, Joshua. A lenda da família[29] era de que ele possuía habilidades e sentidos inexplicáveis, que suas mãos ágeis poderiam afastar aflições em seres humanos e animais. Mesmo depois que ele foi trabalhar no Greenbrier, vizinhos negros e brancos o chamavam para ver cavalos doentes em períodos de crise. Anos mais tarde, as netas de Joshua Coleman se recordariam de o avô dizer[30] que, no primeiro encontro com o genro, ele teve uma premonição quanto a Jimmy Goble não alcançar uma vida longa. Talvez Katherine, intuindo da visão do pai, tenha se fortalecido ao tomar consciência de que a morte prematura de seu marido era parte de como as coisas eram, ainda que doloridas.

Ou talvez fosse o ditado pragmático de seu pai — "Você não é melhor do que ninguém, e ninguém é melhor do que você" — que fazia com que ela visse as dificuldades de sua vida como um destino compartilhado por todos, e suas boas fortunas como uma bênção não merecida. Com as palavras do pai sendo uma boia salva-vidas, Katherine Goble observou as manifestações de segregação em Langley, denunciou a injustiça que representavam e ainda assim não sentiu o peso em seus próprios ombros. Assim que cruzava a porta de entrada do Prédio 1244, entrava em um mundo de iguais, e ela se recusava a se comportar de qualquer maneira que contradissesse essa crença.

Alguns dos outros empregados negros de Langley a achavam misteriosa e, até mesmo, irritante. Como ela poderia ser tão desdenhosa do racismo no local de trabalho, ainda que silencioso, quando sua própria entrada para o laboratório tinha sido em circunstâncias segregadas? O conforto genuíno de Katherine Goble com os homens brancos com quem trabalhava permitiu-lhe ser ela mesma, sem precisar de nenhuma máscara. Quando a Suprema Corte anunciou o veredito do caso Brown contra Conselho de Educação acabando com a segregação legalizada das escolas em 1954, ela e os engenheiros tiveram uma longa conversa sobre isso,[31] falando sobre o assunto abertamente, em vez de evitá-lo da maneira como um motorista desvia para não bater em uma árvore caída na estrada. "Decidimos que todos apoiávamos isso", recordou ela. Talvez tenham sido a expectativa de Katherine de que ela deveria ser tratada como igual pelos seus colegas engenheiros e a boa vontade com que ela *os* tratava como iguais — reconhecendo que o intelecto e a curiosidade deles correspondiam aos dela, que estavam trazendo para o relacionamento profissional o mesmo senso de justiça, respeito e benevolência que ela — que pavimentaram o caminho dela para seu sucesso definitivo.

A morte de Jimmy Goble rachou a vida de Katherine em duas partes. Eles caminharam lado a lado durante a graduação e o casamento, as crianças e a mudança para Newport News. Agora, com apenas 38 anos de idade, ela se percebia viúva e mãe, mas também uma profissional no início da jornada para realizar o sonho de longa data. Jimmy não estaria lá para ver acontecer e para curtir, mas com amor, apoio e crença no talento da esposa, ele a tinha acompanhado até o limite, e Katherine iria levar seu espírito e suas memórias adiante. Assim, a morte de Jimmy Goble ao final de 1956 era menos um fim que um intervalo. O que veio antes se ligaria a tudo o que estava por vir. Em janeiro de 1957, as filhas de Katherine voltaram para a escola, e ela voltou ao trabalho: o segundo ato da sua vida estava prestes a começar.

CAPÍTULO 14

ÂNGULO DE ATAQUE

Na década de 1950, Dorothy Vaughan aguardava por um período de mudanças, imaginando quando ela e as outras computadoras seriam forçadas a ceder lugar aos computadores inanimados que redefiniam a fronteira tecnológica. Tanto quanto em qualquer outra profissão, a engenharia aeronáutica encarnava a inquietude e o progresso tecnológico que caracterizavam o que já era chamado de Século Americano.[1] Motores a jato substituíam hélices. A realização do Mach 1 aumentava o apetite pelo Mach 2. Supersônico gerava hipersônico. A curiosidade não seria saciada até que os pássaros mecânicos, já tão abundantes no mundo todo, evoluíssem para alcançar os limites da atmosfera.

Com a complexidade inerente ao avanço implacável da pesquisa aeronáutica, surgiu a necessidade de uma nova máquina. Em 1947, o laboratório comprou uma "calculadora eletrônica"[2] dos Laboratórios de Telefonia Bell, um investimento necessário para a pesquisa de voo transônico. Projetar voos em velocidades transônicas era um problema particularmente espinhoso, devido aos ventos subsônicos e supersônicos que passavam ao mesmo tempo pelo avião ou protótipo. As equações aerodinâmicas que descreviam correntes de ar transônicas poderiam conter até 35 variáveis.[3]

Cada ponto na corrente de ar dependia dos outros, e um erro em uma parte da série provocaria um erro nas demais.[4] Um matemático experiente facilmente levaria um mês para calcular[5] a distribuição de pressão sobre um determinado aerofólio em velocidade transônica. A calculadora Bell cumpria a tarefa em poucas horas.[6]

Ninguém confundiria as mulheres que usavam calculadoras mecânicas para processar dados de pesquisa com os aparelhos eletrônicos do tamanho de uma sala que cumpriam a mesma função. Langley pôs uma ex-Computadora Leste chamada Sara Bullock em um grupo dedicado a utilizar o bloco achatado e cinza-escuro para solucionar as equações dos engenheiros. Já considerada superior ao pioneiro computador ENIAC da Universidade da Pensilvânia, a Bell recebia os dados de um rolo de papel perfurado e demorava dois segundos por operação.[7] O prédio inteiro chacoalhava[8] durante seu funcionamento, mas a máquina gerava respostas 16 vezes mais rápido do que computadores humanos, com o benefício adicional de trabalhar sem descanso.

No meio da década de 1950, o centro comprou seus primeiros computadores IBM: um computador de cálculo eletrônico digital IBM 604 e, depois, um IBM 650.[9] Originalmente destinados ao departamento financeiro do laboratório,[10] pesquisadores empreendedores logo se apropriaram das máquinas para uso próprio. Um dos objetivos era calcular uma trajetória — uma rota de voo detalhada — para um "avião-foguete" hipersônico chamado X-15, um veículo experimental desenvolvido para voar alto e rápido o suficiente a ponto de deixar a atmosfera e alcançar a fronteira do que era considerado "espaço".

As primeiras máquinas de processamento de dados não eram muito confiáveis. Cometiam erros, e os engenheiros — ou melhor, as computadoras que trabalhavam para eles — precisavam controlar os resultados. "Não está certo!" ou "Vamos rodar de novo!",[11] diziam os engenheiros para os operadores das máquinas, como John Becker dissera para Mary Jackson. Contudo, mesmo com os erros, as máquinas processavam os fluxos transônicos, supersônicos e hipersônicos e a análise de trajetória de um modo que ultrapassava os limites da capacidade humana. Na década de 1950, a maior parte dos dados de teste em Langley ainda era processada à mão.

Toda a operação de pesquisa do NACA havia evoluído com o trabalho das mulheres como motor. Os computadores eletrônicos eram joias raras. Seu preço, de mais de um milhão de dólares, era possível apenas para grandes universidades e instituições governamentais. E, apesar de toda a velocidade, eles processavam apenas uma tarefa por vez. Os aparelhos rangiam 24 horas por dia, mas a competição pelo tempo de uso das máquinas era feroz.

Apenas os muito míopes, no entanto, não reconheciam que os computadores eletrônicos tinham vindo para ficar. O processamento eletrônico de dados trouxe poder e eficiência antes inalcançáveis na pesquisa. Não havia razão para pensar que eles não pegariam cada vez mais tarefas antes manuais. A evolução ocorria no progresso científico como na natureza: um traço positivo era passado adiante e se proliferava. Características obsoletas definhavam, e a tecnologia e a organização evoluíam para algo novo. A pesquisa de hélices, por exemplo, havia sido uma das linhas mais importantes de Langley desde sua abertura até a guerra. Em 1951, o Túnel de Pesquisa de Propulsores foi declarado obsoleto e demolido, e os engenheiros que se ocupavam dele tiveram de se especializar em outra coisa ou se aposentar.

A segurança do emprego das matemáticas foi imediatamente ameaçada pelas máquinas, mas Dorothy Vaughan percebeu que dominar o computador seria fundamental para a estabilidade na carreira a longo prazo. Quando Langley patrocinou uma série de cursos de computação noturnos e aos fins de semana, ela não demorou a se matricular[12] e incentivou as mulheres de seu grupo a fazer o mesmo.

"A integração virá", disse Dorothy às funcionárias. A indefinição das linhas de cor tornaria possível que ela e suas subordinadas se inscrevessem para as oportunidades interessantes, as quais, sem dúvida, surgiriam para os proficientes em computação eletrônica. Para continuar adiante, precisavam aproveitar cada oportunidade de se tornarem valiosas para o laboratório.

O progresso científico no século XX tinha sido relativamente linear; o progresso social, por sua vez, nem sempre seguia em linha reta, como provou a passagem dos anos esperançosos pós-Guerra Civil até as circunstâncias desesperadoras das leis Jim Crow. Desde a Segunda Guerra Mundial, porém, foram sendo derrubados os tijolos das paredes da segregação, um a um. As vitórias na Suprema Corte, que abriram a educação superior aos estudantes negros; os decretos para integrar o governo federal e as forças armadas; a vitória, real e simbólica, quando o Brooklyn Dodgers assinou com o jogador de beisebol preto Jackie Robinson eram todas novas conquistas. Eram novas páginas viradas, esperanças que levavam os pretos a redobrarem os esforços para cortar o laço entre separado e igual, decisiva e permanentemente.

Farmville, a cidade que Dorothy deixara para trás na década de 1940, tornara-se, nos anos 1950, um microcosmo da luta americana pela integração em escolas públicas. Nos 13 anos desde que ela deixara a Escola de Ensino Médio Moton, o precário prédio passou de muito cheio para totalmente lotado de alunos. Em 1947, o Estado improvisou cabanas no gramado da escola (os estudantes as chamavam de "galinheiros")[13] em uma tentativa de enfiar 450 alunos em um colégio projetado para 180. Em 1951, um dos ônibus decrépitos da escola sofreu um acidente que matou cinco jovens. Uma das vítimas era a melhor amiga de Barbara Johns, a sobrinha de 16 anos do renomado ativista dos direitos civis Vernon Johns, nascido em Farmville. À época do acidente, ele atuava como pastor em uma igreja de Montgomery, no Alabama.

O luto de Barbara Johns cedeu lugar à raiva; depois foi a fome por justiça que tomou conta, e ela não cederia. Em abril de 1951, o mesmo mês em que Dorothy Vaughan foi promovida a chefe da Computação da Área Oeste, Barbara Johns organizou uma greve de alunos, implorando que os colegas da escola Moton tomassem partido publicamente contra as condições desastrosas da escola. Ela permaneceu firme, liderando a investida contra a oposição e o medo de muitos pais e professores. Sobrinhas e sobrinhos de Dorothy estavam entre os grevistas. À época, nenhum deles poderia prever as consequências do efeito dominó que os corajosos adolescentes tinham iniciado em 1951: a campanha de Barbara Johns para frequentar uma escola equivalente aos colégios para brancos de Farmville atraiu a atenção de Spottswood Robinson e Oliver Hill, dois advogados da Virgínia, que se juntaram a Thurgood Marshall, conselheiro-chefe da NAACP. Marshall consolidou o processo dos estudantes da Moton com outros quatro no caso Brown contra Conselho de Educação, cuja decisão histórica da Suprema Corte em 1954 acabou com a segregação em todas as escolas públicas dos Estados Unidos. Os afro-americanos comemoraram bastante. A decisão deu forças e esperança para a resistência civil popular e os movimentos sociais por todo o país. "Sem tempo para esperar:[14] líderes da NAACP querem integração 'AGORA!'", declarou a manchete do *Norfolk Journal and Guide*.

Esperar, no entanto, era exatamente o que tinham em mente os principais políticos da Virgínia, a começar pelo senador Harry Byrd. "Se pudermos organizar os estados sulinos para resistência máxima[15] a essa ordem, penso que, com o tempo, o restante do país perceberá que a integração racial não será aceita no sul", disse ele após a decisão da Suprema Corte. A resistência da Virgínia seria mais intransigente e longa do que a de qualquer outro estado. Quando Dorothy e as Computadores Oeste se matricularam nos cursos de computação, frequentaram o Instituto Hampton. Langley oferecia ali uma série de palestras abertas ao público sobre aerodinâmica. Oferecia também um curso de engenharia presencial, no qual alguns funcionários negros estavam inscritos.[16] Além disso, Langley havia organizado uma sala de aula na base da Força Aérea, uma empreitada em cooperação com a Universidade George Washington, a princípio aberta a todos os funcionários. A Faculdade William & Mary abria as salas de aula aos funcionários de Langley. A escola de ensino médio de Newport News promovia cursos noturnos. Langley organizava tantos cursos em tantos lugares que parecia uma universidade.

A escola de ensino médio de Hampton era o local da Escola de Extensão da Universidade da Virgínia, e o mais importante dos campi de Langley. No fim de tarde, a única escola pública da cidade ensinava tudo aos funcionários do laboratório, desde costura até design de modelos dinâmicos, contabilidade e teoria de oficina mecânica.[17] Oferecia ainda uma aula de "americanização", para ajudar os funcionários estrangeiros a se prepararem para o teste de cidadania. A maioria dos cursos era de matemática, ciência e engenharia. A agenda incluía cursos envolvendo equações diferenciais, essenciais no currículo de Engenharia, e matemática avançada como teoria das equações.

Mas a escola não era frequentada pelos filhos de pretos, que ainda eram enviados para o colégio Phenix, *alma mater* de Mary Jackson. Em 1953, um advogado preto chamado William Davis Butts apresentou-se diante do conselho educacional de Hampton para decretar o ginásio e a biblioteca de Phenix como "inadequados" e exigir que a cidade "encerrasse o 'antidemocrático e caro sistema duplo'". O conselho, deferindo a lei de segregação, declarou o pedido nulo. As escolas de Hampton permaneceram segregadas para suas crianças, e o programa de extensão da Universidade da Virgínia rejeitava os funcionários negros de Langley. Mais de uma década após as primeiras Computadoras Oeste terem frequentado o Instituto Hampton para os cursos de ciências para guerra, os profissionais negros de Langley ainda contavam com a respeitável faculdade negra para treinamento profissional e avanço na carreira.

Por todo o país, discutia-se a qualidade das escolas americanas: a preocupação era sobre como os estudantes americanos estariam em relação aos soviéticos em matemática e ciências. O imperativo para aumentar o nível de proficiência técnica ficava mais forte conforme a relação entre Estados Unidos e União Soviética se inflamava. Enquanto a discussão durante a Segunda Guerra Mundial fora centrada em utilizar mulheres brancas na engenharia e na ciência, o debate na década de 1950 expandiu-se para a participação de pretos também. Praticamente todas as revisões da situação questionavam quantos cérebros úteis estavam sendo desperdiçados pela negligência intencional de escolas pretas.

Kaz Czarnecki não menosprezaria cérebro algum. Ficou sabendo da dupla graduação de Mary Jackson em Matemática e Ciências apenas depois de ter feito a oferta[18] para que ela se juntasse ao grupo do Túnel de Pressão Supersônica de Quatro por Quatro Pés. Mesmo sem ter lido o currículo, algo a respeito dela lhe fez decidir que a mulher seria tanto qualificada quanto adequada ao serviço. Ele era um homem branco e católico do nordeste do país. Ela, uma negra sulista, integrante devota da Igreja Africana Metodista Episcopal. Seria fácil que se ignorassem, que vissem o exterior e achassem que não tinham nada em comum. Mas a intuição de Kaz Czarnecki, que os anos demonstrariam correta, era de que Mary Jackson tinha alma de engenheira.

Desde o começo, Czarnecki pôs Mary no controle do túnel de vento, mostrando-lhe como acionar os barulhentos motores de 6 mil cavalos (anos de trabalho no túnel acabariam danificando a audição de Mary). Ele mostrou como trabalhar com as máquinas para posicionar o modelo em uma seção de teste. Para um teste, Mary precisava escalar até a passarela[19] do túnel, medindo a interferência dos rebites no fluxo de ar sobre determinado protótipo. Outro envolvia projetar os ventos Mach 2 em uma série de cones pontiagudos para descobrir onde o ar que passava sobre eles se tornava turbulento. A pesquisa era aplicada no *design* de mísseis, algo de muito interesse, pois os Estados Unidos buscavam qualquer vantagem possível nas questões militares e tecnológicas sobre a União Soviética. O trabalho resultaria no primeiro relatório de Mary, coescrito com Czarnecki: "Efeitos em ângulo de bico e número Mach na transição em cones a velocidades supersônicas", publicado em setembro de 1958.[20]

Não demorou para que o novo chefe de Mary sugerisse que ela se matriculasse[21] no programa de treinamento para engenheiros do laboratório. Sua habilidade e sua paixão pelo trabalho eram evidentes. E o mais importante: Mary tinha um mentor determinado a se responsabilizar pelo avanço na carreira dela. A maioria das mulheres em Langley passara seu período no laboratório classificadas como computadoras. Algumas, como Dorothy Vaughan e Dorothy Hoover, eram matemáticas desde o primeiro dia. Outras conseguiram essa designação com o tempo. No meio dos anos 1950, uma mulher chamada Helen Willey conseguiu que todas as computadoras com diploma em Matemática se tornassem matemáticas, um título automaticamente dado aos homens com as mesmas credenciais. Apesar desse avanço, quase todas as mulheres ainda eram comandadas por engenheiros. Era o engenheiro quem determinava quais problemas investigar, projetava os experimentos e definia as tarefas dos matemáticos. Os engenheiros davam ordens aos projetistas que executavam os modelos dos túneis de vento e aos técnicos e mecânicos que os manipulavam. Era o engenheiro quem enfrentava a artilharia do conselho editorial para defender o esforço coletivo representado por cada relatório de pesquisa. E era o engenheiro quem recebia os louros quando o relatório era publicado.

A maioria das principais escolas de engenharia do país não aceitava mulheres. Kitty O'Brien Joyner, a primeira engenheira do laboratório (Pearl Young, a primeira profissional mulher no laboratório, era física, e não engenheira), fora obrigada a processar a Universidade da Virgínia[22] para conseguir se matricular em um curso técnico de Engenharia para homens em 1939. Quanto a engenheiras negras, não havia o suficiente delas no país para constituir um erro de arredondamento. Em 1952, a Universidade Howard tinha formado apenas duas engenharias em sua história.[23] Mary Jackson aprenderia ao longo dos anos que seria a única pessoa negra ou a única mulher ou a única negra em conferências da área. Kaz a colocaria no caminho da engenharia, prometendo uma promoção depois que ela completasse alguns cursos essenciais. Para Mary, as equações diferenciais eram o primeiro passo. Mas, na verdade, não seria tão simples. O verdadeiro primeiro passo era conseguir permissão para entrar na escola de ensino médio de Hampton.[24] Se Mary quisesse entrar como faxineira, as portas se escancarariam. Como uma engenheira em formação com planos de adentrar o prédio com o "nefasto" propósito de se educar, ela precisava pedir à prefeitura de Hampton uma "autorização especial"[25] para frequentar aulas na escola branca.

Mary queria ser mais útil ao país. Contudo, era ela quem precisaria aparecer de cabeça baixa diante do conselho educacional. Era uma humilhação que a obrigava a cerrar os dentes, fechar os olhos e respirar fundo. No entanto, nunca houve dúvida em sua mente do que precisava ser feito. Ela não deixaria nada — nem mesmo a política de segregação da Virgínia — atrapalhar o avanço na carreira que lhe surgira inesperadamente. Ela dera duro demais, seus pais trabalharam demais. O amor pela educação e a crença de que um dia o país mostraria seu lado mais bondoso foram seus grandes legados aos 11 filhos.

A prefeitura de Hampton concedeu a autorização. O passe deu-lhe acesso às aulas, mas não garantiu o mesmo a outros. Qualquer dor que a obtenção do atestado possa ter causado, ela foi esquecida com as vitórias que viriam. Mary começou o curso na escola Hampton na primavera de 1956.[26]

Mary Jackson passara em frente ao prédio da escola inúmeras vezes. Era um ponto de referência no centro da cidade, não muito distante de sua casa. Os colegas do curso noturno eram os mesmos do trabalho, que ela conhecia havia cinco anos, mas mesmo assim ficou ansiosa com a ideia de encontrá-los do outro lado da fronteira física, emocional — e legal — que estava prestes a cruzar. Nada, no entanto, poderia tê-la preparado para o choque que a esperava ao atravessar a porta antes fechada para ela.

O prédio da escola Hampton era velho e decrépito.[27]

Chocada, Mary pensou: é isso que negam às crianças negras da cidade? Esse lugar antiquado e caindo aos pedaços? Ela sempre achou que, se os brancos se davam a tanto trabalho para lhe negar acesso, o lugar seria um paraíso. Mas aquilo ali? Por que não juntar recursos para construir uma bela escola para alunos brancos *e* negros? Ao longo de todo o sul, as municipalidades mantinham dois sistemas escolares ineficientes, que deixavam na mão tanto brancos pobres quanto negros. A crueldade do preconceito racial era muitas vezes acompanhada do absurdo, de um emaranhado de regras e distinções arbitrárias que subvertiam interesses em comum de pessoas que foram ensinadas a se enxergarem como irreconciliavelmente diferentes.

Era sobre esse tipo de coisa que Mary conversava, rindo para não chorar, com Thomas Byrdsong, um engenheiro negro que chegou a Langley em 1952. Byrdsong vinha de Newport News e servira na Segunda Guerra Mundial na Marinha de Montford Point, no primeiro grupo de negros que pôde se juntar a esse braço das Forças Armadas americanas. Outro bacharel de Engenharia da Universidade de Michigan, que seguiu os passos de Jim Williams até Langley, Thomas Byrdsong era convidado com frequência à mesa de jantar de Mary e Levi Jackson, contente por saborear a deliciosa comida caseira de Levi e aproveitar uma agradável noite com aquele casal sem frescuras. Lá, poderiam conversar sobre os números de Reynolds e a oficina aeronáutica e baixar a guarda sobre as dificuldades do serviço. Estar na dianteira da integração não era para os fracos de coração.

Recém-saído da universidade, Thomas Byrdsong fora designado para Gerald Rainey, um engenheiro sênior, no Túnel de Dinâmica Transônica de Dezesseis Pés. Rainey instruiu Byrdsong nos procedimentos para conduzir seu primeiro teste no túnel, chamando um mecânico experiente para auxiliar o engenheiro novato. O mecânico, um branco com muitos anos de laboratório, sabotou o experimento, posicionando o protótipo de forma incorreta. O problema e a causa dele ficaram evidentes para Rainey assim que se sentou com Byrdsong para revisar os dados do teste, contaminados pela maldosa pegadinha do mecânico. Rainey ralhou com o mecânico na presença de Thomas. "Você nunca mais fará isso com este homem nem com ninguém, entendeu?!", gritou Rainey para o mecânico.

Filho do sul, Thomas Byrdsong conhecia bem as consequências de um negro expressar raiva publicamente diante de brancos. Esforçou-se ao máximo para manter o exterior calmo no trabalho, mas internalizar a raiva teve seu preço, e ele começou a frequentar o bar no Holiday Inn — um dos poucos locais públicos integrados da cidade — depois do expediente para um pouco de "ajuste líquido" antes de voltar para casa e para a família.

Em geral, os homens negros de Langley[28] — em 1955, Lawrence Brown juntou-se a Jim Williams e Thomas Byrdsong — costumavam cair nas armadilhas da corrida com mais frequência que as mulheres. Seus modos impecáveis e charme não ofereciam proteção contra a reação de parte da equipe ao presenciar homens negros em cargos profissionais. A maioria dos engenheiros brancos era cordial com os negros, até mesmo ansiosa por protegê-los de incidentes racistas, como Rainey. Os negros costumavam sofrer nas mãos de mecânicos, operários, projetistas e técnicos,[29] muitos originários das "cidades do pôr do sol", como Poquoson, onde negros não eram bem-vindos.

Altos, de pele escura e traços negros inconfundíveis, não havia como Jim Williams e Thomas Byrdsong entrarem despercebidos em banheiros brancos. Como Katherine Goble, no entanto, eles conseguiam evitar as instalações segregadas. Todos os dias, na hora do almoço, eles fugiam para um restaurante cujo dono era negro,[30] logo na entrada da base da Força Aérea, para um pouco de sossego e comida caseira, evitando a cantina e o banheiro de cor em Langley.

Os eventos dos anos vindouros testariam os Estados Unidos em todas as frentes: campos de batalha secretos em países distantes, nas salas de aula e nas cabines de votação no sul, nos corredores do Congresso e nas ruas da cidade de Washington. A competição entre os Estados Unidos e a União Soviética pelo controle dos céus e da terra aumentaria de tal modo que forçaria ao limite o intelecto de aço de cada um dos gênios do NACA. Cada levante faria cada americano, de todas as origens, se perguntar: pelo que estamos lutando? Os afro-americanos sabiam, e responderiam como sempre o fizeram a cada vez que o país perguntou: por democracia fora *e* dentro de casa. Então, eles tomariam as armas outra vez: nos campos de batalha, nas salas de aula e nas cabines de votação, na capital do país... E nos escritórios do Laboratório Aeronáutico Langley.

CAPÍTULO 15

JOVENS, TALENTOSOS E NEGROS

Cinco de outubro de 1957. Era um tipo de dia que sempre animava Christine Mann, uma estudante do último ano na Escola Allen para garotas em Asheville, Carolina do Norte. O restante da turma do colégio interno ainda aproveitava os últimos e preciosos instantes de sono, mas Christine já havia acordado, deixado o dormitório e seguido para o seu emprego[1] na biblioteca, organizando jornais e revistas que a escola recebia diariamente. Ao atravessar o campus, o mundo saía das sombras para o sol, o azul-arroxeado dos morros que observavam a cidade chacoalhava a névoa que dava nome às Grandes Montanhas Fumegantes. A luz do dia revelava o brilho novo do outono, as folhas esverdeadas, douradas e alaranjadas eclipsavam o verde-escuro do verão. O escarlate das folhas de bordo aparecia em alguns poucos pontos iluminados. Em um mês, o vermelho se espalharia como febre, dominando a paisagem.

Christine recolheu os periódicos deixados na caixa de jornal e abriu a porta da biblioteca. O emprego de organizar os jornais era simples, mas havia uma responsabilidade: a ela eram confiadas as chaves do local. O período a sós, em silêncio, naquele prédio de tijolos modesto repleto de móveis de nogueira e com odor bolorento de livros velhos, era a melhor parte de seu dia. Todas as manhãs, antes que a biblioteca se enchesse de estudantes, ela folheava os jornais,[2] lendo sobre os eventos do dia anterior.

Desde o começo do ano escolar, os noticiários de todo o país transbordavam com a cobertura da crise em Little Rock, no Arkansas. Nove adolescentes negros que tentavam integrar uma escola de brancos — Escola de Ensino Médio Central — haviam transformado a capital do estado em um campo de batalha militar. Ao comando do governador, Orval Faubus, a Guarda Nacional do Arkansas fora chamada para impedir que os estudantes negros entrassem na escola. Três dias depois, o presidente Eisenhower sobrepujou o estado ao federalizar a guarda estadual e enviar tropas do exército americano para escoltar os nove jovens porta adentro. A crise desenrolou-se pelos dias seguintes. A cada manhã havia um novo acontecimento, e sempre acompanhado de fotos difíceis de olhar e de evitar: imagens de estudantes negros da idade de Christine, com os braços cheios de livros, esforçando-se para manter a compostura enquanto uma falange militar os protegia dos berros, cuspes e garrafas jogados pela multidão branca que os circundava. Tudo porque queriam a chave do que aquela escola e todas as escolas brancas pelo sul tinham mantido fechado para os estudantes negros como ela. Christine imaginou-se no lugar deles, pensando em como lidaria com as provocações, as garrafas, os xingamentos e a humilhação. Foi um alívio terminar o artigo e estar de volta no porto seguro da biblioteca de Allen.

Enquanto Christine lia a cobertura de Little Rock, o restante do país e do mundo fazia o mesmo. Na Europa e nas capitais da Ásia e da África, as pessoas devoraram os detalhes sobre a crise. As fotos de estudantes negros sendo ameaçados com violência por conta de educação, além dos detalhes de linchamentos, subjugações e outras injustiças cometidas no sul, acabavam com a reputação importante dos Estados Unidos pós-guerra em busca de aliados. Não importava o quanto o país tentasse: apesar dos esforços diplomáticos e da máquina de propaganda, parecia impossível fazer o mundo desviar os olhos da feiura que se desenvolvia em Little Rock e de todas as implicações para a legitimidade da democracia americana. Isto é, até que uma jogada soviética mudasse a conversa.

"Satélite vermelho atravessa os Estados Unidos",[3] publicou o *Daily Press* em Newport News. "Esfera cruzou quatro vezes os Estados Unidos",[4] dizia a manchete do *The New York Times*. Não demorou para que o nome misterioso passasse das bocas soviéticas para os ouvidos americanos: Sputnik. A rádio Moscou anunciou uma agenda revelando exatamente onde e quando o satélite voaria. Christine dormiu em um mundo e acordou em outro. O dia 4 de outubro de 1957 tornou-se a meia-noite da era pós-guerra e o fim da esperança ingênua de que o conflito encerrado por uma bomba atômica daria lugar a uma era de paz global. A manhã de 5 de outubro foi o alvorecer oficial da era espacial, a estreia pública da competição humana, e suas tendências beligerantes, para se livrar do jugo da gravidade terrestre e viajar além da atmosfera da Terra.

Naquela manhã de 5 de outubro, enquanto absorvia o impacto inicial daquelas manchetes, Christine sentiu uma mistura de emoções. Medo, sem dúvida: tinha apenas três anos quando um B-29 Superfortress despejou uma bomba atômica sobre o Japão, ligando eternamente o nome de Hiroshima à aniquilação. Ela e sua geração foram os primeiros na história do mundo a amadurecer a possibilidade de a extinção humana advir da engenhosidade humana. Quando a hostilidade entre Estados Unidos e União Soviética aumentou, a possibilidade passou a ser probabilidade. Placas triangulares pretas e amarelas de abrigo antinuclear proliferaram nos espaços públicos, apontando o caminho para refúgios subterrâneos contra a radiação. Christine obedecia zelosamente aos treinamentos da defesa civil em sua escola, baixando-se e cobrindo-se sob sua mesa, fazendo a manobra que os adultos diziam que lhes protegeriam do clarão revelador "mais brilhante que o sol".

Enquanto estudantes e professores torciam para que suas mesas e seus porões aguentassem o poder de uma explosão nuclear, os líderes do país também se preparavam para um possível ataque — em grande estilo. Em um dos episódios mais absurdos da Guerra Fria, o presidente Eisenhower autorizou em 1959 a construção de um *bunker* secreto bem abaixo do hotel Greenbrier, o resort em White Sulphur Springs, Virgínia Ocidental, onde Katherine Goble, seu pai, Joshua Coleman, e o marido de Dorothy Vaughan, Howard, tinham trabalhado. Chamado de "Projeto Ilha Grega",[5] caso ocorresse um ataque à cidade de Washington, senadores e representantes do Congresso seriam evacuados da capital por trem e entregues no *bunker* do Greenbrier. Não havia espaço para esposas e filhos, mas ele estava abastecido com champanhe e filés para os políticos. A luxuosa fortaleza subterrânea permaneceu operante e pronta para receber seus hóspedes até que uma reportagem de 1992[6] no *Washington Post*, feita pelo jornalista Ted Gup, denunciou a operação.

A princípio, o presidente Eisenhower tentou difamar a "bolinha aérea"[7] dos russos como uma conquista insignificante, mas os americanos não engoliram. Alguns especialistas declararam que o Sputnik era simplesmente um Pearl Harbor tecnológico.

Pela terceira vez em um século, os Estados Unidos encontraram-se correndo atrás de tecnologia em um período de crescente tensão internacional. No limiar da Primeira Guerra Mundial, o fornecimento inadequado de aeronaves deu à luz o NACA. A medíocre indústria aeronáutica da década de 1930 tornou-se proeminente graças ao desafio da Segunda Guerra Mundial. O que o país precisaria fazer para dominar essa mais nova ameaça? Os legisladores americanos julgaram que o Sputnik era prova de que a União Soviética possuía mísseis balísticos intercontinentais — muitos, talvez centenas,[8] com o poder de lançar armas nucleares sobre cidades americanas. Um novo termo começou a correr os círculos legislativos, a imprensa e as conversas privadas: a brecha dos mísseis.

Jornais negros e seus leitores não demoraram a ligar a incompetência dos Estados Unidos no espaço às péssimas condições enfrentadas pelos estudantes negros no sul: "Enquanto turbas se formavam para retirar uma Autherine Lucy [a mulher negra que integrou a Universidade do Alabama em 1956] de um campus do Alabama, os russos incentivavam TODAS as crianças a frequentar as melhores escolas", opinava o *Chicago Defender*. Enquanto os Estados Unidos não se curassem da "Mississippite" (a doença da segregação, da violência e da opressão que infestava o país como um ataque crônico de destruição), segundo o jornal, nunca mereceriam o papel de líder mundial. Um editorial no *Call and Post* de Cleveland ecoou o sentimento. "Quem pode dizer que não foi a instituição da Escola Jim Crow que privou esta nação do cientista negro que poderia ter resolvido os problemas tecnológicos que atrasaram o lançamento de nosso satélite?", escreveu o editor do jornal, Charles H. Loeb.

No entanto, a segregação não poderia tolher a curiosidade de Christine. Além da ansiedade provocada pela façanha russa, ela sentiu assombro, até mesmo animação, por ver os céus tão abertos. O mundo além da Terra sempre havia sido um lugar misterioso, silencioso, escuro e frio, reino da magia e dos deuses. Wernher von Braun, o ex-cientista espacial nazista que recebera a anistia dos Estados Unidos após a guerra em troca de auxílio na construção de um programa de mísseis dominante, atuava como líder de torcida do pensamento espacial da nação. Uma série de artigos que ele escreveu para a revista *Collier's* em 1952 — "O homem vai conquistar o espaço em breve!" — apresentava a viagem espacial com o passo seguinte dos irrequietos habitantes da Terra. Os telespectadores assistiam religiosamente aos programas de ficção científica como *Patrulha do espaço* e *Tales of Tomorrow*. Mas o Sputnik não era ficção e acontecia no *hoje*.

Christine também ficou ressentida com a excursão russa pelos céus. Do fundo de sua alma, veio o desejo de se equiparar ao desafio lançado. Afinal, ela era americana, e os russos, o inimigo! Não podemos deixá-los vencer,[9] pensou, ecoando os sentimentos de praticamente todos os cidadãos americanos. Levaria tempo para que ela entendesse como, mas, mesmo naqueles primeiros instantes, acreditava que aquela também era sua luta.

A União Soviética também pensou que a luta era de Christine. Quatro dias após o lançamento em órbita do Sputnik, a rádio Moscou anunciou[10] a adição de outra cidade aos destinos sobrevoados pelo satélite: Little Rock, no Arkansas.

Três anos antes, quando os pais de Christine ainda não haviam matriculado a filha na Allen, outro evento digno de nota permeou sua vida diária. Em 17 de maio de 1954, ela ainda estudava na escola Winchester Avenue, em Monroe, Carolina do Norte, sua cidade natal. O diretor da escola entrou na sala do oitavo ano, interrompendo a lição com o anúncio: "Vim avisar[11] que a Suprema Corte acabou de decidir sobre o caso Brown contra Conselho de Educação e vocês terão colegas brancos no futuro". O mesmo relato que provocou conversas entre Katherine Goble e seus colegas deixou Christine e sua turma boquiabertas.

Localizada a quarenta quilômetros de Charlotte por uma estrada sinuosa, Monroe, com seus sete mil habitantes, era uma típica cidadezinha do sul. Todos no bairro de Newtown, onde Christine morava, desde o médico até o varredor de rua e os professores da Winchester Avenue, eram negros. A maior parte dos homens ganhava a vida trabalhando na ferrovia que atravessava a cidade. As mulheres trabalhavam na usina de algodão ou como empregadas domésticas. Praticamente todos os brancos e suas coisas, incluindo a escola branca e os residentes brancos, como o futuro senador Jesse Helms, filho de um ex-capitão dos bombeiros,[12] existiam do outro lado da dúzia de linhas ferroviárias que dividiam a cidade. Como nós, pensaram os estudantes negros, com nossas mesas bambas, nossos livros usados e amassados e laboratórios de ciência com equipamentos ruins ou sem nenhum equipamento,[13] como *podemos* competir com as crianças brancas do outro lado?

O diretor falou com tal seriedade que Christine e os colegas temeram ter de levantar acampamento para o outro lado da cidade naquele instante. Segregação era a única palavra que conheciam. Discriminação era a força que os concentrava em Newtown, que os matriculava na Winchester, que fazia os pais de Christine estudarem na Faculdade Knoxville, em vez de na Universidade do Tennessee. Eles esperavam a discriminação, apesar de não aceitá-la. Mas o prospecto de integração plantou um novo medo na alma de Christine e da geração Brown contra o Conselho de Educação: como negros, eles não seriam bons o suficiente[14] — *inteligentes* o suficiente — para sentar ao lado dos brancos e ter êxito.

Os pais de Christine, Noah e Desma Mann (sem parentesco com a Computadora Oeste Miriam Mann), eram produtos das mesmas instituições pretas e dos mesmos valores — "educação, honestidade, trabalho duro e caráter"[15] — que formaram sua contemporânea, Dorothy Vaughan. Nos primeiros anos de casamento, os Mann viajaram pelo Alabama, por Geórgia e pela Carolina do Norte, de um emprego como docente a outro. Desma deixou a carreira para cuidar dos cinco filhos. Noah, decidido a ganhar dinheiro para cuidar dos gastos domésticos e proporcionar um futuro aos filhos, aceitou um emprego mais lucrativo como representante comercial em um escritório da Carolina do Norte, na Companhia Mútua de Seguros, a bem-sucedida empresa negra que deu cobertura aos empréstimos que negros fizeram para comprar casas em Hampton, inclusive no Mimosa Crescent, bairro de Katherine Goble.

Em 1943, a família assentou-se em Monroe, no condado de Union, território de trabalho de Noah. A posição assegurou aos Mann uma vida confortável, uma das poucas famílias negras na cidade que tinha carro, um Pontiac Hydramatic,[16] que o pai de Christine utilizava para coletar ágios dos clientes. Todos os dias após o trabalho, Noah manobrava o enorme carro na entrada da casa e perguntava à filha mais nova: "O que aprendeu hoje?".[17] Às vezes, ela o acompanhava nos serviços. Quando ela mal tinha altura para olhar pelo para-brisa, Noah a ensinava a dirigir pelas ruas vazias. Ela adorava quando o pai ensinava truques como segurar o carburador[18] para manter o "temperamental" veículo funcionando. Ousada e curiosa, Christine aprendera a andar de bicicleta descendo em alta velocidade um dos muitos morros de Monroe, voando pelos ares no fim do caminho, enquanto a bicicleta seguia para o outro lado. Arrumar pneus e ajustar os freios da bicicleta com um cabide tornaram-se parte de seu repertório mecânico. As bonecas interessavam-lhe pelo conteúdo: sua mãe a pegava rasgando o forro[19] para ver o que as fazia falar.

Oito anos mais nova do que seu irmão mais próximo, e quase 13 do mais velho, a vida de Christine ficava ao redor do mundo adulto. Pouco após o nascimento de Christine, Desma Mann voltara a lecionar. Christine ficou em casa com uma babá até ter idade o suficiente para acompanhar a mãe no trabalho em uma escola fundamental minúscula nos arredores do condado. Do outro lado da rua, havia hectares de campos de algodão,[20] a matéria-prima da usina de Monroe e fonte de renda de muitos habitantes da região. O ano escolar seguia a colheita. Os estudantes suavam nas mesas por todo o verão da Carolina do Norte antes de serem liberados a tempo da colheita,[21] entre setembro e outubro. Com todos os possíveis amigos na escola ou no campo, Christine divertia-se com as lições na sala de aula da mãe. Quando ela completou cinco anos, a filha mais nova de Desma Mann estava no segundo ano,[22] pronta para frequentar a escola consolidada Winchester Avenue.

Christine ficou amiga da filha do diretor, Julia. As duas eram inseparáveis e iam para todo lado juntas. "Os pais da Julia deixaram.[23] Posso ir?", era a pergunta constante. Mas, com a chegada da adolescência, quando os pedidos passaram de tardes andando de bicicleta a bailes e passeios com colegas dois anos mais velhos, seus pais decidiram enviar a filha a Allen para impedir que ela se distraísse dos estudos.

A Escola Allen foi fundada em 1887 por missionários brancos da União Metodista com o objetivo de proporcionar uma alavanca para meninas pretas talentosas dos Apalaches da Carolina do Norte. Todas as meninas tinham "trabalhos", como o posto de Christine na biblioteca, uma maneira prática de ensinar responsabilidade e disciplina. Muitas estudantes vinham de famílias de operários ou mais pobres. Christine era uma das poucas que não recebiam assistência para cobrir os gastos da mensalidade e hospedagem. Apesar das circunstâncias econômicas do corpo estudantil, Allen era considerada uma das melhores escolas pretas de ensino médio do país.[24] Pais de regiões distantes como Nova York enviavam as filhas para Allen por seu currículo rigoroso de artes liberais, ensino religioso e insistência em transmitir dotes sociais às estudantes. A sobrinha do líder de banda Cab Calloway[25] frequentou o colégio na década de 1940. Uma formanda de 1950 chamada Eunice Waymon[26] seguiu da Carolina do Norte para Nova York já no processo de transformação na cantora, pianista e ativista de direitos civis Nina Simone.

Ondas de saudade de casa[27] bateram em Christine no outono de 1956, o primeiro semestre longe. Ela telefonava sempre que podia, implorando aos pais que a deixassem retornar para a familiaridade de Monroe. Conforme os meses foram passando, no entanto, Christine passou a amar a vida de internato. Ela se abriu para novas amigas, aos professores metodistas rígidos, porém afetuosos, e aos rituais e rotinas da escola. Um professor carismático de geometria do 11º ano* atiçou seu interesse por matemática e, pela primeira vez, ela pensou sobre um futuro em que aproveitaria sua facilidade com números e análises.

Faculdade, é claro, não era uma questão de "se", mas de "onde". A maior parte das formandas de Allen seguia a educação, algumas para escolas prestigiadas do norte, como Vassar e Smith. Em 1956, a Universidade da Carolina do Norte em Greensboro, *alma mater* de Virginia Tucker, admitiu as primeiras alunas negras, Bettye Tillman e JoAnne Smart.[28] Ao contrário da posição militante sobre segregação de seu vizinho, a Carolina do Norte deu passos cautelosos para cumprir a decisão do caso Brown contra Conselho de Educação. "Depois de cuidadosa deliberação,[29] é minha opinião que a hora da dessegregação chegou", disse Benjamin Lee Smith, o superintendente do sistema público de Greensboro.

---

* Equivalente ao segundo ano do ensino médio no Brasil. (N.T.)

Christine, no entanto, decidiu seguir a tradição familiar de frequentar uma faculdade negra, mas sabia que não queria seguir o caminho já feito por seus irmãos e irmãs: dois frequentaram Johnson C. Smith, em Charlotte. Um graduou-se na Estadual do Tennessee, e outro na Fisk, em Nashville. Dois anos longe de casa, dois anos sem a supervisão dos pais e o exemplo dos irmãos, deram a Christine o desejo e a confiança para tentar algo inédito.

No verão antes do último ano, Christine acompanhou a amiga Julia na formatura da irmã dela no Instituto Hampton. Christine não sabia muito sobre a escola. Mal tinha ouvido o nome, mas, durante a visita, ficou impressionada com o campus elegante e os gramados verdes, a brisa refrescante de Hampton Roads em maio e a vista aberta para a costa e o oceano. O corpo estudantil de Hampton variava de jovens que davam o primeiro passo na escada da mobilidade social da família até descendentes do Talentoso Décimo.* O ambiente severo da escola — capela obrigatória, salas de estudos, toque de recolher e código de vestimenta — era tão similar ao de Allen que Christine nem precisaria se adaptar.

Em Monroe, Christine sempre fora a irmã mais nova de alguém. Em Hampton, seria uma mulher independente. No outono, ela se inscreveu, mantendo Fisk como plano B. Hampton respondeu com uma oferta de bolsa coberta pelo Fundo Universitário dos Pretos Unidos.

"Fui aceita em Hampton",[30] escreveu Christine para a mãe em uma carta no começo de 1958. "Recebi uma bolsa e, portanto, não há motivo que me impeça." Desma Mann ficou nervosa com a possibilidade de sua bebê ir para tão longe, sozinha, mas sempre soubera que esse dia chegaria. Um a um, ela incentivara os filhos a deixar Monroe. Não havia nada para eles ali: nem emprego, nem futuro. Apenas deixando o lar seus filhos teriam a chance de alcançar o potencial que ela e o marido trabalharam duro para cultivar neles.

---

* "The Talented Tenth", no original, foi uma expressão popularizada por W.E.B. Du Bois em seu ensaio homônimo publicado no livro *The Negro Problem*, em 1903. No texto, Du Bois comenta sobre a necessidade de melhorias na educação, de modo a desenvolver a liderança nos dez por cento afro-americanos mais capacitados, como revela a frase inicial: "A raça preta, como todas as raças, será salva por seus homens excepcionais". O ensaio pode ser lido na íntegra, em inglês, em: http://teachingamericanhistory.org/library/document/the-talented-tenth/. Acesso em: 18 de setembro de 2016. (N.T.)

Christine graduou-se em Allen em maio de 1958. Do dia em que o Sputnik voou, em outubro de 1957, até o momento em que ela se dirigiu aos colegas de classe como oradora da turma, os soviéticos haviam lançado mais dois satélites, Sputnik II, carregando a cadela espacial Laika, e Sputnik III. Os Estados Unidos, tentando correr atrás, conseguiram lançar em órbita dois satélites — Explorer I e Vanguard I —, embora oito de 11 lançamentos do Vanguard tenham falhado. O lamento pós-Sputnik pela falta de cientistas, engenheiros, matemáticos e tecnicistas americanos levou o presidente Eisenhower a iniciar o Ato de Educação de Defesa Nacional, uma medida lançada para cultivar o talento intelectual necessário para gerar sucesso — a curto e longo prazo — no espaço.

Embora as "escolas de Engenharia vermelhas"[31] da União Soviética fossem "repletas de moças" — um terço dos formandos de Engenharia soviéticos era de mulheres,[32] conforme relatado pelo *Washington Post* em 1958 —, os Estados Unidos ainda tinham dificuldade em encontrar um lugar para mulheres e pretos na ciência e na sociedade como um todo. A inquietude que perturbou o estado natal de Christine na forma de protestos estudantis em Greensboro a seguiriam até Hampton, e ela se dedicaria a isso. Embora fosse levar anos para perceber que Hampton seria seu treinamento básico para o "exército civil da Guerra Fria",[33] faltavam poucos meses para que ela conhecesse os sucessos de uma colisão anterior de raça, gênero, ciência e guerra. Eram os filhos de Dorothy Vaughan, Ann e Kenneth; a filha de Katherine Goble, Joylette; e os filhos de muitas outras mulheres que chegaram a Hampton Roads uma geração antes e lá fizeram seu lar.

Em agosto, Christine disse adeus a Monroe e foi para o norte com seus pais em um Hydramatic, grande o suficiente para caber os três e as posses da jovem para o começo da vida em Hampton. Os morros achataram-se conforme se aproximaram da costa, e então, como na primeira vez em que chegara a Hampton, surgiu o rio James. Ela nunca renunciaria seu amor pelas montanhas, mas o James — tão amplo e cadencioso ao se juntar à baía de Chesapeake, tão diferente dos riachos que atravessavam as serranias de casa — tirou-lhe o fôlego.[34] Cruzar aquele rio ao se aproximar de Hampton fez parecer com que tudo fosse possível.

CAPÍTULO 16

QUE DIFERENÇA UM DIA FAZ

Muito bem aos noventa anos, Katherine Goble recorda-se de observar o ponto de luz piscante[1] no céu de forma tão vívida como se ainda fosse outubro de 1957. Ela ficou do lado de fora nas noites de outono atipicamente quentes daquele ano e acompanhou o pontinho brilhante enquanto se movia baixo no horizonte. Por Hampton Roads e por todos os Estados Unidos, os cidadãos voltaram seus olhos para o céu com uma mistura de terror e admiração, ansiosos para saber se a esfera de metal de 84 quilos lançada para a órbita pelos russos podia vê-los enquanto eles tentavam vê-la de seus quintais. Eles "surfaram" pelo seletor de rádio tentando travar no sinal sonoro da lua artificial seu som como um grilo de outro mundo.

"Dá para imaginar a consternação[2] e a admiração que seriam sentidas aqui se os Estados Unidos de repente descobrissem que alguma outra nação já tinha lançado com sucesso um satélite." Tiradas de uma carta que descrevia uma proposta secreta que a Corporação RAND fez em 1946 à Força Aérea dos Estados Unidos, sugerindo que o país projetasse e lançasse um "satélite que circulasse o mundo", essas palavras pareciam, em 1957, a voz ignorada do Fantasma do Natal Futuro de Dickens. Nos anos 1940, a pesquisa espacial era considerada um pouco distante demais[3] para justificar a consideração e o desenvolvimento sistemático. O relatório RAND ficou juntando poeira.

Agora, com o Sputnik circulando sobre a cabeça de todos a cada 98 minutos, os americanos exigiram saber como seu país, tão dominante em sua vitória na última guerra, pôde ter sido surpreendido e usurpado por "camponeses atrasados"[4] como a URSS. O pânico espalhou-se de costa a costa. Seria possível que o satélite estivesse mapeando os Estados Unidos, com a intenção de localizar e direcionar alvos para disparos de mísseis com bombas de hidrogênio? O medo competia com a humilhação no imaginário americano. "Primeiro no espaço significa primeiro, ponto-final",[5] declarou Lyndon Johnson, líder da maioria no Senado. "Segundo no espaço é segundo em tudo mais." Será que o sinal do Sputnik acabaria com a dominação política global do país?

Na verdade, os Estados Unidos não estavam tão atrás assim da União Soviética como pareceu logo após a crise do Sputnik. O míssil Júpiter-C do exército americano tinha sido testado com sucesso em diversas ocasiões, e os americanos estavam à frente dos russos[6] em termos de sistemas que guiavam mísseis em suas trajetórias para o espaço. No entanto, o presidente Eisenhower tinha insistido para que a primeira incursão do país ao espaço fosse apresentada como um esforço pacífico, em vez de como uma explícita operação militar que arriscasse disparar uma perigosa retaliação da União Soviética. Os americanos tinham planejado lançar o primeiro satélite em órbita como parte do Ano Internacional da Geofísica, um projeto global cooperativo de ciência que aconteceu entre julho de 1957 e dezembro de 1958. Físicos, químicos, geólogos, astrônomos, oceanógrafos, sismologistas e meteorologistas de sessenta países, incluindo os Estados Unidos e a União Soviética, colaboraram para coletar dados e fazer experiências geocientíficas, sob o manto do intercâmbio pacífico entre Ocidente e Oriente. Passados para trás pelo Sputnik, os americanos tiveram que correr atrás. O Laboratório de Propulsão a Jato do Exército dos Estados Unidos conseguiu colocar em órbita o satélite Explorer I em janeiro de 1958. Dois meses depois, o Projeto Vanguard, gerido pelo Laboratório de Pesquisa Naval dos Estados Unidos, também conseguiu lançar um satélite, embora o sucesso tenha sido eclipsado pelos muitos lançamentos de foguetes fracassados desse mesmo projeto.

De onde Katherine Goble estava sentada, no andar de cima do hangar de Langley, a jogada dos soviéticos parecia mais como um recomeço para o pessoal do NACA. Os céus de todo o mundo foram testemunhas de quatro décadas de sucesso das pesquisas de Langley, desde jatos de passageiros até bombardeiros; desde aviões de carga até caças. Com os aviões militares supersônicos tornados realidade e com a indústria avançando no transporte comercial supersônico, parecia que os "avanços revolucionários de aeronaves atmosféricas"[7] estavam bem encaminhados. Além disso, as operações de voo de alta velocidade de Langley, que vinham migrando ao longo dos anos da populosa área de Hampton Roads para a isolada Dryden, no deserto de Mojave, foram oficialmente fechadas por um decreto da sede do NACA em 1958.[8] Conforme Katherine e as colegas dela da Divisão de Pesquisa de Voo perguntavam-se sobre o que viria a seguir, o Sputnik forneceu-lhes a resposta.

Havia muito tempo, o espaço tornara-se um "palavrão"[9] para a Langley focada em aeroplanos. O Congresso advertiu os bocós cerebrais para não desperdiçar dinheiro dos contribuintes com "ficção científica" e sonhos de voo espacial tripulado. Até mesmo na Biblioteca Técnica de Langley, que era indiscutivelmente a melhor coleção do mundo de informações sobre voo motorizado, os engenheiros tinham dificuldade para encontrar livros sobre voos espaciais.[10]

Isso não impediu os engenheiros de Langley de imaginar como corpos de mísseis, motores de foguetes e problemas de reentrada envolvidos na pesquisa de voos de alta velocidade também poderiam ser aplicados a veículos espaciais. Qualquer nave que viajasse para o espaço teria de passar primeiro pelas camadas da atmosfera da Terra. Sempre acelerando através da barreira do som e aumentando os números no velocímetro de Mach, antes de escapar da atração da gravidade da Terra e chegar à velocidade de 29 mil quilômetros por hora, a qual colocava objetos que estivessem em uma baixa órbita terrestre, e seguindo um circuito entre 215 e 940 quilômetros acima do planeta. Na viagem de volta, o veículo derrapava na fricção da atmosfera cada vez mais densa, aquecendo até uma temperatura que poderia chegar a 1.650 mil graus Celsius. O engenheiro do NACA Harvey Allen descobriu, de maneira contraintuitiva, que, embora as formas mais simplificadas em termos de aerodinâmica fossem melhores para "escorregar" para fora da atmosfera, um corpo rombudo que aumentasse em vez de diminuir a resistência do ar era melhor para dissipar as temperaturas extremas no caminho de volta.

Com o governo americano desesperado para ganhar a corrida espacial, Langley então podia abrir suas portas e mostrar suas mercadorias para o mundo. O grupo incluía John Becker, chefe de divisão de Mary Jackson, que defendeu a ideia de um veículo capaz de alcançar velocidades orbitais e, em seguida, deslizar de volta para a Terra como uma aeronave tradicional, uma versão avançada do foguete X-15.[11] Seria uma solução elegante para o problema do espaço, imaginaram eles, e uma que faria o coração dos "homens alados" veteranos do NACA bater mais forte.

Contudo, a urgência da competição com os soviéticos criou uma pressão para adotar o caminho mais rápido e certo para o espaço, mesmo que fosse um pouco bruto ou que sacrificasse a viabilidade espacial de longo prazo em prol de vitórias imediatas terrenas. Na Divisão de Pesquisa de Voo, Katherine Goble passava seus dias com a mente e as planilhas cheias de especificações de aviões reais — não partes, não aeromodelos nem asas sem corpos em túneis de vento, mas veículos verdadeiros que arremessavam seres humanos pela atmosfera. Os "primos" da Pesquisa de Voo, um grupo de engenheiros "notadamente de livre-pensamento"[12] chamado de PARD, tinham desenvolvido uma especialização em foguetes, estabelecendo uma operação adjunta em uma base de testes isolada na ilha Wallops, na costa da Virgínia. Seus foguetes tinham chegado à velocidade de Mach 15 em voo, e eles estavam confiantes de suas habilidades para levar à órbita uma carga útil: um satélite e um passageiro humano.

Conforme o clamor por ação no espaço ficava mais alto, os engenheiros da PARD e da Divisão de Pesquisa de Voo foram para o centro do palco. O grupo uniu-se em torno do esforço espacial dos Estados Unidos, e seus integrantes dividiam um escritório com Katherine, comiam sanduíches com ela no almoço e compartilhavam com ela um entusiasmo a respeito de rajadas e esteiras de turbulência. Praticamente toda a história do programa espacial incluiria seus nomes: John Mayer, Carl Huss, Ted Skopinski, W.H. Phillips e Chris Kraft, entre outros.

Katherine Goble tinha ficado por trás dos números dos engenheiros durante os três anos anteriores, e, assim como o céu era azul, ela continuaria a fazer isso. Como muitos outros americanos, Katherine ressentiu-se da realidade da lua de metal russa orbitando o céu. *Não podemos deixar isso passar sem fazer algo a respeito*, pensou ela. Mas, além de saciar o orgulho nacional que fora ferido pelo avanço soviético, a perspectiva de ser envolvida em algo que era tão novo, não testado e inexplorado, conectou-se à verdadeira natureza de Katherine. Ter a oportunidade de descobrir como enviar seres humanos ao espaço era sorte além da conta. Enquanto ela trabalhava com os engenheiros para construir um trajeto que ia do calor e da segurança de casa para o vácuo frio estelar, os verdadeiros talentos de Katherine Goble, de fato, levantariam voo.

Dorothy Vaughan observou o furor do escritório do segundo andar do Túnel de Vento de Plano Unitário, no Prédio 1251. Pronto em 1955,[13] esse túnel tinha sido financiado pela legislação para construir túneis de vento do mais alto nível de desenvolvimento em cada um dos três laboratórios principais do NACA. A equipe que ocupava a maior parte do novo edifício conseguiu sua própria seção de computadoras, assim como todas as divisões de laboratórios tinham naquele momento.

Fisicamente, Dorothy e o escritório da Computação Oeste jamais estiveram tão perto do futuro de alta velocidade. Enquanto o laboratório abraçou o início da era espacial, o Túnel de Vento de Plano Unitário permaneceria um dos mais movimentados polos do centro, testando "quase todos os aviões supersônicos,[14] mísseis e naves espaciais" que vissem a luz do dia no curso das duas décadas seguintes. Porém, nos termos das operações de computação do centro, a equipe de Dorothy passava a existir na periferia. Em 1956, havia mais mulheres negras trabalhando em outras áreas do laboratório do que na própria Computação Oeste. Depois de mais de uma década nas duas salas que se espalhavam no Laboratório de Cargas de Aeronaves, Dorothy e as mulheres remanescentes tinham sido mandadas para o novo escritório no 1251.[15] Miriam Mann, Ophelia Taylor, Chubby Peddrew e muitas outras da turma da Computação Oeste de 1943, como Katherine Goble e Mary Jackson, receberam ofertas de cargos permanentes com grupos de engenharia. Dorothy Vaughan tinha mais chances de encontrar suas antigas colegas na lanchonete de Langley ou no estacionamento do que durante um dia de trabalho.

Dorothy vislumbrara as sombras de seu próprio futuro quando Langley dissolveu a Computação Leste em 1947. Cada nova instalação do laboratório alimentava a demanda por especialização entre os seus profissionais. Conforme as respostas de questões fundamentais de voo tornavam-se claras, o próximo nível de questionamento requeria um conhecimento melhor e mais agudo, tornando redundante a ideia de um grupo central de computação — generalistas com máquinas de calcular mecânicas, capazes de lidar com qualquer tipo de excesso de trabalho. Ao contrário, a resposta do NACA ao Sputnik só iria intensificar o processo de mudança, enquanto a tarefa hercúlea de navegar com segurança pelo céus foi dividida em uma infinidade de tarefas menores, testes, partes e pessoas. A especialização em um subcampo era a chave para uma carreira de sucesso na engenharia. E a especialização também estava se tornando uma necessidade para as matemáticas e computadoras. Sem isso, as mulheres que ainda estavam no grupo segregado foram deixadas como em um limbo técnico.

Ser contratadas pelo laboratório como matemáticas profissionais havia sido um passo importante e inovador para as mulheres negras — na verdade, para todas as mulheres de Langley. A contratação delas representava uma expansão da própria ideia de quem tinha o direito de se alistar na força de trabalho científica do país. Desde o começo dos grupos de computação, as mulheres superaram facilmente as expectativas dos engenheiros, aumentando o nível enquanto faziam isso. Conforme os dias da Segunda Guerra Mundial ficavam para trás, também diminuía a noção de que rebitadores, frentistas, especialistas em munições e, sim, até mesmo matemáticos fossem, ou até mesmo devessem ser, mulheres. Ainda assim, longe das vistas do público, uma das maiores concentrações de profissionais matemáticas do sexo feminino nos Estados Unidos continuou trabalhando, com suas identidades apegadas à profissão.

A fome da máquina de defesa praticamente lhes assegurou um emprego até a aposentadoria. O progresso, entretanto, requereria um diferente plano de ataque. O conceito era fácil de entender, empiricamente provável, mas nem um pouco fácil de executar: se uma mulher quisesse ser promovida, ela devia sair do grupo de computação e se afixar no cotovelo de algum engenheiro, descobrir como manipular o painel de comando de um túnel de vento, lutar pelo crédito em um relatório de pesquisa. Para subir, ela deveria chegar o mais perto que podia da sala onde as ideias estavam sendo criadas.

Com o fim da Área de Computação Leste, a Área de Computação Oeste estava encurralada em duas frentes. Não só o grupo era todo composto por negras como também era a única seção profissional autônoma só de mulheres que restara no laboratório. No fim dos anos 1950, isso tinha se tornado um anacronismo. Os homens negros, como Thomas Byrdsong, Jim Williams e Larry Brown, certamente tiveram de enfrentar o preconceito racial, mas começaram suas carreiras em Langley com todos os privilégios de serem engenheiros homens. Embora os grupos de computação ligados à PARD, à Pesquisa de Voo e à infinidade de túneis também fossem equipes integradas e supervisionadas por mulheres, estas, inclusive as computadoras negras recém-incorporadas à equipe, reportavam-se direto a pesquisadores. E elas estavam estreitamente amarradas ao trabalho e ao status dos engenheiros homens cujo espaço partilhavam. Assim como Virginia Tucker antes dela, Dorothy Vaughan passava a presidir um apêndice, ainda afixado à operação de pesquisa, mas cuja função tinha se atenuado ao longo do tempo.

Desmantelar a Computação Leste tinha sido uma simples questão de operações, da oferta, da procura e da conveniência. Quando os números do grupo tinham ficado muito pequenos para justificar a manutenção de uma seção, o laboratório simplesmente distribuiu as retardatárias em outros setores e passou as atribuições pendentes para a Computação Oeste. Porém, como "Computadora Oeste" ainda era um código para "computadora de cor", a decisão de baixar a cortina sobre o grupo de Dorothy exigiria uma consideração mais cuidadosa.

O progresso que as mulheres negras fizeram nos últimos 14 anos era inconfundível. A demanda por suas habilidades matemáticas tinha aberto a porta da frente de Langley para elas, e a qualidade do seu trabalho as manteve. Por meio da familiaridade que acompanha o contato regular, elas tinham sido capazes de se estabelecer não como "as garotas de cor", mas simplesmente "as garotas", aquelas em que os engenheiros confiavam para traduzir rápido e com precisão o murmúrio bruto das máquinas ferozes do laboratório em uma linguagem que poderia ser analisada e transformada em um veículo a cortar o céu com graça e força.

O contato social verdadeiro entre as raças era quase impossível. Ainda assim, dentro dos limites dos escritórios, floresceram relacionamentos cultivados ao longo de dias intensos e longos com respeito, afeto e até mesmo amizade. Os colegas trocavam cartões de Natal, perguntavam como estavam cônjuges e filhos. A esposa de um engenheiro deu à filha de Miriam Mann uma moeda de um centavo brilhante e novinha[16] para colocar em seu sapato no dia do casamento.* Os funcionários reuniam-se para atividades extracurriculares no laboratório: em 1954, Henry Reid indicou Chubby Peddrew para servir como dirigente na campanha beneficente inaugural de Langley. O Centro de Atividades era o local de encontros e reuniões da filial, uma maneira de contornar todo o constrangimento e a dificuldade de encontrar um local na cidade que pudesse acomodar um grupo miscigenado. Os funcionários negros começaram a frequentar eventos centrais, como a festa de Natal. Em certa ocasião, Eunice Smith voluntariou-se[17] como ajudante do Papai Noel. Todos os anos, as crianças de Dorothy Vaughan contavam os dias[18] até o piquenique gigante do laboratório, quando poderiam brincar com as outras crianças e comer quantos cachorros-quentes e hambúrgueres quisessem.

As mudanças sociais e organizacionais que ocorriam em Langley foram impulsionadas pelas forças de direitos civis que ganhavam ímpeto no país. A. Philip Randolph, implacável na defesa dos direitos de voto e igualdade econômica, trabalhava ativamente com os organizadores mais jovens, em especial com o pastor de uma igreja em Montgomery, Alabama, chamado Martin Luther King Jr. Junto a um colega pastor chamado Ralph Abernathy, King ajudara a organizar um boicote aos ônibus urbanos depois que Claudette Colvin, uma estudante de 15 anos, e Rosa Parks, uma costureira de 42 anos, foram levadas à prisão por se recusarem a ceder os seus assentos na parte "branca" do ônibus. Assim como o caso de Irene Morgan, uma mulher presa pela mesma infração em Gloucester County, na Virgínia, em 1946, a batalha sobre a integração nos ônibus de Montgomery enfim ganhou uma audiência na Suprema Corte. Mais uma vez, o maior tribunal dos Estados Unidos decidiu que a segregação era ilegal. A controvérsia a

* Em alguns países, há a tradição de colocar uma moeda nova no sapato no dia do casamento para atrair prosperidade para o casal. (N.T.)

respeito do boicote aos ônibus lançou o jovem dr. King para as manchetes nacionais como líder do movimento dos direitos civis.

A Base da Força Aérea de Langley[19] e o Forte Monroe foram em frente para integrar as moradias e as escolas em suas áreas, já que, como postos federais, foram obrigados a cumprir a legislação federal. O estado da Virgínia, por outro lado, hasteava ainda mais alto a bandeira dos Confederados, a Jim Crow. Nos anos que sucederam o caso Brown contra Conselho de Educação, a antipatia do senador Harry Byrd ante a lei havia aumentado em um movimento de contraposição — Resistência Massiva —, e ele reuniu todos os recursos à disposição de sua organização política para construir uma barreira contra a integração. Político da Máquina Byrd, J. Lindsay Almond assumiu o governo do estado e a linha do partido em janeiro de 1958. "Integração em qualquer parte significa destruição em toda parte",[20] falava Almond com hostilidade em seu discurso de posse, com palavras que pareciam um reflexo sombrio do comentário ansioso de Lyndon Johnson a respeito do Sputnik. Alegando ser a primeira linha de defesa de todo o sul e do seu "modo de vida", os democratas sulistas que comandavam o estado passaram um pacote de leis que deu ao legislador o direito de fechar qualquer escola pública que tentasse se integrar. "Como podem o senador Byrd[21] e o congressista Hardy [da Virgínia] estarem, em um instante, tão angustiados com nosso atraso em relação aos russos no programa de mísseis e, no instante seguinte, defenderem o fechamento de escolas públicas na Virgínia?", questionou um colunista do *Norfolk Journal and Guide*.

Apoiadores da integração e da segregação enfrentaram-se com crescente intensidade: em 1956, a NAACP abriu processos em Newport News, Norfolk, Charlottesville e Arlington, com a finalidade de forçar cada um desses distritos escolares da Virgínia a se integrar.[22] O parceiro de Byrd retaliou ao desviar dinheiro do contribuinte para financiar "academias de segregação" exclusivas para brancos — escolas particulares fundadas para contornar as escolas públicas integradas. Esse vai não vai nas escolas da Virgínia era a evidência de quão difícil ia ser arrancar as raízes do sistema de castas que tinha definido e circunscrito praticamente cada interação entre brancos e os considerados não brancos desde que os ingleses chegaram à costa da Virgínia. "Enquanto a integração espera para nascer, a educação 'separados, mas iguais' dos pretos não sai do lugar",[23] escreveu o jornalista James Rorty na *Commentary Magazine*.

O fato de que tantas Computadoras Oeste acabaram encontrando oportunidade conforme rodavam em novas posições no laboratório certamente aliviou um pouco a pressão da administração de Langley para tomar uma atitude mais firme na questão da integração. Com facilidade, Langley poderia continuar com sua abordagem orgânica da dessegregação, fechando a Área da Computação Oeste apenas depois que a última das mulheres tivesse encontrado um novo lar em uma seção de engenharia, como uma criancinha esperando para ser escolhida para um time na aula de educação física. Impulsionada pela sensibilidade pragmática dos engenheiros, a administração tinha naturalmente seguido uma política de negligência benigna em relação aos cartazes dos banheiros e refeitórios, nem exigindo o cumprimento das regras, nem os eliminando por completo. Poderia ter levado mais anos até que a mão invisível que tinha sido vencida por Miriam Mann na lanchonete no começo dos anos 1940 desse o próximo passo e arrancasse as placas de alumínio nas portas dos banheiros para "garotas de cor" em Langley. Mas, ao ultrapassarem os Estados Unidos e chegarem ao espaço, os russos tinham transformado até mesmo a política racial local em combustível para o conflito internacional. Ao forçarem os Estados Unidos a competir pela aliança dos países amarelos, marrons e negros que estavam rompendo os grilhões do colonialismo, os soviéticos influenciaram algo muito mais terreno e, no fim das contas, mais difícil do que colocar um satélite ou até mesmo um humano no espaço: enfraquecer o aperto de Jim Crow nos Estados Unidos.

"Oitenta por cento da população do mundo é de cor",[24] escreveu o chefe do conselho legal do NACA, Paul Dembling, em um memorando em 1956. "Ao tentar fornecer a liderança em eventos mundiais, é necessário indicarmos ao mundo que nós praticamos a igualdade para todos dentro do país. Esses países onde pessoas de cor constituem a maioria não devem poder apontar para uma hipocrisia que existe dentro dos Estados Unidos." Seria preciso muito mais do que uma bola soviética brilhante e a ameaça de desdém internacional para quebrar completamente o comprometimento da organização de Byrd com a segregação. No que dizia respeito aos segregacionistas, integração racial e comunismo eram a mesma coisa e constituíam o mesmo tipo de ameaça aos valores tradicionais americanos. Ainda assim, os responsáveis pela montagem da ofensiva americana no espaço viram força em contrapor-se aos valores russos de sigilo com o oposto deles — transparência, democracia, igualdade —, e não com um simulacro.

Embora muitos concorrentes dentro do governo americano estivessem competindo para liderar o esforço espacial — entre eles a Força Aérea dos Estados Unidos, o Observatório de Pesquisa Naval na cidade de Washington, e Wernher von Braun e os alemães que comandavam a Agência de Mísseis Balísticos do Exército em Huntsville, Alabama —, foi o NACA que se tornou o repositório para todas as operações espaciais diferentes do país. O NACA — civil e inócuo, abundante no talento de engenharia — era o receptáculo perfeito. Em outubro de 1958, com a Mãe Langley no centro, o governo americano fundiu no NACA todas as operações concorrentes, juntamente com o Laboratório de Propulsão a Jato. A missão expandida atendia por um novo nome: Administração Nacional da Aeronáutica e Espaço, ou NASA.*

O NACA era silencioso, obscuro e bastante ignorado. A NASA[25] seria de alto perfil e alto risco, além de examinada pelo mundo. O trabalho feito pelos doidos do NACA escondia-se atrás das operações mais comuns dos serviços militares e dos fabricantes de aeronaves comerciais. A NASA foi constituída "para prover a mais ampla[26] e adequada divulgação de informações sobre suas atividades", com todas as falhas e tragédias do esforço expostas aos cidadãos e transmitidas pelo jovem meio de comunicação influente que era a televisão. Com o mundo de olho, a nova organização que carregava a bandeira americana ao espaço teria de ser "limpa, tecnicamente perfeita e meritocrática, portadora de um mito".[27]

A transição do NACA para a NASA não alterou as instalações de Langley de forma significativa nem exigiu mudanças drásticas na equipe do laboratório. Mas as mudanças na atitude e na responsabilidade pública do laboratório eram tão distintas em caráter como a idade de ouro da aeronáutica dos anos 1950 seria em relação à era espacial dos anos 1960.

* NASA é a sigla do nome em inglês da instituição: National Aeronautics and Space Administration. (N.T.)

O lugar peculiar onde os engenheiros iniciantes competiam para "contrabandear" seus próprios projetos com uma piscadinha condescendente dos seus supervisores, onde um laboratório central tinha crescido em uma organização culturalmente coesa de cinco mil pessoas, de outubro de 1957 a outubro de 1958 tornou-se uma burocracia de alto perfil com dez centros de pesquisa e dez mil funcionários.

Conforme o Decreto Espacial de 1958, seguiu pelo Congresso, deixando um rastro de feixes de documentos legais e comunicados necessários para dar vida à NASA, um memorando que circulou sem alarde pelo que logo passaria a se chamar Centro de Pesquisa de Langley, de autoria do diretor assistente da instituição, Floyd Thompson, com a data de 5 de maio de 1958. Este memorando terminava oficialmente com a segregação em Langley.

"A partir desta data, a unidade da Área de Computação Oeste está dissolvida."[28]

Quando o tempo do NACA chegava ao fim, restavam apenas dez Computadoras Oeste no grupo: Dorothy Vaughan, Marjorie Peddrew, Isabelle Mann, Lorraine Satchell, Arminta Cooke, Hester Lovely, Daisy Alston, Christine Richie, Pearl Bassette e Eunice Smith. Com uma linha concisa de texto, a NASA cruzou uma fronteira que não tinha sido violada por seu antecessor. O memorando anunciou o fim de uma era, o canto dos cisnes da irmandade. A história da Área de Computação Oeste — como Dorothy Vaughan e suas colegas conseguiram chegar até Langley, a tragédia e a esperança da Segunda Guerra Mundial, a tirania dos cartazes na lanchonete de Langley e nas portas dos banheiros, as contribuições das mulheres para uma das mais transformativas tecnologias da história da humanidade — passaria a folclore familiar. No entanto, mal deixaria uma impressão digital na história dos negros e das negras que lutaram pelo progresso em suas comunidades, das mulheres que lutaram por igualdade para seu gênero em todos os aspectos da vida americana, ou dos engenheiros e matemáticos que ensinaram humanos a voar. Pelo resto de suas vidas, as antigas Computadoras Oeste relembraram umas às outras, às Computadoras Leste e aos engenheiros com quem elas trabalharam. Elas contaram suas histórias em festas de aposentadoria que tomavam conta das agendas dos anos 1960,

1970 e 1980, mas, com a modéstia característica das mulheres de sua geração, relutaram em descrever suas realizações como algo mais do que "fazer o trabalho".

O fim da seção da Área de Computação Oeste foi um momento agridoce para Dorothy Vaughan. Ela levara oito anos para alcançar o assento na frente do escritório. Sete anos depois disso, governou o mais improvável dos reinos: uma sala cheia de matemáticas negras, fazendo pesquisa no mais prestigiado laboratório aeronáutico do mundo. Sua administração da seção apoiara a carreira de mulheres como Katherine Goble, que acabaria por receber a maior honraria civil de seu país por suas contribuições para o programa espacial. Os padrões consagrados pelas mulheres da Computação Oeste pavimentaram as possibilidades para uma nova geração de meninas apaixonadas por matemática e esperançosas por uma carreira além do ensino. Assim como o pessoal original do NACA, que para sempre manteria suas identidades como integrantes dessa organização venerável, as mulheres negras sempre sentiriam uma fidelidade à Área de Computação Oeste e àquela que a liderou até os seus últimos dias: Dorothy Vaughan.

Dorothy tinha 48 anos em outubro de 1958, com mais de uma década de trabalho ainda se estendendo diante de si. Seus filhos mais velhos, tão pequeninos quando ela foi pela primeira vez para Hampton Roads, agora estavam terminando a faculdade. Os rapazes mais jovens eram adolescentes que seguiam rápido o caminho dos irmãos. O trabalho dela em Langley tinha lhe permitido cumprir sua promessa em relação aos filhos e ao futuro deles. Com a educação deles no prumo e uma casa no nome dela — os Vaughan também saíram de Newsome Park, em 1962 —, não havia nada que impedisse Dorothy de focar as próprias ambições nos últimos anos de sua carreira.

"Ela era a mais inteligente de *todas*",[29] Katherine Goble, anos depois de aposentada, falou de sua colega. "Dot Vaughan tinha inteligência saindo pelo ladrão" (e Katherine Goble entendia de inteligência). Dorothy estava orgulhosa da maneira como navegara pelos dias de segregação racial, orgulhosa de qualquer pequena parcela que pudesse reclamar para si em relação ao fim dessa prática atrasada. Ela observara as mulheres da Computação Oeste, ao lado dos outros do laboratório, levantarem voo com as operações de pesquisa do NACA. Juntos, eles provaram que, ao receber oportunidade e apoio, uma mente feminina era tão analítica quanto a masculina. Entretanto, apesar de saber por muitos anos que esse dia chegaria, e apesar de ter feito tudo em seu poder para que isso acontecesse, a vitória que ela saboreou quando o memorando circulou foi temperada com desapontamento. O progresso para o grupo significava um passo atrás para sua líder. A carreira de Dorothy como gestora chegou ao fim no último dia do escritório da Área de Computação Oeste.

Dorothy nunca foi de se fixar no passado. A década que se aproximava prometia ser uma das mais interessantes que o laboratório testemunharia. Para o bem ou para o mal, esse novo começo de Langley dava a oportunidade para Dorothy Vaughan recomeçar também. Ela viveria na nova agência assim como tinha iniciado sua carreira no NACA: como uma das garotas.

CAPÍTULO 17

ESPAÇO SIDERAL

"Isto não é ficção científica",[1] escreveu o presidente Eisenhower no prefácio de um documento de 15 páginas com o título *Introdução ao espaço sideral.* Preparado pelo Comitê de Aconselhamento Científico do presidente em março de 1958 como uma cartilha sobre o voo espacial, o encadernado estabeleceu os princípios científicos de viagens para além da atmosfera da Terra em termos que uma pessoa leiga entenderia. "Como todos sabem,[2] é mais difícil acelerar um automóvel do que um carrinho de bebê", informava uma passagem. Também defendia o porquê de o programa espacial — e de seu enorme custo — ser do interesse de cada americano, oferecendo quatro argumentos para consideração geral. Defesa nacional e prestígio global foram, naturalmente, as duas preocupações que haviam tirado o devaneio da viagem espacial da competência de romancistas e excêntricos para torná-lo a prioridade número um do país. Afinal, apenas o orgulho nacional ferido podia rivalizar com o medo que os americanos tinham do talento incipiente da União Soviética nos céus.

O terceiro argumento do panfleto era que a exploração espacial traria uma oportunidade sem precedentes para expandir o corpo do conhecimento humano sobre o universo. O lançamento do Sputnik foi bem no meio do Ano Internacional da Geofísica, e especialistas de todo o mundo fantasiaram sobre a cornucópia de dados que poderiam ser coletados por um satélite ou por uma sonda que explorasse o sistema solar, uma procuração mecânica e elétrica de seus próprios olhos curiosos.

Katherine Goble, certamente, reconheceu o valor dessas três lógicas, mas, para ela, foi o item listado na primeira página do folheto que ressoou mais. Os seres humanos ansiavam ir ao espaço por causa de seu desejo de saber o que estava além dos limites do seu próprio mundinho. Queriam sair da Terra a partir de um impulso irresistível para ir aonde nenhum ser humano jamais esteve. Katherine sempre foi guiada pela curiosidade e, conforme a atividade dentro e ao redor do Prédio 1244 crescia, ela foi sendo consumida por isso. O folheto de Eisenhower propunha um calendário vago e praticamente inútil de quando os Estados Unidos poderiam alcançar uma série de objetivos no espaço: "cedo", "tarde", "mais tarde" e "ainda mais tarde". O verdadeiro cronograma — e ninguém sabia isso melhor do que as pessoas no Prédio 1244 — era "tão logo fosse humanamente possível". *Quando* os Estados Unidos deveriam se aventurar para além dos limites da Terra era tão óbvio quanto *por quê*. Mas *como*? Isso era o que Katherine Goble ansiava saber.

E ela não estava sozinha. O plano de fincar a bandeira americana nos céus e a decisão sobre quem levaria a carga eram os tópicos de conversa na Base da Força Aérea Wright-Patterson em Ohio, na Agência de Mísseis Balísticos Wernher von Braun do Exército, no Alabama, e no Observatório Naval na cidade de Washington. Os funcionários reuniram-se em mesas de conferência na sede do NACA e em cada um dos laboratórios do NACA, preocupados em traçar o caminho mais rápido possível para o espaço. Nenhum lugar vibrava com mais ansiedade do que Langley. Os colegas de Katherine Johnson — John Mayer, Ted Skopinski, Alton Mayo, Harold "Al" Hamer e Carl Huss — iam de uma reunião a outra, consultando uns aos outros, seus chefes, os representantes de fabricantes de aeronaves e serviços militares, voltando-se para todas as fontes possíveis a fim de agregar inteligência para o esforço ainda incipiente.

A única referência verdadeira[3] que os bocós cerebrais de Langley poderiam colocar em suas mãos era *Introduction to Celestial Mechanics* [Introdução às mecânicas celestiais], um livro teórico de 1914 de autoria de Forest

Ray Moulton. Então os engenheiros, que sabiam mais de veículos voadores do que qualquer um, começaram a escalar a próxima curva de aprendizagem. O chefe do ramo de Katherine, Henry Pearson, organizou uma série de palestras "autodidatas" que começaram em fevereiro de 1958 e prosseguiram até maio, arrastando engenheiros da Pesquisa de Voo e da PARD para apresentar cada um dos 17 tópicos relacionados à tecnologia espacial. Mesmo nos primeiros e confusos meses que se seguiram ao Sputnik, os melhores engenheiros dessas divisões, com décadas de experiência em pesquisas de testes de voo (e muitos com um amor não tão secreto pela ficção científica), sentiam que estavam no ápice de uma oportunidade única na vida. Eles se lançaram nas aulas. John Mayer atacou as mecânicas orbitais, Al Hamer palestrou sobre propulsão de foguetes, e Alton Mayo cuidou da reentrada, ou seja, os problemas enfrentados por um objeto retornando à Terra. Carl Huss ensinou a física do sistema solar. Ted Skopinski era o homem das trajetórias, elaborando a respeito da matemática que descrevia o caminho tomado por um veículo espacial enquanto saía da superfície da Terra e se estabelecia em órbita.

Katherine Goble tinha se apaixonado por seu trabalho em Langley quase desde o momento quando atravessou a porta da Computação Oeste. Os quatro anos que ela passara fazendo cálculos monótonos sobre redução da rajada tinham apenas intensificado o desejo de drenar cada gota de conhecimento que podia dos engenheiros com quem trabalhava. Com a transmutação das prioridades de sua divisão de aeronáutica para espacial, contudo, seu trabalho foi tomando um rumo particularmente saboroso. Massagear a calculadora Monroe e preencher as planilhas de dados, as quais ficavam mais longas e mais largas conforme o trabalho se tornava mais intrincado, ainda eram partes das suas tarefas diárias. Mas os engenheiros do grupo passariam a lhe atribuir o trabalho de preparar os gráficos e as equações para as bem recebidas palestras de tecnologia espacial. Era como se tivesse tocado uma sineta que a levasse de volta para o curso de geometria analítica espacial que o dr. Claytor tinha criado para ela. As instruções rápidas e exigentes de Claytor lançaram as bases tanto do conteúdo do trabalho à mão quanto da sua intensidade. Essa preparação tinha se tornado crítica conforme ela colocava o plano cartesiano tridimensional abstrato a serviço das palestras da tecnologia espacial, que finalmente eram compiladas em textos. O livro didático sobre o *lugar* espaço estava sendo escrito em tempo real.

Katherine ouviu com atenção tudo o que os engenheiros disseram, esticou-se para pegar trechos de conversa e devorou a *Aviation Week* como uma criança lendo gibis. Ela sabia que a ação de verdade estava acontecendo nas palestras e nos encontros editoriais, aquelas sessões a portas fechadas nas quais os engenheiros submetiam relatórios preliminares de pesquisa aos mesmos testes implacáveis de análise e estresse que eles aplicavam a suas aeronaves. O interesse dela no processo das reuniões aumentou em proporção direta à sua proximidade com os engenheiros. De acordo com o restante do país, ela era uma pessoa de dentro privilegiada. Ela curtia um lugar na fileira da frente em um espetáculo que os demais cidadãos só ficavam sabendo pelos jornais diários e noticiários noturnos. No entanto, por mais perto que ela se sentasse da sala onde as reuniões ocorriam, ainda seria uma forasteira se não conseguisse passar pela porta.

Construir um avião era nada se comparado a passar pesquisas por meio do processo de revisão exaustivo de Langley. "Apresente seu caso, construa, venda de um jeito que eles acreditem":[4] esse era o jeito de Langley. O autor de um documento do NACA — um relatório técnico era muito abrangente e exigente, já um memorando técnico era ligeiramente menos formal — enfrentava um pelotão de fuzilamento de quatro ou cinco pessoas, escolhidas pelas suas especializações no tópico. Depois de uma apresentação dos resultados, o comitê, que tinha lido e analisado o relatório com antecedência, abria as comportas das perguntas e dos comentários. O comitê era brusco, minucioso e implacável em apontar imprecisões, incongruências, declarações incompreensíveis e conclusões ilógicas obscurecidas pelo jargão técnico. E isso antes de submeter o relatório ao estilo, à clareza, à gramática e aos padrões de apresentação que eram o legado de Pearl Young, antes da adição das tabelas e dos gráficos extravagantes que reduziam a folha de dados para um ponto coerente, visualmente persuasivo. Um relatório final poderia levar meses, até mesmo anos, para ficar pronto.[5]

Katherine sentou-se com os engenheiros para revisar[6] os requerimentos para as palestras de tecnologia espacial e os relatórios de pesquisa que estavam começando a sair do processo. Ela escutou atentamente as instruções e, como era seu hábito, fez perguntas. Não só perguntas designadas para esclarecer as ordens que tinha recebido, mas o tipo de questionamento que ela atirava contra pais e professores quando criança, que serviam para ampliar e aprofundar seu entendimento de como as coisas funcionavam, de modo a poder criar um modelo mais refinado do mundo. Por que a equação de trajetória precisava levar em conta o achatamento da Terra? Por que era necessário calcular uma elipsoide de erro para prever com precisão o retorno do satélite à superfície do planeta?

Ela fizera um monte de perguntas quando o âmbito do seu trabalho tinha se estendido apenas do bico cônico de um pequeno Cessna 405 à sua barbatana caudal. Agora havia tanto mais para se perguntar, tanto mais para entender, e, porque era tudo novo, ela sentiu como se estivesse lá na curva de aprendizado com os engenheiros. Enquanto o trabalho se intensificava, algo que vinha hibernando em sua mente despertou, e, uma vez que tinha surgido, não iria embora. Ela considerou o assunto e verificou a lógica dele, assim como fazia com seu trabalho analítico. Primeiro perguntou apenas para si mesma, mas às vezes abordava os engenheiros com a questão.

"Por que eu não posso ir às reuniões editoriais?",[7] perguntou ela aos engenheiros. Uma análise pós-jogo não era tão emocionante quanto estar lá para o evento principal. Como ela poderia não querer fazer parte da discussão? Eram os números dela, afinal.

"Garotas não vão às reuniões",[8] disse um colega do sexo masculino a Katherine.

"Há uma lei que me impeça?",[9] retorquiu ela. Não havia, de fato. Havia leis dizendo onde poderia responder ao chamado da natureza — uma que ela ignorava em Langley — e de que bebedouro poderia beber. Havia leis que restringiam sua capacidade de pedir um cartão de crédito[10] em seu próprio nome, porque ela era mulher. Mas nenhuma lei se aplicava a reuniões editoriais. Não era pessoal, era apenas o jeito como as coisas sempre tinham sido feitas, disseram a ela.

Restringir as computadoras de participarem das reuniões editoriais não era uma regra: era apenas uma tradição. Estava enraizada na prática e era vastamente implementada, mas não se aplicava a todas as situações sem exceção. Langley deu a cada chefe de divisão, e a cada chefe de ramo e de seção abaixo deles na escala, certa quantidade de espaço de manobra na gestão dos seus grupos. Quer ou não uma mulher fosse promovida, se ganhasse um aumento, se tivesse acesso às sessões esfumaçadas onde o futuro estava sendo concebido e construído, tinha muito a ver com os preconceitos e com as predileções dos homens com quem ela trabalhava.

Em 1959, seis funcionárias mulheres de Langley — Lucille Coltrane, Jean Clark Keating, Katherine Cullie Speegle, Ruth Whitman, Emily Stephens Mueller e Dorothy Lee — reuniram-se em torno de uma mesa em um escritório de Langley para posarem para uma foto, com terninhos elegantes e bem cortados que aumentavam a confiança em seus olhos. "Mulheres cientistas",[11] etiquetou o fotógrafo na foto, embora as indicações da ocasião tenham se perdido com a passagem do tempo. Eles tinham incluído fotografar esse grupo por causa de alguma combinação de hierarquia, contribuições em pesquisa e estima geral aos olhos de seus chefes. Cinco das seis mulheres na fotografia trabalhavam na PARD.[12]

Uma das mulheres na foto, Dorothy Lee, havia aceitado uma vaga como computadora na PARD em 1948, recém-saída da Faculdade para Mulheres Randolph-Macon,[13] na Virgínia, e logo antes da dissolução da Computação Leste. Quando a secretária de Maxime Faget, o chefe do ramo, viajou em lua de mel de duas semanas, ele pediu que Dorothy Lee a substituísse. Ela atendia aos telefones e distribuía a correspondência, além de seus deveres regulares, que na época envolviam resolver uma integral tripla para um engenheiro na divisão. Ao cabo de duas semanas, ela impressionara tanto Faget com sua matemática (não com suas habilidades de secretária, já que não sabia datilografar) que ele a convidou para integrar permanentemente o ramo,[14] colocando-a como aprendiz de homens que lhe mostraram as cordas de aquecimento aerodinâmico. Em 1959, ela escrevera um relatório e coescrevera mais sete,[15] inclusive um com Max Faget, e, como Mary Jackson, foi promovida a engenheira.

No começo da carreira dela no NACA, Dorothy Lee foi entrevistada para o *Daily Press*, provavelmente por Virginia Biggins, a repórter designada para Langley. Uma das perguntas foi: "Você acredita[16] que as mulheres que trabalham com homens têm de pensar como um homem, trabalhar como um cão e agir como uma dama?". "Sim, eu acredito", respondeu Lee, mas depois ficou levemente mortificada ao ler suas palavras no jornal de domingo.

Era a expressão "agir como uma dama" que soava tão vexatória. Um pouco de timidez, assim como absinto, poderia ser agradavelmente embriagante, suavizando as interações com os homens. A polidez em demasia, contudo, pode envenenar as perspectivas de uma mulher para o avanço. Era "esperado" das mulheres que aguardassem a indicação de tarefas por seus supervisores, e não era esperado que assumissem a liderança, fazendo perguntas ou se oferecendo para pegar atribuições melhores. Homens eram engenheiros e mulheres eram computadoras. Homens eram responsáveis pelo pensamento analítico e mulheres faziam os cálculos. Os homens davam as ordens e mulheres tomavam nota. A menos que um engenheiro recebesse uma razão convincente para avaliar uma mulher como um par, ela permanecia no ponto cego dele, e sua utilidade era medida contra a tarefa limitada à mão, sem que quaisquer talentos adicionais fossem descobertos.

Algumas mulheres, de fato, passavam os dias no serviço mecânico da tarefa cotidiana, tabulando dados com indiferença despreocupada, encaminhando torrentes de números de modo tão indiferente quanto as máquinas de calcular que traziam com elas. Mas o nível médio de interesse no trabalho entre as funcionárias do sexo feminino não era menor do que entre alguns colegas do sexo masculino, como os "incorrigíveis jóqueis de túneis de vento"[17] e os medíocres "engenheiros não dá para fazer",[18] que deram um jeito de cavar um lugar confortável para si na burocracia apesar dos talentos e ambições modestos. As mulheres que tinham encontrado a vocação no NACA, como Dorothy Lee e Katherine Johnson, acordavam sonhando com ângulos de ataque, equações de órbita de dois corpos e processos de ablação tanto quanto Chris Kraft, Max Faget e Ted Skopinski. Elas se equiparavam a seus colegas do sexo masculino em curiosidade, paixão e capacidade de suportar a pressão. Seu caminho para o avanço podia parecer menos com uma linha reta e mais como algumas das distribuições de pressão e órbitas que planejavam, mas elas estavam determinadas a conseguir um lugar à mesa. Primeiro, entretanto, tiveram de superar o grande obstáculo das baixas expectativas.

Qualquer insegurança que Katherine Goble pudesse ter a respeito de ser uma mulher trabalhando com homens, ou de ser uma das poucas negras em um ambiente profissional branco, ela conseguiu pôr de lado quando ia trabalhar de manhã. O lance do racismo, o lance das mulheres: ela dava um jeito de enfiar tudo em algum lugar bem longe do seu coração, onde não fosse danificar a confiança de aço dela. Até onde Katherine se importava — até onde ela se *decidira* —, uma vez que eles estavam no escritório, "eram todos iguais".[19] Ela consideraria que os caras inteligentes que se sentavam do outro lado da mesa, aqueles com os quais ela dividia uma linha telefônica e ocasionalmente jogava cartas na hora do almoço, sentiam-se do mesmo jeito. Ela só precisava ultrapassar suas cegueiras e defender o seu ponto.

"Por que eu não posso ir às reuniões editoriais?", perguntou Katherine Goble de novo, sem desanimar com a objeção inicial. Ela continuaria questionando até que recebesse uma resposta satisfatória. Seus pedidos eram suaves, mas persistentes, como a água mole que tanto bate até que fura. A maior aventura na história da humanidade estava acontecendo a duas mesas de distância, e seria uma traição com sua autoconfiança e com o julgamento de todos os que a ajudaram a chegar a este ponto se ela não fosse até o fim. Ela perguntou no início, ela perguntou muitas vezes, e fez perguntas contundentes sobre o trabalho. Perguntava com o maior respeito pela natureza dos caras inteligentes com quem trabalhava, e perguntava sabendo que ela era a pessoa certa para uma tarefa que precisava das melhores mentes.

Tanto quanto qualquer coisa, ela perguntava com confiança na decisão final.

"Deixem-na ir",[20] disseram eles enfim, exasperados. Os engenheiros apenas tinham ficados cansados de dizer não. Devem ter pensado quem eram para ficar no caminho de alguém tão comprometida em fazer uma contribuição e tão convencida da qualidade dessa contribuição que estava disposta a se levantar ante aos homens cujo sucesso — ou falha — poderia fazer pender a balança no resultado da Guerra Fria?

Em 1958, Katherine Goble finalmente conseguiu entrar nas reuniões editoriais do Ramo de Direcionamento e Controle da Divisão de Pesquisa de Voo de Langley, que logo seria renomeada como Divisão de Mecânica Aeroespacial da quase pronta para a estreia Administração Nacional da Aeronáutica e Espaço, a NASA. Agora, ela partiria junto com o programa.

CAPÍTULO 18

COM TODA A VELOCIDADE POSSÍVEL

Nenhum funcionário de Langley poderia esquecer o ano de 1958. Ao deixarem o trabalho no dia 30 de setembro, os colaboradores deram adeus ao NACA, a operação esotérica que por 43 anos silenciosamente supervisionou e dirigiu a revolução do poder aéreo; e despediram-se do Laboratório Aeronáutico Langley de antigamente. Na manhã de 1º de outubro, o antigo pessoal do NACA entrou no Centro de Pesquisa de Langley, epicentro da Administração Nacional da Aeronáutica e Espaço, uma nova agência americana nascida por indução de uma esfera soviética em rota de colisão. Os prédios eram os mesmos, as pessoas também, e, para muitos, o trabalho idem. Mas, do pôr do sol de um dia ao nascer do outro, eles passaram, pelo menos na imaginação do público, de eruditos e obscuros para públicos e espetaculares;[1] dos excêntricos da era do avião da década de 1940 aos guardiões da era espacial dos anos 1960.

Ao fim da década de 1950, quando o programa espacial americano parecia descoordenado e desengonçado como um potro, afirmar que os Estados Unidos ultrapassariam os soviéticos era apostar no azarão. A NASA tinha outros planos ao reunir uma conferência de sábios na Mamãe Langley chamada Força-tarefa Espacial, um grupo de trabalho habilidoso e semiautônomo vindo em sua maior parte da Divisão de Pesquisa de Voo e da PARD e liderado pelo engenheiro Robert Gilruth. O grupo instalou-se no lado leste de Langley, nos prédios mais antigos. Esses peregrinos do espaço, inicialmente compostos por 45 pessoas, deram ao primeiro programa espacial tripulado do país um plano operacional e um nome: Projeto Mercury. A empreitada tinha três objetivos: orbitar uma espaçonave tripulada ao redor da Terra, investigar a capacidade de o homem funcionar no espaço e trazer tanto homens quanto aeronave de volta em segurança.

Os habitantes da Virgínia enchiam o peito de orgulho pelos velhos bocós cerebrais estarem à frente dos Vermelhos. Uma festa em outubro de 1959 em Langley, em celebração ao primeiro aniversário da NASA, atraiu vinte mil moradores fervorosos, interessados em dar uma olhada de perto no trabalho daqueles vizinhos diferentes, subestimados e ignorados por décadas. Não era mais um "punhado de prédios cinza sem graça,[2] com pessoas sem graça que trabalhavam com réguas de cálculo e escreviam longas equações nas lousas". Agora, o público acreditava que a NASA era tudo o que se interpunha entre eles e o céu comunista. No entanto, o legado da Virgínia como o local de nascimento do primeiro passo da humanidade aos céus teria de competir com a notoriedade, que vinha ganhando como o adversário mais intransigente das escolas integradas.

"Das histórias futuras deste estado[3] que já podemos antecipar, o ano de 1958 será mais conhecido como aquele em que a Virgínia fechou as escolas públicas", lamentou Lenoir Chambers, editora-chefe do *Virginian-Pilot* de Virginia Beach, uma liberal sulista aos moldes de Mark Etheridge, do *Louisville Post-Courier*. Não dissuadido nem desvirtuado pelo confronto de 1957 em Little Rock, o movimento da Máquina Byrd de Resistência em Massa cumpriu a ameaça. No outono de 1958, o governador do estado, Lindsay Almond, pôs correntes nas portas das escolas locais que tentaram atender à decisão da Suprema Corte no caso Brown. Treze mil estudantes em três cidades que fizeram a integração — Front Royal, Charlottesville e Norfolk — viram-se em casa no outono de 1958. "Prefiro que meus filhos sejam ignorantes a que frequentem a escola com pretos", falou um pai branco a um repórter. Um total de dez mil estudantes sem escola[4] moravam em Norfolk. Destes, 5.500 eram de famílias militares alocadas na base naval, tanto brancos quanto negros pagavam o preço da cruzada racial do estado.

Do outro lado das águas de Norfolk, na península que Langley chamava de lar, as escolas públicas permaneceram abertas e segregadas. Mesmo com a erosão das barreiras no local de trabalho dos pais, as crianças dos funcionários negros de Langley retornavam às rotinas de outono em Carver, Huntington e Phenix, enquanto os filhos dos colegas brancos voltavam ao colégio de Newport News e de Hampton. Em sua nova casa em Mimosa Crescent, as filhas dos Goble poderiam frequentar o colégio Hampton. O conselho escolar, no entanto, pagava "taxas escolares" às famílias para incentivá-las a manter as crianças no distrito negro, similar às "bolsas" que o estado oferecia aos estudantes negros para eles se matricularem em universidades de outros estados.

As forças a favor da igualdade dobraram o empenho, determinadas a superar a resistência à integração como um motor a jato que impulsiona um avião pelo empuxo. Porém, como Christine Mann e todos os outros cujas esperanças — e medos — haviam aumentado no dia da decisão do caso Brown, os negros da Virgínia ficaram bem cientes da demora entre vitória política e legal e mudança social. Por mais fantásticas que as ambições espaciais dos Estados Unidos pudessem ter parecido, enviar um homem ao espaço começava a parecer uma tarefa simples se comparada a colocar estudantes negros e brancos em uma mesma sala de aula na Virgínia.

Em vez de tentar planejar a partir de maquinações fora de alcance, pais como Dorothy Vaughan, Mary Jackson e Katherine Goble esforçavam-se para influenciar aquilo que poderiam controlar: incentivar os filhos a ir bem nas escolas segregadas e entrar na faculdade. Joylette, a filha de 18 anos de Katherine Goble, uma violonista talentosa e bela, graduou-se no ensino médio na Carver, foi encarregada do discurso de abertura da cerimônia em 1958[5] e atravessou a cidade para tentar uma vaga no Instituto Hampton. Connie e Kathy, secundaristas com louvor e musicistas na mesma escola, seguiam a trilha da irmã. As meninas e a mãe apareciam com frequência na coluna social do *Norfolk Journal and Guide*, exemplo de família negra com mobilidade social e profissional ascendente.

Em público, Katherine Goble era sempre graciosa, otimista e serena, e insistia para que as filhas agissem do mesmo modo. Sua dor e sua solidão, o peso de ser mãe e pai ao mesmo tempo, isso ela deixava para a vida privada na casa em Mimosa Crescent. Jimmy Goble havia sido o amor da juventude de Katherine, um pai prestativo e o parceiro com quem ela queria envelhecer. Os dois foram um casal compatível, atraente e charmoso, que participavam das galas de outono da comunidade negra, além de bailes de debutantes, piqueniques e eventos beneficentes. Mulher e solteira, ainda jovial aos quarenta anos, ela se viu distanciando-se da sociedade.[6]

Eunice Smith era a leal e confidente companheira de Katherine. As duas passavam mais tempo juntas do que marido e mulher, fazendo o trajeto de ida e volta do trabalho diariamente, atuando juntas como organizadoras do braço de Newport News da irmandade delas, torcendo no torneio anual de basquete das faculdades negras. Nunca perdiam a cerimônia de domingo na Igreja Presbiteriana Carver Memorial, onde, uma noite por semana, ensaiavam com o coral após saírem de Langley.

Certa noite, em 1958, um belo capitão do Exército, de 33 anos, de sorriso fácil e voz encorpada, apareceu durante o ensaio. James A. Johnson, nascido na área rural de Suffolk, na Virgínia, mudara-se para Hampton na adolescência. Frequentou o colégio Phenix, e Mary Jackson fora uma de suas professoras.[7] Jim Johnson planejara estudar no Instituto Hampton, mas fora recrutado logo após o ensino médio. Em vez de ter sido indicado para a Escola de Treinamento Naval no campus, foi enviado para o Campo de Treino da Marinha dos Estados Unidos em Great Lakes, Illinois. Ele estudou metalurgia de aviação, especializando-se no conserto de hélices. Depois de trabalhar na guerra, Johnson concluiu a formação e conseguiu um emprego burocrático no Departamento de Comércio, na cidade de Washington, mas também se alistou na Reserva da Marinha, de modo a poder passar os fins de semana na Base Naval Patuxent River, em Maryland, consertando aviões para voos de teste. Com o início da Guerra da Coreia, ele se alistou no Exército, servindo como sargento de artilharia, no calibramento de armas utilizadas contra a infantaria inimiga. Em 1956, Jim retornou a Hampton, aceitando um emprego de carteiro, e assim mantendo a forma com os muitos quilômetros caminhados diariamente. Sem intenção de se distanciar dos serviços armados, ele também se alistou na Reserva do Exército dos Estados Unidos.

"Senhoras, ele é solteiro",[8] anunciou o pastor na igreja naquele domingo, após apresentar Jim como novo membro da congregação. Katherine não tinha intenção nem expectativa de encontrar um novo amor. No entanto, quase imediatamente após se conhecerem na galeria do coral, ela e Jim começaram a se cortejar, aos poucos aparecendo juntos nos bailes e jantares e chegando juntos à igreja[9] como uma família, seguidos por Kathy e Connie.

A devoção de Jim ao serviço militar facilitou com que entendesse o comprometimento de Katherine com o trabalho em Langley. Ele conhecia a satisfação advinda de um emprego gratificante e amava o senso de missão e camaradagem que o Exército oferecia. Como negro, ele se regozijava com a oportunidade de dar um passo à frente das vagas de estivador, operário e cozinheiro tradicionalmente reservadas aos negros, e de poder se especializar em uma área na qual acreditava que poderia contribuir.

Ele também respeitava a natureza secreta do trabalho de Katherine e as longas jornadas exigidas. Desde o fim da Segunda Guerra Mundial, o NACA era um local de trabalho das oito da manhã às quatro e meia da tarde. Com o início da corrida espacial, em dias bons, deixava-se o prédio às dez da noite. Em um cenário menos urgente, o pessoal da NASA poderia ter abordado o problema do espaço de uma forma mais ao estilo do NACA, conduzindo uma investigação cuidadosa e bem argumentada de todas as opções possíveis para uma viagem espacial e recomendando aquelas com melhor potencial a longo prazo. Havia aqueles na NASA que acreditavam, e continuariam a acreditar por décadas, que a decisão do governo de colocar todas as apostas em uma estratégia de curto prazo para vencer os soviéticos custaria a oportunidade real de transformar os humanos em viajantes espaciais. Com os russos à frente na largada, era a abordagem mais simples, rápida e confiável que começou a tomar forma quando a NASA se deu conta das limitações, das interdependências, das contingências e dos desconhecimentos que enfrentavam. Os engenheiros abordaram o Projeto Mercury da maneira como engenheiros lidam com qualquer problema: dividiram o projeto em suas partes constituintes.

A espaçonave em si, a lata que levaria o homem ao espaço, foi produto do cérebro do chefe de Dorothy Lee, Maxime Faget. Teoria e intuição sugeriam que a combinação de foguete e espaçonave deveria ser o mais simples possível, para minimizar a resistência aerodinâmica. Desde o Flyer dos irmãos Wright em 1915, os aviões haviam evoluído de pelicanos desajeitados a máquinas elegantes como a silhueta de um falcão. Por que uma espaçonave não deveria ser assim? Mas testes conduzidos por Harvey Allen, engenheiro do Laboratório de Propulsão de Voo Lewis do NACA, em Cleveland, mostraram que estruturas pontiagudas não seriam capazes de defletir o calor extremo causado pela fricção em alta velocidade com a atmosfera. Um corpo com formato mais largo — semelhante a uma rolha de champanhe — provocaria uma onda de choque na direção da Terra, dissipando o calor e mantendo (assim esperavam) os tripulantes em segurança. Faget pôs o conhecimento de Allen em ação no projeto da cápsula espacial Mercury, de aproximadamente dois metros de largura e 3,5 de altura, e pesando cerca de 1.360 quilos.

O processo de seleção de astronautas seria limitado a candidatos pequenos o suficiente para caber na espaçonave "lata de sardinha". Foram considerados apenas homens com, no máximo, 1,83 metro de altura e pesando menos que 81 quilos. Era necessário que fossem pilotos de teste certificados, com menos de quarenta anos e, no mínimo, um diploma de bacharel. Em 1959, a NASA convocou uma coletiva para apresentar ao mundo os "Sete da Mercury". Quatro dos sete astronautas selecionados — Alan Shepard, Scott Carpenter, Wally Schirra e John Glenn — formaram-se na Escola Naval para Pilotos de Teste no rio Patuxent, onde o namorado de Katherine, Jim Johnson, havia trabalhado como mecânico. A NASA instalou os astronautas em um escritório vizinho de porta da Força-tarefa Espacial, em Langley, e começou o treinamento físico e as aulas teóricas em engenharia e astronáutica. Os funcionários ficavam em alerta para avistar os Sete da Mercury, que passaram de militares anônimos a rostos mundialmente conhecidos. As computadoras da Força-tarefa e os astronautas sempre se esbarravam entre idas e vindas ao banheiro.

Os foguetes de que a NASA precisava para enviar os homens e a nave para o espaço viriam do inventário de mísseis Redstone e Atlas do Exército, supervisionados por Wernher von Braun no Centro Espacial Marshall da NASA em Huntsville, no Alabama. Os especialistas em propulsão do laboratório da NASA em Cleveland capitanearam a produção do sistema elétrico e os retrofoguetes acoplados à nave em si.

Os engenheiros na ala de Katherine ficaram com a responsabilidade das trajetórias, de traçar nos mínimos detalhes o caminho exato pelo qual a espaçonave viajaria desde o segundo em que alçasse voo a partir da plataforma de lançamento até o momento do mergulho no Atlântico, no retorno. Como chefe da Força-tarefa Espacial, Robert Gilruth pôde escolher os funcionários da NASA que formaria as fileiras do nervo central do Projeto Mercury. O colega de Katherine, John Mayer, abandonara o navio uma semana após o novo projeto ter iniciado, em novembro de 1958. A carga de trabalho foi tão onerosa que, mesmo depois de Mayer ter sido transferido do 1244 para os escritórios no lado leste, ele "traficava"[10] trabalho extra para os antigos camaradas Carl Huss e Ted Skopinski, para que lhe ajudassem no que pudessem para pagar a dívida a Henry Pearson. Ele os colocou para prestar "serviços de computação"[11] — o que significava mandar Katherine fazê-los. O grupo cumpriu as tarefas extras com zelo, pois o espaço parecia "divertido pra caramba".[12] Transformaram suas mesas em uma sala de guerra trigonométrica, debruçando-se sobre equações, rabiscando ideias nas lousas, analisando o trabalho, apagando, recomeçando.

Não houve aspecto da tecnologia de defesa do século XX que não tenha sido tocado pelas mãos e mentes de matemáticas. Como Katherine e suas colegas em Langley, as mulheres da Área de Treinamento Aberdeen, em Maryland, trabalharam milhares de horas computando tabelas de trajetórias balísticas,[13] as quais os soldados usaram para calibrar corretamente e atirar, como Jim Johnson fizera na Coreia. A NASA decidiu que a primeira tentativa de enviar o homem ao espaço seria um voo balístico simples. A cápsula seria atirada no espaço por um foguete, como uma bala que sai de um revólver ou uma bola de tênis disparada de uma máquina de lançar bolas. A cápsula sobe, a cápsula desce: um caminho definido por uma grande parábola com a aterrissagem no oceano Atlântico. O astronauta necessitaria retornar próximo o suficiente dos navios em espera para ser rapidamente retirado da água e colocado em segurança. O desafio era ajeitar a posição da máquina para que a bola — a cápsula Mercury — pousasse o mais próximo possível do navio "raquete". Com o cálculo errado, a bola sairia da quadra, e a vida do astronauta estaria em perigo. A matemática precisaria ser precisa e acurada como um saque de Althea Gibson.

Um voo suborbital bem executado daria um respiro aos Estados Unidos, mas um voo orbital — o xeque-mate do Projeto Mercury — era infinitamente mais complexo. Para um voo orbital bem-sucedido, os engenheiros precisavam ajustar a "máquina de lançar bola" no ângulo correto e armar o atirador com força o suficiente para enviar a "bola" pela atmosfera até chegar à órbita da Terra por um caminho tão precisamente específico, tão acertado, que, quando voltasse pela atmosfera, estaria ao alcance do navio "raquete".

"Deixe-me fazer isso",[14] disse Katherine a Ted Skopinski. Trabalhando com Skopinski como computadora (ou "auxiliar de matemática", como as mulheres foram renomeadas quando o NACA virou NASA), ela comprovara ser confiável com os números como um relógio suíço e hábil em trabalho conceitual de alto nível. Ela era mais velha que a maioria dos "peregrinos do espaço" — alguns tinham acabado de se formar —, mas estava à altura deles nos quesitos entusiasmo e vigor para o trabalho. Os rapazes estavam apostando tudo naquilo, e ela não ficaria de fora. "Diga-me onde quer que ele pouse, e eu direi de onde lançá-lo", falou ela.

Seu entendimento de geometria analítica era tão bom (talvez até melhor) quanto o dos moços com quem trabalhava. E as demandas sem fim do Projeto Mercury, bem como a organização criada para gerenciá-lo e que se espalhava, mas ainda estava em formação, colocavam todos no limite. Logo depois que John Mayer vestiu a camisa da Força-tarefa, Carl Huss e Ted Skopinski seguiram-no, tornando Katherine a herdeira natural do relatório de pesquisa que descreveria o voo orbital. Como já tinha acontecido muitas outras vezes antes em sua vida, Katherine Goble era a pessoa certa, no lugar certo e no momento certo.

Sentada no escritório mais vazio, ela mergulhou na análise, embora as irritantes leis da física tornassem uma tranquila tarde comum de "treino de tênis" em um vale-tudo de forças. A gravidade da Terra exercia sua força no satélite e devia ser contabilizada no sistema de equações do trajeto. O achatamento da Terra — o fato de ela não ser perfeitamente esférica, e sim levemente aplanada, como uma tangerina — precisava ser especificado, bem como a velocidade de rotação do planeta. Mesmo se a cápsula fosse lançada no ar acima e descesse pela mesma direção, ela pousaria em um local diferente, pois a Terra teria se movido.

"Na recuperação de um satélite artificial, é necessário levar o satélite até um ponto pré-selecionado sobre a Terra, de onde a reentrada deve ser iniciada", escreveu ela. A Equação 3 descrevia a velocidade do satélite. A 19 fixava a posição longitudinal do satélite no tempo T. A Equação A3 abrangia os erros em longitude. A A8 ajustava para a rotação oeste a leste da Terra e seu achatamento. Ela discutia com Ted Skopinski, consultava livros e fazia os próprios gráficos. Ao longo dos meses de 1959, o resultado de 34 páginas tomou forma: 22 equações principais, nove equações de erro, dois estudos de caso de lançamento, três textos de referência (incluindo o livro de 1914 de Forest Ray Moulton), duas tabelas com amostras de cálculos e três páginas de gráficos.

A Força-tarefa Espacial, em rápida expansão, tomava forma como uma unidade autônoma à frente do desfile espacial. A nova empreitada consumia o máximo de horas de trabalho possível. Enquanto tentavam estabelecer limites com o centro de pesquisa que a criara, os funcionários da Força-tarefa ainda tinham responsabilidades perante seus antigos gerentes. O relatório Ângulo Azimute de Katherine e Ted era um trabalho do Grupo de Pesquisa de Voo, cujo responsável era Henry Pearson. Embora Skopinski se distanciasse cada vez mais, passando mais tempo nos escritórios da Força-tarefa no lado leste, o relatório, ainda inacabado, não saía da mente de Pearson.

"Katherine deve finalizar o relatório",[15] disse Skopinski a Pearson. "Foi ela quem fez a maior parte do trabalho mesmo." Henry Pearson tinha a reputação de não apoiar o avanço das funcionárias, mas, tanto pela circunstância quanto pelo triunfo do trabalho duro sobre o preconceito ou por uma reputação errônea, foi sob a supervisão dele que Katherine deu os toques finais ao seu primeiro relatório de pesquisa na sexta-feira após o Dia de Ação de Graças em 1959. A "determinação do ângulo azimute em *burnout* para a colocação de um satélite sobre uma posição específica da Terra" passou por dez meses de reuniões editoriais, análises, recomendações e revisões antes de ser publicado em setembro de 1960. Foi o primeiro relatório da Divisão de Mecânica Aeroespacial de Langley (ou a antecessora Divisão de Pesquisa de Voo) feito por uma mulher.[16] Pisado, revirado, destroçado e submetido a todos os testes de estresse que os integrantes do comitê editorial poderiam pensar, o mapa de Katherine ajudaria levar a NASA ao dia em que a balança da corrida espacial penderia a favor dos Estados Unidos.

Para Katherine, o relatório celebrou o início de uma nova fase, não apenas em Langley, mas também em sua vida pessoal. De algum modo, durante os longos e cansativos dias de 1959, ela aceitou uma proposta ainda mais atraente do que o convite para reuniões editorais: o pedido de casamento de Jim Johnson. Os dois casaram-se em agosto de 1959 em uma cerimônia discreta na Carver Memorial. Quando ela assinou o relatório de pesquisa, usou seu novo nome, aquele que a história guardaria: Katherine G. Johnson.

CAPÍTULO 19

COMPORTAMENTO MODELO

Mary Jackson examinou todos os aspectos do modelo — suavidade, simetria e alinhamento, distribuição de peso — com olho treinado e intuição sensível, tentando encontrar qualquer coisa que pudesse reduzir a aptidão aerodinâmica. Este tinha sido um projeto de noites e fins de semana, mas ela sabia que tal investigação iria fornecer resultados muito mais depressa do que qualquer pesquisa que estivesse ocorrendo no Túnel de Pressão Supersônica de Quatro por Quatro Pés. O nível tinha sido estabelecido um ano antes[1] por um engenheiro da Divisão de Mecânica Aeroespacial — do grupo de Katherine Johnson —, mas Mary e seu jovem colaborador estavam mais do que prontos para o desafio. Ela estava disposta a passar todo o tempo necessário para ajudar o filho, Levi, a construir um "possante" dos bons para a corrida de carrinhos de rolimã da península em 1960.

Desde o começo do ano, Mary tinha gastado horas, talvez centenas delas, colaborando com o filho de 13 anos do jeito que ela trabalhava com Kazimierz Czarnecki. Ela e Levi tinham ido até a concessionária local da Chevrolet para preencher o formulário de inscrição e pegar uma cópia das regras oficiais, que parecia um manual de familiarização para um avião. "O carro e o motoristas juntos[2] devem pesar menos do que 113 quilos. Apenas rodas de borracha eram permitidas. O comprimento não poderia exceder dois metros. A distância entre o carro e a pista deveria ser de, pelo menos, sete centímetros com o piloto dentro do carro. O custo total do carro não pode passar de dez dólares, excluindo-se rodas e eixos." Eles absorveram as restrições e fizeram esboços e medições, experimentando *designs* diferentes até que optaram pela melhor especificação. Então caçaram os materiais que trariam à vida o projeto. Enterrado na desordem na parte de trás da garagem poderia haver um tesouro disfarçado: caixas de legumes, compensado de madeira, rodas de carroça, ferramentas de jardim, sapatos velhos, fios e cordinhas — praticamente qualquer coisa poderia ser útil para construir o carro, bastava ter criatividade suficiente. Eles colaram, pregaram, parafusaram e ajustaram encaixes conforme a grande corrida, que acontecia anualmente no feriado de 4 de Julho, se aproximava. Mary ajudou o filho a "refinar" o veículo até eles terem algo que pudesse rolar pela rua com seu piloto, como os corredores eram conhecidos, no assento do motorista.

O passo final foi aplainar, limpar com areia e polir o corpo do carro feito em casa e que estava quase totalmente pronto. Todas as corridas do evento começavam no topo de um morro, e não era permitido empurrar. Levi e seus competidores[3] sairiam da ponte da rua 25 em Newport News, praticamente a única coisa que poderia se passar por um morro naquele terreno costeiro tão plaino quanto uma panqueca. Quando os pilotos soltavam os freios, eles se curvavam tanto para baixo quanto podiam na cabine do veículo, implorando ao deus da gravidade para que os puxassem o mais rápido possível pela pista de corrida de 275 metros.[4] Assim, esperavam para fazer a batalha certa contra a resistência do ar, que era inimigo do corredor de carrinho de rolimã tanto quanto isso era de Chuck Yeager. Ninguém sabia disso melhor do que a consultora técnica de Levi, que ainda conseguiu esgueirar comentários ocasionais sobre as maravilhas de uma carreira em ciências no meio de algo divertido.

Símbolo duradouro da infância dos meninos americanos (até o começo dos anos 1970, meninas não podiam correr)[5], a Corrida Americana de Carrinhos de Rolimã misturava a boa, velha e ligeira ingenuidade dos Estados Unidos com diversão familiar. A competição tinha começado como uma distração na época da Grande Depressão, um jeito de criar algo do nada quando "nada" era o que a maioria das pessoas tinha. Ao longo dos anos, tinha criado raízes e, em 1960, Levi era um dos cinquenta mil meninos[6] que se preparavam para competir em corridas locais em todo o país. Não era de surpreender que a península abraçasse a competição com fervor. Os pais que passavam os dias projetando, construindo, consertando e utilizando máquinas de transporte inscreviam seus filhos e davam liberdade aos seus próprios instintos para mexer no que lhes chamasse atenção. Eles podiam passar tempo com suas crianças e deixar a máscara "de pai/mãe" cair um pouquinho, dando à prole um vislumbre da criança curiosa que eles próprios já tinham sido. Oficialmente, a competição era o show dos meninos, desde construir o carro até entrar nele no dia da corrida. Os pais (costumeiramente pais; Mary era uma das poucas mães da corrida) deveriam ficar para trás e oferecer apenas conselhos, mas não raro era difícil dizer quem curtia mais o projeto de engenharia: se os adultos ou as crianças.

Como artesãos em uma guilda medieval, os engenheiros da NASA esperavam que um dia seus filhos fossem decidir assumir o manto da profissão que lhes era tão cara. Seu local de trabalho era agradável e seguro, os colegas eram inteligentes e interessantes, e, ao longo do curso do século XX, os engenheiros tinham visto os frutos do seu trabalho transformarem cada aspecto da vida moderna de uma maneira que parecia inimaginável mesmo enquanto essas mudanças aconteciam. Eles não ficariam ricos, mas o salário de um engenheiro era mais do que o bastante para adentrar nos confortáveis níveis da classe média. Então, serviram como assistentes de laboratório para projetos de ciência e viraram a situação, tornando-a uma aula complexa de cálculo. Mantinham a prole cativa até que o último problema da lição de casa fosse resolvido corretamente, e que se danassem a insolência e as lágrimas adolescentes.

Nenhum pai da NASA tinha nada contra Mary Jackson. Construir um carrinho de rolimã era um aprendizado em engenharia; o quanto antes uma criança começasse, ela sabia, mais provável era que caíssem sob o feitiço. Ela forçou Levi (e seus professores) para que ele pudesse fazer as aulas mais desafiadoras de matemática e ciências que conseguisse dar conta, e Mary o orientava em projetos de ciências. O trabalho de Levi no nono ano — "Um estudo do fluxo do ar em dimensões em escala"[7] — foi o terceiro colocado na feira de ciências anual da escola.

"Carrinho de quê?",[8] perguntaram alguns vizinhos, alguns paroquianos da Igreja Africana Metodista Episcopal Bethel e algumas escoteiras, quando Mary contou-lhes a respeito das façanhas mecânicas dela e de Levi. O primeiro desafio que muitos negros enfrentavam ao participar de algo como a Corrida Americana de Carrinhos de Rolimã era descobrir sua existência. Logo no começo do ano, a Chevrolet colocava anúncios na revista *Boys' Life*, a publicação oficial dos escoteiros, incentivando os jovens a se esforçarem na tríade diversão, fama e aventura, deixando seus carros na melhor forma possível antes de as corridas começarem, no verão. Levi, que era integrante da tropa de escoteiros da Igreja Bethel, poderia ter lido sobre a corrida mesmo que ela não fosse tópico de conversa de bebedouro no escritório da mãe, mas a mensagem dificilmente encontrava o caminho para ouvidos menos bem relacionados.

Mais difícil do que receber a mensagem, talvez, era fazer algo a respeito quando ela chegava. Entrar na corrida era equivalente a acreditar na possibilidade da vitória, tanto (ou mais) para os pais do que para o piloto. A cerca elétrica da segregação e os séculos de choques que ela deu com tanta eficácia envolveu a vida dos negros americanos de tal modo que, mesmo depois de a corrente ser desligada, a ideia de escalar o "muro" inspirava pavor. Como nas reuniões editoriais no 1244, como em tantas situações competitivas grandes e pequenas, nacionais e locais, os negros com frequência desqualificavam a si próprios mesmo quando não havia cartazes de que era apenas para brancos. Não havia regra que impedisse um menino negro de entrar na corrida, mas era preciso muita presença de espírito para ele acreditar que poderia ganhar, e mais ainda para aceitar que a derrota não tinha nada a ver com sua raça.

Mary, entretanto, estava determinada a escalar cada cerca que encontrasse e a puxar consigo todos que conhecia. O humanitarismo profundo que era sua herança familiar a tinha ensinado a ver uma realização como algo que funcionava como uma conta no banco: algo que você sacava quando estava em necessidade e fazia depósitos quando era abençoado com um excedente.

Langley, cheio de pessoas de talento com interesses variados, era uma mina de ouro de recrutas para suas muitas atividades voluntárias. Os colegas de trabalho acostumaram-se a encontrar Mary de pé calmamente diante de suas mesas, para alistá-los em sua mais recente tentativa de adotar na esfera social os valores de disciplina, ordem e progresso de um engenheiro. Ela acreditava que garotas precisavam de atenção em particular; não tinha escapado à percepção dela que a corrida, embora aberta a meninos negros, teria rejeitado o pedido de sua filha por causa de seu gênero. A promoção de Mary a engenheira deu-lhe uma incomum vantagem. Apesar do grupo relativamente grande de mulheres que trabalhavam no centro, a maioria das profissionais técnicas femininas, negras e brancas — até mesmo alguém tão talentosa como Katherine Johnson — era classificada como matemática ou computadora, ficava abaixo dos engenheiros e recebia menos, ainda que estivesse fazendo o mesmo serviço.

Mary trabalhou pela causa junto a outros funcionários negros de Langley e de outros lugares da indústria. Ela, Katherine Johnson e muitos outros eram membros fundamentais da Associação Nacional Técnica, a organização profissional para engenheiros e cientistas negros. Mary não media esforços para trazer os alunos das escolas públicas de Hampton e do Instituto Hampton para visitas pelas instalações de Langley, para que pudessem ver de perto os engenheiros na função. Ela organizava um seminário ali no centro para conselheiros de carreira do Instituto Hampton, de modo que eles pudessem orientar melhor os seus alunos em relação a oportunidades de emprego em Langley. Se ela soubesse que Langley estava contratando um novo funcionário negro, dava telefonemas para encontrar um lugar para a pessoa morar, exatamente como quando era secretária da USO da rua King.

Mas Mary também cultivava aliados entre as mulheres brancas com quem trabalhava. Emma Jean Landrum, outra integrante da pequena irmandade das engenheiras de Langley, sentava-se a duas mesas de distância de Mary no escritório do Túnel de Pressão Supersônica de Quatro por Quatro Pés. Emma Jean foi oradora[9] na formatura da Universidade da Carolina do Norte na turma de Greensboro de 1946: ela abriu seu caminho na faculdade servindo refeições no refeitório e corrigindo trabalhos para professores. Como tantas das mulheres em Langley, Emma Jean tinha sido recrutada por Virginia Tucker, a antiga computadora-chefe de Langley. Nos anos que se seguiram, Emma Jean produziu vários relatórios de pesquisa[10] como parte do time do Túnel de Plano Unitário. Ela então se transferiu para o escritório do Túnel de Pressão Supersônica, onde virou uma colaboradora frequente de Kaz Czarnecki. Assim como Mary Jackson, ela se tornou engenheira em 1958.

Quando Mary pediu a Emma Jean para participar de um painel sobre carreira organizado pela unidade local do Conselho Nacional de Mulheres Negras,[11] em 1962, ela concordou prontamente. Um grupo só de meninas negras do segundo ano do ensino médio prestou muita atenção à palestra conjunta de Mary e Emma Jean intitulada "Os aspectos da engenharia para mulheres".[12] Depois, Emma Jean entreteve as garotas com fotos de sua viagem recente a Paris e a Londres. A aparência das duas diante do grupo — Mary, pequena e negra, e Emma, branca e quase meio metro mais alta — foi uma declaração tão poderosa sobre as possibilidades do campo da engenharia quanto a apresentação de fato. Não só as garotas receberam evidências em primeira mão de que mulheres poderiam ter sucesso em um campo tradicionalmente masculino como também puderam ver, na colaboração entre Mary e Emma, que era possível para um local de trabalho branco abraçar uma mulher que se parecia com elas.

Atuar como líder da Tropa de Escoteiras 60, agora uma das maiores tropas minoritárias da península,[13] estava sempre no topo das atividades voluntárias de Mary. Entretanto, ela estava ficando impaciente com a segregação que forçava um conselho separado para escoteiros negros. Por isso, começou uma campanha para que houvesse uma única organização supervisionando todos os escoteiros. Quando nomeações circularam para preencher as duas vagas da Virgínia para o encontro nacional de escoteiras em Cody, no Wyoming, Mary fez campanha para mandar sua jovem líder assistente da tropa,[14] Janice Johnson, que havia se tornado uma auxiliar capaz e uma líder por direito. Esta seria a primeira vez de Janice em um ambiente integrado — na verdade, a primeira vez dela longe de sua cidade natal —, mas Mary acreditava que ela daria conta do recado e teria uma experiência inestimável.

Mary também sabia que alguém de um lugar tão ao nível do mar precisaria de ajuda antes de caminhar por dias em uma altitude rarefeita como a das montanhas do Wyoming. Então, Mary solicitou a ajuda de Helen Mulcahy,[15] uma antiga Computadora Leste que tinha sido transferida para o departamento de edição técnica de Langley. Mary pediu a Helen, uma aficionada pelo ar livre, para levar Janice para caminhadas[16] com uma mochila completa, primeiro pela praia Buckroe e depois pelas montanhas Shenandoah, da Virgínia. Não era exatamente o treinamento mais rigoroso para uma excursão a 1.500 metros de altura, e Janice não ganhou nenhuma medalha por suas caminhadas, mas ela se manteve de queixo erguido e voltou com histórias para contar para as jovens de sua tropa e com a cabeça cheia de sonhos sobre uma vida para além do seu lar costeiro.

A cada ano que passava, parecia que o trabalho que Mary amava e o serviço comunitário que lhe dava vida tinham se tornado a mesma coisa. Ela obteve seu título de engenharia por meio de trabalho árduo, talento e foco. No entanto, a oportunidade de lutar por isso só existiu por causa do trabalho das pessoas que vieram antes dela. Dorothy Vaughan tivera um impacto positivo na carreira dela e da do fenômeno em potencial que era Katherine Johnson. Dorothy Hoover havia demonstrado que uma mulher negra era capaz do mais alto nível de pesquisa aeronáutica teórica. Pearl Young, Virginia Tucker, Kitty Joyner: Mary espelhava-se nessas mulheres também. Cada uma delas tinha aberto um pouco mais o buraco na parede, possibilitando que o próximo talento passasse. Agora que Mary tinha entrado, ela iria abrir a parede tanto quanto possível para as pessoas que viessem atrás dela.

Na manhã do dia 3 de julho, um sábado, uma multidão entusiasmada de quatro mil pessoas[17] aglomerava-se ao longo de ambos os lados da rua 25 em Newport News, dando início ao fim de semana do feriado de 4 de Julho. O clima era de verão da Virgínia na sua melhor forma: limpo, quente, apenas o suficiente de uma brisa[18] para evitar que a multidão superaquecesse, mas não forte o bastante para interferir na iminente décima corrida anual de carrinhos de rolimã da península. Os competidores da primeira bateria do dia alinharam os veículos na linha de partida no topo da ponte da rua 25. Tudo ficou em segundo plano conforme os pilotos se estabeleceram em seus carros — a vista do píer da C&O e o estaleiro abaixo, o som da multidão enérgica, os rostos da família e dos amigos que tinham vindo torcer por eles —, exceto a sensação de o veículo confinando seus membros desengonçados e o desejo de ser o primeiro carro a cruzar a linha de chegada. Os oficiais pesaram e inspecionaram cada carro.[19] Depois, tiraram na sorte para determinar as posições de largada na primeira bateria. Ao som do disparo da pistola de partida, os pilotos mirins soltaram os freios, curvaram-se em seus carros de corrida caseiros e lançaram-se morro abaixo. A corrida era um assunto que durava o dia todo, bateria após bateria de meninos adolescentes ansiosos e ávidos perseverando em meio a rodas bambas, eixos quebrados, erros de direção, decepção dos pais e fotos de chegada.

Mary Jackson podia ver o ar se movendo ao redor do corredor tão claramente como se ela estivesse olhando para uma fotografia Schlieren tirada em um túnel de vento. O carro de Levi era bem-feito; o único ajuste que requeria entre as baterias era "uma gota de óleo em cada rolamento de roda".[20] Mary, Levi pai e Carolyn, de quatro anos de idade, seguraram o fôlego quando Levi Jr. se posicionou rumo à bateria final. Pareceu uma eternidade, mas, no fim, Mary e Levi pai gritaram em delírio: o filho deles tinha terminado em primeiro, e economizando seu melhor tempo para a bateria que mais importava. Com um capacete preto e branco e a camiseta oficial da corrida, Levi Jr. atravessou a linha de chegada à velocidade relativamente rápida de trinta quilômetros por hora.[21] A família caiu em cima dele em um rompante de abraços e celebração. Para os curiosos e surpresos repórteres locais que foram ouvir o vencedor da Corrida Americana de Carrinhos de Rolimã da península da Virgínia, Levi Jackson confidenciou o segredo de sua vitória: a finura de sua máquina,[22] o que ajudou a diminuir a resistência do ar. *O que você quer ser quando crescer?*, perguntou o repórter do *Norfolk Journal and Guide*. "Quero ser um engenheiro como a minha mãe",[23] respondeu Levi.

Os louros da vitória eram de encher os olhos: um troféu de ouro, uma bicicleta novinha e uma vaga no torneio nacional da Corrida Americana de Carrinhos de Rolimã[24] em Akron, em Ohio, como o representante oficial da península da Virgínia. Lá, Levi enfrentaria pilotos de todo o país, diante de 75 mil torcedores,[25] em uma pista onde os pilotos podiam correr a velocidades que excediam cinquenta quilômetros por hora. Lá, ele seria o único ocupante de seu carrinho aerodinâmico, mas teria uma série de pessoas em seu ombro. Levi Jackson era "o primeiro menino de cor na história"[26] a vencer a corrida de carrinhos da península. Praticamente no momento em que ele cruzou a linha de chegada, as doações começaram a vir[27] do clube Bachelor-Benedicts, do Phoebus Elks, do Beau Brummell, da Liga de Serviços Femininos de Hampton, de meia dúzia de lugares de propriedade de negros e de cada uma das grandes igrejas negras de Hampton, para ajudar a cobrir os custos da viagem do herói local até Ohio. Outro "primeiro negro" para os livros! Se um menino negro podia levar o troféu da corrida de carrinho de rolimã, o que mais era possível?

Conquista por meio de trabalho duro, progresso social pela ciência, fé... Quando Levi alcançou e segurou o troféu do primeiro lugar, Mary testemunhou, em um momento de orgulho e emoção, a incorporação de tudo o que ela prezava. Claro que Mary sabia que o filho tinha uma vantagem; afinal, os dois estavam construindo para vencer. Os filhos dos bocós cerebrais *deveriam* ganhar corridas como essa, mesmo se o bocó fosse uma mulher, ou um negro, ou ambos. Ela sabia tão bem quanto qualquer um que ser parte de um "primeiro negro" era um símbolo poderoso, e por isso abraçou a conquista do filho com prazer. Mas também sabia que a melhor coisa sobre quebrar uma barreira era que ela jamais teria de ser quebrada de novo.

CAPÍTULO 20

GRAUS DE LIBERDADE

Em fevereiro de 1960, conforme a NASA prosseguia com os testes de confiabilidade da cápsula Mercury,[1] quatro estudantes da Faculdade Técnica e Agrícola da Carolina do Norte, uma escola negra em Greensboro, sentaram-se no balcão segregado de almoço de uma unidade da loja Woolworth e recusaram-se a sair até que fossem servidos. No dia seguinte, os "Quatro de Greensboro" tornaram-se um grupo de vinte ativistas. No terceiro dia, sessenta estudantes apareceram no restaurante, e, no quarto, trezentos juntaram-se ao protesto.[2] Participavam estudantes da Faculdade de Bennett, uma escola para mulheres negras de Greensboro, bem como alunos brancos da Faculdade Guilford e da Faculdade para Mulheres da Universidade da Carolina do Norte, a *alma mater* de muitas Computadoras Leste. Dentro de uma semana, os protestos, inspirados pelas ações não violentas de Mahatma Gandhi, espalharam-se por outras cidades do estado, e depois cruzaram as fronteiras para Kentucky, Tennessee e Virgínia. Os estudantes começaram a chamar esses eventos de "protestos sentados". As ordens de prisão que frequentemente ocorriam durante o ativismo não afetavam o ardor. "Queridos mamãe e papai,[3] escrevo esta carta na cela da prisão de Greensboro. Fui preso esta tarde quando entrei em um restaurante branco como lírio e me sentei...", escreveu uma jovem mulher de Portsmouth que frequentava a Faculdade Técnica da Carolina do Norte. Como um fósforo em lenha seca, os protestos sentados incendiaram o sonho havia muito adiado de igualdade para os pretos, com velocidade e intensidade que pegou de surpresa até mesmo a comunidade negra.

O Instituto Hampton foi a primeira escola fora da Carolina do Norte a organizar um protesto sentado. No campus, muitos estudantes entraram em contato com um dos primeiros ícones da mobilização que parecia estar ganhando força nacional. Cinco anos antes, Rosa Parks, a costureira membro da NAACP, de Montgomery, Alabama, recusou-se a ceder lugar no ônibus a um homem branco, provocando o boicote de ônibus liderado por Martin Luther King Jr. e Ralph Abernathy. Em seguida, houve uma reação violenta feroz contra Parks: ela recebeu ameaças de morte, e tanto ela quanto o marido, Raymond, foram parar na lista negra dos empregos em Montgomery. O presidente do Instituto Hampton procurou Parks e ofereceu-lhe emprego como anfitriã[4] da sala de jantar dos professores, a hospedaria Holly Tree. Parks aceitou, chegando ao campus em 1957, em cujo restaurante trabalhou até 1958.

Quando os protestos sentados chegaram a Hampton, Christine Mann tinha 18 anos e fazia duas graduações no Instituto. O pai insistira para que ela obtivesse o diploma de magistério caso a carreira em ciências não desse certo. Christine foi cativada pelo movimento ativista nascente e, embora tivesse um semestre lotado de aulas de matemática e física e de cursos extras de educação, encontrou tempo para se juntar aos protestos, que por fim se tornaram marchas de mais de setecentas[5] pessoas. Estudantes seguiam até o centro de Hampton e convergiam nos balcões de almoço da Woolworth's e da Wornom's, a drogaria local. Ocupavam silenciosamente as lojas, alguns sentando à mesa para ler e fazer lições, até que os donos baixassem as portas[6] no meio da tarde. No mês seguinte, quinhentos estudantes organizaram um protesto pacífico[7] pelo centro da cidade. Um grupo reivindicante de 13 líderes do movimento convocou uma coletiva de imprensa com os jornais locais. "Queremos ser tratados como cidadãos americanos",[8] disseram aos jornalistas. "Se isso significa integração em todas as áreas da vida, então é o que queremos."

Christine também decidiu se juntar às campanhas de registro de eleitores organizadas em Hampton, indo de porta em porta nos bairros negros,[9] implorando que os eleitores negros se registrassem a tempo de fazer suas vozes serem ouvidas na disputa em novembro de 1960 entre o vice-presidente republicano Richard Nixon e o senador democrata do Massachusetts John F. Kennedy.

Apesar de sua luta ferrenha pelo empoderamento econômico do preto, o posicionamento do Instituto Hampton a respeito da integração sempre foi moroso, com exceção notável do presidente em tempos de guerra Malcolm MacLean. Agora, pela primeira vez com um presidente negro, até mesmo Hampton sucumbiu ao *zeitgeist*. A filha mais velha de Dorothy Vaughan, Ann, que havia deixado o Instituto em 1957, retornou no outono de 1959 para se graduar. Ela voltou para um campus vivo, esbaforido até,[10] diante da possibilidade de mudança social significante e permanente. Um rumor espalhava-se como fogo de palha pela rede de estudantes energizados — um rumor que parecia totalmente improvável, mas que se fixou como fato —: de que os astronautas estavam contribuindo com os estudantes organizadores das atividades.[11] Os astronautas representavam tudo o que a maioria americana adorava — *e eles estão do nosso lado*, impressionavam-se os estudantes. Era a simples *ideia* de que aqueles moços típicos americanos de cabelos curtinhos, embora furtivamente, estivessem ao lado dos ativistas estudantes pretos! A impossibilidade de confirmação do rumor não atrapalhava em nada. No começo de uma década em que tudo parecia possível, nada parecia impossível.

Se tinha alguém que podia falar a respeito do impacto de longo prazo provocado pela ação persistente e também do poder das forças opositoras à mudança, esse alguém era Dorothy Vaughan. O governador da Virgínia, Lindsay Almond, capitulou na luta contra as escolas, reabrindo em 1959 as de Norfolk, Charlottesville e Front Royal[12] e aproximando-se da integração: 86 estudantes negros passaram a frequentar escolas com brancos nesses distritos. No condado de Prince Edward, no entanto, os segregacionistas não cederiam. Eles preferiram acabar com todo o sistema educacional, incluindo a escola Robert Russa Moton, em Farmville, a integrar. Nenhuma municipalidade em todo o país tinha tomado atitude tão inflexível. Enquanto pais brancos encaminhavam os filhos para as novas academias da segregação, as famílias negras com mais oportunidades enviavam os filhos para outros estados, até para a Carolina do Norte, para morar com parentes e assim tentar salvar a educação das crianças. As escolas de Prince Edward permaneceriam fechadas de 1959 até 1964, cinco longos e amargos anos. Conhecidas como a "Geração Perdida", muitas das crianças afetadas nunca conseguiram recuperar as séries que não frequentaram. A Virgínia, um estado com uma das maiores concentrações de talento científico do mundo, liderava o país na negação de educação a seus jovens. Os amigos de Dorothy e antigos colegas da Moton observavam incapacitados o futuro de suas crianças ser sacrificado na batalha sobre o futuro das escolas públicas da Virgínia. Comentando a situação em 1963, o procurador-geral dos Estados Unidos, Robert Kennedy, disse: "Os únicos lugares no mundo que não oferecem educação pública[13] são a China comunista, o Vietnã do Norte, Sarawak, Cingapura, as Honduras Britânicas… e o condado de Prince Edward, na Virgínia".

Enquanto isso, Langley seguia em direção contrária. Quando Dorothy Vaughan desligou as luzes pela última vez no escritório da Computação da Área Oeste, ela e as mulheres que restavam na equipe segregada foram despachadas para os quatro cantos do laboratório, finalmente alcançando as colegas com cargos permanentes em equipes de engenharia. Marjorie Peddrew e Isabelle Mann[14] foram para Dinâmicas de Combustíveis; Lorraine Satchell e Arminta Cooke juntaram-se a Mary Jackson na Unidade de Túneis Supersônicos; Hester Lovely e Daisy Alston foram para a Unidade de Jatos Hipersônicos de Vinte Polegadas; Eunice Smith foi para Cargas Terrestres; e Pearl Bassette foi designada para o Túnel Hipersônico de Onze Polegadas.

Quanto à antiga líder das Computadoras Oeste, Dorothy Vaughan, ela se encontrou em uma nova cadeira em um edifício novo em folha. Em 1960, Langley havia acabado de terminar o Prédio 1268, uma instalação do lado oeste que abrigava um dos maiores complexos de computação avançada da Costa Leste. A computação eletrônica havia saído debaixo das asas da pesquisa aeronáutica para tomar o palco principal. Consequentemente, Langley centralizou as operações de computação em um grupo chamado ACD (Divisão de Análise e Computação, em português), criado para servir a todas as operações de pesquisa do centro, bem como para providenciar computação terceirizada. O organograma da ACD era um retrato de duas décadas de mudança em Langley. Dorothy reencontrou muitas de suas Computadoras Oeste, que agora trabalhavam lado a lado com antigas Computadoras Leste, como Sara Bullock e Barbara Weigel.

Talvez mais impressionante que a integração racial de matemáticas, que havia anos se espalhava naturalmente por Langley, era o fato de um grupo focado em computação empregar um número cada vez maior de homens. A função de computar havia sido promovida de organização prestadora de serviços exclusiva por mulheres com pouco hardware a uma divisão de alto nível com um orçamento operacional de oito dígitos. Começava a parecer mais como uma plataforma de lançamento e possibilidade de carreira para jovens ambiciosos. As máquinas que ocupavam salas inteiras refaziam os antigos modelos de pesquisa aeronáutica. Sua ascensão marcou o começo de uma era que prometia ser ainda mais importante do que aquela trazida pela máquina voadora. Para o bem ou para o mal, também sinalizava o começo do fim da computação como trabalho feminino.

Algumas das mulheres mais velhas do centro, aquelas que ainda dependiam das calculadoras mecânicas, pareciam isoladas em uma ilha, separadas da terra por um golfo que se alargava a cada ano. O começo da década de 1960 foi um ponto de inflexão na história da computação, uma linha divisória entre o período em que os computadores eram humanos e depois inanimados. Entre quando uma tarefa de computação era entregue a uma sala cheia de mulheres em mesas cujo tampo trazia máquinas de calcular mecânicas de quinhentos dólares, e de quando a tarefa era processada por um computador do tamanho da sala e que custava mais de um milhão de dólares.

Dorothy Vaughan estava bem ciente da linha invisível que separava o passado do futuro. Aos cinquenta anos de idade e depois de muito tempo na segunda carreira, ela se reinventou como programadora de computador. Os engenheiros ainda peregrinavam até sua mesa, pedindo ajuda com a computação. Porém, em vez de confiar a tarefa a uma das garotas, Dorothy marcava um encontro com o computador IBM 704 que ocupava a maior parte de uma sala no porão do Prédio 1268, um local com temperatura glacial para evitar que os tubos a vácuo da máquina superaquecessem.

Antigamente, Dorothy teria colocado as equações em uma tabela e explicado a uma das garotas como preenchê-la. Na ACD, seu trabalho era converter as equações dos engenheiros para a linguagem do computador

— FORTRAN — por meio de uma máquina especial que furava cartões de 18,7 por 8,3 centímetros impressos com uma fileira de oitenta colunas, cada uma apresentando números de zero a nove, cada espaço representando um número, uma letra ou um caractere. Uma vez furado, cada cartão cor de creme representava um conjunto de instruções FORTRAN.

Quanto mais longa e complexa a programação, com mais cartões o programador alimentava o computador. As máquinas funcionavam com dois mil cartões — duas mil linhas de instruções. Mesmo programas modestos poderiam necessitar de uma bandeja com centenas de cartões, que precisavam alimentar o computador em uma ordem correta — para desespero do desajeitado que derrubasse uma caixa de cartões no chão. Alguns programadores tentavam evitar o desastre com um marcador: riscavam uma grossa linha em diagonal na superfície do lado de uma pilha vertical de cartões, uma linha contínua do canto do primeiro cartão até o ponto oposto do último, torcendo para que aquele minúsculo ponto de cor em cada um providenciasse a chave para realinhar na ordem correta os cartões misturados.

Por mais potente que um computador da ACD fosse, os mestres do Projeto Mercury necessitariam de ainda mais cavalos de força eletrônicos para o que viria a seguir. Ao fim da década de 1960, a NASA comprou dois IBM 7090 e os instalou em uma unidade de ponta no centro da cidade de Washington, gerenciado pelo Centro de Voo Espacial Goddard, em Greenbelt, em Maryland, um centro de pesquisa prática da NASA aberto em 1959 para focar exclusivamente a ciência espacial. A agência instalou um terceiro computador, um IBM 709, um pouco menor, em um centro de dados nas ilhas Bermudas. Os três computadores em conjunto monitorariam e analisariam todos os aspectos dos voos espaciais, do lançamento até o mergulho.

Os voos suborbitais planejados apresentavam um conjunto controlado de desafios. Lançados do Cabo Canaveral, na Flórida, e aterrissando no Atlântico em um ponto a oitenta quilômetros das ilhas Turcas e Caicos, a cápsula colidida permaneceria dentro do alcance de comunicação do Centro de Controle de Missão na Flórida e dos centros de dados na capital e nas Bermudas. Voos orbitais — que enviavam o astronauta em um ou mais circuitos de noventa minutos ao redor do globo, distanciando do contato visual e por rádio do Centro de Controle, voando sobre território inimigo

— faziam subir as apostas. O contato constante com o astronauta durante cada minuto de cada órbita era um pré-requisito para o voo.

Ficou com Langley a tarefa de construir uma rede mundial de estações de rastreio que mantivessem uma comunicação de duas vias entre o veículo espacial e o Centro de Controle. Langley colocou todos os recursos disponíveis no projeto de oitenta milhões de dólares em 1960, ajustando as peças finais pouco antes de dezembro de 1960, a data originalmente programada para a primeira missão suborbital. A rede de rastreio Mercury era por si só um projeto cujas escala e ousadia rivalizavam com as missões espaciais que apoiava. As 18 estações de comunicação posicionadas a intervalos definidos ao redor do globo, incluindo duas em navios da Marinha (um no oceano Atlântico e outro no Índico), usavam poderosos receptores de satélite para capturar o sinal de rádio da cápsula Mercury conforme ela passava no alto. Cada estação transmitia dados sobre posição e velocidade do veículo para o controle da Mercury, que replicava os dados para os computadores em Goddard. O software CO3E, desenvolvido pelo Centro de Análise da Missão e programado nos computadores IBM, integrava todas as equações de movimento que descreviam a trajetória da espaçonave, alimentava-se com os dados em tempo real das estações remotas e então projetava o restante do caminho do voo, inclusive o ponto do mergulho. Os computadores também soavam o alarme ao primeiro sinal de problema. Qualquer desvio da rota projetada, evidência de avaria ou sinais vitais anormais de algum astronauta, que também eram monitorados e cujos dados eram enviados para médicos em terra, colocaria o Centro de Controle a postos para a resolução de problemas.

A data de lançamento da primeira missão tripulada do Projeto Mercury foi estipulada para 1961, ano que se mostrou imprevisível desde o começo: em 3 de janeiro, os Estados Unidos cortaram relações diplomáticas com Cuba, outro passo na estrada da Guerra Fria com a Rússia. O presidente Dwight Eisenhower, em seu último discurso em janeiro do mesmo ano, atacou o crescente complexo industrial-militar do país. Em 6 de março, o presidente recém-empossado John F. Kennedy anunciou o Decreto 10.925, ordenando que o governo federal e seus colaboradores tomassem "ações afirmativas" para garantir oportunidade igualitária a todos os funcionários e pretendentes, independentemente de raça, fé, cor ou origem. Ao longo de tudo isso, a Força-tarefa Espacial, o Grupo de Pesquisa de Langley e outros centros da NASA e milhares de colaboradores da NASA seguiram em frente com os testes de aerodinâmica, de estrutura, de material e de componentes,[15] aproximando-se de uma data de lançamento em maio.

No meio das grandes esperanças americanas por redenção nos céus, os soviéticos atacaram outra vez. Em 12 de abril de 1961, o cosmonauta russo Yuri Gagarin, em um único golpe, tornou-se o primeiro humano a ir para o espaço e a orbitar a Terra. "Poderíamos ter passado na frente deles,[16] deveríamos ter passado", recordou o diretor de voo do Projeto Mercury, Chris Kraft, décadas mais tarde. Mas, diferentemente da desorientação, da ansiedade e do medo que o Sputnik provocou, a agência encarou o golpe. Certamente com dor e vergonha, mas os americanos conseguiram transformar as emoções em intensidade renovada para a missão, empregando todos os talentos, e os princípios da matemática, da física e da engenharia, para criar um plano preciso e completo. E o executaram com o conhecimento de que havia apenas uma direção a seguir: em frente.

Seriam necessários milhões de testes, simulações, investigações,[17] inspeções, verificações, corroborações, experimentos, checagens e ensaios para mandar o primeiro americano para o espaço, um precursor ao objetivo do Projeto Mercury de colocar um homem em órbita. Todas as missões envolviam a cápsula Mercury, embora variassem os foguetes — Scout, Redstone e Atlas. Mercury-Redstone 1, ou MR-1, a primeira missão para reunir a cápsula ao foguete Redstone, falhou na plataforma de lançamento. MR-2, com um chimpanzé chamado Ham[18] como tripulante, errou o ponto de aterrisagem em 96 quilômetros e estava quase submerso quando foi finalmente pinçado do oceano. Abrindo as cortinas de seu trabalho de três anos e meio, a NASA tomou a ousada decisão de transmitir ao vivo o lançamento da primeira missão tripulada por humanos do Projeto Mercury: Mercury-Redstone 3, com o astronauta Alan Shepard. Quarenta e cinco milhões de americanos[19] testemunhariam o sucesso ou o fracasso da MR-3. Quando Shepard por fim se ajustou na minúscula cápsula — apenas 182 centímetros de diâmetro e pouco mais de dois metros de altura — e foi para o espaço naquele cilindro Redstone, alcançando a altitude de 187,4 quilômetros acima da Terra,[20] foi uma ressurreição para os Estados Unidos e a dose de adrenalina de que a NASA precisava.

O voo suborbital na cápsula que Shepard batizou de Freedom 7 durou apenas 15 minutos e 22 segundos e cobriu 487,6 quilômetros,[21] aproximadamente a distância entre Hampton, Virgínia e Charleston, na Virgínia Ocidental. O Freedom 7 era uma façanha sem graça se comparada com o voo orbital de Gagarin um mês antes, mas o sucesso fez com que o presidente Kennedy ousasse jurar ao país um objetivo ainda mais ambicioso: uma missão tripulada por homens para a Lua.

"Acredito que esta nação deva se comprometer a alcançar o objetivo[22] antes do fim desta década, de pousar um homem na Lua e trazê-lo de volta em segurança para a Terra", disse o presidente diante de uma seção do Congresso, quase três semanas depois do voo de Shepard. Todos os funcionários da NASA envolvidos em um programa espacial, ainda trabalhando dia e noite no Projeto Mercury, suaram frio. A agência sequer tinha colocado um homem em órbita e o Kennedy já enviava alguém para a Lua?

Era um prospecto atemorizante — e o mais empolgante. Nunca antes mencionado para o público, levar o homem à Lua, um dos sonhos mais profundos e antigos da humanidade, sempre fora um sonho particular de Langley também. Porém, com apenas um sucesso operacional nas costas e seis missões Mercury por vir — e o voo orbital ainda apenas na teoria —, o caminho da NASA para a Lua parecia inimaginavelmente complexo. Os engenheiros estimaram que o vindouro voo orbital, incluindo a rede global de rastreio operada por homens, requisitava um time de 18 mil pessoas.[23] A preparação para um pouso lunar demandaria muitas vezes mais pessoas do que a Mamãe Langley poderia prover.

Os rumores ganharam viés de verdade: a Força-tarefa Espacial em Hampton aproximava-se do fim. Os funcionários de Langley e os locais fizeram campanha para evitar que a cria não deixasse o ninho. Geografia e política sorriram para a Virgínia em 1915, quando o NACA procurou por uma área para estabelecer seu campo de testes e seu laboratório aeronáutico. Como no período antecedente à Primeira Guerra Mundial, o governo federal providenciou uma lista de locais possíveis para a sede de sua equipe espacial, combinando clima, terreno disponível e políticos amistosos. Em 1960, vinte locações passaram pelo crivo,[24] e Virgínia não era uma delas.

Graças em boa parte à influência de texanos poderosos, incluindo o vice-presidente Lyndon Johnson, a NASA decidiu mover o programa espacial para Houston. Muitos dos funcionários de Langley — os ex-doidos do NACA, incluindo Katherine Johnson — teriam de fazer escolhas difíceis. Eles estavam habituados a morar no litoral, com frutos do mar em abundância, invernos suaves e a água que rodeava aquele pedacinho solitário de terra, coisas que se tornaram parte deles. Seguir a liderança do presidente na direção do espaço, eles sabiam, logo significaria escolher entre o lugar que lhes proporcionava senso de comunidade e a paixão por um trabalho que dava um sentido a suas vidas.

No Prédio 580 do lado leste de Langley, os antigos colegas de Katherine, Ted Skopinski, John Mayer, Carl Huss e Harold Beck, que lideravam a unidade de Análise da Missão dentro da crescente Força-tarefa Espacial, preparavam-se para a mudança para Houston. Mary Shep Burton, Catherine T. Osgood e Shirley Hunt Hinson, as auxiliares de matemática que executavam o software de análise de trajetória no IBM 704, também resolveram ir. A não ser que mais mulheres de Langley se oferecessem para se mudar, os membros da unidade temiam que o novo escritório "fosse ficar terrivelmente desfalcado"[25] justamente quando a quantidade de trabalho transbordasse.

Katherine Johnson fora convidada para transferir-se para Houston[26] com o grupo, mas seu marido, Jim, queria ficar perto dos familiares. Resistir ao chamado de Houston, não seguir o nervo central do programa espacial para o outro lado do país, era difícil tanto para ela quanto para muitas de suas colegas. Não era "prático" recrutar as matemáticas de que precisariam na Virgínia. Então, Mary Shep Burton e John Mayer foram para Houston recrutar "cinco jovens mulheres qualificadas"[27] para vir a Langley treinar antes de montarem uma equipe computacional permanente na área em construção chamada Centro de Espaçonaves Tripuladas. A decisão ecoou o estabelecimento da primeira equipe de matemáticas em Langley 25 anos antes.

Os residentes do Prédio 1244 poderiam ficar quietinhos em Langley, mas, apesar da preocupação, restou muito trabalho para eles no Projeto Mercury. O voo de Alan Shepard triunfou. MR-4, o voo suborbital de Virgil "Gus" Grissom em julho de 1961, ocorreu de forma ilesa.

A primeira missão orbital da NASA e a estreia da importante rede de rastreio e comunicação brilhavam na distância como uma miragem. Katherine e Ted Skopinski apresentaram o básico para uma trajetória orbital quase dois anos antes, no importante relatório do Ângulo Azimute. Depois, passaram a responsabilidade do cálculo para as condições do lançamento para os computadores IBM. Como Dorothy Vaughan, Katherine Johnson sabia que o resto de sua carreira seria definido pela sua habilidade em usar os computadores eletrônicos para transcender os limites humanos. Mas, antes que ela se voltasse totalmente para a computação eletrônica, Katherine Johnson lidaria com uma última e importantíssima tarefa, ainda utilizando técnicas e ferramentas que pertenceram à era humana da computação. Como seu colega da Virgínia Ocidental, John Henry, o homem--martelo que encarou o martelo movido a vapor, Katherine Johnson logo teria de enfrentar o talento do computador eletrônico.

CAPÍTULO 21

A PARTIR DO PASSADO, O FUTURO

Enviar um homem para o espaço era um pedido bem difícil de atender, mas era a parte de trazê-lo de volta em segurança para a Terra que tirava o sono de Katherine Johnson e do restante dos peregrinos do espaço. Cada missão apresentava uma variedade de caminhos desastrosos, a começar pelo notoriamente temperamental foguete Atlas, um míssil balístico intercontinental de 29 metros de altura e com 3,5 milhões de cavalos de potência[1] que tinha sido modificado para impulsionar a cápsula Mercury para a órbita. Duas das últimas cinco excursões do Atlas tinham fracassado. Em uma delas, ele subiu para o céu e logo entrou em erupção em bolas de fogo espetaculares com a cápsula ainda conectada. Isso não exatamente fortalecia a confiança de quem se prepararia para subir nela e para ir à órbita, mas era o mais potente Atlas que aceleraria a cápsula Mercury até a velocidade orbital. A cápsula em si era a lata mais sofisticada do planeta. Os sistemas de oxigênio e de pressurização do veículo ficavam entre o astronauta e o vácuo esmagador e mortal do espaço. Essas funções e outras — cada interruptor, cada indicador, cada medidor — tinham de ser testadas e retestadas por qualquer sopro de possível falha. Conforme o foguete era lançado de sua plataforma de lançamento e acelerava para o céu em direção à velocidade máxima, a pressão aerodinâmica sobre a cápsula também aumentava para um ponto conhecido como "max Q". Se a cápsula não fosse forte o suficiente para suportar as forças que agiam em seu max Q, ela poderia simplesmente explodir. Um senador republicano da Pensilvânia chamou o conjunto da cápsula Mercury com o Atlas de "uma engenhoca de Rube Goldberg junto ao pesadelo de um encanador".[2]

Tudo estava sobre o domínio das leis da física e da matemática dos bocós cerebrais. A missão era colossal em seu escopo, mas eram necessários uma extrema precisão e o maior rigor possível. Um número transposto para calcular o azimute de lançamento, um número significativo muito baixo para medir o peso da cápsula totalmente cheia, o erro na contabilização de velocidade do foguete e aceleração ou a rotação da Terra poderiam ter um efeito cascata através da cadeia de dependências, causando consequências sérias, talvez catastróficas. Tantas maneiras de estragar tudo, e apenas um jeito incrivelmente complexo, escrupulosamente modelado, incessantemente ensaiado e incansavelmente testado de ter sucesso.

Claro que ninguém entendia isso melhor do que o astronauta John Glenn. O ex-piloto de testes da Marinha tinha feito uma campanha feroz — e sem sucesso — para ser o primeiro da Mercury Seven a navegar nos céus. Agora a NASA pegara Glenn para a MA-6, o voo orbital que lançaria a sorte do futuro da agência espacial, e ele não estava deixando nada ao acaso. Ele estava indo até o limite físico, correndo todos os dias[3] para ficar em forma, aliando-se ao colega astronauta Scott Carpenter para praticar a saída na água a partir da cápsula[4] no rio Back no lado leste de Langley. Com a experiência de Alan Shepard e Gus Grissom como guia, os médicos da NASA preocupavam-se um pouco menos com os perigos para a saúde que Glenn poderia enfrentar a bordo, pois na cápsula ele estaria ligado a fios como um rato de laboratório, cada um dos seus sinais vitais sendo transmitidos e monitorados pelos médicos no solo. O espectro do erro humano estava sempre presente, claro, então Glenn trabalhou obsessivamente com simuladores e procedimentos de treinamento, colocando-se em centenas de missões simuladas,[5] aperfeiçoando suas respostas para cada cenário de falha que os engenheiros pudessem imaginar.

Como um piloto de testes experiente, Glenn sabia que o único jeito de eliminar todo perigo da missão era nunca sair da Terra. Em 1957, o antigo membro da Marinha tinha sido o primeiro piloto a manter uma velocidade supersônica média em um voo transcontinental. Desde o início do Projeto Mercury, os engenheiros da NASA tinham a tarefa delicada de equilibrar a urgência de ir ao espaço o mais rápido possível com o risco que lhes parecia razoável pedir para sua carga humana aceitar. A experiência e a análise os informaram de que, em algum lugar ao longo desse caminho arriscado, eles com certeza encontrariam problemas imprevistos ou então bateriam de frente com estatísticas azaradas, aquela vez em mil na qual o pior cenário possível acontecia. O que estava no controle deles, entretanto, tentaram com todas as forças blindar, mesmo que isso significasse esticar — até não cumprir — o cronograma. O primeiro voo orbital do Projeto Mercury estava originalmente agendado para ocorrer no fim de 1960, sob o governo do presidente Eisenhower. Testes adicionais e ajustes finos — uma falha no sistema de resfriamento aqui, uma interrupção no fornecimento de oxigênio ali, a necessidade de implementar melhorias com base nos voos não tripulados e suborbitais anteriores — conspiraram para empurrar a data[6] para a administração do vindouro presidente Kennedy. A NASA estabeleceu julho de 1961 como uma nova data para o voo orbital. Depois, reagendou para outubro e, depois, dezembro. Finalmente, a missão acabou em 1962.

Enquanto a NASA parecia hesitar no chão, o cosmonauta russo Gherman Titov seguiu o triunfo de Yuri Gagarin com um voo orbital de sucesso em abril de 1961 e passou quase um *dia inteiro* no espaço, em 6 de outubro de 1961. Os oficiais do governo americano, a imprensa e o público expressaram seu desapontamento com os atrasos, muitos contestando o julgamento e a competência da agência. Mesmo quando as questões técnicas eram dadas, o time de lançamento tinha de enfrentar o clima. Um longo trecho de céu baixo e nublado no Cabo Canaveral pôs fim em mais dois lançamentos programados, em 20 de janeiro e 12 de fevereiro de 1962. Finalmente, a Força-tarefa Espacial fixou a data de 20 de fevereiro de 1962 como o debute de John Glenn.

Os incessantes atrasos e as altas apostas no projeto fariam a maioria dos indivíduos perder o foco, mas John Glenn deu entrevistas ponderadas e otimistas para a imprensa impaciente e ocupou-se em deixar sua mente e seu corpo na melhor das condições. Três dias antes da data mais significativa de sua vida, Glenn passou por uma simulação final, executando uma verificação completa do seu plano de voo. Antes de se comprometer com seu destino, contudo, o astronauta implorou aos engenheiros que fizessem mais uma verificação: uma revisão da trajetória orbital que tinha sido gerada pelo computador IBM 7090.

Muitos dos aspectos operacionais do vindouro voo de John Glenn tinham sido refinados por testes durante os anos que se seguiram ao Sputnik, e o conhecimento e a experiência adquiridos durante os primeiros dias foram consolidados durante a execução dos voos suborbitais. A equipe de recuperação tripulou confiante suas estações ao redor do globo, pronta para "pescar" o astronauta e sua cápsula na água. A NASA empenhou um esforço considerável em construir redundâncias e sistemas de falha segura na rede dos computadores da IBM e na estação 18 da rede de rastreamento do Mercury.

Os astronautas, por experiência e por natureza, resistiam aos computadores[7] e a seus intelectos fantasmagóricos. Em um teste de voo, um piloto apostou sua reputação e sua vida na sua capacidade de exercer controle total, direto e constante do avião. Um pequeno erro de julgamento ou uma partícula de atraso na decisão sobre um curso de ação poderia ser a diferença entre segurança e calamidade. Em um avião, pelo menos, era decisão do piloto. O sistema "voar por fios" das missões Mercury, nas quais a nave e seus painéis eram controlados por meio de comunicação por rádio pelos computadores eletrônicos que zumbiam no chão, fazia com que os astronautas saíssem de sua zona de conforto. Cada engenheiro e cada matemático tinham algum episódio de ter encontrado erros ao reconferir os dados das máquinas. E se o computador perdesse energia ou parasse de funcionar ou de trabalhar durante o voo? Isso também era algo que acontecia com uma frequência grande o bastante para fazer a equipe toda parar.

Já as computadoras humanas triturando todos esses números... *Isso* era algo que os astronautas entendiam. As mulheres matemáticas dominavam as calculadoras mecânicas da mesma maneira que os pilotos de teste dominavam os aviões mecânicos. Os números iam para as máquinas um de cada vez, saíam um de cada vez, e eram armazenados em um pedaço de papel para qualquer um ver. E o mais importante: os valores fluíam dentro e fora da mente de uma pessoa real, alguém com quem se podia discutir, questionar, enfrentar, olhar nos olhos se necessário. O processo de chegar a um resultado definitivo era provado e comprovado, e completamente transparente.

Os computadores que pilotavam naves espaciais podiam ser o futuro, mas isso não significava que John Glenn precisava confiar neles. Entretanto, ele confiava nos colegas inteligentes que controlavam os computadores. E os colegas inteligentes que controlavam os computadores confiavam na computadora *deles*, Katherine Johnson. Era tão simples como a matemática do ensino fundamental: pela propriedade transitiva de igualdade, portanto, John Glenn confiava em Katherine Johnson. A mensagem chegava por John Mayer ou Ted Skopinski, que entregava para Al Hamer ou Alton Mayo, os quais mandavam para a pessoa a quem se destinava.

“Chamem a garota que verifica os números”, disse o astronauta. “Se ela disser que os números são bons, estou pronto para partir”, continuou ele.

A era espacial e a televisão estavam ganhando terreno ao mesmo tempo. A NASA estava ciente de que a tarefa diante de si não era apenas sobre como fazer história, mas também sobre como fazer um mito, adicionando um novo capítulo emocionante da narrativa americana que venerava trabalho duro, ingenuidade e o triunfo da democracia. No Cabo, uma câmera de bastidores fazia uma captação extensa de filmagem dos astronautas enquanto eles caminhavam através de cada estação da viagem que já tinham feito centenas de vezes nos simuladores da NASA, alimentando um documentário a ser lançado no fim daquele ano. A agência enviou uma equipe de filmagem para cada uma das estações de monitoramento remoto, gravando os times de comunicação enquanto eles completavam seus *check-ups* pré-voo. E a filmagem que mostrava minuto a minuto o drama do Controle de Missão — homens brancos em camisas brancas e com gravatas pretas finas usando fones de ouvido, virados para frente em longas mesas equipadas com consoles de comunicação, hipnotizados pelo enorme mapa eletrônico do mundo na parede diante deles — criou a imagem duradoura do engenheiro no trabalho.

Enquanto isso, longe da linha de frente, fora das vistas das câmeras, os funcionários negros — cujo número vinha aumentando em Langley e em todos os centros da NASA desde o fim da Segunda Guerra Mundial

— estavam ocupados calculando números, fazendo simulações, escrevendo relatórios e sonhando com as viagens espaciais junto com seus colegas brancos, tão curiosos quanto quaisquer outros bocós cerebrais a respeito do que a humanidade poderia encontrar uma vez que se aventurasse para longe de sua ilha esférica, e exigindo com a mesma obstinação as respostas para as suas perguntas. No Centro de Pesquisa Lewis, em Ohio, um cientista negro chamado Dudley McConnell[8] estava entre os pesquisadores que trabalhavam no aquecimento aerodinâmico, um dos mais sérios desafios que os astronautas enfrentavam ao reentrarem na atmosfera da Terra e caírem em direção ao oceano. Annie Easley, que tinha se juntado ao Laboratório Lewis em 1955, era da equipe do Projeto Centaur,[9] que desenvolvia uma plataforma de foguete que acabou por ser utilizada no Atlas. No Centro de Voo Espacial Goddard, em Maryland, o qual comandava a operação dos dois IBM 7090 que monitoraria a nave espacial e transmitiria informações para o Controle de Missão, um graduado pela Universidade Howard chamado Melba Roy[10] supervisionou uma seção de programadores que trabalhavam nas trajetórias.

Também em Goddard estava Dorothy Hoover, embarcando no terceiro (ou quarto, ou talvez quinto) ato de sua carreira. Seguindo seu trabalho de pós-graduação na Universidade de Michigan, Hoover tinha trabalhado no Departamento de Clima[11] por três anos. Talvez nostálgica pela agência que tinha impulsionado sua carreira matemática, ela se transferiu para Goddard em 1959, o único dos centros que tinha sido criado organicamente fora da NASA. Sua carreira continuava a avançar; agora ela estava em nível sênior no GS-13. Enquanto os colegas dela em Langley colocavam suas mentes para trabalhar no projeto de engenharia do século, Dorothy Hoover voltou-se para o trabalho teórico que amava, continuando o registro de publicação com um livro em coautoria sobre física computacional.

Era em Langley onde o progresso das últimas duas décadas era mais evidente. No Túnel de Dinâmica Transônica, Thomas Byrdsong conseguiu uma vantagem sobre o longo caminho para a Lua ao testar um modelo de um foguete Saturn, um veículo de lançamento do tamanho de uma sequoia. O engenheiro Jim Williams, ainda na equipe com John D. "Jaybird" Bird, já estava ajudando a trabalhar para honrar o compromisso de um pouso na Lua feito pelo presidente Kennedy. A divisão seria associada ao encontro da órbita lunar, uma das soluções mais engenhosas e elegantes para o desafio de impulsionar objetos extremamente pesados na viagem de centenas de milhões de quilômetros de ida e volta da Lua.

A Computação Oeste não existia mais em um espaço físico, mas seus alunos colocaram as mentes e as mãos a serviço do programa espacial — embora, no caso de Dorothy Vaughan, fosse um esforço indireto. Os operadores de computador dos dois IBM 7090 utilizados para monitorar o voo foram acomodados em Goddard, e muito da análise estava sendo feita na Missão de Planejamento e Análise da Força-tarefa Espacial. As mulheres e os homens na ACD estavam muito ocupados como sempre, contudo. Foi correto o palpite de Dorothy de que aqueles que sabiam como programar os dispositivos não seriam chamados para o trabalho. Embora ela não estivesse na linha de frente da programação que era feita no Projeto Mercury, teve participação ativa nos cálculos que eram usados no Projeto Scout,[12] um foguete de combustível sólido que Langley testou nas instalações da Ilha Wallops. Ela havia até mesmo feito viagens até o lugar de teste. O foguete Scout tinha cumprido um papel importante de lançar as bases para os esforços de voo espacial tripulado. Os engenheiros usaram um manequim, pesando tanto quanto um astronauta real, para um voo orbital em novembro de 1961.

Outras Computadoras Oeste tinham uma visão mais próxima. Miriam Mann trabalhava para Jim Williams, implementando os números para a pesquisa do "encontro" que permitiria que dois veículos se atracassem no espaço. No Túnel de Pressão Supersônica de Quatro por Quatro Pés, Mary Jackson conduziu testes da cápsula Apollo e outros componentes, aperfeiçoando sua forma para a parte da viagem que ocorreria em regime de velocidade supersônica. Esse trabalho renderia a ela o Prêmio de Realização do Time Apollo. Sue Wilder arregaçou as mangas em meio aos "cientistas loucos"[13] da Unidade Magnetoplasmadinâmica de Langley (MPD), já que seu trabalho também dizia respeito à física de um veículo entrando na atmosfera.

No entanto, por causa do relacionamento próximo aos pioneiros da Força-tarefa Espacial, foi Katherine Johnson quem se encontrou em uma posição para fazer a contribuição mais imediata para o desfile que estava prestes a começar na Flórida. A implicação mais ampla de seu papel como mulher negra em um país ainda segregado, ajudando a acender o rastilho que impulsionaria aquele país a conquistar uma de suas maiores ambições, era um tópico que ocuparia a mente dela pelo resto de sua vida. Mas, com o fim da contagem regressiva à vista, aquela era uma questão para o futuro. Agora, ela era uma matemática, uma cidadã americana cujos maiores talentos tinham sido reconhecidos, e que estava prestes a oferecer esses talentos a serviço de seu país. Katherine Johnson sempre tinha acreditado muito no progresso, e, em fevereiro de 1962, mais uma vez, ela se tornou o seu símbolo.

Quando houve a ligação telefônica, uma Katherine de 43 anos estava sentada à sua mesa no Prédio 1244. Ela ouviu por cima a conversa com o engenheiro que atendeu ao telefone, assim como aquela entre Dorothy Vaughan e o engenheiro em 1953, o pedido que a mandou para a Divisão de Pesquisa de Voo duas semanas depois de ela chegar a Langley. Ela sabia que era a "garota" de quem falavam ao telefone. Tinha visto os astronautas em torno do edifício, claro. Eles haviam passado muitas horas no hangar abaixo, preparando-se para suas missões em uma máquina de simulação chamada Treinadora de Procedimentos. Algumas de suas sessões de informação com os caras inteligentes tinham acontecido no andar de cima, embora ela não tivesse sido convidada a comparecer nessas reuniões. Não importava que John Glenn não sabia, ou não se lembrava, do nome dela. O que importava, até onde era da conta dele — e *dela* —, era que Katherine era a pessoa certa para o trabalho.

Muitos anos depois, Katherine Johnson diria que foi apenas sorte que, de todas as computadoras enviadas para grupos de engenharia, ela foi mandada justamente para a Divisão de Pesquisa de Voo, para trabalhar com o centro da equipe alocada em uma aventura ainda não concebida. Mas sorte, pura e simplesmente, é o direito de nascença aleatório do desafortunado. Quando temperado pelas sutilezas do acidente, da harmonia, do favor, da sabedoria e da inevitabilidade, a sorte assume a forma de acaso. O acaso acontece quando uma mente bem treinada, ao olhar para uma coisa, encontra outra: o inesperado. E o inesperado vem de estar em uma posição para aproveitar o resultado do feliz casamento de tempo, lugar e oportunidade. Foi o acaso que chamou Katherine para a contagem regressiva do voo de John Glenn.

Na seção final do relatório do Ângulo Azimute, finalizado em 1959, Katherine tinha passado pelos cálculos de dois tipos diferentes de órbitas, uma seguindo um lançamento para o leste e o outro para o oeste, conforme Glenn estivesse agendado para voar. Como ela estudara os cenários de teste em sua máquina de calcular, substituindo os números hipotéticos para as variáveis no sistema de equações, a Divisão de Missão de Planejamento e Análise, junto à Força-tarefa Espacial, pegou as contas dela e as programou no IBM 704. Usando os mesmos números hipotéticos, a Divisão e a Força-tarefa executaram o programa no computador eletrônico e ficaram contentes de ver "uma boa concordância" entre a produção do IBM e os cálculos de Katherine. O trabalho feito por ela em 1959, verificando de novo os números do IBM, foi um ensaio — uma simulação, como aquelas que John Glenn vinha fazendo — para a tarefa a ser depositada em sua mesa no dia decisivo de sua carreira.

A Força-tarefa Espacial substituiu seu IBM 704 pelos mais potentes IBM 7090. A partir daí, as equações de trajetória foram programadas para essas máquinas, junto com todos os outros programas necessários para guiar e controlar o foguete, a cápsula e comparar os sinais vitais em cada momento para o plano de voo programado no computador. Durante a fase do lançamento da missão, um computador no foguete Atlas, programado com as coordenadas de lançamento, comunicava-se com o Controle de Missão. Se o foguete falhasse e estivesse no caminho para injetar a cápsula em uma órbita errada, os controladores de voo poderiam decidir abortar a missão — um ponto crítico em que a decisão de prosseguir ou não deveria ser tomada —, automaticamente destacando a cápsula de seu foguete e a enviando para o mar em uma trajetória suborbital truncada.

Uma vez que a cápsula subisse pela janela de lançamento, separada do Atlas, e se fixasse em uma órbita bem-sucedida, estabeleceria elos de comunicação com as estações terrestres. Conforme o transporte voasse para cima, ele faria a telemetria de uma torrente de dados para a estação de monitoramento mais próxima, tudo desde sua velocidade e altitude até seu nível de combustível e a frequência cardíaca do astronauta. As estações de rastreamento capturavam os sinais com seus pratos receptores de satélite de vinte metros de comprimento. Depois, enviava esses dados, além de comunicações vocais, através de um emaranhado de cabos submarinos, linhas terrestres e ondas de rádio para o centro de computação em Goddard. As máquinas IBM usavam as entradas que recebiam para fazer cálculos com base nos programas de determinação de órbita. Por meio de linhas de dados de alta velocidade — um formidável quilobyte por segundo[14] —, Goddard mandava para o Controle de Missão informações em tempo real a respeito da posição da espaçonave. Lá, na parede da frente da sala que servia como centro nervoso da NASA, havia um enorme mapa iluminado do mundo, onde estavam inscritas pistas senoidais, uma para cada órbita. Pairando sobre o mapa, estava um pequeno recorte de uma cápsula Mercury suspenso por um fio. Conforme os dados de rastreamento da nave espacial iam sendo filtrados para o Controle de Missão, a cápsula de brinquedo movia-se ao longo dos entalhes da órbita no mapa, um fantoche controlado por seu mestre nos céus. O sinal da cápsula saltava de uma estação de rastreamento para a próxima enquanto a órbita prosseguia, como uma brincadeira muito rápida e cara de telefone de lata, constantemente comunicando sua posição e status. *Ele está passando por cima da Nigéria! Ele está prestes a alcançar a Austrália!* A configuração bruta parecia um milagre: ao olhar para a nave de brinquedo, eles podiam de fato "ver" a espaçonave enquanto ela circulava.

Os computadores de Goddard também enviavam aos controladores de voo a projeção do resto da viagem. Onde estava a cápsula em comparação com onde eles tinham calculado que estivesse em dado momento? Estava muito alta, muito baixa, muito rápida, muito lenta? As informações incluíam um tempo atualizado a todo instante para reiniciar o foguete, o momento em que os foguetes da cápsula tinham de ser acionados para iniciar a descida de volta à Terra. Reiniciar muito cedo ou muito tarde traria o azarado astronauta em um ponto muito longe dos barcos de resgate da Marinha.

Na verdade, os engenheiros tinham levado o IBM 7090 e as equações orbitais para um test drive em duas ocasiões anteriores: uma vez para a Mercury-Atlas 4, um voo orbital que usou um manequim de astronauta mecanizado como passageiro, além de um chimpanzé treinado chamado Enos nos controles do MA-5. O voo de Enos foi finalmente bem-sucedido, mas enfrentou falhas no computador e quedas de comunicação (além de problemas mais sérios com o sistema de refrigeração da cápsula e um fio elétrico defeituoso). Mencionar que as apostas aumentaram bastante com um ser humano a bordo era um eufemismo (se o desastre se abatesse sobre John Glenn, havia um documento militar secreto propondo culpar os cubanos,[15] usando isso como desculpa para derrubar Fidel Castro). Katherine Johnson, não é preciso nem dizer, estava muito nervosa a respeito da tarefa gigantesca que lhe tinha sido entregue.

Para que todo o projeto fosse bem-sucedido, cada parte individual da missão — o *hardware*, o *software* e os humanos — precisava funcionar de acordo com o plano. Uma avaria seria imediata e potencialmente trágica, e transmitida ao vivo na televisão. Só que Katherine Johnson, como John Glenn, não estava propensa a entrar em pânico. Como ele, Katherine já tinha passado por uma simulação do trabalho que tinha em mãos. Aquele momento, apesar da pressão do tempo e do frenesi da atividade em torno dela, parecia inevitável de alguma maneira. A vida de Katherine Johnson sempre pareceu ser guiada por uma espécie de providência, uma que não era vista pelos outros e não era totalmente compreendida por ela, talvez. No entanto, era obedecida por todos que a conheciam, do mesmo jeito que alguém obedece às leis da física.

Katherine organizou-se imediatamente em sua mesa, fazendo pilhas de dados do tamanho de listas telefônicas,[16] bloqueando tudo, exceto o labirinto de equações de trajetória. Em vez de mandar os seus números para serem verificados pelo computador, Katherine agora trabalhava ao contrário, executando em sua calculadora os mesmos dados simulados que o computador recebia, na esperança de haver "uma boa concordância" entre as respostas dela e as dos 7090, assim como tinha sido o caso quando ela mexera nos números do relatório do Ângulo Azimute. Ela trabalhou com cada minuto do que foi programado para ser uma missão de órbita três,[17] conseguindo números para 11 diferentes variáveis, cada uma computada até oito dígitos significantes. Levou um dia e meio[18] de trabalho olhando os pequenos dígitos acumulando-se. Ao fim da tarefa, cada número da pilha de papéis que ela produziu batia com a saída do computador; a sagacidade do computador correspondia à dela. A pressão poderia ter minado um indivíduo mais fraco, mas ninguém estava mais apto à tarefa do que Katherine Johnson.

* * *

O dia 20 de fevereiro amanheceu com céu aberto.[19] Ninguém que testemunhou os acontecimentos do dia jamais iria esquecê-los. Cento e trinta e cinco milhões de pessoas,[20] um público sem precedentes, sintonizaram para assistir ao espetáculo que se desenrolaria ao vivo na televisão. Muitas pessoas de Langley juntaram-se à Força-tarefa Espacial no Cabo Canaveral para ver o voo pessoalmente. Katherine ficou firme no escritório, acompanhando a transmissão na televisão.

Às 9h47 da manhã, no horário da Costa Leste americana, o foguete Atlas lançou a Friendship 7 em órbita como um arqueiro campeão acertando na mosca. A inserção foi tão boa que os controladores em terra liberaram Glenn para sete órbitas. Mas então, durante a primeira órbita, o sistema de piloto automático da cápsula começou a agir sozinho, fazendo com que ela fosse para frente e para trás, como um carro mal alinhado. O problema era relativamente menor. Glenn suavizou isso ao ligar o sistema no manual, mantendo a cápsula na posição correta do mesmo jeito que ele pilotaria um avião. Ao fim da segunda órbita, um indicador na cápsula sugeriu que um escudo térmico muito importante estava solto. Sem essa proteção, não havia nada entre o astronauta e as temperaturas de 1.650 graus Celsius[21] — quase tão quente quanto a superfície do Sol — que iam se acumular na cápsula enquanto ela passava de volta através da atmosfera. Do Controle de Missão, veio uma decisão executiva: ao fim da terceira órbita, antes que os retrofoguetes fossem disparados, Glenn deveria manter o foguete anexado à nave em vez de soltá-lo, como no procedimento padrão. O retrofoguete, como se esperava, iria manter no lugar o escudo térmico potencialmente solto.

Depois de quatro horas e 33 minutos de voo, os retrofoguetes dispararam. John Glenn ajustou a cápsula para a posição correta para a reentrada e preparou-se para o pior. Enquanto a espaçonave desacelerou e saiu da órbita, indo para baixo, passou por muitos minutos sem comunicação. Não havia nada que os engenheiros do Controle de Missão pudessem fazer além de oferecer orações em silêncio, até que a cápsula voltasse a entrar em contato. Depois de 14 minutos da ignição dos retrofoguetes, a voz de Glenn reapareceu de súbito, soando surpreendentemente calma para um homem que poucos minutos antes se preparava para morrer em uma pira funerária voadora. A vitória estava muito próxima! Ele continuou sua trajetória descendente, com o computador prevendo um pouso perfeito. Quando ele enfim caiu no mar, estava a cerca de 65 quilômetros do ponto marcado,[22] apenas por causa de uma estimativa incorreta no peso de reentrada da cápsula. Exceto isso, todos os computadores, fossem eletrônicos ou humanos, tinham tido um desempenho de sonho. Vinte e um minutos depois do pouso, o USS *Noa* recolheu o astronauta da água.

John Glenn tinha salvado o orgulho dos Estados Unidos! O fato de ele ter de encarar a morte para fazer isso só aumentou o poder do mito que foi criado naquele dia. Uma audiência com o presidente, desfile em carro aberto em Nova York, 72 manchetes de capa em jornais do Maine a Moscou. Os Estados Unidos não se cansavam do seu último herói. Até mesmo a imprensa negra aplaudiu o feito de Glenn. "Todos nós estamos felizes de chamá-lo de nosso Ás do Espaço",[23] escreveu um colunista no *Pittsburgh Courier*.

Em lugar nenhum, talvez, o herói foi tão bem recebido quanto em Hampton Roads. Trinta mil residentes locais[24] saíram de casa em um dia chuvoso em meados de março para festejar os homens que tinham adotado como heróis da cidade. Desde o fim da última guerra, Hampton não tinha uma celebração tão intensa. Glenn estava no veículo que liderava a parada de cinquenta carros[25] que carregavam os astronautas do Mercury, suas famílias e as lideranças da NASA. A comitiva partiu da Base da Força Aérea de Langley e fez uma rota de 35 quilômetros,[26] de Hampton até Newport News: ao longo do estaleiro, sobre a ponte da rua 25, pela autoestrada Militar, com uma multidão em pé dos dois lados de cada via. A procissão passou pelo Instituto Hampton, saudada pela filha de Katherine Johnson, Joylette, e pelo filho de Dorothy Vaughan, Kenneth.[27] A pequena Christine Darden ficou na ponta dos pés para ver por sobre a vasta multidão.

A parada terminou no Estádio Darling, homônimo do magnata da ostra cujo empreendedorismo criativo tinha intermediado o negócio da terra com o governo federal para a criação do laboratório de Langley meio século antes. Glenn subiu no palanque, sorrindo amplamente enquanto ele estava atrás de um cartaz em que se lia "Spacetown USA".[28] As pessoas de Hampton e Newport News sorriam com orgulho. Com o coração do programa espacial de mudança para Houston, a celebração foi tingida de melancolia, mas as cidades da península da Virgínia estavam determinadas a comemorar o legado delas como o berço do futuro. A cidade de Hampton mudou seu brasão oficial para retratar um caranguejo segurando a cápsula Mercury em sua garra, adotando o lema *E Praeteritis Futura*: "A partir do passado, o futuro". A autoestrada Militar, a via principal da cidade desde que Hampton cresceu largamente durante a guerra, ganhou um novo nome: avenida Mercury.

John Glenn era um autêntico herói, mas não era o único sendo celebrado. Notícias do papel de Katherine Johnson na bem-sucedida missão de Glenn começaram a circular na comunidade negra, primeiro localmente, em seguida mais longe. Em 10 de março de 1962, uma glamorosa Katherine Johnson, enfeitada com pérolas e um terno elegante que deixaria Jackie Kennedy orgulhosa, sorriu na primeira página do *Pittsburgh Courier*. "O nome dela... no caso de você ainda não ter descoberto é... Katherine Johnson: mãe, esposa, mulher de carreira!".[28] (Debaixo da imagem de Katherine Johnson, outra manchete perguntava: "Por que não tem nenhum astronauta negro?")[30] O jornal relatou o passado da matemática e as realizações dela com orgulho, detalhando o relatório que enviou o foguete de Glenn para o céu. Katherine aceitou o reconhecimento com graciosidade: era só o seu trabalho.

Katherine e alguns dos engenheiros assistiram à parada, curtindo a celebração, permitindo-se, talvez, sentir apenas um pouco de orgulho de ter participado de tal conquista. Eles observaram por um tempo, porém não se demoraram. Tudo bem celebrar as conquistas do passado, mas não havia nada mais emocionante do que voltar a trabalhar no próximo desafio.

CAPÍTULO 22

OS ESTADOS UNIDOS SÃO PARA TODO MUNDO

"Os Estados Unidos são para todo mundo",[1] proclamava o panfleto do Departamento de Trabalho americano que caiu sobre a mesa de Katherine Johnson em maio de 1963.[2] Na capa, um menino negro de oito ou nove anos, descalço e trajando uma camisa de manga curta listrada e jardineira esfarrapada, sentado em uma linha de trem empoeirada. Suas circunstâncias e sua cara fechada pareciam escárnios da promessa feita pelo título. No texto, o presidente Kennedy e o vice-presidente Johnson despejavam poesia em declarações sobre a épica jornada centenária do preto desde a escravidão. Fotos de funcionários negros que "ocupavam posições de responsabilidade"[3] na NASA, todos envolvidos com o programa espacial, acompanhavam o texto. No Centro de Pesquisa de Voo de Alta Velocidade da NASA, na Base da Força Aérea Edwards — o local onde, em 1947, o piloto Chuck Yeager ultrapassou o limite do som pela primeira vez —, o engenheiro John Perry tripulava um simulador X-15. Os matemáticos Ernie Hairston e Paul Williams debatiam sobre "elementos orbitais, posição da cápsula e pontos de impacto", em Goddar. Uma fotografia mostrava Katherine Johnson sentada à sua mesa no Prédio 1244, com lápis a postos, "analisando trajetórias lunares[4] e computando o tempo de viagem até a

Lua e o retorno para a Terra em um veículo espacial". O documento, criado pelo Departamento de Trabalho, comemorava o centenário da Proclamação da Emancipação e, sem dúvida, servia também como ferramenta de propaganda para o governo americano melhorar sua imagem nas relações raciais. O que poderia dar mais evidência sobre o compromisso crescente dos Estados Unidos com a democracia do que registros de Katherine Johnson e outros sete empregados da NASA (todos homens) em ação? As ressonâncias e dissonâncias das imagens na brochura eram mais óbvias em Langley, a 16 quilômetros de onde os africanos desembarcaram na América do Norte inglesa em 1619,[5] e mais próximo ainda do grande carvalho onde pretos da península da Virgínia reuniram-se para a primeira leitura sulista da Proclamação da Emancipação. Em um lugar com profundas e fortes ligações com o passado, Katherine Johnson, uma mulher negra, fazia o parto do futuro.

Katherine não era a única que trabalhava com determinação em 1963: assim também fazia o velho e grande homem do movimento pelos direitos civis, A. Philip Randolph. Ao mesmo tempo que Gordon Cooper levava o Projeto Mercury a uma conclusão bem-sucedida em 1963 com um voo de 22 órbitas,[6] Randolph planejava outra marcha em Washington. Diferentemente da marcha fantasma de 1941 — a que nunca aconteceu, o estopim para o Decreto 8.802 de Roosevelt, que abria cargos federais para pretos —, Randolph faria questão que essa acontecesse. Trabalhando com o ativista Bayard Rustin, e aliado a Martin Luther King Jr., Randolph reuniu um grupo que seria encarado como o panteão de líderes da fase mais energizada do movimento de direitos civis, como Dorothy Height, John Lewis, Daisy Bates e Roy Wilkins.[7]

A Marcha em Washington por Empregos e Liberdade ocorreu em 28 de agosto de 1963, atraindo trezentas mil pessoas[8] para a capital da nação. Mahalia Jackson, Bob Dylan e Joan Baez subiram ao palco, testemunhas musicais do idealismo, da esperança e da persistência de um movimento que tirava forças de seu desejo de obrigar os Estados Unidos a cumprirem os princípios de sua fundação. Marian Anderson cantou "He's Got the Whole World in His Hands",[*,9] a voz profunda de contralto flutuando

* "Ele tem o mundo todo nas mãos", em tradução livre. (N.T.)

como mel sobre o encontro massivo, a plateia hipnotizada da mesma forma que Dorothy Vaughan e seus filhos ficaram no Instituto Hampton em 1946. A programação da manhã foi interrompida por notícias que provocaram luto, reflexão e uma espécie de esperança sóbria: aos 95 anos, W.E.B. Du Bois morrera naquela manhã[10] em Gana, o país que adotara como lar após lutar contra o Departamento de Estado para manter o passaporte americano. Desde o nascimento em 1868, a vida de Du Bois fez a ponte entre os anos de Reconstrução e o movimento do século XX. Mary MacLeod Bethune, A. Philip Randolph, Charles Hamilton Houston e muitos outros haviam construído o trabalho de uma vida a partir da fundação de Du Bois. Era hora de passar o bastão.

Dr. Martin Luther King Jr., aos 34 anos, subiu à plataforma para se dirigir à multidão, começando por suas anotações. Então Mahalia Jackson, sentada atrás de King no pódio, gritou: "Conte sobre o sonho, Martin!". King então afastou o discurso escrito, segurou o púlpito com as duas mãos e deu ao seu país os 17 minutos mais memoráveis de sua história. Havia os Estados Unidos antes do discurso "Eu tenho um sonho", de King, e outros Estados Unidos depois. A mensagem de King iria para sempre relembrar aos cidadãos dessa nação que o sonho dos pretos e o sonho americano eram uma coisa só. Ao fim do dia, nos bastidores da marcha, A. Philip Randolph, aos 74 anos, estava sem voz, com lágrimas nos olhos e uma expressão que demonstrava o que significava para ele ver esse dia acontecer.

Provavelmente, Randolph nunca soube quão diretamente a Marcha de 1941 em Washington influenciou o grupo cujo trabalho era vital para o programa espacial americano, mas, lá no Centro de Pesquisa de Langley, um punhado de mulheres negras poderia testemunhar a conexão. "Cara sra. Vaughan:[11] nossos arquivos indicam que recentemente você completou vinte anos de serviço para o governo federal", escreveu Floyd Thompson, o diretor de Langley, no verão de 1963. Um broche de lapela dourado e esmaltado,[12] adornado com um rubi, foi concedido a ela durante a cerimônia anual de premiação do centro, que reconhecia os funcionários que alcançavam marcos de serviço.

Contra todas as apostas e contrárias à expectativa de quando entraram pela primeira vez em Langley, as mulheres da Computação Oeste conseguiram transformar o serviço temporário de guerra em carreiras longas e importantes. Pelos padrões de seus pais e avós, e comparadas com muitos de seus contemporâneos, elas haviam alcançado o ápice da montanha. Apesar do progresso, no entanto, ainda havia trabalho a ser feito em Langley. Quebrar o status paraprofissional de computadora ou de auxiliar de matemática era um desafio a todas as mulheres, mais ainda para as negras. De todos os funcionários negros que trabalhavam com pesquisa em Langley no começo da década de 1960, apenas cinco eram caracterizadas como engenheiras e 16 matemáticas. Em uma carta para o administrador da NASA, James Webb, o diretor de Langley, Floyd Thompson, lamentou que "poucos pretos"[13] inscreviam-se para as posições abertas de ciência e engenharia. "Não há dúvida de que uma das razões para isso é que não acreditam que as condições de moradia na área lhes seriam favoráveis, pois o Centro de Pesquisa de Langley, apesar de completamente integrado, fica situado em uma comunidade onde a segregação social baseada na cor ainda é praticada até certo ponto."

Com muita necessidade de especialização técnica para alimentar o programa espacial e com a pressão contínua do governo federal para remover barreiras de raça na organização, Langley redobrou os esforços para recrutar funcionários. Assim, lançou uma rede mais ampla nas faculdades negras que haviam criado gerações de graduados em matemática e ciências, como o Instituto Hampton, a Universidade Estadual da Virgínia em Petersburg e sua unidade em Norfolk, a Técnica e Agrícola da Carolina do Norte, e outras escolas em estados próximos. Muitos dos estudantes pretos que se tornaram adultos na década definida pelo caso Brown contra Conselho de Educação e pelo Sputnik — aqueles que no futuro seriam chamados de geração dos direitos civis — eram atraídos pela profissão de engenharia pela "mobilidade econômica e social"[14] resultante da demanda nacional por conhecimento técnico. A maioria era sulista. Para eles, não havia necessidade de se adaptar ao que conheceram a vida toda. Em meados da década de 1960, com um "sonho de trabalhar na NASA",[15] um número maior de estudantes negros encontrou o caminho para Langley. Muitos ficavam sob a proteção de Mary Jackson, que, tal como uma embaixadora, ajudava os recrutas a encontrar moradia e a se adaptar ao trabalho. Ela e Levi abriam a casa para eles se precisassem de comida caseira ou apenas de um lugar para onde ir caso sentissem saudade de casa. Mary e os outros funcionários negros de Langley cuidavam dos recrutas com o cuidado e o carinho prestados a um jardim. Ao contrário das mulheres que começaram na Computação Oeste após anos de magistério, a nova geração chegava inexperiente na carreira — cedo o suficiente para ter tempo de descobrir onde estava o talento de cada um.

Em certo domingo de 1967, depois do culto na Igreja Presbiteriana Carver, Katherine Johnson viu um novo rosto na multidão, uma jovem mulher que tinha ido à igreja com o marido e as duas filhas. Sempre entre os primeiros a dar boas-vindas a novos paroquianos, Katherine foi até ela e ofereceu-lhe a mão. "Sou Katherine Johnson", disse. "Sim, eu sei. Você é mãe da Joylette", respondeu Christine Mann Darden, agora casada. Embora não a visse havia muitos anos, Christine encontrara Katherine uma vez em um churrasco da irmandade AKA organizado no lar dos Johnson.

Christine não tivera a intenção de encontrar um emprego na pesquisa aeronáutica. Na primavera de 1967, quando contava os dias até a graduação do mestrado na Universidade Estadual da Virgínia, ela visitou o escritório de vagas de emprego da escola para se inscrever em posições de magistério no Instituto Hampton e na Estadual Norfolk. "Pena que você não veio ontem", comentou a funcionária. "A NASA estava entrevistando." A mulher entregou um documento para vagas federais. "Preencha e traga de volta amanhã."

A inscrição de Christine foi recebida com entusiasmo. O telefonema do departamento de recursos humanos de Langley tornou-se um dia de entrevistas e uma oferta de emprego como analista de dados na unidade de Física de Reentrada. Ela respondeu de início à antiga Computadora Leste Ruby Rainey e, depois, à Computadora Oeste Sue Wilder. Christine foi e voltou de Portsmouth por um curto período até sua família se mudar para Hampton, após Sue dar a dica de uma casa para alugar no seu bairro. Instalada na península, Christine via Katherine Johnson e outras ex-Computadoras Oeste com frequência. Elas organizavam encontros de baralho e a convidavam, introduzindo-a na comunidade negra de Hampton e de Newport News. Apesar de ter passado quatro anos no Instituto Hampton, ela raramente deixava o campus e chegou à cidade como uma verdadeira forasteira. A rede de mulheres mais velhas a ajudou a se familiarizar logo na nova cidade.

Katherine Johnson convidou Christine para se juntar ao coral de Carver. Se Katherine e Eunice Smith pediam dispensa do trabalho para cantar em um funeral na igreja, Christine ia junto. Christine também encontrava Katherine nas atividades da irmandade. Por muitos anos, Katherine e Eunice Smith revezaram-se nos cargos de presidenta e vice na filial de Newport da AKA, supervisionando uma agenda cheia de acontecimentos como o piquenique anual e os muitos eventos para arrecadar bolsas de estudos que faziam parte da principal missão da irmandade. Katherine Johnson estava tão envolvida em associações cívicas e sociais — a Liga de Mulheres da Península, que organizava um baile de debutante anual para jovens negras; o Clube Altruísta, uma organização social da classe média — que as pessoas esperavam seu sorriso amplo e aperto de mão firme em todas as reuniões da classe profissional negra. Mesmo os "cérebros" do escritório no 1244 sabiam que, quando um torneio da Associação Atlética Universitária Central vinha para a cidade — o principal evento de basquete das faculdades negras —, a mesa de Katherine ficaria vazia. Isso porque ela nunca perdia o encontro anual à beira da quadra com Eunice Smith. As duas eram fanáticas por basquete e divertiam-se muito enquanto torciam pelos seus favoritos.

Christine Darden e Katherine Johnson ficaram íntimas fora do escritório, mas nunca tiveram a chance de trabalhar juntas. Christine visitou Katherine na sala dela algumas vezes, mas levaria anos para ficar sabendo tudo o que o serviço da amiga de sua mãe abrangia. A divulgação do papel de Katherine Johnson no voo de John Glenn fez dela uma celebridade na cidade e na pequena rede nacional de engenheiros e cientistas negros, mas ela continuou modesta. "Bem, estou apenas fazendo meu trabalho", diria ela, emendando nas entrelinhas: *pressuponho que vocês também.*

Evidentemente, embora Katherine não desse bola para os elogios, levava muito a sério o trabalho em si. Todas as manhãs, ela levantava empolgada para o serviço. A paixão pelo trabalho era uma dádiva, algo que poucas pessoas jamais experimentam. *Isso* a tornava especial, ela sabia, e a ligava aos engenheiros da mesma maneira que as atividades sociais e caridosas a conectavam às mulheres em sua irmandade. Juntos, partilhavam a linguagem secreta das altitudes perilunares e aviões orbitais e equadores lunares. Experimentavam a alegria indescritível de ver seu empenho fundir-se com aqueles de centenas de milhares de outras pessoas envolvidas no programa espacial. Era o esforço coletivo tão maior do que a soma das partes individuais que começava a parecer uma entidade à parte. Eles também se entristeceram juntos quando os melhores planos foram destruídos pelo incêndio elétrico a bordo do módulo de comando da Apollo 1, ainda na plataforma de lançamento do Cabo Canaveral para testes, em fevereiro de 1967. O fogo estalou no interior do veículo e os três astronautas ali dentro — Ed White, Roger Chaffee e Gus Grissom, do Mercury Seven — sucumbiram instantaneamente.

O fim trágico da Apollo 1 estremeceu a NASA. Os astronautas não estavam a centenas de milhares de quilômetros de distância quando o acidente aconteceu. Estavam no solo, a poucos metros da equipe terrestre e dos engenheiros, e mesmo assim morreram. O caminho para as estrelas era árduo, e o time Apollo não precisava ser lembrado do risco. Eles redesenharam a aeronave, consertando as falhas expostas pelo desastre, e redobraram o foco em todos os detalhes possíveis das nove missões seguintes, cada uma era um degrau na escada para a Lua. A subida até o pouso na Lua estava fincada na crença de que cada célula do corpo do programa espacial era individualmente soberba e totalmente conectada às outras células ao redor.

Dois veículos e 384.472.282 quilômetros: três dias lá e três dias de volta. Vinte e quatro horas na superfície da Lua para dois astronautas no desembarcador lunar, enquanto o módulo de serviço circulava o corpo astral em uma órbita estacionada. Katherine sabia mais do que ninguém que, se a trajetória do módulo de serviço estacionado estivesse minimamente desviada quando os astronautas terminassem a exploração lunar e pilotassem o carrinho espacial de volta da superfície da Lua, os dois veículos poderiam não se encontrar. O módulo de comando de serviço era o ônibus dos astronautas, o único ônibus, de volta à Terra: o desembarcador carregaria os astronautas até o módulo à espera e então seria descartado. Se a órbita dos dois veículos não coincidisse, os dois no desembarcador ficariam perdidos para sempre no vácuo do espaço.

A liderança da Força-tarefa Espacial definiu um nível de risco de "três noves": 0,999, um critério que requisitava que cada aspecto do programa fosse projetado com uma taxa de sucesso de 99,9 por cento, ou uma falha para cada mil incidências. Os astronautas, antigos pilotos de teste e veteranos de combate, acostumados a andar com a sombra da morte em cada voo, colocavam-se nas mãos da NASA. Estavam prontos para dar a vida à missão, como estiveram quando pilotos, mas eles acreditavam que os bocós cerebrais tinham feito as contas e, com a regra dos três noves, o voo sem precedentes para a Lua seria menos arriscado que um passeio de domingo em um Corvette.

Katherine Johnson, por sua vez, estava determinada a fazer isso acontecer. Ela chegava cedo ao escritório, passava em casa no fim do dia para ver as filhas e depois voltava para o turno da noite, cumprindo de 14 a 16 horas diárias. Ela e o engenheiro Al Hamer colaboraram em quatro relatórios entre 1963 e 1969, alguns escritos para definir as importantes órbitas lunares e outros para responder a questões "e se?". E se os computadores falhassem? E se houvesse uma falha elétrica a bordo da espaçonave e os astronautas precisassem navegar de acordo com as estrelas, como os marinheiros de outrora? Conforme os anos da década de 1960 passavam, parecia que Katherine ficava mais frequentemente até tarde da noite no escritório, as horas passando como minutos enquanto ela e Hamer refinavam os cálculos e esboçavam diagramas para os relatórios.

Em certa manhã a caminho do trabalho, Katherine dormiu ao volante[16] e acordou assustada, mas sem ferimentos, do outro lado da estrada. Estava tão absorvida no problema de manter os astronautas a salvo na viagem de ida e volta para a Lua que se tornava vulnerável aos riscos mais mundanos. Contudo, ela precisava seguir em frente. A cada ano, a NASA progredia em converter conceitos teóricos de como alcançar a Lua em práticas operacionais. Cada missão diminuía a distância, trazia o fruto para mais próximo do alcance. Mas o último passo, a dança complicada entre a Lua e o desembarcador e o módulo de comando, era o mais complicado. Katherine Johnson dera o seu melhor naquele enorme quebra-cabeça: disso tinha certeza. Chegava o dia em que o mundo veria se o melhor dela, o melhor de seus colegas "cérebros" e o melhor da NASA seriam suficientes.

CAPÍTULO 23

INDO AUDACIOSAMENTE

Em julho de 1969, uma centena de mulheres negras[1] lotou uma sala, sua atenção comandada pelos sons e pelas imagens granuladas que vinham de uma pequena televisão em preto e branco. A luz bruxuleante da TV iluminava os rostos das mulheres, a história do seu país escrito na grande diversidade das suas características, do seu cabelo e da cor da sua pele, que iam desde um quase marfim para um quase ébano, tons de bege, café, cacau e topázio preenchendo o meio do espectro. Algumas das mulheres aproximavam-se da aposentadoria; a passagem do tempo e da experiência gravada em seus rostos e atitude. Outras estavam na flor da juventude, os olhos como diamantes, refletindo um futuro brilhante. Elas se reuniram pelo objetivo comum da promoção das mulheres como elas e para usar os seus talentos coletivos para a melhoria da sua comunidade. De ponta a ponta da Costa Leste, e até mesmo de mais longe, tinham vindo se reunir no fim de semana, e o tempo que compartilhariam juntas iria forjar amizades pelo resto da vida.

A presença delas no encontro as colocou como membros do alto escalão da raça, embora muitas fossem filhas e netas de zeladoras, lavadeiras e empregadas domésticas cujo trabalho árduo tinha financiado milhares de formações superiores e até pagamentos em casas e sustentado a grande pirâmide econômica dos Estados Unidos, ainda que ela tenha as mantido presas embaixo com o seu peso. Elas, que eram o legado dessas mulheres, tinham passado a vida em diferentes graus de distância do grande espetáculo do país, mas sempre nos bastidores, mesmo não havendo praticamente nenhum aspecto de suas vidas que não tivesse sido tocado por aqueles grandes movimentos, nenhuma parte da grande história que não as incluísse de alguma forma.

Ao longo do dia, enquanto as mulheres conduziam sua reunião, o interesse delas na dramática maratona que se desdobrava na televisão tinha aumentado e diminuído, e alguns grupos empoleiravam-se na frente da tela[2] para obter as últimas atualizações antes de sair para se concentrar na agenda do dia. Porém, conforme o dia se estendeu, mais delas foram atraídas para a televisão, fitando as imagens — fitando o vácuo do espaço, fitando seus próprios corações, tentando entender o significado do que estavam vendo. As mulheres que assistiam à TV juntaram-se aos seus colegas americanos em um momento de consonância, e a roleta de emoções na sala — orgulho, júbilo, impaciência, temor, ressentimento, patriotismo, suspense, medo — repetia-se em diferentes variações nas salas de estar e pontos de encontro por todos os Estados Unidos. Na verdade, o episódio sem precedentes que elas haviam testemunhado naquela noite de sábado foi compartilhado com um total de seis milhões de pessoas[3] ao redor do mundo. Todos de pé na frente da mesma janela, todos observando a mesma coisa ao mesmo tempo.

Além dessa audiência global, quatrocentos mil funcionários[4] da NASA, empreiteiros e apoio militar assistiam ao evento com interesse particular, vendo, na nave que se aproximava da Lua a medida de um parafuso, o projeto de uma escotilha, o filamento em um circuito, o cumprimento de uma promessa feita por um presidente que não tinha vivido para testemunhá-lo. Eles marcavam o globo, aqueles que tinham trabalhado no Projeto Apollo, aqueles que tinham tornado aquele dia possível. Eles estavam agrupados em torno de telas, painéis, mostradores e computadores, monitorando cada batida do coração da espaçonave que tinha deslizado para fora da influência de seu planeta natal e era atraída pela força gravitacional da Lua. A maioria deles juntou-se a seus amigos e famílias ao redor dos televisores, também.

Entre as mulheres negras que assistiam à televisão, longe do Controle de Missão e escondida em uma estância em Poconos, estava Katherine Johnson, que dividia sua atenção entre a conferência de liderança organizada pela sua irmandade, Alpha Kappa Alpha, naquele fim de semana[5] e o destino dos astronautas da Apollo 11 no seu caminho de se tornarem os três mais solitários seres da história da humanidade. Enquanto via a delicada dança da física que propelia a cápsula Apollo em direção à Lua, ela sobrepunha equações e números na cabeça em cada estágio da jornada da nave, desde o lançamento para a órbita da Terra, passando pela injeção translunar à órbita lunar.

A intensidade dos últimos dias em Langley tinha sido igualada apenas pelo calor extremo que envolvia a península. Fazia um calor de quase 36 graus Celsius em Hampton[6] naquele sábado de manhã em julho de 1969, quando um carro cheio de gente da irmandade,[7] inclusive Katherine, viajou até Poconos. Estava quente demais para pensar, para dormir, quente demais para fazer qualquer coisa, exceto procurar refúgio em qualquer lugar que pudessem encontrar, até que a temperatura passasse de intolerável para suportável. A viagem de fim de semana tinha oferecido tanto um descanso do escritório quanto do clima, e cada quilômetro para o norte a levava mais longe do calor sufocante que tinha mantido a área como refém nos últimos dias. Passando pela cidade de Washington, ela pôde respirar um pouco melhor. Quando cruzaram Maryland no sopé da Pensilvânia, a febre tinha cedido, o ar exterior tornara-se mais nítido, o céu mais azul e mais alto. O clima mais ameno era um lembrete de sua nativa Virgínia Ocidental.

A hospedaria Hillside, no topo de uma elevação com grama alta, como um enorme casarão, era o cenário perfeito para o bando de mulheres com roupas verdes e rosa[8] que tinha sido convocado para um fim de semana de planejamento e amizade. A irmandade tinha reunido as jovens universitárias mais promissoras[9] de todo o país para que elas pudessem aprender com os membros experientes como Katherine a melhor maneira de organizar os projetos de serviço que estavam no cerne de sua missão e sua atividade. Elas falaram sobre captação de recursos para bolsas de estudo para faculdades para estudantes negras, campanhas de alfabetização e unidades de registro de eleitores. Eram projetos empreendidos por seções ao redor do país, desde operações modestas e pontuais até sofisticadas — uma divisão da AKA em Ohio gerenciava um centro de formação profissional em tempo integral[10] em uma das comunidades negras da cidade.

As mulheres dividiram-se em duplas ou trios pelos 33 quartos de Hillside,[11] dominando a área verde e montanhosa que era parte do apelo icônico da região. O luxo rústico da pousada cumpriu a necessidade da irmandade de um lugar calmo e reflexivo para o encontro, mas também impulsionou o orgulho racial: Hillside era a única estância em Poconos que tinha proprietários negros. Albert Murray, um advogado bem-sucedido de Nova York, tinha comprado as terras de seu sócio judeu[12] em 1954. Um ano mais tarde, o sócio morreu, e Murray e a esposa, Odetta, decidiram usar a propriedade para montar um hotel. Na época, a maioria das hospedagens de Poconos barrava pretos e até mesmo judeus, mantendo políticas tão inflexíveis quanto a segregação legalizada do sul. Hillside dava as boas-vindas a todos os hóspedes e, mais particularmente, queria oferecer a negros em ascensão o mesmo tipo de experiência de férias que os brancos apreciavam.

Hillside fazia propaganda[13] no *Norfolk Journal and Guide*, no *Pittsburgh Courier* e no *Ebony*. Com sua piscina e sua extensa propriedade de 44 hectares, o lugar cumpria sua promessa de luxo discreto. E, claro, distinguia-se com as coisas que as irmandades negras, os clubes sociais e as famílias que peregrinavam pela Rota 609 jamais encontrariam em outros retiros, mesmos se conseguissem passar pela entrada — deleites como a saudável comida caseira sulista. Três vezes por dia, Katherine e suas irmãs sentavam-se perto uma das outras na sala de jantar da hospedaria, no melhor estilo familiar, rindo, conversando e debatendo, em meio a mingau no café da manhã, costelas e frango frito no almoço e no jantar, e torta de batata-doce e de pêssego como sobremesa.[14] Os jovens da equipe que cuidava da sala de jantar — todos eles estudantes de universidades negras do sul,[15] uma escolha consciente por parte dos Murray — estavam constantemente expostos à classe profissional dos clientes da hospedaria, exemplos em carne e osso do que eles mesmos poderiam aspirar para suas próprias vidas.

Katherine adorava os padrões exigentes das mulheres na irmandade: seu desejo comum de fazer coisas valorosas para outros e seu compromisso feroz de cultivar e exibir o melhor da comunidade negra serviam para aprofundar seus laços pessoais. Elas tiveram de aprender a trabalhar em conjunto para alcançar seus objetivos, algo que tinha servido bem à Katherine e às demais mulheres em suas carreiras. A irmandade tinha sido uma constante na vida dela desde que era uma caloura de 15 anos na Universidade Estadual da Virgínia Ocidental. Ela passara mais fins de semana do que conseguia se lembrar em atividades ou reuniões da AKA.

Katherine e as outras mulheres relaxaram na companhia umas das outras naquele ambiente íntimo, apreciando ainda mais pelos muitos anos que a experiência lhes tinha sido negada. Não fazia tanto tempo que o pai de Katherine, Joshua, e o marido de Dorothy Vaughan, Howard, tinham trabalhado juntos, atendendo às necessidades dos ricaços no Greenbrier, nem havia se passado tantos verões assim desde que a própria Katherine tinha trabalhado na loja de antiguidades do hotel e como camareira exclusiva para hóspedes endinheirados. Parecia que fora ontem que *ela* era a adolescente precoce aprendendo a se virar com o chef de cozinha francês e conversando com o irmão do presidente e com os outros convidados que passavam pelo resort como parte de seu círculo social nômade.

Essas pessoas endinheiradas tinham todas percebido algo de especial naquela jovem mulher de óculos, algo que lhes dava a sensação de que ela teria um grande futuro. Quem dentre eles teria imaginado, entretanto, que o futuro de Katherine, e o futuro do país deles, e *o* futuro, tal qual imaginado por tipos como H.G. Wells e Júlio Verne, convergiriam para ser um só? Ainda assim, quatro dias antes, em 16 de julho de 1969, uma Katherine Johnson de cinquenta anos de idade tinha sido parte desse grupo de privilegiados quando o foguete de 91 metros Saturn V impulsionou a Apollo 11 e seus três ocupantes humanos para a história.

O Controle de Missão disparou às 9h37 da manhã,[16] cedo o bastante para os bocós cerebrais da Costa Leste apreciarem o grande evento e começarem a trabalhar, para então passarem o resto do dia recebendo comentários animados. Se os tiros espaciais não tinham exatamente se tornado algo comum desde a primeira incursão de Alan Shepard, eles aconteciam com uma frequência grande o bastante para âncoras televisivos, como Walter Cronkite, da CBS, aprenderem o jargão[17] max Q, apogeu e injeção transterrestre com a mesma naturalidade da equipe de operações de voo nas trincheiras do Controle de Missão. Ainda assim, os jornalistas sabiam — todo mundo na audiência sabia — que, mesmo com os 26 voos tripulados sob a bandeira da NASA, esse era diferente, e eles lutaram para chegar a superlativos a fim de capturar o momento. Cronkite emocionou-se sem pudor, considerando a magnitude do evento no contexto das grandes máquinas de guerra e de transporte que tinham transformado o século americano: o poderoso foguete Saturn V consumia[18] o equivalente em combustível para mover 98 locomotivas. Impulsionava uma nave que pesava tanto quanto um submarino nuclear com o empuxo equivalente ao de 543 caças. Os Estados Unidos gastariam 24 bilhões de dólares[19] na Apollo, a fim de enfiar a espada no coração de ambições espaciais da União Soviética.

Nem todo mundo compartilhava da exuberância de Cronkite. Todo aquele dinheiro... E para quê? Muitos ponderavam. Tanto dinheiro gasto entre 1969 e 1972 para que uma dúzia de homens brancos pudesse pegar o trem expresso para um mundo sem vida? Por que, se homens e mulheres negros mal podiam ir ao próximo *estado* sem se preocupar com a polícia predatória, restaurantes que se recusavam a servi-los e postos de gasolina que se recusavam a atendê-los ou a deixá-los usar o banheiro? Agora queriam falar de homens brancos na Lua? "A rat done bit my sister Nell, with Whitey on the Moon",* dizia o cantor Gil Scott-Heron em uma música que estourou nas rádios naquele ano.

No início da década, o programa espacial e o movimento dos direitos civis tinham compartilhado um otimismo semelhante, certo idealismo a respeito da democracia americana e da urgência recém-descoberta do país para distribuir as bênçãos da democracia para todos os seus cidadãos. No ápice dos anos 1970, conforme o programa espacial se aproximava de seu apogeu, o movimento dos direitos civis — ou, em vez disso, muitos dos objetivos que tinha proposto alcançar — estava começando a se sentir como se estivesse em um estado de animação suspensa. Havia triunfos reais e brilhantes, sem dúvida: a Lei dos Direitos Civis de 1964 e a Lei dos Direitos de Voto de 1965 meteram-se no arrocho legal de Jim Crow em postos de trabalho, meios de transporte, espaços públicos e cabines eleitorais do país. Mas as mobilidades econômica e social que tinham sido mantidas reféns pela discriminação jurídica continuaram paradas.

Nos dias que antecederam o lançamento, duzentos protestantes, liderados pelo reverendo Ralph Abernathy, foram até o Cabo Kennedy. Aber-

---

* "Um rato mordeu minha irmã Nell, com Whitey na Lua", em tradução livre. (N.T.)

nathy era o colaborador mais próximo de Martin Luther King Jr. e tinha herdado o manto da Campanha dos Pobres dele, a segunda fase do movimento dos direitos civis. Abernathy e seus colegas ativistas foram ao local do lançamento montando uma tropa de mulas, desafiando o administrador da NASA, Tom Paine, sobre o mérito do programa espacial quando os pobres e os desafortunados em Watts, em Detroit e na rural Appalachia mal conseguiam pôr comida na mesa — supondo que eles tinham uma casa onde colocar uma mesa. A Lei de Moradia Justa de 1968, que tornava ilegal a discriminação racial no setor imobiliário, tinha permanecido no Congresso por anos, sofrendo oposição veemente de legisladores tanto do norte quanto do sul. A lei só conseguiu passar na esteira do assassinato de King em 1968.

Katherine Johnson sabia bem a respeito das questões de habitação. A discriminação no setor imobiliário manteve-se como norma, mas a mobilidade econômica do pós-guerra tinha dado a famílias como a dela e a de Dorothy Vaughan os meios de sair de empreendimentos outrora vibrantes, como Newsome Park, para frondosos e confortáveis bairros negros. A saída das famílias de profissionais rompera a conexão que os menos afortunados tinham com o mundo das universidades e dos trabalhos de classe média. Newsome Park e as centenas de vizinhanças similares em todo o país tornaram-se cada vez mais voláteis. Eram ilhas desesperadas onde habitação, educação e qualquer outro serviço fornecido pelo estado eram deixados para se deteriorarem.

A decisão de priorizar uma vitória no espaço em vez dos problemas na Terra era a crítica mais generalizada contra o programa espacial. Até mesmo as vozes na comunidade negra que expressavam admiração pelos astronautas, que apoiavam o programa e suas missões, queriam punir a NASA pela ausência de rostos negros. Nenhum comentarista negro na televisão, nenhum administrador negro, nenhum rosto negro no Controle de Missão e, principalmente, nenhum astronauta negro. Os negros ainda se ardiam dos aparentes maus-tratos recebidos por Ed Dwight,[20] um astronauta em treinamento que foi dispensado antes de poder se apresentar para o trabalho.

Embora grupos como a ACD e a Física de Reentrada ainda empregassem muitas das antigas Computadoras Oeste, Katherine e outros eram os únicos funcionários negros em suas filiais. Eles estavam talvez menos visíveis no trabalho nesse momento em que a segregação tinha sido encerrada. Mas eram talvez mais invisíveis profissionalmente na comunidade negra. O pessoal branco da NASA tendia a viver em enclaves, partilhando caronas, fazendo churrascos e mandando os filhos juntos para a escola. Eles falavam sobre o trabalho e importavam as hierarquias e as nuances de suas vidas profissionais para seus bairros.

As pessoas negras da NASA espalhavam-se entre outros profissionais negros, onde eles eram mais conhecidos como membros de uma irmandade ou integrantes do coral da igreja ou os alunos durões do Instituto Hampton que nunca perderam um jogo de futebol americano. Os vizinhos deviam saber que eles trabalhavam na NASA, mas não tinham noção do que exatamente faziam ou do quão perto estavam do evento principal do dia. Por causa do rosto público predominantemente branco do programa espacial, os engenheiros, cientistas e matemáticos negros que estavam profundamente envolvidos com a corrida espacial viviam nas sombras, mesmo dentro da comunidade negra.

Katherine sentia essa falta de conexão. Ela, assim como Mary Jackson e muitos outros funcionários negros de Langley, havia trabalhado duro durante anos para cultivar o interesse em matemática, ciências e espaço por meio da rede de contatos das irmandades deles, grêmios estudantis e igrejas, com resultados variados. Em 1966, contudo, uma coisa tinha acontecido que parecia poder dar a eles um bom impulso.

Star Trek pousou nos lares americanos em 8 de setembro de 1966, como programa de horário nobre da emissora NBC. Enquanto a NASA e os astronautas do Projeto Gemini trabalhavam em 12 missões durante os anos 1960, na década ficcional de 2260 a astronave *Enterprise* partia da Terra em uma missão pacífica de explorar o espaço profundo, tripulada por uma equipe multinacional, multirracial e de gêneros variados. Os oficiais, liderados pelo agradável e imperturbável capitão James T. Kirk, incluíam nativos de uma avançada Terra Unida, com sua história de pobreza e guerra fincada no passado. Inimigos em uma antiga Era Terrestre trabalhavam lado a lado como colegas e concidadãos. Chekov, o alferes russo; Sulu, o timoneiro nipo-americano; e o primeiro oficial meio humano, meio vulcano sr. Spock davam um toque de diversidade interestelar. E ali, na ponte de comando, uma visão de minissaia vermelha abria a mente dos espectadores sobre como um verdadeiro futuro democrático poderia ser. Tenente Uhura, uma mulher negra e cidadã orgulhosa dos Estados Unidos da África, era a oficial de comunicações da *Enterprise*.

A tenente Uhura, interpretada pela atriz Nichelle Nichols, fazia seus deveres com desenvoltura, administrando as comunicações com outras naves e planetas. Quando a primeira temporada terminou, em 1967, Nichols pediu demissão para o criador da série, Gene Roddenberry, de forma que ela pudesse dedicar mais tempo à sua carreira na Broadway. O produtor, que queria manter Nichols no elenco, recusou a demissão dela, pedindo-lhe que pensasse no assunto durante o fim de semana.

Naquele fim de semana, Nichols foi a um evento de celebridades da NAACP em Los Angeles, para levantar fundos para os direitos civis.[21] Um dos coordenadores do evento falou para ela que "o seu maior fã",[22] um colega que também estava lá, queria conhecê-la. Ela esperou encontrar algum adolescente ansioso e desajeitado. Em vez disso, Nichols percebeu-se frente a frente com dr. Martin Luther King Jr.[23] King era um *trekker*! Era o único programa que ele e a esposa, Coretta, permitiam que os filhos vissem, e ele nunca perdia um episódio. Nichols o agradeceu por seus efusivos elogios antes de mencionar quase casualmente que ela decidira deixar a série. As palavras mal tinham escapado dos lábios dela antes que o reverendo a interrompesse.

"Você não pode sair da série", disse King a Nichols. "Nós estamos lá porque você está lá." Os negros tinham sido imaginados no futuro, continuou ele, enfatizando à atriz o quão importante e inovador um fato desses era. Além do mais, segundo King, ele tinha estudado a estrutura de comando da Frota Estelar e acreditava que ela espelhava a da Força Aérea dos Estados Unidos, o que fazia de Uhura — uma mulher negra! — a quarta na cadeia de comando da nave.[24]

"Este não é um papel negro nem é um papel feminino", continuou ele. "Este é um papel único que dá vida àquilo pelo que estamos batalhando: igualdade." O restante do fim de semana de Nichols foi uma névoa de raiva e tristeza: que direito tinha o dr. King de acabar com seus planos de carreira? Ela passava da resignação para a convicção, alternadamente. Nichols voltou ao escritório de Gene Roddenberry na segunda-feira de manhã e pediu para ele rasgar sua carta de demissão.[25]

Como Katherine poderia não ser uma fã? Tudo sobre o espaço a tinha fascinado desde o início, e ali, na televisão, havia uma mulher negra no espaço, fazendo o seu serviço e o fazendo bem-feito. Era tanto uma pessoa negra quanto uma mulher, mas também apenas tenente Uhura, a pessoa mais qualificada para o trabalho. Katherine, na verdade, pensava que a ciência — e o espaço — era o lugar ideal para pessoas talentosas de toda a sorte. Os resultados eram o que importava, dizia ela aos alunos. Matemática tinha só certo e errado, e, se você acertava isso, a cor da sua pele não seria relevante.

Star Trek passava-se em 2266, mas não era preciso esperar três séculos para ver o que as melhores mentes dos Estados Unidos eram capazes de fazer, caso a liberdade fosse dada. A missão Apollo estava acontecendo. Na hospedaria Hillside, dentre o grupo das mulheres da irmandade. Katherine cedeu à maravilha do momento, imaginando a si mesma no lugar dos astronautas. Quais emoções brotaram das profundezas de seus corações enquanto eles observavam sua casa azul aquosa lá do vácuo do espaço? Como era a sensação de serem separados por um abismo quase inimaginável do restante da humanidade e ainda assim carregar as esperanças, os sonhos e os medos de toda uma espécie com eles naquela nave pequena e vulnerável? A maioria das pessoas que ela conhecia não trocaria de lugar com os astronautas nem por todo o ouro do Forte Knox. Os homens estariam sozinhos no vácuo do espaço, conectados de forma muito tênue à Terra, com a real possibilidade de algo dar errado. Mas, se tivesse tido a chance de jogar sua sorte com os astronautas, Katherine Johnson teria feito as malas imediatamente. Mesmo sem a pressão da corrida espacial, mesmo sem a ordem de derrotar o inimigo. Para Katherine Johnson, a curiosidade sempre vencia o medo.[26]

O Eagle, o módulo lunar, saíra à frente da Apollo às 16 horas. O pouso causou um arrepio coletivo. A tripulação estava bem próxima. O mundo ansiava em ver a porta parecida com um caranguejo da engenhoca mecânica se abrindo. Levou quatro horas. Então, finalmente, às 22h38,[27] houve suspiros, aplausos, exuberância e silêncio estupefato, de todos os cantos da Terra, conforme Neil Armstrong fincava seus pés na Lua. O pouso real era a única parte da missão que tinha sido impossível ensaiar antes da hora — e a parte mais perigosa. Os astronautas da Apollo 11 tinham dado à missão apenas uma chance mediana de sucesso: embora Neil Armstrong tivesse colocado as chances[28] de voltar para a Terra em segurança em noventa por cento, pensava que eles só tinham cinquenta por cento de chance de pousar na Lua em sua primeira tentativa. Katherine Johnson tinha confiança: sabia que os números dela estavam certos, e achava que todos os outros — Marge Hannah e os colegas, Mary Jackson, Thomas Byrdsong e Jim Williams, todo mundo, de cima a baixo da NASA — tinham dado tudo pela missão.

Além do mais, Katherine sempre esperava o melhor, mesmo na mais difícil das situações. "Você tem de esperar que o progresso seja feito",[29] dizia ela a si mesma e a qualquer outra pessoa que pudesse perguntar. Levou mais de uma década de folhas de dados e plotagem, cartões furados da IBM e longos dias e noites em frente à calculadora Friden, atrasos, tragédias e, acima de tudo, números. Nesse ponto, havia mais números do que até ela poderia contar. Tudo em cima dos longos e monótonos anos para aprender as noções básicas da máquina que tinha dado à luz o programa espacial.

As trajetórias de tantas pessoas tinham influenciado a dela ao longo do caminho: Dorothy Vaughan e as mulheres da Computação Oeste; Virginia Tucker e todas as mulheres que ajudaram a revolucionar a aeronáutica, com seu trabalho e sua presença obstinada no NACA; dr. Claytor e seu entusiasmado preparo; John W. Davis, da Universidade Estadual da Virgínia Ocidental. E até mesmo A. Philip Randolph e Charles Hamilton Houston. Claro que aquilo não poderia ter acontecido sem os pais dela. O que ela não daria para que o pai pudesse vê-la... Ver sua menininha que costumava contar as estrelas agora mandando homens para viajar por entre elas. Joshua Coleman soube quase à primeira vista que Katherine, sua jovem criança brilhante, carismática e perguntadora — uma menina negra da Virgínia Ocidental rural, nascida em uma época em que tinha mais chance[30] de morrer antes de completar 35 anos do que de terminar a escola —, de alguma maneira, algum dia, uniria sua história à da maior epopeia americana.

E foi épico. Katherine permitiu-se sentir o momento, mesmo com todas as suas implicações. Ainda havia desafios à frente. Ela observou os homens na poeira da Lua e pensou no módulo de serviço de comando em órbita, fora da vista da câmera, circulando o satélite natural a cada noventa minutos.[31] Neil Armstrong e Buzz Aldrin teriam ali uma breve janela para voltar ao módulo lunar e reconectar seu bote com a nave-mãe. Depois disso, seriam três longos dias na estrada de volta para a Terra, então passando pelo fogo da atmosfera para dentro do oceano. Cada parte trazia o espectro do desconhecido. Somente quando o pouso deles correspondesse aos números de suas equações, quando fossem pescados do oceano e recebessem cuidados no navio da Marinha à espera, ela seria capaz de respirar.

Mas mesmo assim... Apenas por um instante. A Apollo ainda tinha mais seis missões. E não havia nada como a emoção do próximo desafio. Katherine e Al Hamer já tinham começado a pensar sobre o que seria necessário para traçar um curso para Marte.[32] Os colegas deles, Marge Hannah e John Young, olhariam ainda mais longe no cosmo, sonhando com um "longo passeio" pelos planetas exteriores.[33] Foi construído sobre a mesma ideia do encontro nas órbitas da Terra e da Lua, quando uma espaçonave fazendo um sobrevoo de um planeta usa a gravidade dele para impulsioná-la até o próximo planeta. As mentes ágeis do Prédio 1244 já estavam pulando de Marte para Júpiter, e para Saturno, como pedras pulando em um lago transparente. Um dia, talvez, o restante da humanidade os seguiria. Então, Katherine Johnson iria *de fato* descobrir o que havia lá fora. Seria simples, ela achava; tão simples quanto mandar um homem para orbitar a Terra, ou quanto colocar um homem na Lua. Cada conquista pavimentando o caminho para a próxima. Katherine Johnson sabia: uma vez dado o primeiro passo, qualquer coisa é possível.

EPÍLOGO

Sempre quando conto às pessoas sobre as mulheres negras que trabalharam como matemáticas na NASA, uma questão surge: por que nunca ouvimos falar disso? A esta altura, mais de cinco anos depois de começar o que viria a ser *Estrelas além do tempo*, fui questionada mais vezes do que posso contar. A maioria das pessoas fica surpresa que uma história tão importante, envolvendo tantas mulheres e diretamente relacionada a um dos momentos definidores do século XX, tenha ficado tanto tempo embaixo do tapete. Há algo neste relato que parece ressoar com pessoas de todas as raças, etnias, gêneros, idades e experiências de vida. É uma história de esperança, de que, mesmo entre as mais duras realidades de nosso país — segregação legalizada, discriminação racial —, há a evidência do triunfo da meritocracia, que cada um de nós deve ir até onde o talento e o trabalho duro possam levar.

O maior apoio ao longo do caminho veio de mulheres negras. É muito comum que o retrato delas — nosso retrato — na história seja sobrecarregado de um imagético negativo e da vulnerabilidade de ser negra e mulher. É desencorajador perceber a frequência com que olhamos para o espelho nacional e não vemos reflexo algum, nenhuma digital reconhecível na dita história, com H maiúsculo. Para mim, e acredito que para muitas outras, a trajetória das Computadoras Oeste é muito empolgante porque escancara evidências de algo que acreditamos ser verdade, que queremos com todas as forças que seja verdade, mas nem sempre sabemos como provar: que muitas negras participaram como protagonistas da epopeia dos Estados Unidos.

A paixão de Katherine Johnson pelo trabalho continuou forte no fim de sua carreira de 33 anos em Langley, tanto quanto no primeiro dia em que foi alocada na Divisão de Pesquisa de Voo. "Amei todos os dias em que estive lá",[1] diz ela. "Não houve um dia em que não acordei animada para o trabalho." Ela considera seu trabalho no encontro lunar, prescrevendo o momento preciso em que o desembarcador precisaria deixar a superfície da Lua para coincidir e se acoplar ao módulo de comando em órbita, sua maior contribuição para o programa espacial.[2] Mas outro conjunto de cálculos dela estava à disposição durante a crise do Apollo 13 em 1971, quando o sistema elétrico da espaçonave tripulada por Jim Lovell, Jack Swigert e Fred Haise foi danificado por uma explosão a bordo, impossibilitando-os de executar o computador de rota conforme programado.

Um astronauta isolado a centenas de milhares de quilômetros da Terra é como um marinheiro de antigamente à deriva no canto mais remoto do oceano. Então, o que fazer com os computadores em pane?[3] Essa foi justamente a questão que Katherine e seu colega Al Hamer se perguntaram no fim da década de 1960, durante as intensas preparações para o primeiro pouso lunar. Em 1967, Johnson e Hamer lançaram em coautoria o primeiro de uma série de relatórios[4] descrevendo um método que utilizava as estrelas visíveis para traçar uma rota sem o auxílio do computador e assegurar o retorno em segurança do veículo espacial. Foi esse o método disponível para os astronautas a bordo do Apollo 13.

Antes do fim da crise, no entanto, mesmo os cálculos de Katherine e Al precisariam de uma alternativa, já que, de dentro da nave, os destroços da cápsula danificada eram indistinguíveis das estrelas, tornando inútil o método matemático. O astronauta Jim Lovell utilizou um cálculo ainda mais simples para colocar a nave no caminho de volta, alinhando a vista ótica do veículo com o terminadouro da Terra,[5] a linha que divide o lado do planeta sob a luz do Sol e o lado nas sombras. Foi sorte Lovell ter estudado a técnica para um teste no Apollo 8. O que parecia ser uma verificação de rotina na missão anterior salvaria a vida da tripulação dessa vez. Ninguém melhor que Katherine Johnson sabia o quanto a sorte favorecia os preparados.

Katherine trabalhou com Al Hamer e John Young pelo resto de seus anos em Langley, desenvolvendo aspectos do ônibus espacial e dos programas de satélite de recursos da Terra. Mas foi a conexão de Katherine com os dias mais gloriosos e glamorosos do programa espacial que chamou a atenção do público. Todos os anos desde 1962, quando John Glenn entrou em órbita, a aclamação pelos feitos de Katherine Johnson só aumenta. A imprensa negra — o *Norfolk Journal and Guide*, o *Pittsburgh Courier*, o *Amsterdam News*, a *Jet Magazine* — a festejou antes mesmo que Glenn deixasse a Terra. Da NASA, o editor do *Amsterdam News*, James Hicks escreveu: "Eles não poupam elogios[6] para uma garota preta nascida na Virgínia Ocidental, que preparou um artigo científico não apenas fundamental no voo do comandante Shepard para o espaço, mas que também será *O* documento essencial se e quando formos capazes de colocar um astronauta em órbita". Ao longo do tempo, artigos apareciam no *Daily Press* da península e no *Richmond Times-Dispatch*, e o nome de Katherine tornou-se um dado importante em qualquer livro que detalhasse os feitos de negras ou mulheres (ou mulheres negras) cientistas e engenheiras. Desde os anos 1960, ela é convidada para inspirar estudantes com histórias sobre como a matemática definiu sua vida. Em anos recentes, ela ficou muito frágil para fazer essas viagens: em agosto de 2016, completou 98 anos. Agora os estudantes vêm até ela, peregrinando até o condomínio para idosos onde mora. Suas contribuições para a época de ouro do programa espacial lhe renderam o Prêmio de Realização em Grupo da NASA pelo Projeto Apollo e pelo Projeto do Orbitador Lunar. Ela recebeu três doutorados honorários e uma menção honrosa do estado da Virgínia. E uma escola pública autônoma de ensino médio da Carolina do Norte lançou um Instituto STEM* com seu nome.[7] Em 2015, o presidente Obama entregou a Katherine a Medalha Presidencial da Liberdade, uma honraria recebida também pelo astronauta John Glenn em 2012.

Katherine Johnson é a mais famosa de todos os computadores humanos da NASA, negros ou brancos. O poder de sua história é tamanho que

* STEM é a sigla, em inglês, para "ciência, tecnologia, engenharia e matemática". (N.T.)

muitas versões a descrevem erroneamente como a primeira mulher negra a trabalhar como matemática na NASA, ou a única a ter ocupado esse posto. Também se costuma dizer que ela foi enviada para o grupo "masculino" da Divisão de Pesquisa de Voo, porém, na verdade, trabalhavam ali outras quatro matemáticas, uma das quais negra. Um registro conta que foram os cálculos de Katherine sozinhos que salvaram a missão Apollo 13.

O fato de que mesmo os memoráveis feitos de Katherine Johnson não estão à altura de alguns mitos a seu respeito é sinal da força do vácuo causado pela longa ausência de afro-americanos da principal corrente da narrativa histórica. Por muito tempo, a história impôs uma condição binária aos cidadãos negros: sem nome ou empoderados, subalternos ou excepcionais, receptores passivos das forças da história ou super-heróis que adquirem status místico não apenas por conta de seus feitos como também por sua escassez. O poder da história das computadoras negras da NASA é que as Primeiras não foram as Únicas.

Ninguém concorda mais com esse ponto de vista do que Katherine. Foi a partir de suas descrições em entrevistas concedidas a mim sobre o escritório da Computação Oeste que percebi, pela primeira vez, quantas mulheres negras poderiam ter trabalhado em Langley. A primeira vez que ouvi o nome de Dorothy Vaughan foi por Katherine. E ninguém — nem mesmo os cê-dê-efes — merecia mais a admiração de Katherine do que Dot Vaughan. Sobre Margery Hannah, a primeira supervisora da Computação Oeste, que acabou se juntando à unidade de Katherine, ela disse: "Era extremamente inteligente e não recebeu nem metade do crédito merecido". Katherine adorava se gabar das realizações de Christine Darden mais do que de seu próprio trabalho. "Eu nunca deixo de mencionar Christine nas escolas", contou-me ela. Katherine é generosa no reconhecimento do talento alheio, como são aqueles em total domínio dos próprios dons. Mesmo com todo o seu brilho técnico, são sua história pessoal e sua personalidade que mais chamam a atenção. O que poderia ser mais americano que a história de uma menininha inteligente que abriu caminho pelos números desde White Sulphur Springs, na Virgínia Ocidental, até as estrelas? Se ao longo do caminho ela se igualou a um computador eletrônico, tornando-se uma John Henry de saias e racional, isso apenas serviu para aumentar ainda o mito. Ela é carismática e dona de si, calma mesmo sob pressão, de opiniões próprias, charmosa e graciosa. Seu acolhimento desimpedido da igualdade, aplicando-a a si mesma sem insegurança e aos outros com expectativa total de reciprocidade, é um reflexo dos Estados Unidos que queremos ser. Ela está no futuro há anos, esperando que o restante de nós a alcance.

Mais importante, talvez, é que a trajetória de Katherine Johnson seja uma porta de entrada para as histórias de todas as outras mulheres, brancas e negras, cujas contribuições foram ignoradas. Reconhecer todas as mulheres comuns e extraordinárias que contribuíram para o sucesso da NASA é mudar nosso entendimento de suas habilidades, da exceção para a regra. O objetivo delas não foi se destacar pela diferença. Foi se encaixar pelo talento. Como os homens para quem trabalhavam e os homens que enviavam para o espaço, todos apenas cumpriam seu papel. Acho que Katherine gostaria disso.

Para Mary Jackson, que permaneceu firme em sua busca pelos ideais do V duplo — pelos afro-americanos e pelas mulheres —, os anos após o homem pisar na Lua seriam um período de mudança e escolha. "Foguetes, fotos da Lua, gastem com os desprovidos",[8] cantou Marvin Gaye em seu hino de 1971 "Inner City Blues", sobre o atoleiro que foi a Guerra do Vietnã, a economia assolada pela inflação e, principalmente, o isolamento, a raiva e a desesperança econômica dos negros de Detroit, da cidade de Washington, de Watts e de Baltimore. Nos anos 1960, parecia possível que o idealismo de Camelot, da Grande Sociedade e do movimento dos direitos civis, herdeiros do V duplo, poderia enfim acabar com a pobreza e a injustiça que açoitava os Estados Unidos desde sua fundação. Ao fim da década, tornou-se óbvio que o sonho do dr. King, que soara sobre o Memorial a Lincoln, era na verdade o sonho explosivo adiado no poema "Harlem", de Langston Hughes. "O que acontece com um sonho adiado? Ele seca como uma passa sob o sol?". Em Newsome Park, a esperança que Eric Epps demonstrava quando se dedicava ao centro comunitário do bairro em 1945 minguava. A revolução do voo espacial solidificara as posições de classe média de Katherine Johnson e Dorothy Vaughan, mas o bairro que ela e Eunice Smith e muitas outras deixaram para trás parecia cada vez mais uma ilha pobre, desligada dos empregos e das escolas que os ajudariam a dar o mesmo salto que as Computadoras Oeste.

E isso foi antes dos *gremlins* da revolução tecnológica do século: "poluição, dano ecológico, escassez de energia e corrida dos armamentos".[9] Em vez de gerar esperança unificada, um programa espacial em expansão era o "sal nas feridas[10] das preocupações mais terrenas do país", segundo o historiador da NASA Robert Ferguson. Já em 1966, o presidente Johnson, um dos maiores entusiastas políticos do programa espacial, começou a olhar para a NASA como um "pote cheio de dinheiro"[11] que poderia esvaziar para aliviar um orçamento restrito pelos programas sociais e o Vietnã. Com a chegada à Lua e com a vitória sobre a União Soviética nas mãos, não havia urgência em continuar o Projeto Apollo, cujas duas últimas missões por pouco não foram canceladas.

O tratamento da imprensa sobre o cancelamento do programa Apollo foi clamoroso, mas o cancelamento de outro programa também alcançou as manchetes. Em 1972, os Estados Unidos decidiram cancelar o programa de transporte supersônico,[12] o SST, a partir do qual muitos aerodinamicistas queriam ter um "momento Apollo",[13] uma amostra gloriosa e importante de sua tecnologia. O custoso programa eriçou os preocupados com o impacto negativo na camada de ozônio do planeta, mas foi o rastro da explosão sônica que atravessa a paisagem após um avião passar que realmente inflamou a opinião pública. Relatórios afirmavam que as ondas de choque dos aviões comerciais de alta velocidade estavam "assustando moradores, quebrando janelas, rachando gesso e fazendo os cachorros latirem".[14] Alguns relatavam que a ameaça invisível causara até a "morte de animais de estimação e loucura em criações".[15] As autoridades locais recebiam reclamações de janelas quebradas e animais traumatizados, e aumentou o número de ligações para a polícia com relatos de explosões não identificadas que surgiam do nada.

Os veículos de transporte supersônico e hipersônico sonhados nas décadas de 1950 e 1960 teriam de esperar, embora na década de 1970 Langley tivesse voltado boa parte de sua atenção para o primeiro A da NASA: aeronáutica. "Em 1969, havia 57 companhias aéreas americanas certificadas que transportavam aproximadamente 164 milhões[16] de passageiros e por volta de vinte bilhões de receita de toneladas por milha de carga", revelou a NASA em uma publicação de 1971. As prioridades dos aerodinamicistas para a nova década eram menos glamorosas, mas parte necessária da solução dos problemas provenientes de uma sociedade cada vez mais móvel. Um dos problemas focados era a diminuição do barulho: céus cheios eram céus barulhentos, mesmo sem as explosões sônicas. Outra questão era a eficiência. Com o aumento crescente do preço dos combustíveis, a indústria aérea mudou a prioridade para também aumentar a velocidade e a eficiência de voos subsônicos ou supersônicos baixos.

Langley anunciou uma reorganização profunda[17] em 1970, diminuindo sua força de trabalho de um total de 4.485 funcionários no auge em 1965 para 3.853.[18] Para aqueles que sobreviveram à reorganização, anunciada sob a forma de um livro cor de abacate de 47 páginas que apareceu sobre a mesa dos funcionários ao fim de setembro daquele ano, esse período foi mais perturbador do que a transição do NACA para a NASA. Ondas de "reduções na força" e "reduções na grade" aconteceram com tanta frequência em Langley na década de 1970 que geraram uma nova piada: "John foi 'reduzido' semana passada". Aqueles que sobreviviam às demissões em massa sentiam-se traídos pela significante diminuição das ambições da NASA. Não apenas os bocós cerebrais não iriam mais a Marte e outros planetas como tinham deixado as pegadas finais na Lua em dezembro de 1972. O pico do conhecimento humano caiu na realidade da órbita baixa. A NASA dessa década estava interessada em "rotina, reação rápida e acesso econômico ao espaço".[19] A agência nunca retornaria à glória dos anos Apollo. Apesar do enxugamento em tudo — orçamentos, força de trabalho, expectativas —, a vontade de explorar o mundo além da atmosfera terrestre não iria e jamais poderia diminuir.

Mary Jackson conseguiu sobreviver ao furacão de Langley mesmo quando as seções, unidades e divisões ao seu redor se recombinavam com frequência, os grupos de trabalho na base do organograma transformando-se em cacos no caleidoscópio da NASA. Os nomes mudavam (Compressibilidade, Aerotermal, Teoria Aplicada, Grandes Túneis Supersônicos, Aerodinâmica Transônica), mas sua parceria com Kazimierz Czarnecki permanecia constante. Ela continuou focada na pesquisa que começara no início da carreira como engenheira em 1958: a investigação do impacto da aspereza (por exemplo, rebites ou sulcos) na superfície de um objeto em movimento na camada limite, aquela fina camada de ar que passa mais próxima do objeto. Sem nunca perder uma oportunidade de se aprimorar, Mary frequentou cursos de FORTRAN,[20] aprendendo a mexer no programa. Os computadores que tornaram o voo espacial de longa distância possível também revolucionavam a pesquisa aeronáutica, uma especialidade conhecida como fluidodinâmica computacional. Os engenheiros passaram a conduzir experimentos nos amados túneis de vento e, então, comparavam resultados com simulações no computador. Da mesma maneira que máquinas eletrônicas tomaram o lugar de humanos na pesquisa aeronáutica, estava por vir o dia em que o computador tomaria o lugar do túnel de vento.

Mary Jackson era uma promotora incansável da ciência e da engenharia como opções de carreira importantes e estáveis. Ela também discursou[21] em tantas escolas locais que parecia uma candidata política: Thorpe e Sprately, Carver e Huntington, Instituto Hampton, Virginia Wesleyan, uma pequena faculdade em Norfolk. No Centro Comunitário da rua King, onde Mary trabalhara como secretária da USO durante a Segunda Guerra Mundial, ela fundou um clube de ciência extracurricular para estudantes do segundo e do terceiro anos do ensino médio. Ela ajudou esses jovens a construir um túnel de fumaça e a conduzir experiências. Também os ensinou como usar a ferramenta para observar o fluxo de ar em diferentes aerofólios. "Precisamos fazer coisas do tipo[22] para que se interessem por ciência", comentou ela em um artigo de 1976 no informativo para funcionários *Langley Researcher*, o qual publicou um perfil dela por ter sido honrada como Voluntária do Ano do centro. "Muitas vezes, quando as crianças entram na escola, deixam matemática e ciência de lado nos anos em que deveriam aprender o básico."

Em 1979, Mary Jackson organizou a festa de aposentadoria de Kazimierz Czarnecki,[23] que deixava o serviço público depois de quarenta anos. Dois anos antes, a instalação que havia sido o alicerce para a maior parte do trabalho dos dois — o Túnel de Pressão Supersônica de Quatro por Quatro Pés, o terceiro membro na parceria de Mary e Kaz — foi aposentada também. Em 1977, o túnel que tinha sido tecnologia de ponta quando começou a funcionar em 1947 foi retirado para dar lugar à Unidade Transônica Nacional, um túnel de 1,2 Mach e 85 milhões de dólares que funcionava à base de nitrogênio criogênico.

Foi um momento de reflexão sobre a carreira para Mary. Ela viajava com frequência para fazer apresentações em conferências da indústria e, ao final da década de 1970, havia sido autora ou coautora de 12 artigos.[24] Havia progredido de computadora a matemática e engenheira, e em 1968 havia sido promovida ao nível GS-12. Os cortes de orçamento e demissões em massa daquela década tornavam promoções um artigo raro, e o próximo degrau, o GS-13, parecia distante. O GS-13 era uma fronteira significativa. Poucas mulheres em Langley nessa época alcançavam esse nível. Era um contraste com Goddard,[25] em que Dorothy Hoover e Melba Roy conseguiram chegar ao GS-13 em 1962. Em 1972, o objetivo da NASA era "colocar uma mulher em ao menos uma[26] de cada cinco vagas nos níveis GS-13 a GS-15". O número de mulheres, profissionais e de escritório, havia crescido junto com o nível geral de empregos de Langley, mas elas ainda eram raridade em posições técnicas de alto nível e na administração. Mesmo barreiras aparentemente pequenas conspiravam para manter um número alto de mulheres paralisadas: até 1967, o campo de golfe de Langley — como em outros locais de trabalho, um dos melhores lugares para fazer *networking* — restringia o jogo das mulheres ao horário comercial[27] e não deixava que jogassem junto com os homens depois da jornada.

Em 1979, Mary Jackson estava com 58 anos e chegava à conclusão de que havia alcançado o limite.[28] Teria sido fácil para ela aproveitar os benefícios de seu tempo de trabalho, reduzindo a carga horária e direcionando-se com calma para a aposentadoria. Mesmo se perdesse a próxima promoção, ela ainda tinha o prestígio de ser engenheira e a satisfação de saber o quanto havia trabalhado para chegar a esse ponto. Mas uma posição foi aberta na Divisão de Recursos Humanos, e o nome de Mary foi sugerido para preenchê-la: gerente do Programa Federal para Mulheres, encarregado de lutar pelo avanço de todas as mulheres no centro. Mas abandonar o custoso título de engenheira, em uma organização criada e dirigida por engenheiros, não era uma decisão fácil.

A frustração de Mary com a carreira não era exclusiva, ela sabia. Quando observava seu entorno, via muitas mulheres e minorias em Langley presas a graus medianos, incapazes de alcançar o nível que a habilidade de cada uma permitia. Langley precisava mesmo de mais um engenheiro aeronáutico GS-12, mesmo se o cargo fosse ocupado por uma negra? Ou o centro precisava de alguém que pudesse ajudar a abrir espaço para legiões de funcionários, de todos os níveis e histórias de vida, para que pudessem dar o melhor de si no trabalho? Mary Jackson não sabia se escolhia o caminho mais fácil e, assim, aceitava o *status quo*. A decisão não era simples, mas certamente era óbvia. Deixar a carreira de engenheira não seria um sacrifício se fosse para se manter dentro de seus princípios. Em 1979, Mary aceitou o rebaixamento de GS-12 para GS-11 em uma posição menos prestigiosa e mergulhou em seu novo papel como gerente do Programa Federal para Mulheres.

Ajudar meninas e mulheres a avançar era o fundamento do espírito humanitário de Mary. Ela via o relacionamento entre mulheres como uma forma natural de superar as diferenças raciais. Tinha sido essencial em transformar os vários[29] Conselhos Regionais de Escoteiras negras e brancas em uma organização única para todas as garotas do sudeste da Virgínia. Em 1972, Mary voluntariou-se como conselheira de emprego igualitário.[30] No ano seguinte, juntou-se ao comitê consultivo do Programa Federal para Mulheres de Langley.[31] Ambos os programas foram criados na década de 1960 para garantir que o governo federal contratasse e promovesse sem diferenciação de raça, gênero e identidade nacional. Em Langley, como em outros locais de trabalho federais, os programas geravam um efeito secundário benéfico: dava a mulheres e minorias uma maneira de se conectar e aumentava sua visibilidade no centro. Mary sempre fora uma "conectadora" natural, reunindo pessoas para que se ajudassem e disponibilizassem apoio para as causas de seu coração. Ela se tornou uma entusiasmada integrante de um grupo de mulheres de Langley determinadas a aumentar as oportunidades para outras de todas as raças na NASA, abrindo caminho para que tomassem seus lugares como iguais ao lado de homens em vagas de ciência e engenharia. Também eram determinadas a procurar meios de ajudar secretárias e funcionárias de escritório a dar o "pulo do gato" para empregos técnicos e de gerenciamento de programa. Aceitar a posição de gerente do Programa Federal para Mulheres era uma maneira de unificar 28 anos de trabalho em Langley com uma vida de compromisso à igualdade para todos.

Um dos aspectos mais difíceis de escrever um livro é saber que não haverá espaço ou tempo para dar voz a todas as pessoas incríveis que se encontra pelo caminho. O primeiro rascunho de *Estrelas além do tempo* continha uma seção final retratando detalhadamente como Mary Jackson e suas companheiras de jornada se esforçaram ao máximo nas décadas de 1970 e 1980 para eliminar os traços residuais do que a historiadora da NASA Sylvia Fries chamou de "fantasia de que apenas homens possuíam o talento[32] para engenharia". Como Mary, a narrativa final saiu da rotina de pesquisa para seguir as mulheres de Langley ao se aliançarem e usarem toda a sua engenhosidade para mudar a cara da força de trabalho do centro. Tomar a decisão de cortar essa seção foi difícil. Embora isso significasse passar mais tempo com Dorothy, Mary e Katherine na era de ouro da aeronáutica e do espaço, acabaria terminando o livro antes de Mary decidir trocar a engenharia pelo RH. Também significava dizer adeus a uma de minhas "personagens" preferidas nesse drama arrebatador, que se tornou uma amiga querida na vida real: Gloria Champine. O relacionamento entre Gloria e Mary, que nasceu quando Mary sacrificou sua carreira de engenheira pelos prospectos de carreiras futuras de outras mulheres, é um dos mais tocantes que descobri na pesquisa.

Gloria Champine nasceu em Fort Monroe, em Hampton, no ano de 1932. A casa de sua família era bem próxima à de Mary. O pai dela era aviador no campo Langley, fundamental para o desenvolvimento dos paraquedas. Ele morreu em um acidente com um bombardeiro Keystone que levantou voo de Langley em 1933. O padrasto de Gloria era o chefe de cabine do único XB-15 a ser construído, que ficava posicionado em Langley. Gloria passou parte da infância na base, onde "o papai de todos tinha um avião".[33] Ela cresceu ouvindo histórias das "coisas loucas"[34] que os doidos do NACA faziam com o padrasto e sua tripulação para poder analisar as qualidades de voo daquele modelo experimental de bombardeiro. Gloria, que é branca, graduou-se no ensino médio na escola Hampton em 1947, completou uma graduação tecnológica em uma faculdade de negócios da região e tornou-se secretária do diretor de uma gráfica em Newport News. Em 1959, Gloria prestou concurso e aceitou o emprego de secretária no setor de testes do Projeto Mercury, ajudando com a logística necessária para construir a rede de rastreio mundial que estreou no voo orbital de John Glenn.

Em 1974, um programa de oportunidade igualitária deu a Gloria a chance de subir de uma posição burocrática da Divisão de Cargas Dinâmicas para uma posição administrativa mais privilegiada na Divisão de Acústica. Depois, ela disputou um cargo ainda mais alto como assistente técnica na Divisão Principal de Sistemas Espaciais, um cargo exclusivamente masculino até então. Ela passou três vezes pela etapa de entrevistas e sempre se sobressaiu. "Eles ficam testando[35] porque não querem dar a vaga para uma mulher", confidenciou uma amiga no RH. Por fim, o centro foi obrigado a contratar Gloria: a melhor candidata e a primeira mulher no cargo.

No começo do século XX, quando Mary e Gloria eram garotas, apenas o mais habilidoso vidente poderia prever as mudanças que levariam ao cruzamento de seus caminhos. Anos depois, Mary descreveria a Gloria a segregação que presenciou nos primeiros anos de Langley. Elas se conheceram por meio de um comitê do Programa Federal para Mulheres, e logo se tornaram amigas, colaboradoras e conspiradoras a serviço de uma crença em comum de ajudar talentos subestimados a encontrarem um lugar ao sol. Como Mary, Gloria Champine tinha "cabeça dura, ombros fortes e coluna ereta".[36] Ela não se continha quando via uma oportunidade de estender a mão a alguém. Sempre mantinha um blazer feminino extra pendurado atrás de sua porta, caso alguma candidata a uma vaga precisasse de ajuda no quesito vestimenta para melhorar a primeira impressão. Quando uma jovem negra estagiária mencionou interesse por computadores, Gloria a apresentou[37] ao diretor da unidade de programação da Divisão de Sistemas de Negócios. A jovem conseguiu um lugar como *trainee* de programação.

Supervisores do sexo masculino disseram a Gloria que "se afastasse das coisas de mulher",[38] mas as coisas de mulher eram tão importantes para Gloria quanto eram para Mary Jackson. Ela vira quão dependente sua mãe, que era inteligente, mas valorizada pela beleza, tinha sido dos dois maridos. Gloria jurou nunca ficar na mesma situação. Jamais quis parar de trabalhar, mesmo depois de três filhos. Essa decisão a ajudou[39] a se manter quando se separou e depois se divorciou do marido no meio da década de 1960, tornando-se mãe solteira e chefe de família em uma época em que a maioria das mulheres brancas não trabalhava fora de casa.

Em 1981, Langley enviou Mary Jackson para a sede da NASA na cidade de Washington, para se tornar uma especialista em oportunidade igualitária após um ano de treinamento. Mary já havia decidido quem ficaria em seu lugar como gerente do Programa Federal para Mulheres. Embora

Gloria não tivesse experiência técnica, sua criação militar e seus 15 anos de trabalho na NASA lhe proporcionaram entendimento do espírito da engenharia e das motivações dos engenheiros. Ela entendia mais de aviões que muitos dos engenheiros do centro. Também aprendeu rápido a mexer com computadores: Mary Jackson a ensinou a "reprogramar" as máquinas da Divisão de Recursos Humanos, aprofundando-se nas bases de dados que alimentavam os sistemas para rodar relatórios estatísticos sobre qualificações e promoções. Esses relatórios revelaram que graduandas com a mesma formação que graduandos ainda eram contratadas com mais frequência como "analistas de dados" (termo atualizado para as matemáticas do centro) do que como engenheiras. Funcionários negros com qualificações semelhantes a brancos eram deixados para trás nas promoções e geralmente ficavam relegados a papéis coadjuvantes, como as vagas na Divisão de Análise e Computação, para onde Dorothy Vaughan havia sido indicada, em vez de participar dos grupos de engenharia. Mary mostrou a Gloria como a falta de uma única matéria, como equações diferenciais, em um histórico da faculdade poderia impedir que uma mulher qualificada e bem avaliada ficasse à altura de seus concorrentes homens, mesmo após anos de dedicação ao trabalho.

Pelos cinco anos seguintes, Mary Jackson e Gloria Champine formaram uma equipe eficiente de engenharia social dentro dos escritórios da Oportunidade Igualitária e do Programa Federal para Mulheres. Durante três desses cinco anos, elas trabalharam para o meu pai, Robert Benjamin Lee III, pesquisador da Divisão de Ciências Atmosféricas em Langley. A mudança de meu pai para a Oportunidade Igualitária foi parte de um programa de desenvolvimento de carreira proposto para "prepará-lo" para uma mudança ao gerenciamento quando retornasse à divisão.

Mary, no entanto, passou o restante da carreira no escritório da Oportunidade Igualitária, aposentando-se em 1985. Seu marido, Levi Jackson Sr., também passara o fim dos anos de trabalho em Langley, transferido da base da Força Aérea na década de 1980, ainda como pintor. "A gente sempre achou superlegal[40] a vovó ter trabalhado nos túneis de vento que o vovô pintava", lembrou a bisneta, Wanda Jackson. Até o fim da vida, Levi Jackson devotou-se a Mary e orgulhou-se de cada conquista dela. Mary ocupou-se nos vinte anos seguintes, assim como fizera nos 64 anteriores, preenchendo seus dias com os netos e com o trabalho voluntário que lhe dava tanto contentamento. Mary Jackson morreu em 2005, e Gloria Champine escreveu um obituário comovente publicado no site da NASA: "A península perdeu recentemente uma mulher de coragem,[41] uma graciosa heroína, Mary Winston Jackson. [...] Ela era um exemplo de caráter altíssimo, e, com seus esforços reservados, nos bastidores, ajudou muitas minorias e mulheres a alcançar seu maior potencial por meio de promoções e mudanças para posições de supervisão".

Gloria também terminou sua carreira de três décadas em Langley no escritório da Oportunidade Igualitária, perpetuando o legado de Mary e garantindo que nenhum talento em Langley fosse subestimado. Uma das carreiras acompanhadas foi a de Christine Darden, a jovem matemática que ficara impressionada pelo Sputnik em 1957. Os primeiros anos de Christine em Langley foram um exercício de suportar a monotonia. A unidade de Física de Reentrada tinha sido um lugar animado na corrida pelo Apollo, contudo, ciclos de desenvolvimento longos significavam que, quando Christine chegou, a maioria do trabalho interessante já estava completado, e o ritmo diminuíra significantemente. Embora a equipe de Christine estivesse ligada a um grupo de engenharia, ela parecia ter entrado em uma máquina do tempo. A maioria das mulheres da equipe de análise de dados era composta por antigas Computadoras Oeste, e, ainda que Christine tivesse importante experiência com programação FORTRAN na faculdade, uma calculadora Friden esperava para ser manuseada, o mesmo aparelho utilizado pelas computadoras na década de 1940. Era "de matar",[42] disse ela. Christine trabalhava para a organização que guiara a corrida para Lua, mas ela sentia que o futuro a tinha esquecido em seu cantinho no escritório da NASA.

Foi preciso persistência, sorte e bastante ousadia para romper algo tão tedioso que por diversas vezes a fizera considerar pedir demissão. Ela sobrevivera às demissões em massa do Caderno Verde em 1970, mas, pouco antes de uma segunda onda em 1972, ela ouviu um chefe conversar com alguém do RH: ela estava na mira! No complexo jogo de xadrez dessas demissões, Christine havia sido tirada do tabuleiro por um homem negro[43] contratado à mesma época que ela, mas como matemático. Ele havia sido enviado para um grupo de engenharia e promovido. Ela, com menos ascendência no organograma, estava destinada ao corte.

A revelação a colocou em ação. Em vez de conversar com o chefe, Christine foi diretamente ao responsável pela divisão: o chefe do chefe dela, ninguém menos que John Becker, a "eminência parda" de Langley, prestes a se aposentar.

"Por que os homens estão sendo colocados em grupos de engenharia[44] enquanto as mulheres são enviadas para equipes de computação?", perguntou Christine. "Bom, ninguém nunca reclamou",[45] respondeu ele. "As mulheres parecem felizes fazendo isso. Então, elas fazem." Becker era um homem de outra era. A esposa dele, Rowena Becker, fora uma "matemática excelente"[46] — os dois se conheceram no Túnel de Oito Pés —, mas, depois do casamento, ela decidiu deixar Langley para se dedicar à vida doméstica. O quadro de referência dele para mulheres trabalhadoras e suas expectativas era o mesmo da maioria dos homens de sua geração. Da mesma maneira que admitira o erro quando questionado por Mary Jackson na década de 1950, ele aceitou o desafio de Christine Darden vinte anos depois. Duas semanas após o encontro, ela foi designada para um grupo que trabalhava com pesquisa de ruído sônico.

O novo chefe de Christine, David Fetterman, que se descrevia como o "homem de asas",[47] decidira permanecer na aeronáutica quando todos iam para o espaço. Ele estava feliz trabalhando em sua pesquisa independente e supôs que sua nova subordinada também se sentia assim. Então, entregou a Christine uma tarefa de pesquisa de "voar ou cair": ela deveria escrever uma programação FORTRAN com base em um algoritmo padrão da área utilizado para minimizar o ruído sônico para uma determinada configuração de avião (desenvolvida pelos pesquisadores Richard Seabass e Albert George, da Universidade Cornell). Era um trabalho de ponta na aeronáutica, um projeto de dinâmica de fluido computacional que poderia ajudar a reduzir o ruído sônico que tornava os aviões comerciais supersônicos tão desagradáveis.

O trabalho levou três anos,[48] mas os resultados foram publicados em 1975 em um artigo intitulado "Minimização de Parâmetros de Ruído Sônico em Atmosferas Reais e Isotérmicas". Christine foi a única autora. O código que escreveu como aspirante a engenheira ainda é base dos programas de minimização de ruído sônico usados hoje em dia. Foi uma contribuição importante e um feito que marcou sua carreira, mas a estrada do momento revolucionário até se tornar uma especialista mundialmente reconhecida de ruído sônico com sessenta publicações técnicas e apresentações[49] e membro do Serviço Executivo Sênior da NASA não foi uma linha reta.

Em 1973, Christine fez um curso de programação de computador por meio de uma parceria de Langley com a Universidade George Washington. Ela havia se sobressaído no Instituto Hampton, completado o mestrado na Estadual da Virgínia e, por fim, conseguido uma oportunidade em um grupo de engenharia da NASA, mas aquela foi sua primeira vez em uma escola integrada, em uma classe com oito alunos — sete brancos e um negro, sete homens e uma mulher.[50] De início, ficou intimidada, mas as pontuações altas no curso a empurraram para o doutorado. Foi necessário certo esforço para se inscrever. Um supervisor do alto escalão negou o pedido inicial. Mesmo após ser aprovada, ela ainda "conciliava as obrigações de mãe de escoteira,[51] professora de catecismo, idas a cursos de música e cuidados com a casa" com as duas filhas, além do trabalho de jornada integral em Langley.

O doutorado em Engenharia Mecânica levou uma década. Ela recebeu o título em 1983, quarenta anos após as primeiras Computadores Oeste terem entrado em Langley. O sucesso de Christine teve o apoio do trabalho das mulheres que vieram antes dela. Sua pesquisa baseava-se em um número incontável de dígitos que passaram pelas mãos e mentes delas. Mesmo com duas das melhores credenciais em seu campo — um título de doutorado e uma importante contribuição para uma pesquisa —, Langley precisava de mais um empurrãozinho para dar a Christine Darden uma promoção de acordo com seus feitos.

Gloria Champine admirava a inteligência de Christine Darden[52] e sua obstinação em conquistar o doutorado. De sua visão geral a partir do escritório da Oportunidade Igualitária, ela sabia que as mulheres no centro — mesmo as de níveis superiores — ainda eram passadas para trás pelos homens, e Christine era uma delas. No meio da década de 1980, Christine estava no GS-13. Mesmo com o doutorado, ela enfrentava dificuldades para chegar ao GS-14. Por outro lado, um engenheiro branco que havia começado à mesma época, com avaliações de desempenho semelhantes, já estava no nível GS-15. Gloria conhecia o jeitinho Langley: "Apresente o caso, defenda-o e faça propaganda para que acreditem nele". Ela fez uma tabela de barras e mostrou para o chefe da sua diretoria — um gerente um nível abaixo do topo de Langley —, que ficou chocado com a disparidade. Com os esforços de Gloria, a promoção de Christine veio, e depois dela o renome e a mobilidade dignos de pessoas com habilidades excepcionais. Foi um dos momentos de maior orgulho para Gloria. Christine já tinha feito o trabalho. Langley apenas precisava de alguém que ajudasse a revelar seus fatores ocultos.

"O que eu mudei, eu pude; o que não pude, suportei", disse Dorothy Vaughan para a historiadora Beverly Golemba em 1992. Dorothy aposentou-se em 1971 após 28 anos de serviço. O mundo havia mudado bastante desde que ela tomara o ônibus de Farmville para a cidade de guerra, mas não o suficiente para que conquistasse sua última ambição na carreira. O Caderno Verde aterrissou na mesa de Dorothy dois dias depois de seu aniversário de sessenta anos. Seu nome estava nele, mas não onde ela imaginava.

"Envolvia uma promoção",[53] contou-me a filha de Dorothy, Ann Vaughan Hammond, embora a mãe nunca tenha revelado exatamente o que era. Dorothy não expôs nem à família qual foi sua última decepção. O mais provável é que ela esperava trabalhar seus últimos anos como chefe de seção, recuperando o título que carregara de 1951 a 1958. Seria um triunfo retornar à chefia de uma então seção que empregava homens e mulheres, negros e brancos. O cargo foi dado a Roger Butler,[54] um homem branco, que também era chefe da unidade. Sara Bullock, a Computadora Leste[55] que fora colocada como responsável pelo grupo que programava o computador Bell em 1947, foi designada chefe de uma das quatro seções da unidade. Bullock era uma das raras supervisoras, principalmente fora do setor administrativo. Em 1971, ainda não havia nem mulheres[56] chefes de unidade, nem mulheres chefes de divisão, nem diretoras em Langley.

E, pela primeira vez em quase três décadas, não havia nem Dorothy Vaughan. O tempo dela como supervisora na década de 1950 foi relativamente curto, mas durante esses anos ela ajudou a desenvolver muitas carreiras. O nome dela nunca apareceu em nenhum relatório de pesquisa, mas ela contribuíra, direta ou indiretamente, em inúmeros projetos. Foi com relutância que concordou[57] com uma festinha de despedida. Ela não gostava de estardalhaço. Não quis que a família comparecesse e voltou de carona (apesar de todos os anos na Virgínia, onde todos usam carro, ela nunca aprendeu a dirigir). Muitos dos novos colegas apareceram para celebrá-la, incluindo o chefe, Roger Butler. Claro que muitos dos antigos colegas também. Era uma vez meninas que foram a Langley em busca de um emprego por seis meses. Agora, eram mulheres mais velhas com décadas de sociedade em um clube científico de elite. Em certo momento da noite, Lessie Hunter, Willianna Smith e outras Computadoras Oeste reuniram-se em volta da antiga supervisora para uma foto, publicada na semana seguinte no *Langley Researcher*. Talvez a única evidência fotográfica da história iniciada em maio de 1943 com a irmandade do Depósito. Embora o centro de Langley fosse meticuloso em documentar seus funcionários ao longo dos anos, individualmente ou em grupos, ainda não me deparei com outra foto oficial das Computadoras Oeste.

Dorothy Vaughan sempre amou viajar, e na aposentadoria aproveitou para cruzar os Estados Unidos e ir para a Europa. Aos oitenta anos, ela visitou Amsterdã com a família. Em casa, ela permaneceu ponderada como na Depressão e na guerra, sem gastar quando podia guardar, sem descartar o que poderia reutilizar.

Após alguns anos aposentada, uma mulher bateu à sua porta tentando persuadi-la a entrar em um processo por discriminação no pagamento de mulheres que trabalharam em Langley. Dorothy sentou-se no sofá e ouviu a mulher com educação. Depois disse: "Eles me pagaram o que disseram que iriam pagar", e foi isso. Ela não era presa ao passado. Após a festa de despedida, Dorothy Vaughan nunca mais voltou a Langley. O álbum de fotografias, as honrarias e os presentes de aposentadoria ficaram todos em uma caixa no fundo do armário. A maior parte de seu legado — Christine Darden e a geração de mulheres mais jovens que se apoiaram nos ombros das Computadores Oeste — continuava no escritório.

AGRADECIMENTOS

O título original deste livro, *Hidden Figures* [Figuras ocultas], é um pouco redutor. A história apresentada nestas páginas não estava escondida, só não era exatamente vista: os fragmentos aguardavam pacientemente entremeados em notas de rodapé, histórias de família e pastas mofadas antes de voltarem à tona. Meus primeiros agradecimentos são para os historiadores e arquivistas que me ajudaram a reconstruir esse passado por meio de seus documentos: Colin Fries, do Escritório de História da NASA na cidade de Washington; Patrick Connelly, da NARA (Administração Nacional de Arquivos e Registros, em português) da Filadélfia; Meg Hacker, da NARA de Forte Worth; Kimberly Gentile, do Centro Nacional de Arquivos Pessoais; e Tab Lewis, da NARA de College Park. Obrigada também a Donzella Maupin e Andreese Scott, dos Arquivos da Universidade Hampton, e a Ellen Hassig Ressmeyer e Janice Young, da biblioteca Drain-Jordan da Universidade Estadual da Virgínia Ocidental.

Fui impulsionada pelo entusiasmo de David Bearinger e Jeanne Siler, da Fundação Virgínia para Humanidades, desde o dia em que entrei no escritório deles sem aviso prévio, em meio a uma tempestade de neve no início da primavera de 2014. Por causa desse apoio, o Projeto Computadora

Humana, que pulou da minha pesquisa para o livro, será capaz de pegar o bastão de *Estrelas além do tempo* por meio da criação de um banco de dados abrangente de todas as mulheres matemáticas que trabalharam no NACA e na NASA durante a era de ouro das agências. Obrigada a Doron Weber, da Fundação Sloan, que estava disposto a investir em um autor de primeira viagem. O apoio da Sloan tornou possível que eu fizesse da recuperação desta importante história um emprego em período integral.

Eu não poderia ter tido uma equipe melhor para trabalhar do que William Morrow. Trish Daly, mesmo que você tenha seguido novos caminhos, sempre agradecerei a obstinação com que trabalhou para colocar *Estrelas além do tempo* no topo de sua lista. Rachael Kahan, obrigada por sua orientação tranquila que me ajudou a terminar este livro. Ter um livro publicado é excitante o bastante. Tê-lo transformado em um filme ao mesmo tempo é, de fato, uma oportunidade única na vida. Obrigada a meu agente cinematográfico, Jason Richman, da agência United Talent; a meu advogado, Kirk Schroeder; e especialmente a Donna Gigliotti, produtora de *Estrelas além do tempo*, que conseguiu ver um filme em uma proposta de livro de cinquenta páginas. Ela é uma das profissionais mais talentosas que já conheci em qualquer meio.

Em nenhum lugar *Estrelas além do tempo* recebeu recepção mais calorosa do que em minha cidade natal, Hampton, na Virgínia. Minha mais profunda gratidão a Audrey Williams, presidente da filial de Hampton Roads da Associação para Estudos da Vida e da História Afro-Americana (ASALH), que serviu como patrocinador para a fase de constituição do Projeto Computadora Humana. Obrigada a Mike Cobb e Luci Coltrane, do Museu de História de Hampton, por me convidar para compor o grupo de palestrantes do museu, e a Wythe Holt e Chauncey Brown, por suas vívidas lembranças dos primeiros dias de vida em Hampton, que acrescentaram detalhes e texturas maravilhosos à narrativa.

Funcionários atuais e antigos do Centro de Pesquisa de Langley, muitas pessoas para mencionar em um espaço tão pequeno, têm apoiado este projeto de muitas maneiras ao longo dos últimos anos, inclusive Gail Langevin, representante da História da NASA de Langley. Andrea Bynum me convidou para apresentar minha pesquisa em desenvolvimento na celebração da História Feminina de Langley, em março de 2014, e tem sido uma defensora incansável do livro desde essa época. Mary Gainer Hurst, recentemente aposentada do Escritório de Preservação Histórica de Langley, é uma historiadora pública heroica. Graças a ela, milhares de entrevistas, registros de testes em túneis de vento, fotos, documentos pessoais, organogramas, artigos e outros materiais que trazem testemunhos da história extraordinária de Langley estão disponíveis ao público no site das Fontes Culturais da NASA de Langley e no canal do YouTube relacionado. Assim, grande parte do tecido conjuntivo desta história veio das incontáveis horas que passei consultando informações que ela tão habilmente recuperou e organizou.

Belinda Adams, Jane Hess, Janet Mackenzie, Sharon Stack e Donna Speller Turner: todas compartilharam lembranças tanto do trabalho técnico em que estiveram envolvidas quanto das oportunidades inéditas para as mulheres em Langley ao longo dos anos. Harold Beck e Jerry Woodfill responderam às minhas dúvidas técnicas sobre os meses que antecederam o voo orbital de John Glenn e a crise da Apollo 13, respectivamente. Minha entrevista com o engenheiro Thomas Byrdsong, que relembrou como era ser um dos primeiros engenheiros negros de Langley, é uma memória agridoce, pois aconteceu um mês antes do falecimento dele.

Este livro não teria sido possível sem a cooperação e o apoio das mulheres que viveram a história, bem como dos amigos, familiares e colegas delas. Bonnie Kathaleen Land, minha ex-professora da Escola Dominical, tem a distinção de ser a primeira pessoa que entrevistei para este livro, em 2010. Ela faleceu em 2012 aos 96 anos. Obrigada a Ellen Strother, Wanda Jackson e Janice "Jay" Johnson pelos incríveis contos da vida ativa e rica de Mary Jackson fora do escritório.

Apesar de a história de Gloria Rhodes Champine aparecer apenas no epílogo, muitos capítulos deste livro têm as impressões digitais dela. Sua compreensão dos aviões de Langley, da cultura e das pessoas do centro foi indispensável para me ajudar a escrever esta história. Christine Darden é, ao mesmo tempo, um talento enorme e surpreendentemente modesta. Tenho muito orgulho de ter aprendido o bastante sobre aerodinâmica ao longo desta pesquisa para reconhecer o tamanho das conquistas dela. Agradeço a ela tanto pela sabedoria quanto pelo incentivo que recebi desde o começo de *Estrelas além do tempo*.

Ann Vaughan Hammond, Leonard Vaughan e Kenneth Vaughan foram fundamentais para me ajudar a reconstruir os detalhes da mãe deles, Dorothy Vaughan: o começo da vida dela e a trajetória que a levou até Langley. Agradeço a eles por me permitirem conhecê-la através de seus olhos.

Jim Johnson e suas histórias de quando serviu na Guerra da Coreia eram provas em primeira mão do poder duradouro do V duplo. Joylette Goble Hylick e Katherine Goble Moore têm minha máxima admiração por tudo o que fizeram para preservar o legado da mãe e das outras mulheres cujos talentos serviram de base para o trabalho mais gratificante que já fiz na vida.

As lições que aprendi com Katherine Coleman Goble Johnson poderiam encher outro livro. Sua generosidade em compartilhar sua história de vida comigo mudou minha vida, e serei sempre grata por isso.

A maior parte deste livro foi escrita em Valle de Bravo, no México. Meus agradecimentos a todos os amigos que ofereceram apoio e incentivo a cada dia. Estou em dívida com meus "conselheiros", as pessoas que ao longo de seis anos me ajudaram a carregar este projeto até a linha de chegada. Meus agradecimentos a todos os meus amigos em Valle de Bravo que me deram incentivo diário e apoio, especialmente Marcela Diaz, Jim Duncan, Larry Peterson e Sabine Persicke. Vale uma menção especial a Margot Lopez, que generosamente me emprestou seu estúdio sempre que eu precisava de um lugar tranquilo para cumprir um prazo. Melanie Adams, Jeffrey Harris, Regina Oliver, Chadra Pittman e Danielle Wynn têm sido meus animadores de torcida da minha cidade natal, nunca muito ocupados para compartilhar contatos, dar sugestões ou oferecer um ombro amigo. Susan Hand Shetterly, Robert Shetterly, Gail Page e Caitlin Shetterly nunca deixavam de fornecer ideias, refeições maravilhosas e recantos de escrita tranquilos. Meus irmãos Ben Lee, Lauren Lee Colley e Jocelyn Lee têm sido uma fonte constante de inspiração, memórias e incentivo.

Desde a nossa primeira conversa, minha agente literária, Mackenzie Brady Watson, foi uma das maiores defensoras de *Estrelas além do tempo*. Sua visão de negócios e sua ampla visão têm ajudado a dar a este texto uma plataforma além de qualquer coisa que eu poderia ter imaginado.

Como filha de um professor de inglês da Universidade Hampton e de uma pesquisadora da NASA, provavelmente era inevitável que eu acabasse por escrever um livro sobre cientistas. A dra. Margaret G. Lee e o dr. Robert B. Lee III fizeram ligações em meu nome, arrumaram entrevistas e encontros, vasculharam suas memórias para nomes e eventos, ofereceram contexto e sugestões para contar a história, foram às minhas apresentações, correram de manhã cedo e tarde da noite para me pegar em aeroportos, receberam pacotes, gentilmente me permitiram transformar sua casa em um escritório e apoiaram a minha escrita de inúmeras outras maneiras. Mamãe e papai, amo vocês mais do que palavras podem expressar.

Finalmente, ninguém deu mais por este projeto do que meu marido, Aran Shetterly. Ele leu cada uma das versões de *Estrelas além do tempo*, desde o primeiro rascunho da proposta do livro, sugerindo melhorias a cada passo ao longo do caminho, com sua inteligência feroz e seu conhecimento editorial. A experiência dele como escritor e pesquisador foi de valor inestimável para me ajudar a entender como sondar arquivos em busca dos detalhes que transformam história em narrativa e trazem à vida um relato não contado. Pelos últimos 12 anos, ele tem sido meu primeiro leitor, meu confidente, meu conselheiro mais próximo e meu parceiro de todas as coisas. *Estrelas além do tempo* não teria acontecido sem o seu apoio. Por tudo, Aran, ofereço meu mais profundo respeito, minha imensa gratidão e meu amor infinito.

NOTAS

PRÓLOGO

[1] W. Kemble Johnson para o NACA, "Fair Employment", 14 de dezembro de 1951. NARA Phil (Arquivos Nacionais da Filadélfia, em português).

[2] Arquivo pessoal de Blanche S. Fitchett, da Comissão de Serviço Público dos Estados Unidos. NPRC (Centro Nacional de Arquivos Pessoais, em português).

[3] "Women Computers", vídeo gravado em Langley, NASA, 13 de dezembro de 1990. Disponível em: https://www.youtube.com/watch?v=o--MN3Cp2Cpc. Acesso em: 30 de agosto de 2016.

[4] Ibidem.

[5] "What's My Name?", *Air Scoop*, 14 de junho de 1946. [*Air Scoop* era a *newsletter* de Langley. (N.T.)]

[6] Beverly Golemba, "Human Computers: The Women in Aeronautical Research". Dissertação de Doutorado. Universidade St. Leo, 1994, 4. Disponível nas Fontes Culturais da NASA: http://crgis.ndc.nasa.gov/crgis/images/c/c7/Golemba.pdf. Acesso em: 30 de agosto de 2016.

[7] James R. Hansen, *Spaceflight Revolution: NASA Langley Research Center from Sputnik to Apollo*. Washington, DC: National Aeronautics and Space Administration, 1995. A cidade foi apelidada assim em 5 de outubro de 1962, no desfile dos astronautas em celebração ao Projeto Mercury. O livro de Hansen tem fotos incríveis desse dia (p. 78-79).

CAPÍTULO I

[1] Melvin Butler para o chefe de operações de campo, Telegram, Comissão de Serviço Público dos Estados Unidos, em 13 de maio de 1943, NARA Phil.

[2] M.J. McAuliffe para representantes de recrutamento, Quarto Escritório Regional, "Recruiting Workers for National Advisory Committee for Aeronautics (Langley Memorial Aeronautical Laboratory)", 28 de janeiro de 1944, NARA Phil.

[3] Ibidem.

[4] Este é o juramento feito por todos os funcionários federais civis. O texto completo está disponível em: https://www.law.cornell.edu/uscode/text/5/3331. Acesso em: 30 de agosto de 2016.

[5] W. Kemble Johnson, em entrevista a Michael D. Keller, em 27 de junho de 1967, LAC (Coleção de Arquivos de Langley, em português).

[6] James Hansen, *Engineer in Charge: A History of the Langley Aeronautical Laboratory, 1917-1958*. Washington, DC: National Aeronautics and Space Administration, 1987. Dados obtidos do Apêndice B, "Growth of Langley Staff, 1919-1958", p. 413.

[7] Franklin D. Roosevelt, Mensagem ao Congresso sobre orçamento para Defesa Nacional, 16 de maio de 1940. Disponível em: http://www.presidency.ucsb.edu/ws/?pid=15954. Acesso em: 30 de agosto de 2016.

[8] Arthur Herman, *Freedom's Forge: How American Business Produced Victory in World War II*. Nova York: Random House Publishing Group, 2012, p. 11.

[9] Judy A. Rumerman, "The American Aerospace Industry During World War II", site do Centenário da Comissão de Voo dos Estados Unidos, http://www.centennialofflight.net/essay/Aerospace/WWII_Industry/

Aero7.htm. Estatísticas comparadas de produção de aeronaves, Wikipédia: https://en.wikipedia.org/wiki/World_War_II_aircraft_production. Acesso em: 30 de agosto de 2016.

[10] "What's My Name?"

[11] R.H. Cramer para R.A. Darby, "Computing Groups Organization and Practice at NACA", 27 de abril de 1942. Disponível em: http://crgis.ndc.nasa.gov/crgis/images/7/76/ComputingGroupOrg1942.pdf. Acesso em: 31 de agosto de 2016.

[12,13] Ibidem.

[14] 3 de fevereiro de 1942, LAC.

[15] "Há membros de sua família": "Special Message to the Staff", *Air Scoop*, 19 de setembro de 1944.

[16] "Quem é esse tal de Randolph?": Jervis Anderson, *A. Philip Randolph: a Biographical Portrait*. Berkeley: University of California Press, 1986, p. 259.

[17] Ibidem.

[18] O grupo do seu irmão Sherwood já tinha se mudado para lá: NARA Phil.

[19] O próprio Butler vinha de Portsmouth: Jennifer Vanhoorebeck, "T. M. Butler, Hampton Leader, Dies", *Daily Press*, 11 de maio de 1996.

[20] No quadro do NACA, estava descrita uma função: "supervisionar e dirigir o estudo científico de problemas de voo com vistas a soluções práticas". Essa abordagem pragmática e empírica da pesquisa aeronáutica foi uma das características definidoras da agência e permeou todos os aspectos do trabalho desenvolvido ali. Para saber mais sobre o início do NACA, conferir Hansen, *Engineer in Charge*, cap. 1.

[21] Miriam Mann Harris, "Miriam Daniel Mann", 12 de setembro de 2011, LAC.

CAPÍTULO 2

[1] "The Weather of 1943 in the United States", *Monthly Weather Review*, dez. 1943. Disponível em: http://docs.lib.noaa.gov/rescue/mwr/071/mwr-071-12-0198.pdf. Acesso em: 4 de setembro de 2016.

[2] "A Short History of Camp Pickett", posto do campo Pickett do Escritório de Informações Públicas, abril de 1951, p. 6.

[3] Arquivo pessoal de Dorothy J. Vaughan, Serviço Público dos Estados Unidos, NPRC.

[4] "A Short History of Camp Pickett", p. 3.

[5] W.E.B. Du Bois, "The Negroes of Farmville, Virginia: A Social Study", *Bulletin of the Department of Labor 14* (janeiro de 1898): p. 1-38. Disponível em: https://fraser.stlouisfed.org/docs/publications/bls/bls_v03_0014_1898.pdf. Acesso em: 31 de agosto de 2016.

[6] Kathryn Blood, "Negro Women War Workers", *Bulletin 205*. Washington, DC: Departamento do Trabalho dos Estados Unidos, Escritório de Mulheres, 1945, p. 8. Disponível em: http://digitalcollections.smu.edu/cdm/ref/collection/hgp/id/431. Acesso em: 31 de agosto de 2016.

[7] Arquivo pessoal de Vaughan.

[8] Ibidem.

[9] Fred McCuistion, "The South's Negro Teaching Force", *Journal of Negro Education*, abril de 1932, p. 18.

[10] Ibidem.

[11] Entrevista com Ann Vaughan Hammond, 2 de abril de 2014.

[12] Ibidem.

[13] Robert Margo, *Race and Schooling in the South, 1880-1950: An Economic History*. Chicago: University of Chicago Press, 1950, p. 53.

[14] Ibidem.

[15] Arquivo pessoal de Vaughan.

[16] Dewey W. Fox, *A Brief Sketch of the Life of Miss Dorothy L. Johnson*. West Virginia African Methodist Episcopal Sunday School Convention, 1º janeiro de 1926, p. 3.

[17] Censo dos Estados Unidos de 1910. Local do Censo: Kansas Ala 8, Jackson, Missouri; Rolo: T624_787; Página: 16A; Enumeração do Distrito: 0099; Microfilme da FHL (Biblioteca de História Familiar, em português): 1374800, http://www.ancestry.com/. Acesso em: 1º de setembro de 2016.

[18] Fox, *A Brief Sketch*, p. 3.

[19,20] Ibidem.

[21] Connie Park Rick, *Our Monongalia*. Terra Alta: WV Headline Books, 1999, p. 106 e 142. John Hunt conheceu Leonard Johnson em uma viagem de negócios em Kansas City e ficou tão impressionado que o convidou para trabalhar com ele em Morgantown. O pai de Dorothy ganhou o apelido "Kansas City" Johnson e, posteriormente, abriu o próprio restaurante.

[22] Fox, *A Brief Sketch*, p. 6.

[23] Ibidem, p. 6.

[24] Ibidem, p. 8.

[25] Ibidem, p. 5.

[26] Entrevista com Ann Vaughan Hammond, 30 de junho de 2014.

[27] "Mathematicians of the African Diaspora: Dudley Weldon Woodard", Universidade de Búfalo, Departamento de Matemática da Universidade de Nova York. Disponível em: http://www.math.buffalo.edu/mad/PEEPS/woodard_dudleyw.html. Acesso em: 1º de setembro de 2016.

[28] Johnny L. Houston, "Elbert Frank Cox", *National Mathematical Association Newsletter*, primavera de 1995, p. 4.

[29] Robert A. Margo, "Employment and Unemployment in the 1930s", *Journal of Economic Perspectives* 7, n. 2 (primavera de 1993), p. 42.

[30] Entrevista com Hammond, 30 de junho de 2014.

[31] Arquivo pessoal de Vaughan.

[32] Ibidem.

[33] Entrevista com Hammond, 2 de abril de 2014.

[34,35] Ibidem.

[36] W. Kemble Johnson para Grace Lawrence, 5 de fevereiro de 1942, e Mary W. Watkins para W. Kemble Johnson, 9 de fevereiro de 1942, NARA Phil.

[37] Ibidem.

[38] Jervis Anderson, *A. Philip Randolph: A Biographical Portrait*. Berkeley: University of California Press, 1986, p. 259.

[39] Arquivo pessoal de Vaughan.

[40] "Paving the Way for Women Engineers", *Norfolk Journal and Guide*, 8 de maio de 1943.

[41] "Hampton School Head Urges Students to Remain in School", *Norfolk Journal and Guide*, 4 de setembro de 1943.

[42] Mary Cherry: "Paving the Way for Women Engineers".
[43] Entrevista com Miriam Mann Harris, 6 de maio de 2014.
[44] Arquivo pessoal de Vaughan.
[45] Ibidem.

CAPÍTULO 3

[1] Jarl K. Jackson e Julie L. Vosmik, "National Historic Landmark Nomination: Robert Russa Moton High School", *National Park Service*, dezembro de 1994. Disponível em: https://www.nps.gov/nhl/find/statelists/va/Moton.pdf. Acesso em: 1º de setembro de 2016.
[2] Ibidem.
[3] "New NAACP Branches Formed in Two Counties", *Norfolk Journal and Guide*, 4 de janeiro de 1939.
[4] Bob Smith, *They Closed Their Schools: Prince Edward County, Virginia, 1951-1964*. Chapel Hill: University of North Carolina Press, 1965, p. 60.
[5] "500 Students in VA State Music Festival", *Norfolk Journal and Guide*, 20 de abril de 1935.
[6] Ibidem.
[7] Eloise Barker, "Farmville", *Norfolk Journal and Guide*, 11 de dezembro de 1943.
[8] "Farmville", *Norfolk Journal and Guide*, 28 de novembro de 1942.
[9] Ibidem.
[10] Patrick Louis Cooney e Henry W. Powell, "Vagabond: 1933-1937", *The Life and Times of the Prophet Vernon Johns: Father of the Civil Rights Movement* (Vernon Johns Society). Disponível em: http://www.vernonjohns.org/tcal001/vjvagbnd.html. Acesso em: 1º de setembro de 2016.
[11] Arquivo pessoal de Vaughan; Alan W. Garrett, "Mathematics Education Goes to War: Challenges and Opportunities during the Second World War", artigo apresentado no Encontro Anual do Conselho Nacional de Professores de Matemática, 21 de abril de 1999.
[12] Arquivo pessoal de Vaughan.
[13] Ibidem.

[14] Barker, "Farmville", 11 de dezembro de 1943.

[15] Entrevista com Hammond, 30 de junho de 2014.

[16] Entrevista com Hammond, 4 de abril de 2014.

[17] Arquivo pessoal de Vaughan.

[18] Entrevista com Hammond, 30 de junho de 2014.

[19,20] Ibidem.

[21] Robert S. Conte, *The History of the Greenbrier: America's Resort*. Parkersburg, WV: Trans Allegheny Books, 1989, p. 133.

[22] Entrevista com Katherine Johnson, 17 de setembro de 2011.

[23] Entrevista com Katherine Johnson, 6 de março de 2011.

[24] Ibidem.

[25] Entrevista com Katherine Johnson, 7 de setembro de 2013.

[26] "University History: Pioneer African American Mathematicians", Universidade da Pensilvânia. Disponível em: http://www.archives.upenn.edu/histy/features/aframer/math.html. Acesso em: 1º de setembro de 2016.

[27] Ibidem.

[28] Heather S. Deiss, "Katherine Johnson: A Lifetime of STEM", NASA.gov, 6 de novembro de 2013. Disponível: http://www.nasa.gov/audience/foreducators/a-lifetime-of-stem.html. Acesso em: 1º de setembro de 2016.

[29] "Virginia Women in History: Alice Jackson Stuart", Biblioteca da Virgínia. Disponível em: http://www.lva.virginia.gov/public/vawomen/2012/?bio=stuart. Acesso em: 1º de setembro de 2016.

[30] Ibidem.

[31] Albert P. Kalme, "Racial Desegregation and Integration in American Education: The Case History of West Virginia State College, 1891-1973". Dissertação de doutorado, Universidade de Ottawa, 1976, p. 149.

[32] Entrevista com Johnson, 6 de março de 2011.

CAPÍTULO 4

[1] Charles F. Marsh (ed.), *The Hampton Roads Communities in World War II*. Chapel Hill: University of North Carolina Press, 1951/2011, p. 77.

[2] "Hampton Roads Embarkation Series, 1942-1946", Coleção Fotográfica do Comando de Sinais do Exército dos Estados Unidos, arquivo digital da Biblioteca da Virgínia. Disponível em: http://www.lva.virginia.gov/exhibits/treasures/arts/art-m12.htm. Todas as descrições deste parágrafo foram feitas a partir de fotografias dessa coleção. Acesso em: 2 de setembro de 2016.

[3] "What's a War Boom Like?", *Business Week*, 6 de junho de 1942, p. 24.

[4] Ibidem.

[5] Marsh, *The Hampton Roads Communities*, p. 77.

[6] Ibidem.

[7] "What's a War Boom Like?", p. 28.

[8] Ibidem.

[9] Walt Disney Produções, 1943.

[10] "What's a War Boom Like?"; Marsh, *The Hampton Roads Communities*; William Reginald, *The Road to Victory: A History of Hampton Roads Port of Embarkation in World War II*. Newport News, VA: City of Newport News, 1946.

[11] "Newsome Park Homes Defense Workers", *Norfolk Journal and Guide*, 6 de março de 1943.

[12] Arquivo pessoal de Vaughan.

[13] W. Kemble Johnson para a equipe, "Living Facilities for New Employees", 1º de setembro de 1942, NARA Phil.

[14] "Local Housing Facilities Available to NACA Employees", janeiro de 1944, NARA Phil.

[15] Entrevista com Ann Vaughan Hammond, 30 jun. 2014; Censo dos Estados Unidos de 1940, Ancestry.com. Acesso em: 2 de setembro de 2016.

[16] Ibidem.

[17] "Smith's Pharmacy", formulário do Registro Nacional de Lugares Históricos, Serviço Nacional de Parques, 18 abr. 2002. Disponível em: http://www.dhr.virginia.gov/registers/Cities/NewportNews/121-5066_Smiths_Pharmacy_2002_Final_Nomination.pdf. Acesso em: 2 de setembro de 2016.

[18] "Whittaker Memorial Hospital", formulário do Registro Nacional de Lugares Históricos, Serviço Nacional de Parques, 19 ago. 2009. Disponível em: http://www.dhr.virginia.gov/registers/Cities/Newport-

News/121-5072_Whittaker_Memorial_Hospital_2009_FINAL_NR.pdf. Acesso em: 2 de setembro de 2016.

[19] Virginius Dabney, "To Lessen Race Friction", *Richmond Times Dispatch*, 13 de novembro de 1943; "VPS Begins Two Man Operation", *Norfolk Journal and Guide*, 14 de novembro de 1942.

[20] Theresa Holloman e Evelyn Fauntleroy, "Local Women Protest Bus Drivers' Discourtesies", *Norfolk Journal and Guide*, 5 de junho de 1943.

[21] "An Investigation Is Indicated Here", *Norfolk Journal and Guide*, 17 de março de 1945.

[22] Franklin Delano Roosevelt, *The Four Freedoms: Message to the 77th Congress*, 6 de janeiro de 1941. Disponível em: https://fdrlibrary.org/documents/356632/390886/readingcopy.pdf/42234a77-8127-4015-95af-bcf831db311d. Acesso em: 2 de setembro de 2016.

[23] Ibidem.

[24] "Com milhares de seus filhos nos campos": Herbert Aptheker, "Status of Negroes in Wartime Revealed", *Norfolk Journal and Guide*, 26 de abril de 1941.

[25] "Fiquei feliz pra caramba": Genna Rae McNeil, *Groundwork: Charles Hamilton Houston and the Struggle for Civil Rights*. Philadelphia: University of Pennsylvania Press, 1983, p. 1.283.

[26] Uma lei de 1915 que exigia uma fotografia: Samuel Krislov, *The Negro in Federal Employment*. New Orleans: Quid Pro Quo, 2012.

[27] John A. Davis e Cornelius Golightly, "Negro Employment in the Federal Government", Phylon, 1942, p. 338.

[28] John Temple Graves, "The Southern Negro and the War Crisis", *Virginia Quarterly Review*, outono de 1942.

[29] W.E.B. Du Bois, *The Souls of Black Folk*, 1903, Universidade da Virgínia. Disponível em: http://web.archive.org/web/20081004090243/http://etext.lib.virginia.edu/toc/modeng/public/DubSoul.html. Acesso em: 2 de setembro de 2016.

[30] Cooney e Powell, *The Life and Times of the Prophet Vernon Johns*. Disponível em: http://www.vernonjohns.org/tcal001/vjthelgy.html. Acesso em: 2 de setembro de 2016.

[31] Taylor Branch, *Parting the Waters: America in the King Years*. Nova York: Simon & Schuster, 2007, p. 6.

[32] P.B. Young, "Service or Betrayal?", *Norfolk Journal and Guide*, 25 de abril de 1942.

[33] James G. Thompson, "Should I Sacrifice to Live 'Half-American'?", *Pittsburgh Courier*, 3 de janeiro de 1942.

[34] Ibidem.

CAPÍTULO 5

[1] "The First Epistle of the NACAites", *Air Scoop*, 19 de janeiro de 1945.

[2] F. R. Burgess, "Uncle Sam's Eagle's Saved Hampton", *Richmond Times Dispatch*, 13 de janeiro de 1935.

[3] Hansen, *Engineer in Charge*, p. 16.

[4] Ibidem.

[5] Blood, *Negro Women War Workers*, p. 19-23.

[6] Ibidem.

[7] Departamento de pesquisa populacional do Censo 1940 dos Estados Unidos.

[8] Hansen, *Engineer in Charge*, p. 188.

[9] Arquivo pessoal de Margery E. Hannah, Comissão de Serviço Público dos Estados Unidos, NPRC.

[10] Edward Sharp para equipe, "Change in Computers' Telephone Number", 31 de julho de 1935, NARA Phil.

[11] Cada edição semanal do *Air Scoop*, entre 1942 e 1945, computava a compra de títulos de guerra por grupo; a Computação Oeste frequentemente estava em primeiro na lista.

[12] "Frank Knox Praises NACA", *Air Scoop*, 6-12 de novembro de 1943.

[13] Todas as descrições foram feitas a partir da foto L-35045 do arquivo de Langley, NASA Cultural Resources, 4 de novembro de 1943. Disponível em: http://crgis.ndc.nasa.gov/historic/File:L-35045.jpg. Acesso em: 7 de setembro de 2016.

[14] "Knox to Visit LMAL Nov. 4", *Air Scoop*, 30 out.-4 de novembro de 1943. O laboratório mudou o horário habitual de almoço dos funcionários naquele dia por causa do discurso de Knox.

[15] Entrevista com Miriam Mann Harris, em 6 de maio de 2014; Miriam Mann Harris, "Miriam Daniel Mann Biography", NASA Cultural

Resources, 12 de setembro de 2011, http://crgis.ndc.nasa.gov/crgis/images/d/d3/MannBio.pdf. Acesso em: 9 de setembro de 2016.

[16] "Girls Prepare to Move into Wythe Hall", *Air Scoop*, 20-26 de novembro de 1943.

[17] Entrevista com Harris.

[18] Ibidem.

[19] Derek C. Catsam e Brendan Wolfe, "Morgan v. Virginia (1946)", *Encyclopedia Virginia*, 20 de outubro de 2014.

[20] Richard Goldstein, "Irene Morgan Kirkaldy, 90, Rights Pioneer, Dies", *New York Times*, 13 de agosto de 2007.

[21] Entrevista com Harris.

[22] Sharon Loury, "Notes from The Beverley Family of Virginia", Fontes Culturais da NASA, 1956. Disponível em: http://crgis.ndc.nasa.gov/crgis/images/9/90/BeverleyFamily.pdf. Acesso em: 8 de setembro de 2016.

[23] "Hampton Institute Sells Farm to War Department", *Baltimore Afro-American*, 4 de janeiro de 1941.

[24] Ibidem.

[25] S.A. Haynes, "Navy Officials Praise Work at Hampton Naval Training Station, First of Its Kind", *Norfolk Journal and Guide*, 11 de setembro de 1943.

[26] Entrevista com James A. Johnson, 11 de junho de 2011.

[27] "Workers in War Industry Discussed in Conference", *Norfolk Journal and Guide*, 4 de julho de 1942.

[28] "White Colleges Urged to Employ Colored Profs", *Baltimore Afro-American*, 24 de maio de 1941.

[29] "Dr. MacLean's Resignation Accepted by Hampton Board", *Baltimore Afro-American*, 6 de fevereiro de 1943.

[30] A correspondência de H.J.E. Reid é quase tão interessante como registro dos acontecimentos locais quanto é como crônicas das operações do laboratório. NARA Phil.

[31] "Dr. MacLean's Resignation Accepted by Hampton Board".

[32] Em seis anos de pesquisa, ainda me falta descobrir um documento oficial que autorizasse a fundação da seção de Computação Oeste. Dada a necessidade de se estabelecer um escritório segregado com banheiros exclusivos para

mulheres negras, e considerando ainda os costumes da época e do local, esse é o tipo de decisão que sem dúvida exigiria conhecimento e validação da chefia. Entretanto, depois de vasculhar os documentos de MacLean no Instituto Hampton, depois de revisar a papelada de quando ele foi chefe do Comitê de Práticas Justas de Emprego, depois de me debruçar sobre os arquivos do Centro de Pesquisa de Langley e do quartel-general da NASA, depois de examinar a correspondência de Reid com o Comitê de Práticas Justas de Emprego na NARA Filadélfia, depois de passar pelos registros de guerra do Departamento de Educação (que supervisionava o ESMWT), do serviço público e dos arquivos da Comissão de Força de Trabalho de Guerra (na NARA College Park e na NARA Filadélfia, respectivamente), sou levada a concluir que esse foi um acordo verbal.

[33] "Women Computers."

[34] Katherine Johnson, entrevistada por Aaron Gillette, em 17 de setembro de 1992, QG da NASA.

[35] Dave Lawrence, "Langley Engineer Is Remembered for Part in History", *Daily Press*, 21 de agosto de 1999.

[36] Ibidem.

CAPÍTULO 6

[1] *Norfolk Journal and Guide*, 27 de maio de 1944.

[2] John Jordan, "Negro Pilots Sink Nazi Warship", *Norfolk Journal and Guide*, 8 de julho de 1944.

[3] Ibidem.

[4] "Missions Take Fliers into Five Countries", *Norfolk Journal and Guide*, 15 de julho de 1944.

[5] "New US 'Mustang' Heralded as Best Fighter Plane of 1943", *Washington Post*, 27 de novembro de 1942.

[6] "Tuskegee Airman Reunites with 'Best Plane in the World'", NASA, 10 de junho de 2004. Disponível em: http://www.nasa.gov/vision/earth/improvingflight/tuskegee.html. Acesso em: 8 de setembro de 2016.

[7] "Cites Importance of Research in War Effort", *Air Scoop*, 25-31 de março de 1944.

[8] *Air Scoop*, 25-31 de março de 1944.

[9] Hansen, *Engineer in Charge*, p. 254.

[10] Pearl I. Young, entrevistada por Michael D. Keller, 10 de janeiro de 1966, LAC.

[11] Parke Rouse, "Early Days at Langley Were Colorful", *Daily Press*, 25 de março de 1990.

[12] Milton A. Silveira, entrevistado por Sandra Johnson, *JSC*, 5 de outubro de 2005.

[13] "Women Computers."

[14] Golemba, "Human Computers", p. 37.

[15] Alex Roland, *Model Research: The National Advisory Committee for Aeronautics 1915-1958*. Washington, DC: NASA, 1985, p. 275.

[16] "Computers Attend Physics Classes", *LMAL Bulletin*, 28 de junho de 1943.

[17-19] Ibidem.

[20] Hansen, *Engineer in Charge*, p. 116.

[21] Katherine Calos, "Ann G.B. Carl, First US woman to Fly Jet, Dies", *Richmond Times-Dispatch*, 22 de março de 2008.

[22] "Transport: Damn Fool's Job", *Time*, 1º de abril de 1935.

[23] Hansen, *Engineer in Charge*, p. 46.

[24] Arquivo pessoal de Fitchett.

[25] "We Backed the Attack", *LMAL Bulletin*, 24-30 de junho de 1944.

[26] Sugenia M. Johnson, entrevistada por Rebecca Wright, *JSC*, 2 de abril de 2014.

[27] "Second Epistle of the NACAites", *Air Scoop*, 26 de janeiro de 1945.

[28] "We Backed the Attack."

CAPÍTULO 7

[1] K. Elizabeth Paige, "Newsome Park Echoes", *Norfolk Journal and Guide*, 8 de julho de 1944.

[2] "The Legacy of a Village", programa da Reunião de Newsome Park, 6 de setembro de 2006, p. 6, em posse da autora.

[3] Entrevista com Hammond, 30 de junho de 2014.

[4] "Aberdeen Gardens", formulário do Registro Nacional de Lugares Históricos, Serviço Nacional de Parques, 7 de março de 1944. Disponível em: http://www.dhr.virginia.gov/registers/Cities/Hampton/114-0146_Aberdeen_Gardens_HD_1994_Final_Nomination.pdf. Acesso em: 9 de setembro de 2016.

[5] Ibidem.

[6] W.R. Walker Jr., "Mimosa Crescent, Post-War Housing Project, Started", *Norfolk Journal and Guide*, 15 de julho de 1944.

[7] Catherine R. Weaver, "Memories of the Village", programa da Reunião de Newsome Park, 3 de setembro de 2005, p. 6, em posse da autora.

[8] C.I. Wiliams, "City Greets Victory With Joyous Tumult", *Norfolk Journal and Guide*, 19 de agosto de 1945.

[9] Ibidem.

[10] "Hampton Roads Area Faces Drastic Cut in Employment", *Washington Post*, 21 de outubro de 1945.

[11] Jobs Open for Whites Only", *Norfolk Journal and Guide*, 1º de setembro de 1945.

[12] Glenn Feldman, *The Great Melding: War, the Dixiecrat Rebellion, and the Southern Model for America's New Conservatism*. Tuscaloosa: University of Alabama Press, 2015, p. 211.

[13] Ibidem, p. 299.

[14] John Gunther, *Inside USA*. Nova York: Harper and Brothers, 1947, p. 705.

[15] Ronald L. Heinmann, "The Byrd Legacy: Integrity, Honesty, Lack of Imagination, Massive Resistance", *Richmond Times-Dispatch*, 25 de agosto de 2013.

[16] "Realtors Win Efforts for Post-war Riddance of Federal Housing Units", *Norfolk Journal and Guide*, 30 de junho de 1945.

[17] Ibidem.

[18] Entrevista com Hammond, 30 de junho de 2014.

[19] K. Elizabeth Paige, "Newsome Park Echoes", *Norfolk Journal and Guide*, 30 de setembro de 1944.

CAPÍTULO 8

[1] Entrevista com Katherine Johnson, 13 de março de 2011.

[2,3] Ibidem.

[4] "Katherine Johnson, National Visionary", Projeto Nacional de Liderança Visionária. Disponível em: http://www.visionaryproject.org/johnson-katherine/. Acesso em: 9 de setembro de 2016.

[5] Ibidem.

[6] Entrevista com Katherine Johnson, 13 de março de 2011.

[7] Mark St. John Erickson, "Jornada bem difícil", *Daily Press*, 1º de maio de 2004.

[8] Entrevista com Johnson, 13 de março de 2011.

[9] Entrevista com Johnson, 27 de dezembro de 2010.

[10] "What Matters — Katherine Johnson: NASA Pioneer and 'Computer'", rede de televisão WHRO, 25 de fevereiro de 2011. Disponível em: https://www.youtube.com/watch?v=r8gJqKyIGhE. Acesso em: 9 de setembro de 2016.

[11] "Katherine Johnson, National Visionary."

[12] Entrevista com Johnson, 27 de dezembro de 2010.

[13] Conte, *The History of the Greenbrier*, p. 113.

[14] Ibidem, p. 148-149.

[15] Entrevista com Robert S. Comte, 12 de setembro de 2012.

[16] Entrevista com Johnson, 27 de dezembro de 2010.

[17,18] Ibidem.

[19] Lorenzo J. Greene e Arvarh E. Strickland, *Selling Black History for Carter G. Woodson: A Diary*. Columbia: University of Missouri Press, 1996, p. 194.

[20] "College and School News", *The Crisis*, jan. 1944; "James C. Evans Dies", *Washington Post*, 17 de abril de 1988.

[21] Entrevista com Johnson, 6 de março de 2011.

[22] Margaret Claytor Woodbury e Ruth C. Marsh, *Virginia Kaleidoscope: The Claytor Family of Roanoke, and Some of Its Kinships, from First Families of Virginia and Their Former Slaves*. Ruth C. Marsh, 1994, p. 202.

[23,24] Ibidem.

[25] Entrevista com Johnson, 11 de março de 2011.

[26] Entrevista com Hammond, 30 de junho de 2014.

[27] "Pioneer African American Mathematicians", Universidade da Pensilvânia. Disponível em: http://www.archives.upenn.edu/histy/features/aframer/math.html. Acesso em: 9 de setembro de 2016.

[28] W.E.B. Dubois, "The Negro Scientist", *The American Scholar 8*, n. 3 (verão de 1939), p. 316.

[29] Ibidem.

[30] Jacqueline Giles-Girron, "Black Pioneers in Mathematics: Brown [*sic*], Granville, Cox, Claytor and Blackwell", *Focus: the Newsletter of the Mathematical Association of America 11*, n. 1 (jan.-fev. de 1991), p. 18.

[31] Margaret Rossiter, *Women Scientists in America: Before Affirmative Action 1940-1972*. Baltimore: Johns Hopkins University Press, 1995, p. 137.

[32] David Alan Grier, *When Computers Were Human*. Princeton, NJ: Princeton University Press, 1997, p. 208-209.

[33] Entrevista com Johnson, 27 de dezembro de 2010.

[34] Entrevista com Johnson, 13 de março de 2011.

[35] Entrevista com Johnson, 27 de setembro de 2013.

[36] Albert P. Kalme, "Racial Desegregation and Integration in American Education: The Case History of West Virginia State College, 1891-1973". Dissertação de doutorado, Universidade de Ottawa, 1973, p. 173.

[37] Entrevista com Johnson, 27 de setembro de 2013.

[38,39] Ibidem.

CAPÍTULO 9

[1] Entrevista com Leonard Vaughan, 3 de abril de 2014.

[2] Entrevista com Hammond, 2 de abril de 2014; Joanne Cavanaugh Simpson, "Sound Reasoning", *Johns Hopkins Magazine*, setembro de 2003.

[3] "New Peninsula Beach Opens Memorial Day", *Norfolk Journal and Guide*, 27 de maio de 1944.

[4] Entrevista com Harris.

[5] Ibidem.

[6] Mark St. John Erickson, "Remembering One of the South's Premier Black Seaside Resorts", *Daily Press*, 21 de agosto de 2013.

[7] Arquivo pessoal de Vaughan.

[8] Martha J. Bailey; William J. Collins, "The Wage Gains of African- American Women in the 1940s"; *Journal of Economic History* 66, n. 3 (set. de 2006), p. 737–777.

[9] Entrevista com Michelle Webb, 10 de fevereiro de 2016.

[10] "Gen. Devers Takes Command of Fort Monroe, New AGF Base", *Washington Post*, 2 de outubro de 1946.

[11] Dwight D. Eisenhower, "Farewell Address", 17 de janeiro de 1961. Disponível em: www.ourdocuments.gov/doc.php?doc=90&page=transcript. Acesso em: 2 de setembro de 2016.

[12] Hansen, *Engineer in Charge*, p. 413.

[13] Golemba, "Human Computers", p. 90.

[14-15] Ibidem, p. 90-91.

[16] Arquivo pessoal de Fitchett.

[17] Ibidem.

[18] Golemba, "Human Computers", p. 87.

[19] "Blanche Sponsler Called in…", *Air Scoop*, 24 de agosto de 1945.

[20] "Vacancies Open Here at Lab", *Air Scoop*, 9 de agosto de 1946.

[21] O grupo Cadettes foi criado depois que o laboratório Langley recomendou a Curtiss Wright que adotasse o sistema de equipe feminina de computação, conforme detalhado no memorando de R.H. Crame de 27 de abril de 1942, "Computing Groups Organization and Practice at NACA" (ver LAC). E nos livros: Natalia Holt. *Rise of the Rocket Girls: The Women Who Propelled Us, from Missiles to the Moon to Mars*. Nova York: Little, Brown, 2016; David Alan Grier. *When Computers Were Human*. Princeton, NJ: Princeton University Press, 2005; e Margaret Rossiter. *Women Scientists in America: Before Affirmative Action 1940-1972*. Baltimore: Johns Hopkins University Press, 1995. Todos são relatos fascinantes dos computadores que trabalharam em outras instalações que não o NACA.

[22] Walter T. Vicenti. *Robert Thomas Jones 1910-1999: A Biographical Memoir*. Washington, DC: National Academies Press, 2005.

[23] William R. Sears. "Introduction". *Collected Works of R. T. Jones*. Moffett Field, CA: National Aeronautics and Space Administration, 1976, p. ix.

[24] John V. Becker, *The High Speed Frontier: Case Histories of Four NACA Programs, 1920-1950*. Washington, DC: NASA, 1980, p. 14.

[25] Edward R. Sharp, "Smoker for Men Only", memorando para chefes de seções e de divisões, 26 de novembro de 1935, NARA Phil.

[26] Sheryll Goecke Powers, *Women in Flight Research at NASA Dryden Flight Research Center from 1946 to 1995*. Washington, DC: National Aeronautics and Space Administration, 1997, p. 3.

[27] Ibidem, p. 12.

[28] Depois de uma extensa pesquisa pelos nomes no Servidor de Relatórios Técnicos da NASA e de vasculhar referências em outros relatórios publicados pelo NACA nas décadas de 1930, 1940 e 1950, Doris Cohen foi a única mulher que encontrei até meados dos anos 1940, quando nomes de outras mulheres começaram a aparecer nas publicações. O nome de Cohen apareceu pela primeira vez junto com o de Robert T. Jones no relatório "An Analysis of the Stability of an Airplane with Free Controls", Laboratório Aeronáutico Langley, 14 de janeiro de 1941. NTRS.

[29] Ibidem.

[30] David F. Salisbury, "Aerodynamics Pioneer R.T. Jones, Former Consulting Professor, Dies", serviço de notícias da Universidade Stanford, 24 de agosto de 1999. A parceria profissional e pessoal de Jones e Doris Cohen foi frutífera, a qual culminou na publicação do texto clássico sobre aerodinâmica *High Speed Wing Theory*. Princeton, NJ: Princeton University Press, 1960.

[31] "What's My Name?"

[32] Floyd L. Thompson para todos os interessados, "Disbanding of East Area Computing Pool", 17 de setembro de 1947, NARA Phil.

[33] "Early Alumni and STEM Fields: Virginia Tucker", Coleções Especiais da UNCG (Universidade da Carolina do Norte em Greensboro, em português) e Arquivos da Universidade, 14 de outubro de 2014. Disponível em: http://uncgarchives.tumblr.com/post/100014384990/early-alumni-and-stem-fields-virginia-tucker. Acesso em: 12 de setembro de 2016.

[34] "Women Computers."

[35] Golemba, "Human Computers", p. 14.

[36] Lisa Frazier, "Searching for Dorothy", *Washington Post*, 7 de maio de 2000.

[37] Arquivo pessoal de Dorothy Hoover, Comissão de Serviço Público dos Estados Unidos, NPRC.

[38] Entrevista com Sugenia Johnson.

[39] Becker, *The High Speed Frontier*, p. 14.

[40] Robert A. Bell, "Former 'Discussion Groups' at the NACA Langley Aeronautical Laboratory", memorando do oficial de segurança, NACA, 23 de julho de 1954, Agência Federal de Investigação (FBI). Disponível em: https://vault.fbi.gov/rosenberg-case/julius-rosenberg/julius-rosenberg-part-72-of-1. Acesso em: 12 de setembro de 2016.

[41] Arquivo pessoal de Hoover.

[42] "Calculation of Tunnel-Induced Upwash Velocities for Swept and Yawed Wings", Laboratório Aeronáutico Langley, 1948, NTRS.

[43] *Air Scoop*, 24 de outubro de 1947.

[44] Arquivo pessoal de Fitchett.

[45-59] Ibidem.

[60] Obituário de Blanche Sponsler Fitchett, *Daily Press*, 31 de maio de 1949.

[61] Atestado de óbito de Blanche Sponsler Fitchett, Estado da Virgínia, 29 de maio de 1949, Ancestry.com. Acesso em: 12 de setembro de 2016.

[62] Eldridge H. Derring para todos os interessados, "Change in Organization of Research Services and Control", 12 de abril de 1949, NARA Phil.

[63] Eldridge H. Derring para todos os interessados, "Appointment of Head of West Area Computers Unit", 8 de janeiro de 1951, NARA Phil.

[64] Ibidem.

CAPÍTULO 10

[1] Entrevista com Chauncey E. Brown, em 19 de julho de 2014; *Virginia Traditions, Virginia Work Songs*. Ferrum, VA: Blue Ridge Institute of Ferrum College, 1983.

[2] Mark St. John Erickson, "The Night They Burned Old Hampton Down", *Daily Press*, 7 de agosto de 2013.

[3] Robert F. Engs, *Freedom's First Generation: Black Hampton, Virginia 1861–1890*. Nova York: Fordham University Press, 2004, p. 158.

[4] "Mary W. Jackson Federal Women's Program Coordinator", LHA, out. 1979. Disponível em: http://crgis.ndc.nasa.gov/crgis/images/9/96/MaryJackson1.pdf. Acesso em: 13 de setembro de 2016.

[5] Ibidem.

[6] Golemba, "Human Computers", p. 40.

[7] Arquivo pessoal de Mary W. Jackson, Comissão de Serviço Público dos Estados Unidos, NPRC.

[8] Ibidem.

[9] "Hampton USO Club Activities", *Norfolk Journal and Guide*, 30 de maio de 1942.

[10] Programa do funeral de Mary Winston Jackson, 2005, em posse da autora.

[11] "Hamptonian Observes 75th Birthday", *Norfolk Journal and Guide*, 7 de setembro de 1946.

[12] "Bethel AME Rites Held for Mrs. Emily Winston", *Norfolk Journal and Guide*, 20 de dezembro de 1962.

[13] "USO Secretary Weds Navy Man", *Norfolk Journal and Guide*, 25 de novembro de 1944.

[14] Entrevista com Janice Johnson, 3 de abril de 2014.

[15] Ibidem.

[16] "Hampton Happenings", *Norfolk Journal and Guide*, 29 de outubro de 1949.

[17] Entrevista com Janice Johnson.

[18] "Hostess to Girl Scout Troop", *Norfolk Journal and Guide*, 14 de março de 1953; entrevista com Janice Johnson.

[19] Entrevista com Janice Johnson.

[20-23] Ibidem.

[24] Arquivo pessoal de Jackson.

[25] A.B. Chatham, "Dissemination of Combat Information", chefe do escritório das Forças de Campo do Exército, Forte Monroe, Virgínia, 29 de agosto de 1952. Disponível em: http://koreanwar-educator.org/topics/reports/after_action/combat_information_bulletins/combat_information_bulletins_520829_350_05_56.pdf. Acesso em: 13 de setembro de 2016.

[26] Stephen Joiner, "The Jet That Shocked the West", *Air and Space Magazine*, dezembro de 2013.

[27] Texto de Leon Schloss no *Norfolk Journal and Guide*, 18 de fevereiro de 1950.

[28] Legenda de imagem, *Air Scoop*, 16 de março de 1951.

[29] "Collier 1940–1949 Recipients", Associação Nacional Aeronáutica. Disponível em: https://naa.aero/awards/awards-and-trophies/collier-trophy/collier-1940-1949-winners. Acesso em: 13 de setembro de 2016.

[30] Robert C. Moyer e Mary E. Gainer, "Chasing Theory to the Edge of Space: The Development of the X-15 at NACA Langley Aeronautical Laboratory", *Quest: The History of Spaceflight Quarterly* 19, n. 2 (2012), p. 5.

[31] Ibidem.

[32] "1247 Hypersonic Facilities Complex", Fontes Culturais da NASA. Disponível em: http://crgis.ndc.nasa.gov/historic/1247_Hypersonic_Facilities_Complex. Acesso em: 13 de setembro de 2016. Terminado em 1952, o nome do laboratório mudou para Complexo de Instalações Hipersônicas.

[33] Ibidem.

[34] William R. Conklin, "Atom Spy Couple Sentenced to Die", *The New York Times*, 6 de abril de 1951.

[35] *How to Spot a Communist*, filme informativo n. 5 das Forças Armadas, 1950.

[36] Ibidem.

[37] Ronald Radosh e Joyce Milton, *The Rosenberg File*. New Haven, CT: Yale University Press, 1997, p. 300.

[38] Ibidem.

[39,40] Ibidem, p. 299.

[41] Entrevista com Sugenia Johnson. Joanne Cavanaugh Simpson, "Sound Reasoning", *Hopkins Magazine*, setembro de 2003.

[42] Entrevista com Ira H. Abbott, em 27 de outubro de 1971.

[43] Entrevista com Pearl Young.

[44-46] Ibidem.

[47] Entrevista com Sugenia Johnson.

[48] "List of groups compiled in Connection with Employees Loyalty Program", *Air Scoop*, 26 de outubro de 1951.

[49] Mary Dudziak, *Cold War Civil Rights: Race and the Image of American Democracy*. Princeton, NJ: Princeton University Press, 2007, p. 871.

[50] Ibidem, p. 878.

[51] Ibidem, p. 755.

[52] "The Beginnings of a New Era for African Americans in the Armed Services", Estado de New Jersey. Disponível em: http://www.nj.gov/military/korea/factsheets/afroamer.html. Acesso em: 13 de setembro de 2016.

[53] "Tan Yanks Face Action in Korea", *Norfolk Journal and Guide*, 8 de julho de 1950.

[54] Johnson, "Fair Employment".

[55] Walter McDougall, *The Heavens and the Earth: A Political History of the Space Age*. Baltimore: Johns Hopkins University Press, 1997, p. 8.

[56] Entrevista com Christine Richie, em 20 de julho de 2014.

[57] Entrevista com Elizabeth Kittrell Taylor, em 12 de julho de 2014.

CAPÍTULO II

[1] Richard Stradling, "Retired Engineer Remembers Segregated Langley", *Daily Press*, 8 de fevereiro de 1998.

[2] Ibidem.

[3] "14 Receive Service Emblems", *Air Scoop*, 3 de dezembro de 1954.

[4] Diretório Telefônico do Laboratório Aeronáutico Langley, LHA, 1949.

[5] W.E.B. Du Bois, *The Souls of Black Folk*. Chicago: A.C. McClurg and Co., 1903.

[6] Em 1944, a Fundação Carnegie desenvolveu um relatório inovador e abrangente sobre a situação dos negros dos Estados Unidos chamado *An American Dilemma: The Negro Problem and Modern Democracy*. Nova York: The MacMillan Company, 1946. Seu autor, o economista sueco Gunnar Myrdal, observou a circularidade brutal desse sistema que discrimina os negros em praticamente todos os aspectos de suas vidas para depois repudiá-los por não conseguirem alcançar as metas estabelecidas pelos brancos.

[7] Stradling, "Retired Engineer Remembers Segregated Langley".

[8] Ibidem.

[9] Donald D. Baals e William R. Corliss, *Wind Tunnels of NASA*. Washington, DC: NASA History Office, 1981, p. 61.

[10] Ibidem, p. 61.

[11] "Richard Whitcomb's Discovery: The Story of the Area Rule", vídeo, NASA Langley CRGIS. Disponível em: https://www.youtu-

be.com/watch?v=xZWBVgL8I54. Acesso em: 13 de setembro de 2016.

[12] "Air Scientist Whitcomb Cited for 'Wasp-Waist' Theory". *Richmond News Leader*, 29 de novembro de 1955.

[13] "Interview Set for Whitcomb with Cronkite", *Daily Press*, 15 de outubro de 1955.

[14] *Daily Press*, 9 de outubro de 1955.

[15] Baals e Corliss, *Wind Tunnels of NASA*, p. 71.

[16] Arquivo pessoal de Hoover.

[17] Frank Malvestuto Jr. e Dorothy M. Hoover, "Supersonic Lift and Pitching Moment of Thin Sweptback Tapered Wings Produced by Constant Vertical Acceleration", Laboratório Aeronáutico Langley, mar. 1951. Disponível em: http://ntrs.nasa.gov/archive/nasa/casi.ntrs.nasa.gov/19930082993.pdf; Frank Malvestuto Jr. e Dorothy M. Hoover, "Lift and Pitching Derivatives of Thin Sweptback Tapered Wings with Streamwise Tips and Subsonic Leading Edges at Supersonic Speeds", Laboratório Aeronáutico de Langley, fevereiro de 1951. Disponível em: http://ntrs.nasa.gov/archive/nasa/casi.ntrs.nasa.gov/19930082953.pdf. Acesso em: 13 de setembro de 2016.

[18] "Mary W. Jackson, Federal Women's Program Manager", outubro de 1979.

[19] Entrevista com Julia G. Williams, 20 de julho de 2014.

[20,21] Ibidem.

[22] Norman Tippens, "Tuskegee Airman James L. 'Jim' Williams, 77", *Daily Press*, 23 de janeiro de 2004; entrevista com Williams.

[23] Entrevista com Williams.

[24,25] Ibidem.

[26] Golemba, "Human Computers", p. 64; Diretório Telefônico do Laboratório Aeronáutico Langley, 1952.

[27-30] Ibidem.

CAPÍTULO 12

[1] "Katherine Johnson: Becoming a NASA Mathematician", Leadership Project, 8 de março de 2010. Disponível em: https://www.youtube.com/watch?v=jUsyYvrz2qQ. Acesso em: 14 de setembro de 2016.

[2] "Miss Goble Is Bride of Cpl. Kane Jr.", *Norfolk Journal and Guide*, 30 de agosto de 1952. Todos os detalhes sobre os trajes dos noivos, a decoração do casamento e os planos para a lua de mel foram retirados desse artigo.

[3] "Marion, VA Couple Observes Golden Wedding Anniversary", *Norfolk Journal and Guide*, 19 de setembro de 1953.

[4] "Katherine Johnson: Becoming a NASA Mathematician."

[5] Ibidem.

[6] "Katherine Johnson: Becoming a NASA Mathematician."

[7] "Newsome Park Community Center Dedicatorial Exercises Held", *Norfolk Journal and Guide*, 21 de julho de 1945.

[8] Entrevista com Johnson, 6 de março de 2011.

[9] Entrevista com Joylette Hylick Goble, 10 de outubro de 2011.

[10] Entrevista com Johnson, 17 de setembro de 2011.

[11] "Joins USO Staff", *Norfolk Journal and Guide*, 9 de maio de 1953.

[12] "Peninsula Spotlight", *Norfolk Journal and Guide*, 5 de fevereiro de 1949.

[13] Entrevista com Johnson, 27 de agosto de 2013.

[14] Katherine Johnson, entrevistada por Aaron Gillette, 17 de setembro de 1992.

[15,16] Ibidem.

[17] Entrevista com Johnson, 17 de setembro de 2011.

[18] Entrevista com Johnson, 27 de setembro de 2013.

[19] Ibidem.

[20] John Mayer, Carl Huss e Harold Hamer, "Investigation of the Use of Controls During Service Operations of Fighter Airplanes", conferência do NACA sobre cargas de aeronaves, agitação e estruturas, 2-4 de março de 1953, Laboratório Aeronáutico Langley.

[21] Entrevista com Johnson, 27 de setembro de 2013.

[22] Entrevista com Johnson, 17 de setembro de 1992; Diretório Telefônico do Laboratório Aeronáutico Langley, 1952.

[23] Entrevista com Johnson, 17 de setembro de 1992.

[24,25] Ibidem.

CAPÍTULO 13

[1] Entrevista com Johnson, 17 de setembro de 1992.

[2] "Computers Help Compile Handbook", *Air Scoop*, 17 de agosto de 1951.

[3] "Spotlite by K-P", *LMAL Bulletin*, 30 de novembro de 1942.

[4] Um contexto ótimo sobre o trabalho feito por esses grupos pode ser encontrado em W. Hewitt Phillips, *A Journey in Aeronautical Research: A Career at NASA Langley Research Center*. Washington, DC: National Aeronautics and Space Administration, 1998.

[5] "Katherine Johnson: Becoming a NASA Mathematician."

[6,7] Ibidem.

[8] Christopher C. Kraft Jr., "Flight Measurements of the Velocity Distribution and Persistence of the Trailing Vortices of an Airplane", Laboratório Aeronáutico Langley, março de 1955, NTRS.

[9] "Katherine Johnson: Becoming a NASA Mathematician."

[10] "Women Computers."

[11] Entrevista com Johnson, 17 de setembro de 1992.

[12] Entrevista com Johnson, 17 de setembro de 1992.

[13] Entrevista com Johnson, 6 de março de 2011.

[14] Ibidem.

[15] Entrevista com Johnson, 27 de setembro de 2013.

[16] Ibidem.

[17] Esta é uma questão que veio à tona mais de uma vez durante entrevistas com pessoas que a conheceram.

[18] Entrevista com Katherine Goble Moore, 31 de julho de 2014.

[19] Entrevista com Johnson, 15 de setembro de 2015.

[20] Entrevista com Moore.

[21] "Government Suspends Demolition", *Norfolk Journal and Guide*, 26 de agosto de 1950.

[22] Colita Nichols Fairfax, *Hampton, Virgínia*. Charleston, VA: Arcadia Publishing, 2005, p. 69. Este livro proporcionou um bom contexto sobre as diversas vizinhanças negras de Hampton.

[23] "Mimosa Crescent Project Expanded", *Norfolk Journal and Guide*, 23 de março de 1946.

[24] Entrevista com Moore.

[25] Entrevista com Johnson, 13 de março de 2011.

[26] "Funeral Services Held for James F. Goble", *Norfolk Journal and Guide*, 29 de dezembro de 1956.

[27] Entrevista com Moore.
[28] Ibidem.
[29] Entrevista com Hylick.
[30] Ibidem.
[31] Entrevista com Johnson, 27 de dezembro de 2010.

CAPÍTULO 14

[1] Henry R. Luce, "The American Century", *Life*, 17 fev. 1941, p. 61-65. Luce, editor e fundador das revistas *Time* e *Life*, escreveu esse influente editorial em fevereiro de 1941, pedindo que os conflituosos Estados Unidos tomassem uma posição decisiva na Segunda Guerra Mundial e que reivindicassem sua posição de poder de direito no cenário mundial. "O mundo do século XX, para vir à vida com qualquer nobreza de saúde ou vigor, deve ser, em um grau significativo, um Século Americano."
[2] "Announce New Research Device", *Air Scoop*, 28 de março de 1947.
[3-7] Ibidem.
[8] Eldon Kordes, entrevistado por Rebecca Wright, JSC, 19 de fevereiro de 2015.
[9] Theresa Overall, "Mom and IBM", blog pessoal, 15 de fevereiro de 2014.
[10] Entrevista com Kordes.
[11] Ibidem.
[12] Ann Vaughan Hammond, rascunho da biografia ainda sem título sobre Dorothy Vaughan, sem data, em posse da autora.
[13] Teri Kanefield, *The Girl from the Tar Paper Shacks School: Barbara Rose Johns and the Advent of the Civil Rights Movement*. Nova York: Harry L. Abrams, 2014.
[14] "Not Willing To Wait: NAACP Leaders Want Integration 'Now!'", *Norfolk Journal and Guide*, 29 de maio de 1954.
[15] Benjamin Muse, *Virginia's Massive Resistance*. Bloomington: Indiana University Press, 1956, p. 22.
[16] Johnson, "Fair Employment".
[17] "Adult Education Courses Offered", *Air Scoop*, 17 de fevereiro de 1956.
[18] Stradling, "Retired Engineer Remembers Segregated Langley".

[19] Golemba, "Human Computers", p. 102.

[20] K.R. Czarnecki e Mary W. Jackson, "Effects on Nose Angle 515 and Mach Number on Transition on Cones at Supersonic Speeds", Laboratório Aeronáutico Langley, setembro de 1958.

[21] Stradling, "Retired Engineer Remembers Segregated Langley".

[22] "Kitty O'Brien Joyner", LAC.

[23] "Woman Engineer Gets Post with RCA Victor Company", *Norfolk Journal and Guide*, 15 de novembro de 1952.

[24] Stradling, "Retired Engineer Remembers Segregated Langley".

[25] Ibidem.

[26] Arquivo pessoal de Jackson.

[27] Stradling, "Retired Engineer Remembers Segregated Langley".

[28] Entrevista com Thomas Byrdsong, 4 de outubro de 2014.

[29] Ibidem.

[30] Entrevista com Williams.

CAPÍTULO 15

[1] Entrevista com Christine Darden, 3 de maio de 2012.

[2] Ibidem.

[3] *Daily Press*, 5 de outubro de 1957.

[4] *New York Times*, 5 de outubro de 1957.

[5] "The Secret Bunker Congress Never Used", National Public Radio, 26 mar. 2011. Disponível em: http://www.npr.org/2011/03/26/134379296/the-secret-bunker-congress-never-used. Acesso em: 18 de setembro de 2016.

[6] Ted Gup, "The Ultimate Congressional Hideway", *Washington Post*, 31 de maio de 1992.

[7] David S. F. Potree, "One Small Ball in the Air: October 4, 1957-November 3, 1957", *NASA's Origins and the Dawn of the Space Age, Monographs in Aerospace History 10*, Administração Nacional da Aeronáutica e Espaço, setembro de 1998.

[8] Somente anos depois os Estados Unidos descobririam que a extensão e a capacidade do arsenal soviético tinham sido bastante exageradas. Conferir McDougall, *The Heavens and the Earth*, p. 250-253.

[9] Entrevista com Darden.

[10] "Reds List Sputnik Time for Little Rock", *Washington Post*, 10 de outubro de 1957.

[11] Christine Darden, "Growing Up in the South During Brown v. Board", *Unbound Magazine*, 5 de março de 2015.

[12] Steven A. Holmes, "Jesse Helms Dies at 86; Conservative Force in Senate", *New York Times*, 5 de julho de 2008.

[13] Darden, "Growing Up in the South".

[14] Ibidem.

[15] Wini Warren, *Black Women Scientists in the United States*, p. 75.

[16] *Christine Darden.* Bloomington: Indiana University Press, 2000. The History Makers, 26 de fevereiro de 2013. Disponível em: http://www.thehistorymakers.com/biography/christine-darden. Acesso em: 14 de setembro de 2016.

[17-23] Ibidem.

[24] Rob Neufeld, "Visiting Our Past: The Allen School in Asheville", *Asheville Citizen-Times*, 27 de abril de 2014.

[25] Ibidem.

[26] Martha Rose Brown, "'For Colored Girls': Professor Researching Former School for African-American Female Students", *Times and Democrat*, 11 de março de 2011.

[27] Entrevista com Christine Darden, 10 de outubro de 2012.

[28] "Letters of Intent", *UNCG Magazine*, primavera 2010. Disponível em: http://www.uncg.edu/ure/alumni_magazineT2/2010_spring/feature_lettersofintent.htm. Link indisponível em 14 de setembro de 2016.

[29] Benjamin Lee Smith, "Report of the Superintendent to the Greensboro City Board of Education regarding Brown v. Board of Education", 1956. Disponível em: http://libcdm1.uncg.edu/cdm/ref/collection/CivilRights/id/547. Acesso em: 14 de setembro de 2016.

[30] *Christine Darden*, The History Makers.

[31] *Washington Post*, 23 de fevereiro de 1958.

[32] Ibidem. O artigo reportava que, na mesma época, mulheres correspondiam a apenas um por cento dos americanos graduados em Engenharia.

[33] Sylvia Fries, "The History of Women in NASA", Discurso para o Dia da Igualdade Feminina, Centro de Voo Espacial Marshall, 23 de agosto de 1991.

[34] *Christine Darden*, The History Makers.

CAPÍTULO 16

[1] *Katherine G. Johnson*, The History Makers, 6 de fevereiro de 2013. Disponível em: http://www.thehistorymakers.com/biography/katherine-g-johnson-42. Acesso em: 14 de setembro de 2016.

[2] *Reference Papers Relating to a Satellite Study, RA-15032*. Santa Monica, CA: RAND Corp., 1947; F.H. Clauser, *Preliminary Design of a World Circling Spaceship*. Santa Monica, CA: RAND Corp, 1947.

[3] Hansen, *Spaceflight Revolution*, p. 17.

[4] Roland, *Model Research*, p. 262.

[5] McDougall, *The Heavens and the Earth*.

[6] Ibidem, p. 131.

[7] W. Hewitt Phillips, *A Journey into Space Research: Continuation of a Career at NASA Langley Research Center*. Washington, DC: NASA History Office, 2005, p. 1.

[8] Ibidem.

[9] Hansen, *Spaceflight Revolution*, p. 17.

[10] Chris Kraft, *Flight: My Life in Mission Control*. Nova York: Plume, 2002, p. 63.

[11] Hansen, *Spaceflight Revolution*, p. 356-361.

[12] Hansen, *Spaceflight Revolution*, p. 197.

[13] Roger Launius, "NACA-NASA and the National Unitary Wind Tunnel Plan, 1945–1965", 40th AIAA Aerospace Sciences Meeting & Exhibit, 14-17 de janeiro de 2002, Reno, Nevada. Disponível em: http://crgis.ndc.nasa.gov/crgis/images/d/de/A02-14248.pdf. Acesso em: 14 de setembro de 2016.

[14] Launius, "NACA-NASA and the National Unitary Wind Tunnel Plan".

[15] Diretório Telefônico do Laboratório Aeronáutico Langley, 1956.

[16] Entrevista com Harris.

[17] "Association Thanks Helpers at Party", *Air Scoop*, 2 de janeiro de 1953.

[18] Entrevista com Kenneth Vaughan, 4 de abril de 2014.

[19] Mark St. John Erickson, "Colorblind Sword: Military Has Become Model for Race Reform, Experts Say", *Daily Press*, 28 de julho de 1998.

[20] Donald Lambro, "Pulitzer-winning Journalist Mary Lou Forbes Dies at 83", *Washington Times*, 29 de junho de 2009. Imagens de arquivo do discurso de posse de Almond em 1958 estão disponíveis em: https://vimeo.com/131577357. Acesso em: 14 de setembro de 2016.

[21] John B. Henderson, "Henderson Speaks: Closing Schools No Way to Cope with Sputniks", *Norfolk Journal and Guide*, 23 de novembro de 1957.

[22] Smith, *They Closed Their Schools*, p. 144.

[23] James Rorty, "Virginia's Creeping Desegregation: Force of the Inevitable", *Commentary Magazine*, julho de 1956. O texto de Rorty apresenta uma fascinante fotografia da luta da Virgínia pela dessegregação nos anos que se seguiram ao caso Brown contra Conselho de Educação.

[24] Memorando de Paul Dembling, 7 de julho de 1956.

[25] Durante anos, aqueles que haviam trabalhado em Langley antes de 1958 podiam ser distinguidos dos colegas por pronunciarem o nome da nova agência tal como faziam com o do NACA, dizendo cada letra separadamente: "N-A-S-A".

[26] Decreto Espacial de 1958. Disponível em: http://www.hq.nasa.gov/office/pao/History/spaceact.html. Acesso em: 14 de setembro de 2016.

[27] McDougall, *The Heavens and the Earth*, p. 376.

[28] Floyd L. Thompson para todos os interessados, "Change in Research Organization", 5 de maio de 1958, NARAFil.

[29] Entrevista com Johnson, 17 de setembro de 2011.

CAPÍTULO 17

[1] *Introduction to Outer Space: An Explanatory Statement Prepared by the President's Science Advisory Committee*, 1º de janeiro de 1958. As palavras do panfleto — "o impulso de curiosidade que leva os homens a tentar ir aonde ninguém jamais esteve" — inspirou a famosa introdução da série de TV *Star Trek*.

[2] Ibidem.

[3] Forest Ray Moulton, *Introduction to Celestial Mechanics*. Nova York: Macmillan, 1914.

[4] Claiborne R. Hicks, entrevistado por Kevin M. Rusnak, JSC, 11 de abril de 2000.

[5] Esse período longo de execução era salientado toda vez que eu lia sobre um relatório de pesquisa do NACA ou da NASA — na capa, está indicada a data de publicação, mas a data em que o pesquisador efetivamente terminou e submeteu sua pesquisa para revisão é informada apenas no fim do corpo do relatório.

[6] Entrevista com Johnson, 15 de setembro de 2015.

[7] Entrevista com Johnson, 27 de setembro de 2013.

[8,9] Ibidem.

[10] Diana Pearl, "Rights Women Didn't Used to Have", Marie Claire.com, 18 de agosto de 2014. Disponível em: http://www.marieclaire.com/politics/news/a10569/things-women-couldnt-do-1920/. Acesso em: 14 de setembro de 2016.

[11] Essa foto de arquivo de Langley de 1959 foi etiquetada simplesmente como "Mulheres cientistas". Em 1995, foi publicada no livro *Spaceflight Revolution*, de James Hansen (p. 105), mas sem indicação dos nomes. O site das Fontes Culturais da NASA selecionou essa fotografia para ilustrar seu "Arquivo misterioso" de julho de 2013, solicitando aos usuários que ajudasse na identificação das mulheres ali retratadas. Disponível em: http://crgis.ndc.nasa.gov/historic/Mystery_Archives_2013. Acesso em: 14 de setembro de 2016.

[12] Diretório Telefônico do Centro de Pesquisa de Langley, 1959, LAC.

[13] Dorothy B. Lee, entrevistada por Rebecca Wright, JSC, 10 de novembro de 1999.

[14] Ibidem.

[15] Dorothy B. Lee, "Flight Performance of a 2.8 KS 8100 Cajun Solid-Propellant Rocket Motor", Laboratório Aeronáutico de Langley, 21 de janeiro de 1957, NTRS.

[16] Entrevista com Lee.

[17] Becker, *The High Speed Frontier*, p. 19.

[18] Entrevista com Gloria R. Champine, 2 de abril de 2014.

[19] Entrevista com Johnson, 27 de dezembro de 2010.

[20] Entrevista com Johnson, 27 de setembro de 2013.

CAPÍTULO 18

[1] Yanek Mieczkowski, *Eisenhower's Sputnik Moment: The Race for Space and World Prestige*. Ithaca: Cornell University Press, 2013, p. 235.
[2] Charles Murray e Catherine Bly Cox, *Apollo*. Burkittsville, MD: South Mountain Books, 2004, p. 322.
[3] Lenoir Chambers, "The Year Virginia Closed the Schools", *The Virginian--Pilot*, 1º de janeiro de 1959. O *Virginian-Pilot* foi o único jornal branco da Virgínia que publicou um editorial a favor da dessegregação das escolas.
[4] Kristen Green, *Something Must Be Done About Prince Edward County: A Family, a Virginia Town, a Civil Rights Battle*. Nova York: HarperCollins, 2015, p. 1.347-1.349.
[5] "Peninsula Social Whirl", *Norfolk Journal and Guide*, 14 de junho de 1958.
[6] Entrevista com Katherine Goble Moore, 7 de fevereiro de 2015.
[7] Entrevista com James A. Johnson, 11 de junho de 2011.
[8] Entrevista com Johnson, 13 de março de 2011.
[9] James A. Johnson.
[10] Cox e Murray, *Apollo*, cap. 1.
[11,12] Ibidem.
[13] O documentário *Top Secret Rosies*, de LeAnn Erickson, apresenta um olhar detalhado sobre a Universidade da Pensilvânia. Disponível em: https://www.facebook.com/topsecretrosies. Acesso em: 20 de setembro de 2016.
[14] Katherine Johnson, The History Makers.
[15] Warren, *Black Women Scientists in the United States*, p. 143.
[16] Ted Skopinski e Katherine G. Johnson, "Determination of Azimuth Angle at Burnout for Placing a Satellite over a Selected Earth Position", Centro de Pesquisa de Langley, 1960.

CAPÍTULO 19

[1] "Congratulations...", *Air Scoop*, 1º de julho de 1960.

[2] Regras das Corridas Americanas de Carrinhos de Rolimã, 1960.

[3] "Hampton Youth Captures Area Derby Championship", *Norfolk Journal and Guide*, 2 de julho de 1960.

[4] Ibidem.

[5] Paul Dickson, "The Soap Box Derby", *Smithsonian Magazine*, maio de 1995. As meninas foram impedidas de competir nas corridas até a década de 1970.

[6] "Derby Day Is Your Day!", *Boy's Life*, fevereiro de 1960, p. 12.

[7] "Science Fair Held at Y.H. Thomas Jr. High", *Norfolk Journal and Guide*, 31 de março de 1962.

[8] Entrevista com Janice Johnson.

[9] Golemba, "Human Computers", p. 39.

[10] "Report Listing from December 1949-October 1981", Túneis Hipersônicos de Fluxo Unitário e Contínuo, LAC. Disponível em: http://crgis.ndc.nasa.gov/crgis/images/a/aa/1251-001.pdf. Acesso em: 20 de setembro de 2016.

[11] "Girls' Group Hears Talk by 2 Women Engineers," *Norfolk Journal and Guide*, 16 de fevereiro de 1963.

[12] Ibidem.

[13] "Girl Scout Pioneers Honored During Tribute in Hampton", *Norfolk Journal and Guide*, 6 de novembro de 1985.

[14] Entrevista com Janice Johnson.

[15,16] Ibidem.

[17] "Hampton Youth Captures Area Derby Championship."

[18] Newport News, Virgínia, Clima Histórico, Almanac.com, 3 de julho de 1962. Acesso em: 20 de setembro de 2016.

[19] "Hampton Youth Captures Area Derby Championship."

[20-22] Ibidem.

[23] "Hampton Youth Captures Area Derby Championship."

[24] Ibidem.

[25] "Derby Day Is Your Day!"

[26] "Hampton Youth Captures Area Derby Championship."

[27] "Citizens Honor Local Soap Box Derby Champ", *Norfolk Journal and Guide*, 27 de agosto de 1960.

CAPÍTULO 20

[1] "Congratulations...", *Air Scoop*, 1º de julho de 1960.
[2] Regras das Corridas Americanas de Carrinhos de Rolimã, 1960.
[3] "Hampton Youth Captures Area Derby Championship", *Norfolk Journal and Guide*, 2 de julho de 1960.
[4] Ibidem.
[5] Paul Dickson, "The Soap Box Derby", *Smithsonian Magazine*, maio de 1995. As meninas foram impedidas de competir nas corridas até a década de 1970.
[6] "Derby Day Is Your Day!", *Boy's Life*, fevereiro de 1960, p. 12.
[7] "Science Fair Held at Y.H. Thomas Jr. High", *Norfolk Journal and Guide*, 31 de março de 1962.
[8] Entrevista com Janice Johnson.
[9] Golemba, "Human Computers", p. 39.
[10] "Report Listing from December 1949-October 1981", Túneis Hipersônicos de Fluxo Unitário e Contínuo, LAC. Disponível em: http://crgis.ndc.nasa.gov/crgis/images/a/aa/1251-001.pdf. Acesso em: 20 de setembro de 2016.
[11] "Girls' Group Hears Talk by 2 Women Engineers," *Norfolk Journal and Guide*, 16 de fevereiro de 1963.
[12] Ibidem.
[13] "Girl Scout Pioneers Honored During Tribute in Hampton", *Norfolk Journal and Guide*, 6 de novembro de 1985.
[14] Entrevista com Janice Johnson.
[15,16] Ibidem.
[17] "Hampton Youth Captures Area Derby Championship."
[18] Newport News, Virgínia, Clima Histórico, Almanac.com, 3 de julho de 1962. Acesso em: 20 de setembro de 2016.
[19] "Hampton Youth Captures Area Derby Championship."
[20-22] Ibidem.
[23] "Hampton Youth Captures Area Derby Championship."
[24] Ibidem.
[25] "Derby Day Is Your Day!"
[26] "Hampton Youth Captures Area Derby Championship."

[27] "Citizens Honor Local Soap Box Derby Champ", *Norfolk Journal and Guide*, 27 de agosto de 1960.

CAPÍTULO 21

[1] Colin Burgess, *Friendship 7: The Epic Orbital Flight of John H. Glenn Jr.* Nova York: Springer Praxis Books, 2015.
[2] Swenson, Grimwood e Alexander, *This New Ocean*, p. 411.
[3] Tom Wolfe, *The Right Stuff*, p. 128.
[4] "Astronaut Training at Langley". Disponível em: http://crgis.ndc.nasa.gov/historic/Astronaut_Training. Acesso em: 20 de setembro de 2016.
[5] Kraft, *Flight*.
[6] Swenson, Grimwood e Alexander, *This New Ocean*, p. 273-283.
[7] David A. Mindell, *Digital Apollo*. Cambridge, MA: The MIT Press, 2008, p. 175.
[8] Sylvia Doughty Fries, *NASA Engineers in the Age of Apollo*. Washington, DC: NASA, 1992.
[9] Annie Easley, entrevistada por Sandra Johnson, JSC, 21 de agosto de 2001.
[10] Alice Dunnigan, "Two Women Help Chart Way for the Astronauts", *Norfolk Journal and Guide*, 6 de julho de 1963.
[11] Ibidem.
[12] Golemba, "Human Computers", p. 121.
[13] Hansen, *Spaceflight Revolution*, p. 345.
[14] Saul Gass, "Project Mercury Real-time Computational and Data-flow System", IBM, 1961.
[15] James Bamford, *Body of Secrets*. Nova York: Anchor Books, 2001. Edição do Kindle, loc. 1525.
[16] Entrevista com Johnson, 27 de setembro de 2013.
[17] Swenson, Grimwood e Alexander, *This New Ocean*.
[18] Entrevista com Johnson, 27 de setembro de 2013.
[19] Burgess, *Friendship 7*.
[20-22] Ibidem.
[23] Izzy Rowe, "Izzy Rowe's Notebook", *Pittsburgh Courier*, 10 de março de 1962.

[24] Hansen, *Spaceflight Revolution*, p. 77.

[25,26] Ibidem.

[27] Entrevistas com Joylette Goble Hylick, Kenneth Vaughan e Christine Mann Darden.

[28] Hansen, *Spaceflight Revolution*, p. 80.

[29] "Lady Mathematician Played a Key Role in Glenn Space Flight", *Pittsburgh Courier*, 10 de março de 1962.

[30] *Pittsburgh Courier*, 10 de março de 1962.

CAPÍTULO 22

[1] Departmento de Trabalho dos Estados Unidos, abril de 1963.

[2] John P. Scheldrup para Edward Maher, 15 de maio de 1963, NARA Phil.

[3] Ibidem.

[4] "America Is for Everybody."

[5] Robert Brauchle, "Virginia Changing Marker Denoting Where First Africans Arrived in 1619", *Daily Press*, 19 de agosto de 2015. Durante anos, pensou-se que Jamestown fosse o ponto de chegada dos africanos de "vinte e tantos anos" que foram trazidos como escravos para a América do Norte inglesa, mas pesquisas recentes revelaram que eles desembarcaram em Old Point Comfort, em Hampton, local do atual Fort Monroe.

[6] Swenson, Grimwood e Alexander, *This New Ocean*, p. 494.

[7] Ainda que as mulheres tenham cumprido um importante papel por trás das câmeras, ajudando a organizar os eventos do dia, nenhuma delas recebeu uma função proeminente de fala no dia.

[8] Branch, *Parting the Waters*, p. 878.

[9] Marian Anderson no palco durante a marcha em Washington, 1963. Disponível em: https://www.youtube.com/watch?v=2HfNovwcaX8. Acesso em: 20 de setembro de 2016.

[10] Branch, *Parting the Waters*, p. 878.

[11] Floyd L. Thompson para Dorothy J. Vaughan, 8 jul. 1963, arquivo pessoal de Vaughan.

[12] Ibidem.

[13] Floyd L. Thompson para James E. Webb, 29 de dezembro de 1961, NARA Phil.

[14] Fries, *NASA Engineers in the Age of Apollo*, loc. 1385.

[15] Ibidem.

[16] Warren, *Black Women Scientists in the United States*, p. 144.

CAPÍTULO 23

[1] Entrevista com Johnson, 27 de setembro de 2013.

[2] Ibidem.

[3] Scott Christianson, "How NASA's Flight Plan Described the Apollo 11 Moon Landing", Smithsonian.com, 24 nov. 2015. Disponível em: http://www.smithsonianmag.com/us-history/apollo-11-flight-plan--180957225/?no-ist. Acesso em: 23 de setembro de 2016.

[4] "NASA Langley Research Center's Contributions to the Apollo Program", [s.d.]. Disponível em: http://www.nasa.gov/centers/langley/news/factsheets/Apollo.html. Acesso em: 23 de setembro de 2016.

[5] "Alpha Kappa Alpha's 39th Mid-Western Regional Conference at LU", *Langston University Gazette*, julho de 1969.

[6] Weather History for Hampton, Virgínia, *Farmer's Almanac* (acessado via Almanac.com). Acesso em: 23 de setembro de 2016.

[7] Entrevista com Johnson, 15 de setembro de 2015.

[8] Rosa e verde são as cores oficiais da irmandade Alpha Kappa Alpha.

[9] "Alpha Kappa Alpha's 39th Mid-Western Regional Conference at LU", *Langston University Gazette*, julho de 1969.

[10] Ibidem.

[11] Matt Birkbeck, *Deconstructing Sammy: Music, Money and Madness*. Nova York: HarperCollins, 2008, p. 162.

[12] Wendy Beech, *Against All Odds: Ten Entrepreneurs Who Followed Their Hearts and Found Success*. Nova York: Wiley, 2002, p. 204.

[13] Hillside era um pilar das publicações negras, e seu pequeno anúncio em preto e branco aparecia com frequência: "O famoso hotel Hillside da Pensilvânia fica no coração das montanhas Poconos, com quartos com ar-condicionado, piscina, televisão em cores...".

[14] Lawrence Louis Squeri, *Better in the Poconos: The Story of Pennsylvania's Vacationland*. University Park, PA: Pennsylvania State Press, 2002, p. 182.

[15] Ibidem.

[16] Cobertura feita pela CBS News do lançamento do Apollo 11, 17 de julho de 1969, https://www.youtube.com/watch?v=yDhcYhrCPmc. Acesso em: 23 de setembro de 2016.

[17-19] Ibidem.

[20] Aparentes maus-tratos recebidos por Ed Dwight: Richard Paul e Steven Moss, *We Could Not Fail: The First African Americans in the Space Program*. Austin: University of Texas Press, 2015, loc. 1902.

[21] Nichelle Nichols, entrevistada por Neil deGrasse Tyson, StarTalk Radio, 11 jul. 2011. Disponível em: http://startalkradio.net/show/a-conversation-with-nichelle-nichols/. Acesso em: 23 de setembro de 2016.

[22-25] Ibidem.

[26] Entrevista com Moore.

[27] Cobertura feita pela CBS News do pouso na Lua da Apollo 11. Disponível em: https://www.youtube.com/watch?v=E96EPhqT-ds. Acesso em: 23 de setembro de 2016.

[28] Neil Armstrong, entrevistado por Alex Malley, 2011. Disponível em: https://www.youtube.com/watch?v=jfj2jqpst_Q. Acesso em: 23 de setembro de 2016.

[29] Entrevista com Johnson, 27 de dezembro de 2010.

[30] Censo dos Estados Unidos de 1920, Estatística Populacional.

[31] Richard Orloff, *Apollo by The Numbers: A Statistical Reference*. Washington, DC: National Aeronautics and Space Administration, 2005. Disponível em: http://history.nasa.gov/SP-4029/Apollo_18-01_General_Background.htm. Acesso em: 23 de setembro de 2016.

[32] Johnson interview, jan. 3, 2011; Harold A. Hamer e Katherine G. Johnson, "Simplified Interplanetary Guidance Procedures Using Onboard Optical Measurements", Centro de Pesquisa de Langley, maio de 1972, NTRS.

[33] J.W. Young e M.E. Hannah, "Alternate Multiple-Outer-Planet Missions Using a Saturn-Jupiter Flyby Sequence", Centro de Pesquisa de Langley, dezembro de 1973, NTRS. Marge Hannah e John Young recebe-

ram o Prêmio de Realização da NASA pelo trabalho deles nesse relatório. Conferir: "Reid Award Committee Selects Best Directorate Papers for Honorable Mentions", *Langley Researcher*, nov. 1974, p. 5; obituário de John Worth Young. Disponível em: http://www.memorialsolutions.com/sitemaker/memsol_data/2061/1292572/1292572_2061.pdf. Acesso em: 23 de setembro de 2016.

EPÍLOGO

[1] Entrevista com Johnson, 27 de dezembro de 2010.
[2] Entrevista com Johnson, 27 de setembro de 2013.
[3] Warren, *Black Women Scientists in the United States*, p. 144.
[4] Harold A. Hamer e Katherine G. Johnson, "An Approach Guidance Method Using a Single Onboard Optical Measurement", Centro de Pesquisa de Langley da NASA, outubro de 1970.
[5] Nancy Atkinson, "13 Things That Saved Apollo 13, Part 6: Navigating by Earth's Terminator", UniverseToday.com, 16 abr. 2010. Acesso em: 25 de setembro de 2016.
[6] James L. Hicks, "Negroes in Key Roles in US Race for Space: Four Tan Yanks on Firing Team", *New York Amsterdam News*, 8 de fevereiro de 1958.
[7] A Academia Alpha, em Fayetteville, na Carolina do Norte, planeja inaugurar seu Instituto Katherine G. Johnson de STEM em 2016.
[8] James Nyx Jr. e Marvin Gaye, "Inner City Blues", *What's Going On*. Nova York: Sony/ATV Music Publishing, 1971.
[9] Robert Ferguson, *NASA's First A: Aeronautics from 1958 to 2008*. Washington, DC: National Aeronautics and Space Administration, 2012.
[10] Ibidem.
[11] Alan Wasser, "LBJ's Space Race: What We Didn't Know Then, Part Two", The Space Settlement Institute, 27 jun. 2005. Disponível em: http://www.thespacereview.com/article/401/1. Acesso em: 25 de setembro de 2016.
[12] Christine M. Darden, "Affordable Supersonic Transport: Is It Near?" Palestra Sociedade Japonesa para Ciências Aeronáutica e Espacial, Yokohama, Japão, 9-11 de outubro de 2002.
[13] Hansen, *Spaceflight Revolution*, p. 102.

[14]Lawrence R. Benson, *Quieting the Boom: The Shaped Sonic Boom Demonstrator and the Quest for Quiet Supersonic Flight*. Washington, DC: National Aeronautics and Space Administration, 2013, p. 8.
[15] Ibidem, p. 7.
[16] "Exploring in Aeronautics: An Introduction to Aeronautical Sciences Developed at the NASA Lewis Research Center", Centro de Pesquisa de Lewis da NASA, 1971, p. 1.
[17] Edgar M. Cortright, "Reorganization of Langley Research Center", 24 de setembro de 1970.
[18] Hansen, *Spaceflight Revolution*, p. 102.
[19] "Tenth Anniversary of John Glenn's Space Flight Observed", *Langley Researcher*, 3 de março de 1972.
[20] Arquivo pessoal de Jackson.
[21] "Speaker's Bureau", *Langley Researcher*, 20 de fevereiro de 1976.
[22] "Personnel Profiles", *Langley Researcher*, 2 de abril de 1976.
[23] "Retirement Parties", *Langley Researcher*, 15 de dezembro de 1978.
[24] Mary Jackson, "Mary W. Jackson, Federal Women's Program Coordinator", LHA, outubro de 1979.
[25] Dunnigan, "Two Women Chart Way for Astronauts".
[26]Edgar Cortright para Grove Webster, "NASA Plans to Attract More Qualified Women to Government Positions", 11 de junho de 1971, NARA Phil.
[27] Entrevista com Sharon H. Stack, 22 de abril de 2014.
[28] Entrevista com Champine.
[29] Obituário de Mary Winston Jackson, 17 fevereiro de 2005, em posse da autora.
[30] "Meet Your EEO Counselors: Mary Jackson", *Langley Researcher*, 23 de junho de 1972.
[31] "Advisory Committee", *Langley Researcher*, 11 de maio de 1973.
[32] Fries, "The History of Women in NASA".
[33] Entrevista com Gloria Champine, 23 de julho de 2014.
[34] Gloria Champine, "XB-15: First of the Big Bombers of World War II", site sobre a história da NASA. Disponível em: http://crgis.ndc.nasa.gov/historic/XB-15. A equipe do pai de Gloria trabalhou com o principal piloto de teste do NACA, Melvin Gough, e com um jovem Robert Gilruth para produzir o relatório "Stalling Characteristics of the Boeing XB-15

Airplane (Air Corps No. 35-277)", de M.N. Gough e R.R. Gilruth. Acesso em: 26 de setembro de 2016.

[35] Entrevista com Champine.

[36] Gloria Champine, entrevistada por Sandra Johnson, JSC, 1º de maio de 2008.

[37] "EEO Highlights", *Langley Researcher*, 20 de julho de 1973.

[38] Entrevista com Champine, 1º de maio de 2008.

[39] Claudia Goldin, "The Female Labor Force and American Economic Growth, 1890-1980", in: Stanley L. Engerman e Robert E. Gallman (eds.), *Long-Term Factors in American Economic Growth*. Chicago: University of Chicago Press, 1986, p. 557-604.

[40] Entrevista por telefone com Wanda Jackson, 15 fev. 2016.

[41] Gloria Champine, "Mary Jackson", site da NASA, fev. 2005. Disponível em: http://crgis.ndc.nasa.gov/crgis/images/4/4a/MaryJackson.pdf. Acesso em: 26 de setembro de 2016.

[42] Fries, *NASA Engineers in the Age of Apollo*, loc. 1741.

[43] Christine Darden, The History Makers.

[44] Entrevista com Darden.

[45] Ibidem.

[46] Entrevista com John Becker, 10 ago. 2014; Golemba, "Human Computers", p. 4.

[47] "David Earl Fetterman Jr.", *Daily Press*, 5 de março de 2003.

[48] Christine M. Darden, "Minimization of Sonic-Boom Parameters in Real and Isothermal Atmospheres", Centro de Pesquisa de Langley, 1975.

[49] Warren, *Black Women Scientists in the United States*, p. 78.

[50] Entrevista com Christine Darden, 12 de fevereiro de 2012; Christine Darden, "Growing Up in the South During Brown v. Board", discurso de formatura da Universidade Old Dominion, 15 de dezembro de 2012. Disponível em: http://justiceunbound.org/carousel/growing-up-in-the-south-during--brown-v-board/. Acesso em: 25 de setembro de 2016.

[51] Warren, *Black Women Scientists in the United States*, p. 77.

[52] Entrevista com Gloria Champine, 23 de julho de 2014.

[53] Entrevista com Hammond, 4 de abril de 2014.

[54] Cortright, "Reorganization of the Langley Research Center".

[55,56] Ibidem.

[57] Entrevista com Hammond, 3 de abril de 2014.

BIBLIOGRAFIA

FONTES

Fontes de arquivo

NARA (Administração Nacional de Arquivos e Registros, em português), instalações regionais:

College Park, Maryland: Registros da Administração Nacional da Aeronáutica e Espaço; Registros do Departamento de Educação dos Estados Unidos; Registros do Comitê de Práticas Justas de Emprego.

Filadélfia, Pensilvânia: Registros da Administração Nacional da Aeronáutica e Espaço (RG 255); Registros da Comissão de Serviço Público dos Estados Unidos (RG 146); Registros da Comissão de Força de Trabalho de Guerra (RG 211).

Fort Worth, Texas: Registros da Administração Nacional da Aeronáutica e Espaço (RG 255), Série de Documentos de Trabalho do Projeto Mercury, n. 104, 106, 191, 207, 212 e 217.

St. Louis, Missouri: NPRC (Centro Nacional de Arquivos Pessoais, em português). Documentos do NPRC para funcionários públicos falecidos disponíveis mediante solicitação por escrito. Todos os arquivos pessoais citados no texto vieram desta fonte.

Arquivos da Universidade Estadual da Virgínia Ocidental, Instituto, Virgínia Ocidental.

Arquivos da Universidade Hampton, Hampton, Virgínia.

Arquivos do Centro de Pesquisa de Langley, Hampton, Virgínia.

Arquivos do *Daily Press*, Biblioteca de Newport News, unidade da rua Main, Newport News, Virgínia. Disponível somente em microfilme.

Arquivos do *Farmville Herald*, Faculdade Longwood, Farmville, Virgínia. Disponível somente em microfilme.

Escritório de História da Administração Nacional da Aeronáutica e Espaço, cidade de Washington (NASA HQ). Disponível em: http://history.nasa.gov/hqinventory.pdf. Acesso em: 25 de setembro de 2016.

Fontes on-line

Ancestry.com. Desse site, tirei dados do Censo; registros de casamento, nascimento e morte; e listas telefônicas.

Baltimore Afro-American. Arquivo acessado pelo Google Livros.

Canal do Youtube de Langley da NASA. Entre os vídeos desse canal, foram consultadas as entrevistas com Christine Darden, W. Hewitt Philipps e Richard Whitcomb, e as entrevistas em grupo com ex-computadoras (*When Computers Were Human* e *Panel Discussion with Women Computers*, moderadas por James R. Hansen).

Coleção de Arquivos de Langley da NASA (LAC). Disponível em: http://crgis.ndc.nasa.gov/historic/Langley_Archives_Collection. Acesso em: 26 de setembro de 2016. Os seguintes recursos foram consultados: *newsletters* para funcionários de Langley: *LMAL Bulletin* (1942-1944); *Air Scoop* (1945-1962); *Langley Researcher* (1963-atual); listas telefônicas de Langley; registros orais e entrevistas (como as de Ira Abbott, John Becker, Sherwood Butler, T. Melvin Butler, Mary Jackson, W. Kemble Johnson, Arthur Kantrowitz e Pearl Young); Coleção de Arquivos do P-51 Mustang; e páginas de Prédios e Terrenos Históricos de Langley.

"Hampton Roads Embarkation Series, 1942-1946", Coleção Fotográfica do Comando de Sinais do Exército dos Estados Unidos, Biblioteca da

Virgínia (HRE). Disponível em: http://www.lva.virginia.gov/exhibits/treasures/arts/art-m12.htm. Acesso em: 25 de setembro de 2016.

New York Age. Arquivos consultados pelo Newspapers.com. Acesso em: 25 de setembro de 2016.

Norfolk Journal and Guide. Arquivos consultados pelo site da Biblioteca da Virgínia. Disponível em: http://www.lva.virginia.gov/. Acesso em: 25 de setembro de 2016.

Pittsburgh Courier. Arquivos consultados pelo Newspapers.com. Acesso em: 25 de setembro de 2016.

Projeto de História Oral do Centro Espacial Johnson (JSC). Disponível em: http://www.jsc.nasa.gov/history/oral_histories/oral_histories.htm. Acesso em: 25 de setembro de 2016. Dos registros orais desta coleção, colaboraram Harold Beck, John Becker, Jerry Bostick, Stefan Cavallo, Gloria Champine, Beverly Swanson Cothren, Annie Easley, John H. Glenn, Jane Hess, Claiborne Hicks, Shirley H. Hinson, Eleanor Jaehnig, Harriet Jenkins, Eldon Kordes, Christopher Kraft, Mary Ann Johnson, Dorothy B. Lee, Glynn Lunney, Charles Matthews, Catherine T. Osgood, Emil Schiesser, Alan Shepard, Milton Silveira e Ruth Hoover Smull.

Projeto Nacional de Liderança Visionária (NVLN). Neste arquivo de vídeos, encontram-se entrevistas com proeminentes afro-americanos septuagenários ou mais velhos. Há entrevistas com Oliver Hill e Katherine Johnson.

Publicações da Série Histórica da NASA (NH). A linha de publicações históricas da NASA não é nada além de espetacular. A maioria está disponível gratuitamente em PDF ou e-book em: http://history.nasa.gov/series95.html. Acesso em: 25 de setembro de 2016.

Servidor de Relatórios Técnicos da NASA (NTRS). Disponível em: http://ntrs.nasa.gov/. Acesso em: 25 de setembro de 2016. Esta base de dados, passível de buscas, contém a maioria dos relatórios de pesquisa produzidos pelo NACA e pela NASA desde o princípio até hoje.

The History Makers. Este arquivo de vídeos que possibilita buscas é dedicado a registros orais de proeminentes afro-americanos contemporâneos. Entre as entrevistas consultadas para o livro, estão as de Christine Darden, Katherine Johnson, Woodrow Whitlow e James E. West. Disponível em: http://www.thehistorymakers.com/taxonomy/term/7298. Acesso em: 25 de setembro de 2016.]

Entrevistas pessoais

Ann Vaughan Hammond, Hampton, Virgínia, Estados Unidos; 2 de abril de 2014; 30 de junho de 2014.

Barbara Weigel, Newport News, Virgínia, Estados Unidos; 2 de abril de 2014.

Christine M. Darden, Hampton, Virgínia, Estados Unidos; 3 de maio de 2012.

Christine Richie, Newport News, Virgínia, Estados Unidos; 20 de julho de 2014.

Debbie Schwarz Simpson; 12 de setembro de 2012.

Donna Speller Turner; 8 de março de 2014.

Edwin Kilgore, Newport News, Virgínia, Estados Unidos; 3 de abril de 2014.

Eleanor Jaehnig, Hampton, Virgínia, Estados Unidos; 7 de março de 2014.

George M. Brooks, Newport News, Virgínia, Estados Unidos; 13 de julho de 2014.

Gloria R. Champine, Newport News, Virgínia, Estados Unidos; 24 de janeiro de 2014; 2 de abril de 2014.

James A. Johnson, Newport News, Virgínia, Estados Unidos; 11 de junho de 2011.

Jane Hess, Newport News, Virgínia, Estados Unidos.

Janet Mackenzie, Newport News, Virgínia, Estados Unidos; 9 de outubro de 2015.

Janice Johnson, Hampton, Virgínia, Estados Unidos; 3 de abril de 2014.

Jerry Woodfill, Houston, Texas, Estados Unidos; 29 de abril de 2016.

John Becker, Lynchburg, Virgínia, Estados Unidos; 20 de agosto de 2014.

Joylette Hylick Goble, Mount Laurel, New Jersey, Estados Unidos; 10 de outubro de 2011.

Kathaleen Land, Hampton, Virgínia, Estados Unidos; 19 de dezembro de 2010.

Katherine G. Johnson, Newport News, Virgínia, Estados Unidos; 27 de dezembro de 2010; 6 de março de 2011; 11 de março de 2011; 17 de setembro de 2011; 27 de setembro de 2011; 27 de setembro de 2013.

Katherine Goble Moore, Greensboro, Carolina do Norte, Estados Unidos: 13 de abril de 2014; 7 de julho de 2014; 7 de fevereiro de 2015.

Kenneth Vaughan, Hampton, Virgínia, Estados Unidos; 2 de abril de 2014.

Leonard Vaughan, Hampton, Virgínia, Estados Unidos; 23 de abril de 2014.

Michelle Webb, Hampton, Virgínia, Estados Unidos; 19 de fevereiro de 2016.

Miriam Mann Harris, Winston-Salem, Carolina do Norte, Estados Unidos.

Robert S. Conte, White Sulphur Springs, Virgínia Ocidental, Estados Unidos; 12 de setembro de 2013.

Sharon Stack, Gloucester, Virgínia, Estados Unidos; 22 de abril de 2014.

Thomas Byrdsong, Newport News, Virgínia, Estados Unidos; 4 de outubro de 2014.

Wanda Jackson, Hampton; Virgínia, Estados Unidos, 15 de fevereiro de 2016.

Wythe Holt, Hampton, Virgínia, Estados Unidos; 20 de julho de 2014.

TRANSCRIÇÕES DE REGISTROS ORAIS

Documentos não publicados

Beck, Harold. "Organization Timeline", maio de 2016.

Beck, Harold. "Project Mercury Planning Activities from 1958 through 1962", maio de 2016. Documento não publicado, em posse da autora.

Champine, Gloria. *He's Got the Right Stuff*, 2014.

Fox, Dewey W. *A Brief Sketch of the Life of Miss Dorothy L. Johnson*. Convenção da AME da Virgínia Ocidental, 1926. Panfleto em posse da autora.

Jackson, Mary. Obituário.

Newsome Park Reunion, 12 de setembro de 2005.

Newsome Park Reunion: The Legacy of a Village, 6 de setembro de 2006.

"Notes on Space Technology", Centro de Pesquisa de Langley, 1958, NTRS. Disponível em: http://ntrs.nasa.gov/archive/nasa/casi.ntrs.nasa.gov/19740074640.pdf. Acesso em: 25 de setembro de 2016.

Vaughan, Dorothy. Biografia. Sem data.

LIVROS SELECIONADOS E MONOGRAFIAS

Anderson, Jervis. *A. Philip Randolph: A Biographical Portrait.* Berkeley: University of California Press, 1986.

Anderson, Karen. *Wartime Women: Sex Roles, Family Relations, and the Status of Women During World War II.* Westport, CT: Greenwood Press, 1981.

Baals, Donald D.; William R. Corliss. *Wind Tunnels of NASA.* Washington, DC: NASA History Office, 1981.

Becker, John V. T*he High Speed Frontier: Case Histories of Four NACA Programs, 1920-1950.* Washington, DC: National Aeronautics and Space Administration, 1980.

Bilstein, Roger. *Orders of Magnitude: A History of the NACA and NASA, 1915-1990.* Washington, DC: National Aeronautics and Space Administration, 1989.

Blood, Kathryn. *Negro Women War Workers.* Washington, DC: US Department of Labor, 1945.

Branch, Taylor. *Parting the Waters: America in the King Years 1954-63.* Nova York: Simon & Schuster, 2007.

Burgess, Colin. *Friendship 7: The Epic Orbital Flight of John H. Glenn, Jr.* Nova York: Springer Praxis Books, 2015.

Carpenter, M. Scott; Cooper, Gordon L. et al. *We Seven by the Astronauts Themselves.* Nova York: Simon & Schuster, 1962.

Chambers, Joseph R. *The Cave of the Winds: The Remarkable Story of the Langley Full-Scale Wind Tunnel.* Washington, DC: National Aeronautics and Space Administration, 2014.

Clauser, F.H. *Preliminary Design of a World Circling Spaceship.* Santa Monica, CA: RAND Corp., 1947.

Conte, Robert S. *The History of the Greenbrier: America's Resort.* Parkersburg, PA: Trans Allegheny Books, 1989.

Cooper Jr., Henry S.F. *Thirteen: The Apollo Flight That Failed.* Baltimore: Johns Hopkins University Press, 1995.

Davis, Thulani. *1959.* Nova York: Grove Press, 1992.

Deighton, Len. *Goodbye Mickey Mouse.* Nova York: Knopf, 1982.

Dudziak, Mary L. *Cold War Civil Rights: Race and the Image of American Democracy.* Princeton, NJ: Princeton University Press, 2007.

Engs, Robert Francis. *Freedom's First Generation: Black Hampton, Virginia, 1861-1890.* Filadélfia: University of Pennsylvania, 1979.

Fairfax, Colita Nichols. *Hampton, Virginia.* Charleston, SC: Arcadia Publishing, 2005.

Fries, Sylvia Doughty. *NASA Engineers in the Age of Apollo.* Washington, DC: National Aeronautics and Space Administration, 1992.

Gass, Saul I. "Project Mercury Real-Time Computation and Data Flow System." Washington DC: International Business Machines Corporation, 1961. Disponível em: https://www.computer.org/csdl/proceedings/afips/1961/5059/00/50590033.pdf. Acesso em: 25 de setembro de 2016.

Golemba, Beverly E. "Human Computers: The Women in Aeronautical Research." Dissertação de doutorado, Faculdade St. Leo, 1994, disponível nas Fontes Culturais da NASA: http://crgis.ndc.nasa.gov/crgis/images/c/c7/Golemba.pdf. Acesso em: 26 de setembro de 2016.

Grier, David Alan. *When Computers Were Human.* Princeton, NJ: Princeton University Press, 2005.

Grimwood, J.M.; Alexander, C.C. e Swenson Jr., L.S. *This New Ocean: A History of Project Mercury.* Washington DC: National Aeronautics and Space Administration, 1966.

Hansen, James R. *Engineer in Charge: A History of the Langley Aeronautical Laboratory, 1917-1958.* Washington, DC: National Aeronautics and Space Administration, 1987.

Hansen, James R. *Spaceflight Revolution: NASA Langley Research Center from Sputnik to Apollo.* Washington, DC: National Aeronautics and Space Administration, 1995.

Harris, Ruth Bates. *Harlem Princess: The Story of Harry Delanay's Daughter.* Nova York: Vantage Press, 1991.

Herman, Arthur. *Freedom's Forge: How American Business Produced Victory in World War II.* Nova York: Random House Publishing Group, 2012.

Holt, Natalia. *Rise of the Rocket Girls: The Women Who Propelled Us, from Missiles to the Moon to Mars.* Nova York: Little, Brown, 2016.

Hoover, Dorothy. *A Layman Looks With Love At Her Church.* Filadélfia: Dorrance, 1970.

Kalme, Albert P. "Racial Desegregation and Integration in American Education: The Case History of West Virginia State College, 1891-1973." Dissertação de doutorado, Universidade de Ottawa, 1976.

Kessler, James H. et al. *Distinguished African American Scientists of the 20th Century.* Westport, CT: Greenwood Publishing, 1996.

Kraft, Christopher C. *Flight: My Life in Mission Control.* Nova York: Dutton, 2001.

Kranz, Gene. *Failure Is Not an Option.* Nova York: Simon & Schuster, 2001.

Krislov, Samuel. *The Negro in Federal Employment: The Quest for Equal Opportunity.* New Orleans: Quid Pro Quo Books, 2012.

Lewis, Earl. *In Their Own Interests: Race, Class and Power in Twentieth-Century Norfolk, Virginia.* Berkeley: University of California Press, 1991.

Margo, Robert. *Race and Schooling in the South, 1880-1950: An Economic History.* Chicago: University of Chicago Press, 1950.

Marsh, Charles F. (ed.). *The Hampton Roads Communities in World War II.* Chapel Hill: University of North Carolina Press, 1951/2011.

McDougall, Walter A. *The Heavens and the Earth: A Political History of the Space Age.* Baltimore: Johns Hopkins University Press, 1997.

McNeil, Genna Rae. *Groundwork: Charles Hamilton Houston and the Struggle for Civil Rights.* Filadélfia: University of Pennsylvania Press, 1983.

Michener, James A. *Space: A Novel.* Nova York: Random House, 1982.

Moulton, Forest Ray. *Celestial Mechanics.* Nova York: The Macmillan Company, 1914.

Muse, Benjamin. *Virginia's Massive Resistance.* Bloomington: Indiana University Press, 1956.

Myrdal, Gunnar. *An American Dilemma: The Negro Problem and Modern Democracy.* Nova York: Harper, 1944.

Pearcy, Arthur. *Flying the Frontiers: NACA and NASA Experimental Aircraft.* Annapolis, MD: Naval Institute Press, 1993.

Phillipps, William Hewitt. *Journey in Aeronautical Research: A Career at NASA Langley Research Center.* Washington, DC: National Aeronautics and Space Administration, 1998.

Phillipps, William Hewitt. *Journey into Space Research: Continuation of a Career at NASA Langley Research Center.* Washington, DC: National Aeronautics and Space Administration, 2005.

Powers, Sheryll Goecke. *Women in Flight Research at NASA Dryden Flight Research Center from 1946 through 1995.* Washington, DC: National Aeronautics and Space Administration, 1997.

Reginald, William. *The Road to Victory: A History of Hampton Roads Port of Embarkation in World War II.* Newport News, VA: City of Newport News, 1946.

Rice, Connie Park. *Our Monongalia: A History of African Americans in Monongalia County, West Virginia.* Terra Alta, WV: Headline Books, 1999.

Roland, Alex. *Model Research: The National Advisory Committee for Aeronautics, 1915-1958.* Washington, DC: National Aeronautics and Space Administration, 1985.

Rossiter, Margaret W. *Women Scientists in America: Before Affirmative Action 1940-1972.* Baltimore: Johns Hopkins University Press, 1995.

Rouse, Jr. Parke S. *The Good Old Days in Hampton and Newport News.* Petersburg, VA: Dietz Press, 2001.

Smith, Bob. *They Closed Their Schools: Prince Edward County, Virginia, 1951-1964.* Chapel Hill: University of North Carolina Press. 1965.

Sparrow, James T. *Warfare State: World War II Americans and the Age of Big Government.* Nova York: Oxford University Press, 2011.

Stillwell, Wendell H. *X-15 Research Results.* Washington, DC: National Aeronautics and Space Administration, 1964.

Warren, Wini. *Black Women Scientists in the United States.* Bloomington: Indiana University Press, 2000.

Wolfe, Tom. *The Right Stuff.* Nova York: Macmillan, 2004.

Woodbury, Margaret Claytor e Marsh, Ruth C. *Virginia Kaleidoscope: The Claytor Family of Roanoke, and Some of Its Kinships, from First Families of Virginia and Their Former Slaves.* Ann Arbor, MI: Ruth C. Marsh, 1994.

Wright, Gavin. *Sharing the Prize: The Economics of the Civil Rights Revolution in the American South.* Cambridge, MA: Harvard University Press, 2013.

Artigos

Bailey, Martha J.; Collins, William J. "The Wage Gains of African-American Women in the 1940s." Agência Nacional de Pesquisa Econômica,

2004, Disponível em: http://www.nber.org/papers/w10621.pdf. Acesso em: 25 de setembro de 2016.

Branson, Herman. "The Role of the Negro College in the Preparation of Technical Personnel for the War Effort." *The Journal of Negro Education*, julho de 1942, p. 297-303.

Burgess, P. R. "Uncle Sam's Eagles Saved Hampton." *Richmond Times Dispatch*, 13 de janeiro de 1935.

Collins, William J. Race. "Roosevelt and Wartime Production: Fair Employment in World War II Labor Markets." *American Economic Review 91*, n. 1 (março de 2001): p. 272-286.

Dabney, Virginius. "To Lessen Race Friction." *Richmond Times-Dispatch*, 13 de novembro de 1943.

Darden, Christine M. "Affordable Supersonic Transport: Is it Near?" Palestra Sociedade Japonesa para Ciências Aeronáutica e Espacial, Yokohama, Japão, 9-11 de outubro de 2002.

Davis, John A.; Golightly, Cornelius. "Negro Employment in the Federal Government." *Phylon 6*, n. 4 (1945): p. 337-346.

Dunnigan, Alice A. "Two Women Help Chart the Way for the Astronauts". *Norfolk Journal and Guide*, 6 de julho de 1963.

"Four Women 'Engineers' Begin Jobs." *Norfolk Journal and Guide*, 22 de maio de 1943.

Frazier, Lisa. "Searching for Dorothy." *Washington Post*, 7 de maio de 2000.

"Funeral Services Held for James F. Goble." *Norfolk Journal and Guide*, 29 de dezembro de 1956.

Gainer, Mary E.; Moyer, Robert C. "Chasing Theory to the Edge of Space: The Development of the X-15 at NACA Langley Aeronautical Laboratory." *Quest Spaceflight Quarterly*, n. 2, 2012.

Goldstein, Richard. "Irene Morgan Kirklady, 90, Rights Pioneer, Dies." *New York Times*, 1º de agosto de 2007.

Gup, Ted. "The Ultimate Congressional Hideaway." *Washington Post*, 31 de maio de 1992.

Hall, Jacqueline Dowd. "The Long Civil Rights Movement and the Political Uses of the Past." *The Journal of American History*, março de 2005, p. 1233-1263.

Hall, Phyllis A. "Crisis at Hampton Roads: The Problems of Wartime Congestion, 1942-1944." *The Virginia Magazine of History and Bibliography*, julho de 1993, p. 405-432.

Heinemann, Ronald L. "The Byrd Legacy: Integrity, Honesty, Lack of Imagination, Massive Resistance." *Richmond Times-Dispatch*, 25 de agosto de 2013.

Hine, Darlene Clark. "Black Professionals and Race Consciousness: Origins of the Civil Rights Movement, 1980–1950." *Journal of American History*, março de 2003, p. 1279-1294.

"Lady Mathematician Played Key Role in Glenn Space Flight." *Pittsburgh Courier*, 10 de março de 1962.

Lawrence, Dave. "Langley Engineer Is Remembered for Part in History." *Daily Press*, 21 de agosto de 1999.

Lewis, Shawn D. "She Lives with Wind Tunnels." *Ebony Magazine*, agosto de 1977, p. 116.

Light, Jennifer S. "When Computers Were Women." *Technology and Culture*, julho de 1999, p. 455-483.

McCuiston, Fred. "The South's Negro Teaching Force." *The Journal of Negro Education*, abril de 1932, p. 16-24.

"Newsome Park to Open Soon; Shopping Center Is Feature." *Norfolk Journal and Guide*, 27 de março de 1943.

Reklaitis, Victor. "Hampton Archive: J. S. Darling: Leader of Seafood Industry in Hampton." *Daily Press*, 27 de agosto de 2006.

Rorty, James R. "Virginia's Creeping Desegregation: Force of the Inevitable." *Commentary Magazine*, julho de 1956.

Rouse, Parker. "Hampton Archive: Early Days at Langley Were Colorful." *Daily Press*, 25 de março de 1990.

Shloss, Leon. "Russia Said to Have Fastest Fighter Plane." *Norfolk Journal and Guide*, 18 de fevereiro de 1950.

St. John Erickson, Mark. "No Easy Journey." *Daily Press*, 1º de maio de 2004.

Stradling, Richard. "Retired Engineer Remembers Segregated Langley." *Daily Press*, 8 de fevereiro de 1998.

Thompson, James G. "Should I Sacrifice to Live 'Half-American'?" *Pittsburgh Courier*, 31 de janeiro de 1942.

Uher, Bill. "Tuskegee Airman Reunites with 'Best Plane in the World.'" NASA.gov, 10 de junho de 2004.

"USO Secretary Weds Navy Man." *Norfolk Journal and Guide*, 25 de novembro de 1944.

Vaughn, Tyra M. "After Civil War, Black Businesses Flourished in Hampton Roads." *Daily Press*, 14 de fevereiro de 2010.

Walker, W. R. "Mimosa Crescent, Post-War Housing Project, Started." *Norfolk Journal and Guide*, 15 de julho de 1944.

Watson, Denise M. "Lunch Counter Sit-ins: 50 Years Later." *Virginian--Pilot*, 15 de fevereiro de 2010.

Weaver, Robert C. "The Employment of the Negro in War Industries." *The Journal of Negro Education*, verão de 1943, p. 386-396.

"What's a War Boom Like?" *Business Week*, 6 de junho de 1942, p. 22-32.

Este livro foi impresso pela umlivro para
a HarperCollins Brasil. A fonte usada no
miolo é Adobe Caslon, corpo 11/15,15.
O papel do miolo é pólen natural 80g/m^2,
e o da capa é cartão 250g/m^2.

◂ Dorothy Vaughn por volta dos vinte anos de idade. (Cortesia da família de Dorothy J. Vaughn.)

▸ Dorothy Vaughn em 1943, antes de partir para Farmville. Ela está ao lado de suas filhas, Ann (de pé, à esquerda) e Maida, e de seus filhos, Leonard (de pé) e Kenneth, em seus braços. (Cortesia de Ann Vaughn Hammond.)

◂ No primeiro plano, algumas das primeiras Computadoras Oeste, incluindo Pearl Bassette (no canto superior esquerdo, de óculos), Minie McGraw, Miriam Mann (também de óculos) e Ophelia Taylor. À esquerda de Minnie McGraw, de gravata e usando um crachá da NASA, está John Becker. (Cortesia da NASA.)

▴ Uma multidão diversificada de 1500 empregados de Langley reunidos, em 1943, para uma apresentação realizada pelo Secretário da Marinha, Henry Knox.

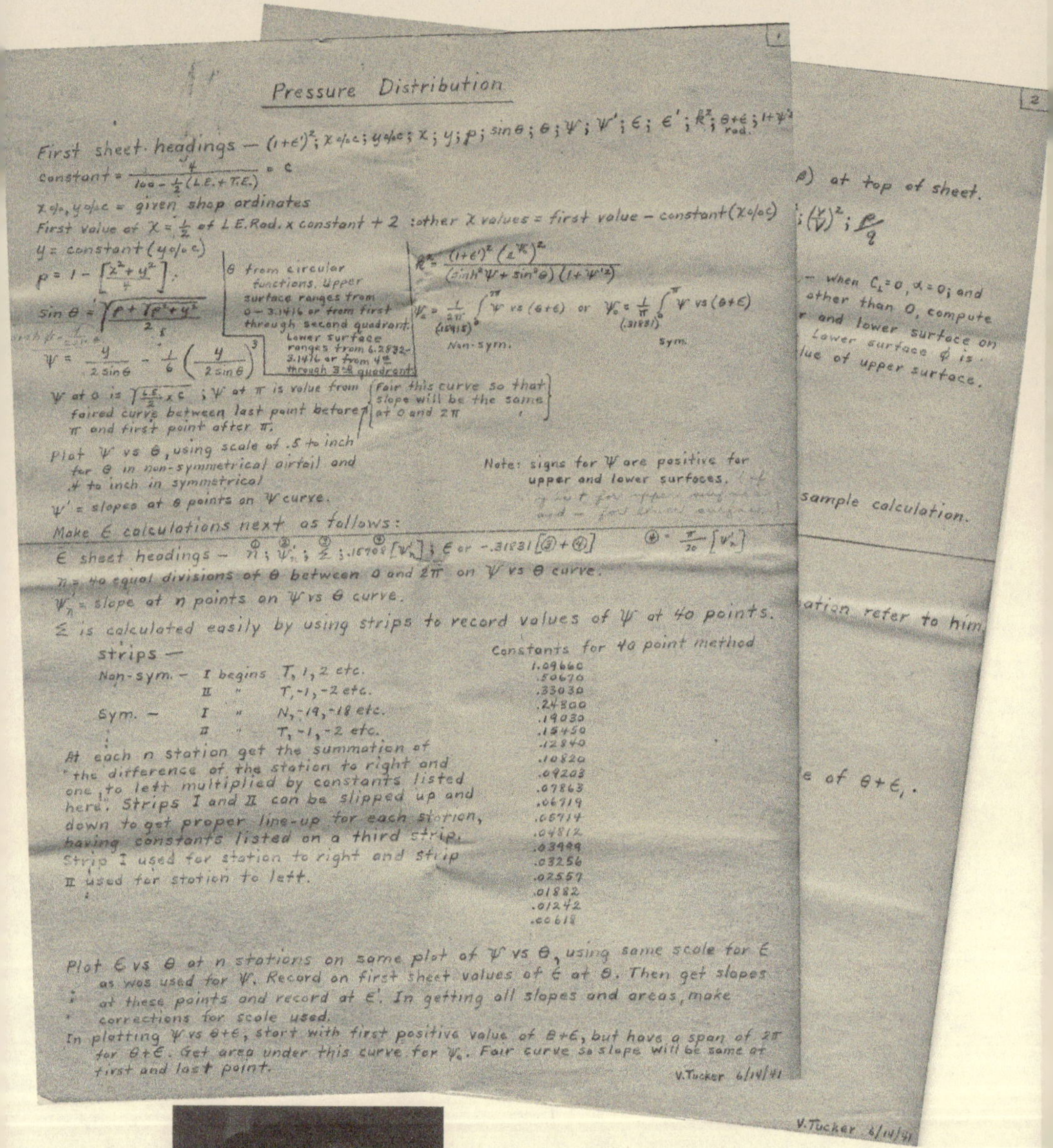

Pressure Distribution

First sheet headings — $(1+\epsilon')^2$; $x\%c$; $y\%c$; x; y; p; $\sin\theta$; θ; ψ; ψ'; ϵ; ϵ'; k^2; $\theta+\epsilon$ Rad.; $1+\psi'^2$

constant $= \frac{4}{100 - \frac{1}{2}(L.E. + T.E.)} = c$

$x\%c$, $y\%c$ = given shop ordinates

First value of $x = \frac{1}{2}$ of L.E. Rad. x constant + 2 : other x values = first value − constant($x\%c$)

y = constant ($y\%c$)

$p = 1 - \left[\frac{x^2+y^2}{4}\right]$

$\sin\theta = \sqrt{\frac{p + \sqrt{p^2+y^2}}{2}}$

$\psi = \frac{y}{2\sin\theta} - \frac{1}{6}\left(\frac{y}{2\sin\theta}\right)^3$

θ from circular functions. Upper surface ranges from 0 — 3.1416 or from first through second quadrant. Lower surface ranges from 6.2832 — 3.1416 or from 4th through 3rd quadrant.

$k^2 = \frac{(1+\epsilon')^2 (e^{\psi})^2}{(\sinh^2\psi + \sin^2\theta)(1+\psi'^2)}$

$\psi_o = \frac{1}{2\pi}\int_0^{2\pi} \psi$ vs $(\theta+\epsilon)$ or $\psi_o = \frac{1}{\pi}\int_0^{\pi} \psi$ vs $(\theta+\epsilon)$

Non-sym. Sym.

ψ at 0 is $\sqrt{\frac{L.E.}{2} \times c}$; ψ at π is value from faired curve between last point before π and first point after π.

Fair this curve so that slope will be the same at 0 and 2π

Plot ψ vs θ, using scale of .5 to inch for θ in non-symmetrical airfoil and .4 to inch in symmetrical

Note: signs for ψ are positive for upper and lower surfaces.

ψ' = slopes at θ points on ψ curve.

Make ϵ calculations next as follows:

ϵ sheet headings — ① n; ② ψ_n'; ③ Σ; .15708 $[\psi_n']$; ϵ or −.31831 [③ + ④] ④ = $\frac{\pi}{20}[\psi_n']$

n = 40 equal divisions of θ between 0 and 2π on ψ vs θ curve.

ψ_n' = slope at n points on ψ vs θ curve.

Σ is calculated easily by using strips to record values of ψ at 40 points.

strips —

Non-sym. — I begins T, 1, 2 etc.
II " T, −1, −2 etc.

Sym. — I " N, −19, −18 etc.
II " T, −1, −2 etc.

At each n station get the summation of the difference of the station to right and one to left multiplied by constants listed here. Strips I and II can be slipped up and down to get proper line-up for each station, having constants listed on a third strip. Strip I used for station to right and strip II used for station to left.

Constants for 40 point method

1.09660
.50670
.33030
.24800
.19030
.15450
.12840
.10820
.09203
.07863
.06719
.05714
.04812
.03999
.03256
.02557
.01882
.01242
.00618

Plot ϵ vs θ at n stations on same plot of ψ vs θ, using same scale for ϵ as was used for ψ. Record on first sheet values of ϵ at θ. Then get slopes at these points and record at ϵ'. In getting all slopes and areas, make corrections for scale used.

In plotting ψ vs $\theta+\epsilon$, start with first positive value of $\theta+\epsilon$, but have a span of 2π for $\theta+\epsilon$. Get area under this curve for ψ_o. Fair curve so slope will be same at first and last point.

V. Tucker 6/14/41

2

... at top of sheet.

... when $C_L = 0$, $\alpha = 0$; and other than 0, compute ... and lower surface on ... lower surface ϕ is ... value of upper surface.

... sample calculation.

... refer to him.

... of $\theta + \epsilon_1$.

V. Tucker 6/14/41

▲ Planilha de distribuição de pressão, tarefa designada por Virginia Tucker a uma Computadora Leste chamada Elva May Nixon. (Cortesia da NASA.)

◀ Virginia Tucker em 1946. Tucker juntou-se ao primeiro grupo de computadoras em 1935. Ela finalmente se tornou a primeira computadora-chefe do laboratório, coordenando todas as operações de computação. Todas as supervisoras de computação respondiam a ela, incluindo Margery Hannah, a chefe do grupo de computação do Lado Oeste.

▲ Mary Jackson (primeira fileira, na ponta direita) com o grupo do Túnel de Pressão Supersônica de Quatro por Quatro Pés, nos anos 1950. Kazmierz Czarnecki está na segunda fileira, o quarto a partir da esquerda. (Cortesia da NASA.)

▸ Mary Jackson como estudante universitária no Instituto Hampton. (Cortesia de Ellen-Strother Pitts.)

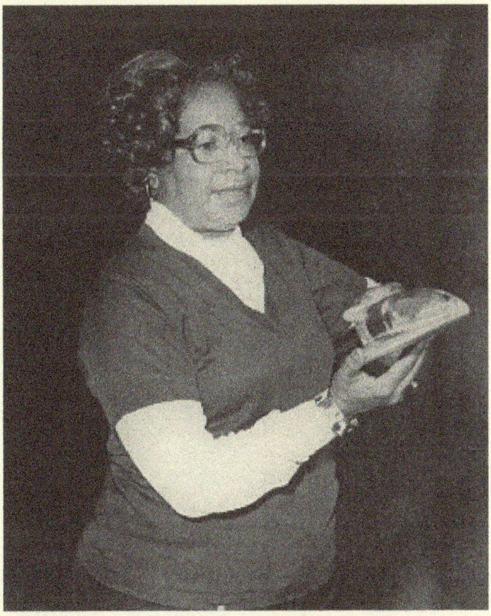

◂ Margery Hannah em 1948. Ela trabalhou em Langley entre 1939 e 1979. Foi a primeira supervisora da área segregada da unidade de Computação Oeste. Mais tarde, trabalhou para o Túnel de Grande Escala e por fim juntou-se à Divisão de Mecânicos Aeroespaciais, na qual Katherine Johnson trabalhou. (Cortesia da NASA.)

▲ Christine Darden no Túnel de Vento de Plano Unitário de Langley com um modelo de aeronave supersônica, anos 1970. (Cortesia da NASA.)

▶ A edição de maio do *Norfolk Journal and Guide* anunciou a primeira classe de mulheres negras treinadas pelo Instituto Hampton aceitas como matemáticas em Langley. Primeira fileira, da esquerda para a direita: Madelon Glenn, Lucille Hibber, Minnie McGraw, Mary Cherry e Miriam Mann. Segunda fileira: Jean Sampson, Mable Stickle, Pearl Bassette, Thelma Stiles, Lucille Leath e Ophelia Taylor. (Cortesia do *New Journal and Guide.*)

▸ Dorothy Vaughn na cerimônia de prêmios de Langley nos anos 1960 ao lado de Lessia Hunter, Vivian Adair e Ulma Stabler (da esquerda para a direita).

▾ Vista aérea do lado leste de Langley na década de 1960. As esferas do Complexo de Instalações Hipersônicas podem ser vistas no centro, com o hangar atrás. (Cortesia da NASA.)

▸ Thomas Birdsong, um dos primeiros engenheiros negros de Langley, com um modelo do foguete Saturno V, do projeto Apollo. (Cortesia da NASA.)

▾ Planta da cafeteria da Área Oeste, de 1947, mostrando os refeitórios e os banheiros segregados. (Cortesia da NASA.)

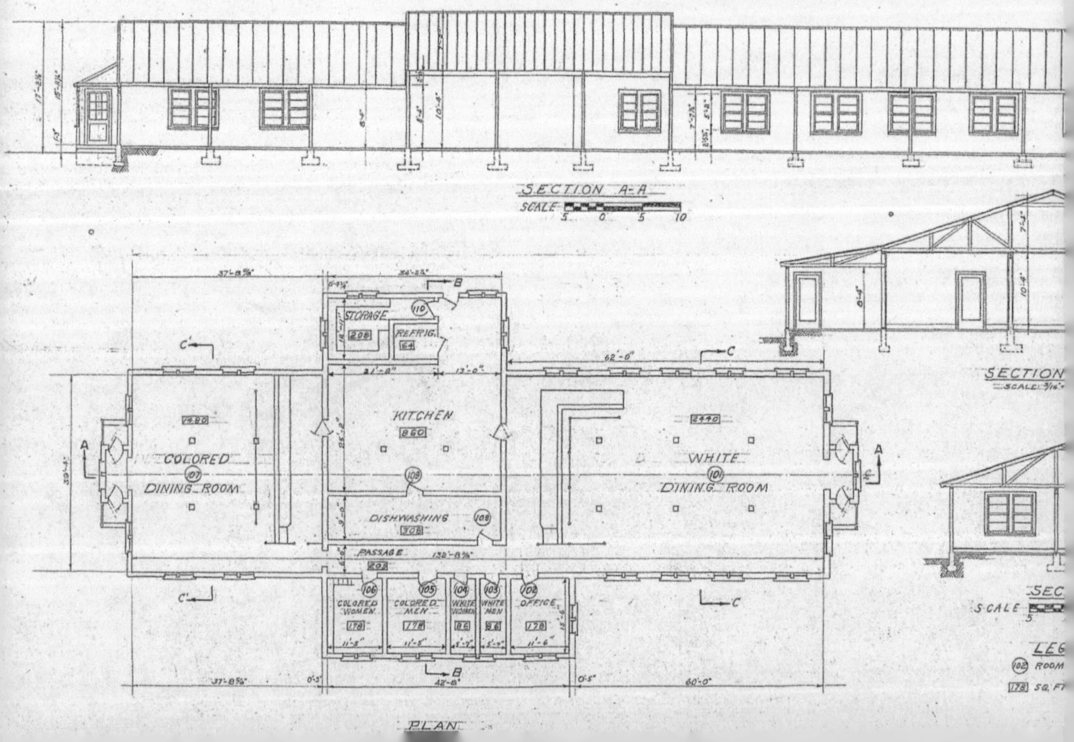